广西林业年鉴

广西壮族自治区林业局　编

广西科学技术出版社

·南宁·

图书在版编目（CIP）数据

广西林业年鉴 .2020 / 广西壮族自治区林业局编 .
南宁：广西科学技术出版社，2024.9. --ISBN 978-7-
5551-2285-2

I.F326.276.7

中国国家版本馆 CIP 数据核字第 20240UY687 号

GUANGXI LINYE NIANJIAN 2020

广 西 林 业 年 鉴 2020

广西壮族自治区林业局　编

策　　划：方振发　黄　权
责任编辑：袁　虹　　　　　　　　　　助理编辑：黄玉洁
责任校对：夏晓雯　　　　　　　　　　责任印制：陆　弟
装帧设计：梁　良

出 版 人：岑　刚
出版发行：广西科学技术出版社
社　　址：广西南宁市东葛路 66 号
邮政编码：530023
网　　址：http://www.gxkjs.com

印　　刷：广西民族印刷包装集团有限公司

开　　本：889mm×1194mm　1/16
印　　张：21.25
字　　数：554 千字
版　　次：2024 年 9 月第 1 版
印　　次：2024 年 9 月第 1 次印刷
书　　号：ISBN 978-7-5551-2285-2
定　　价：198.00 元

编辑说明

一、《广西林业年鉴》是由广西壮族自治区林业局主办的综合性工具书，每年出版一册，以全面、系统地记录广西林业改革发展的基本情况为任务，旨在为社会各界了解和研究广西林业提供基本资料。

二、《广西林业年鉴》首卷出版于 2004 年，2020 年卷着重记载 2020 年广西林业事业改革发展的基本情况和重大事件。

三、《广西林业年鉴》采用分类编辑法，主体内容分类目、分目、条目 3 个层次，部分分目下设副分目。分目、副分目下一般设概况，简述行（事）业或单位整体情况；条目则突出年度大、要、特、新事。为便于检索，类目、分目的标题使用不同字体加以区别，书眉标示类目；条目标题用黑体字，并加"【 】"。全书资料可通过目录、书眉等检索渠道查找。

四、《广西林业年鉴》设特辑、林业政策文件、林业改革发展、林业重点工程、森林培育、林业产业、森林草原资源保护与管理、森林公安工作、林业改革、林业科学技术、对外开放、林业劳动人事、国有林场和林业工作站建设、林业财务会计审计、林业信息宣传、林业精神文明建设、各设区市林业、自治区林业局直属单位、林业社会团体、林业大事记、林业工作总结等 21 个类目。

五、《广西林业年鉴》的资料收集及撰稿工作由广西壮族自治区林业局机关各处（室、站）、直属单位承担，其中"各设区市林业"类目的资料收集及撰稿工作由各设区市林业局承担。资料由各处（室、站）、直属单位确定专人负责撰写提供，并经相关领导审核。全区林业综合性统计数据由广西壮族自治区林业局规划财务处提供，各单位提供的主要数据与规划财务处不一致的，以规划财务处的统计口径为准。

六、《广西林业年鉴》的编辑出版，是广大撰稿、编辑、审稿人员集体智慧的结晶，也是全区林业系统鼎力支持和热情帮助的结果。在此，谨表示真诚谢意。

七、本年鉴的计量单位执行《国际单位制及其应用》（GB 3100—93）的规定，数字用法按《出版物上数字用法》(GB/T 15835—2011）执行。

八、本年鉴的疏漏欠妥之处，恳请社会各界和广大读者批评指正。

目 录

林业改革

林业科学技术

对外开放

林业劳动人事

国有林场和林业工作站建设

林业财务会计审计

林业信息宣传

林业精神文明建设

自治区林业局直属单位

林业社会团体

林业大事记

林业工作总结

特辑

自治区领导重要讲话

在全区林业工作电视电话会议上的讲话

自治区副主席　方春明
（2020 年 1 月 10 日）

今天，我们在这里召开全区林业工作电视电话会议，主要任务是深入学习贯彻习近平新时代中国特色社会主义思想，特别是习近平生态文明思想，认真贯彻落实习近平总书记对广西工作的重要指示精神，传达学习中央、自治区关于林业改革发展的部署要求，总结 2019 年全区林业工作，安排部署 2020 年林业重点工作。

刚才，贵港市、百色市、广西国有派阳山林场（简称"派阳山林场"）分别就木材加工业高质量发展、森林防火工作以及一二三产业融合发展进行了发言。梧州市、贺州市、柳州市柳江区也分别在推进国土绿化、林业助力乡村振兴、森林资源督查问题整改等方面探索出了不错的经验，会前还印发了书面材料。这些好经验、好做法，希望大家认真学习、相互借鉴。自治区林业局副局长邓建华代表自治区林业局传达了全国林业和草原工作会议精神，总结了 2019 年林业工作情况，对 2020 年工作进行了安排，我都赞成。

总的来说，2019 年，在自治区党委、政府的正确领导下，全区林业工作取得了较好成绩。生态建设取得新进展：全区森林覆盖率达 62.47%，草原综合植被盖度达到 81.83%，森林生态系统服务总价值达 1.46 万亿元，石漠化综合治理成效稳居全国第一位。服务稳增长贡献大：全区林业产业总产值预计超过 6400 亿元，同比增长 11.9%；林业增加值增速预计达到 6%，对拉动经济增长做出了积极贡献。产业发展效益有新提升：油茶"双千"计划开局良好；林产加工园区建设势头高涨；木材产量再创新高，木材加工业逆势上扬；林下经济成为新的千亿元产业；森林旅游、森林康养发展迅猛；探索出"政银担""油茶贷""公益林收益权质押贷"等模式。林业扶贫取得新成效：油茶产业带动脱贫效应凸显；生态护林员户均年增收 7800 多元；科技服务深入田间地头；林业产业扶贫、生态扶贫新增带动 10 万名以上贫困人口稳定脱贫。林业改革创新取得新进展：国有林场改革以优秀等次通过国家验收；广西森工集团股份有限公司（简称"广西森工集团"）挂牌成立；"空、天、地、网"森林资源一体化监管全国领先；北京世园会广西展园荣获多项奖项。这些成绩的取得来之不易。在此，我谨代表自治区人民政府，向支持林业改革发展的全区各级各有关部门、全区林业战线广大干部职工表示诚挚的问候和衷心的感谢！为做好今年全区林业工作，下面我讲几点意见。

一、提高政治站位，深入学习贯彻习近平生态文明思想

党的十八大以来，以习近平同志为核心的党中央高度重视生态文明建设，形成了习近平生态文明思想。习近平生态文明思想是我们推进生态文明、建设美丽中国的强大思想武器，为推动林业改革发展提供了根本遵循。习近平总书记对生态文明建设和林业改革发展作出了一系列重大战略部署，如国有林场改革、国家公园建设、自然保护区建设、统筹山水林田湖草生态系统治理等。习近平总书记多次深入林区一线考察调研，多次组织研究森林生态安全问题，多次就保护发展森林资源作出重要指示批示。2019年3月，习近平总书记在参加内蒙古代表团审议时强调，"保护好草原、森林是内蒙古生态系统保护的首要任务"。可以说，党中央对生态文明建设的重视是空前的，我国生态文明建设成效也得到国内外的一致认可。我们一定要深入学习贯彻习近平生态文明思想，在提高政治站位上下功夫，在强化责任担当上下功夫，在深化改革创新上下功夫，不断增强加快生态文明建设的责任感和使命感。

自治区党委、政府高度重视生态文明建设和林业改革发展。自治区党委十一届七次全会指出要完善林长制，健全森林生态效益补偿、石漠化综合治理、红树林保护、自然保护地统一监管综合执法、森林城市系列创建等机制。鹿心社书记、陈武主席坚持以上率下，认真贯彻落实习近平总书记"广西生态优势金不换"的重要指示精神，非常关心林业生态建设各项工作，经常作出指示批示，经常深入到林场、木材加工企业一线调研指导，充分体现了自治区党委、政府对林业工作的高度重视。我们决不能辜负以习近平同志为核心的党中央以及自治区党委、政府对林业工作的关心和期望，要扎实做好林业生态建设工作，努力实现广西林业高质量发展。

我区林业自然条件好、林地面积广、产业体量大，林业在推动全区经济发展、民生改善、脱贫攻坚、乡村振兴中发挥着重要作用。新的一年，全区各级各有关部门特别是林业部门要切实提高政治站位，切实把思想与行动统一到中央和自治区的决策部署上来，深入学习贯彻习近平生态文明思想，深入践行"绿水青山就是金山银山"理念，坚定不移走"生态优先、产业优良、治理优化"的发展道路，把握发展机遇，采取有力措施，奋力建设现代林业强区，全力推动2020年全区森林覆盖率达到62.5%以上，实现林业产业总产值在7000亿元以上、林业增加值增速在4.5%以上。

二、坚持生态优先，扎实推进林业生态建设

生态优先是习近平生态文明思想的核心要义。我们要坚持把生态保护修复放在首要位置，始终坚持以保护优先、自然恢复为主，制定最严格的制度，采取最有力的措施，优化生态安全屏障体系，提升森林、自然保护地、湿地生态系统的质量、功能和稳定性，努力实现人与自然和谐共生。

（一）提高大规模国土绿化水平

一是要大力提升森林质量。要科学认识桉树种植。在没有更好的替代品种前，不能轻易否定桉树种植对国土绿化和林农增收发展的积极作用。目前，我区桉树大多是5年甚至是4年轮伐的"小木头"，有专家研究表明9～10年树龄桉树每亩（1亩≈0.07公顷）出材可达到20立方米，效益大幅提高。在森林发展方面，我们要算好经济账，也要算好生态账。要深化林业科技创新，推广良种良法，引导培育大径材，推动森林资源由数量增加向质量优先转变，实现经济效益、生态效益、社会效益最大化。二是要大力建设绿美乡村。广西在美丽乡村建设当中，要把植树造林、美化绿化结合起来。这些年集中开展村屯绿化景观提升项目建设，取得了一定效果，但是还要继续扩大覆盖面，与乡村旅游、乡村振兴统筹发展，各地要配套资金，保障乡村振兴林业示范村屯的资金需求，推动"绿色势能"转化为"致富动能"。三是要大力开展森林城市系列创建活动。现在全区有10个"国家森林城市"，河池市、桂林市、钦州市已经报备创建，北海市还没有正式报备创建。我们要在两年内实现14个设区市全部成为国家森林城市，这是最基本的要求，特别是自治区把打造北部湾森林城市群作为推动开放开发的重大生态行动，希望已经成功创建的城市要不断巩固提升，其他城市要加快创建步伐。

（二）加强自然保护地建设管理

一是要持续抓好问题整改。2019年7月，第二轮中央生态环境保护督察正式启动，预计今年

将来广西。当前，部分地方特别是桂林市、百色市涉及自然保护区的不合法、不合规建设项目问题依然突出，整改工作缓慢。各地各相关部门务必提高认识、端正态度，对涉及自然保护区的问题进行全面排查，加快推进问题整改。二是要加快推进优化整合。全区224处自然保护地有交叉重叠的达96处，重叠面积合计60多万公顷。中央出台了建立以国家公园为主体的自然保护地体系的指导意见，自治区印发了实施意见，各级各有关部门要按照保护面积不减少、保护强度不降低、保护性质不改变的总体要求，构建自然保护地分类分级管理体制，落实自然保护地内建设项目负面清单，优化整合自然保护地，并与生态保护红线紧密衔接。自治区林业局要认真研究，不能大而化之，要逐个对保护区提出具体意见，按照中央生态环境保护督察整改要求，解决自然保护区范围优化调整问题。对于已经批复的自然保护区确界方案能否落实、是否有新矛盾，都要提前研究谋划。各市、区、县人民政府要认真研究，依法依规组织做好自然保护地范围调整优化工作。三是要创新解决社区矛盾。由于历史和技术原因，以前在自然保护区划定时存在不合理之处，我们要本着尊重历史、面对现实，既保护生态也要维护群众利益的原则，依法依规妥善处理，合理解决历史遗留问题。全区自然保护区生态效益补偿标准虽逐步提高到20元/亩，今年和明年还将继续提高标准，但与全区超过50元/亩的林地平均租金相比，还有较大差距。我们要通过多种途径，扶持群众发展林下经济、生态旅游，帮助他们改善生产、生活条件。

（三）高度关注红树林保护修复

习近平总书记2017年4月视察广西时强调一定要把红树林保护好，中央生态环境保护督察组到广西关注较多的也是红树林。不久前，自治区召开会议专门研究中央生态环境保护督察回头看问题整改工作，几十个问题中只有2个问题没有整改到位，其中一个就是红树林问题。近期，我们还发现钦州市一些道路桥梁建设项目破

坏红树林，北海市合浦县白沙镇榄根村附近海滩250多亩的红树林大面积非正常死亡。这些问题说明，部分市、县对红树林保护认识不到位、重视还不够。我们一定要吸取秦岭北麓圈地违建别墅、祁连山保护区生态被破坏等案件的教训。北部湾3个市分管领导和林业部门一定要主动向党政主要领导汇报，协调推动当地党委、政府把红树林保护放在重中之重的位置，履行管护职责，制定保护规划，加快分解落实红树林造林任务，加快出台红树林树木价值执法计算评价标准，严厉打击违法行为，统筹开展国家和地方湿地公园建设。

（四）加强天然林保护修复

2019年7月，中共中央办公厅、国务院办公厅印发了《天然林保护修复制度方案》。我区天然林面积居全国第六位，资源丰富，但质量不高、非法破坏等问题比较突出。今年，自治区林业局要牵头制定保护修复规划，各地要严格按照目标、任务、资金、责任"四个到位"要求，逐级分解落实保护和修复任务，严格实行天然林总量和用途双管控，严厉打击破坏天然林及其生态环境的违法行为。我区人工林面积居全国第一位，占全国的40%，要紧紧依托国家储备林建设，加强人工商品林区集约经营，保障木材生产经营需求，努力减少对天然林的破坏。

（五）加强松材线虫病防治

一是要高度重视防控。我区已有11个市、27个县（市、区）发生疫情，且已入侵桂平西山、兴安灵渠等多个重点生态区域。这些区域都是广西的名片，也是林木资源丰富的森林景区，一定要保护好。调查显示，80%的松材线虫病来自电力、通信等项目建设完成后随意丢弃在山上的光缆盘、电缆盘等松木制品。相关部门特别是电力、通信部门，不能随意丢弃光缆盘、电缆盘。请自治区林业局加强与电力、通信部门沟通对接，规范操作，禁止带入病虫害。各地财政要有专门的防治经费，特别是苍梧县、桂平市等老疫区，要按照目标责任制要求，健全防治机构，

充实专业人员，每个疫区县每年要落实防控经费300万元以上。二是要强化疫情除治。松材线虫病是松树癌症，一旦染上则无法救治，还会大面积传染，只能砍伐并就地销毁。各地要把松材线虫病防治作为重点工作来抓，在重要景区周边设置隔离带，彻底隔离传播媒介。各地要在今年2月底前完成山上病死松树集中清理，并全面清理疫区居民点房前屋后留存的松木（柴）和木材加工厂私存的疫木，彻底消除疫情传播风险。三是要加强监测宣传。发生疫情的地区和邻近疫区的城镇，每个村至少要配备1名专业人员开展日常巡查；尚未发生疫情的地区，每个村要安排1名专职人员开展日常监测，一旦发现松木异常死亡应及时上报处理。同时，要制作松材线虫病防治手册，大力宣传松材线虫病的为害性，曝光一批私自砍伐、调运、利用疫木及其制品的典型案件，强化震慑效应。

三、优化产业结构，加快产业转型升级，推进林业生态经济高质量发展

全区经济工作会议要求加快现代林业特色产业发展，壮大木材深加工、高端家具制造、林产品深加工等产业。我们要按照自治区党委、政府的统一部署，积极构建质量效益型现代林业产业体系，培植"工业树"、打造"产业林"，不断优化产业结构、延伸产业链条、打响产品品牌，实现高质量发展。

（一）推动木材加工业提档升级

我区年度木材产量、人造板产量是广东的4倍多，但广东木制家具业产值却是我区的3倍；我区产业层次低，主要是靠卖原料、卖板材，附加值低，而广东靠的是高附加值的终端产业。自治区林业局班子成员要专门开展一次解放思想大讨论，树立开放合作理念，发扬合作开发精神，引进战略投资者，引进品牌企业，"借鸡下蛋、借船出海"，把我区林木资源处于全国第一位的优势充分发挥出来。全区各地特别是各级林业部门要认真研究，扎实推进《广西现代林业产业高质量发展三年行动计划（2019—2021年）》，推动

广西木材加工业转型升级。一是要推动人造板产品升级。胶合板产业重点发展用于家具、实木复合地板、集装箱底板、家居用品等基材产品，纤维板产业重点发展超高密度板、无醛板、阻燃板、防潮板等产品，刨花板产业重点发展定向刨花板、高强度刨花板等产品，细木工板产业要向高端家具制造、家居装修等领域拓展。二是要加快发展家具家装产业。林业产业发达的市、县要加大招商引资力度，重点引进高端木竹家具、木地板、木门等领域国内外知名的家具家装企业，在现有产业集群基础上，培育发展木结构、户外木制品、竹制工艺品等新型产业，推动林业产业转型升级。三是要培育壮大林业龙头企业。要持续深化国有林业企业混合所有制改革，广西森工集团要做大做强做优，广西祥盛木业有限责任公司要加快股权分置改革上市；要有序引导林业企业进行兼并重组，统筹形成原料林、单板生产、林浆纸一体化、高端家具家装制造等全产业链条。

（二）推动森林旅游产业提质增效

江西省与我区森林资源相当，但森林公园数量是我区的3倍，湿地公园数量是我区的4倍，森林旅游产值是我区的2倍。自治区今年组织召开首届文化旅游发展大会，提出全力打造全国文化旅游产业发展先进省（区）、世界文化旅游重要目的地。我们要充分把握机遇，把森林旅游、森林康养打造成为战略性新兴产业，培育成为林业新的增长点。一是要加强规划引领。要摸清全区森林旅游资源底数，加强统筹规划，避免同质化，不要都是木栈道、玻璃桥、小木屋等人造景观，要结合山岳文化、民俗文化凸显森林特色、人文特色。二是要打造示范样板。要培育一批森林旅游康养示范基地，打造一批知名品牌，着力加快推进"环绿城南宁森林旅游圈"建设，自治区自然资源、文化旅游、交通运输、住房城乡建设等部门和南宁市人民政府要给予支持。三是要创新业态模式。既要卖山、卖水、卖林相、卖景观、卖门票，又要卖吃、卖住、卖体验、卖服

务、卖养生，不断开发森林旅游新模式，延伸产业链；要留住人、留住心、留住念想，让来的游客不想走，来过的游客还想来。

（三）推动花卉苗木产业提量扩容

广西自然条件优越、区位优势明显，但花卉苗木产业与云南、广东等周边省份相比还有较大差距，广东顺德陈村花卉世界占地面积仅 1 万亩，但汇集了世界各地花卉企业 300 多家，举办一次大型花卉博览会成交额超亿元。我们要把花卉苗木这个短板补起来，推动花卉苗木产业成为脱贫攻坚、乡村振兴的重要产业。一是要建设产业基地。要依托桂花、兰花、茉莉花、罗汉松、金花茶、宝巾花、紫薇等广西优势花卉苗木品种，完善提升南宁十里花卉长廊、柳州兰亭林叙、桂林叠彩等核心示范区，引导建立现代花卉苗木产业体系。二是要深化精深加工。要推广金花茶、铁皮石斛、茉莉花、金银花等食用花卉精深加工技术，开发生产罗汉松、米兰、紫薇等高附加值特色盆景，开发玫瑰花、茉莉花等精油系列产品及化妆品精深加工，完善花卉苗木产业配套链条。三是要培育知名品牌。要积极打造桂林桂花、北海罗汉松、南宁茉莉花、柳州紫荆花、防城港金花茶、桂派特色树桩盆景等在全国具有知名度的广西特色花卉苗木品牌，不断提升市场影响力。

（四）推动林业产业扶贫提产增收

去年在河池市罗城仫佬族自治县召开的全国生态扶贫工作会议，充分肯定了我区林业产业扶贫成效，推广了百色市凌云县下甲镇发展油茶、柳州市融水苗族自治县发展林下食用菌、河池市罗城仫佬族自治县依托天坑发展森林旅游带动群众增收脱贫等经验。2020 年是脱贫攻坚收官之年，我区的任务还很艰巨，林业作为县级"5+2"、村级"3+1"扶贫特色产业体系的重要组成部分，要发挥更大作用，助力全区脱贫攻坚。一是要巩固提升林业产业扶贫成效。要大力发展油茶、核桃、澳洲坚果等木本油料，实验用猴、蛇类、竹鼠等野生动物特色养殖，以及特色

林果、竹藤编织、林下中药材等林业传统产业，尤其要抓紧抓实贫困地区油茶产业发展工作，力争油茶产业新增带动 10 万人以上稳定脱贫。二是要积极畅通产销对接渠道。要充分利用"互联网+"和实体展销平台，及时发布林产品销售信息，拓展林产品销售渠道；要建立贫困地区林产品品牌目录，指导支持贫困地区开展"一县一品牌"及林产品"三品一标"建设。三是要创新完善利益联结模式。要大力培育林业合作社、龙头企业，大力推广"公司（林场）＋基地＋合作社＋农户""林地入股＋资本运作"等经营模式，让小林农生产靠上大企业、连上大市场。

四、立足治理优化，持续深化林业改革，加快推进林业治理体系和治理能力现代化

党的十九届四中全会要求"统筹山水林田湖草一体化保护和修复""健全生态保护和修复制度"。我们要认真贯彻落实党的十九届四中全会精神，持续深化林业重点领域改革，完善制度建设，不断提升林业治理水平和治理效能。

（一）建立完善森林资源监管体系

我区当前破坏森林资源情况比较严重，森林督查 2018 年核实的违法图斑有 3.6 万个，2019 年新增 2.2 万个。前不久新修订的《中华人民共和国森林法》，更加凸显了坚持用最严格的法律制度保护森林、林木和林地的要求，我们要深入学习宣传贯彻《中华人民共和国森林法》，遵循刚性的法律法规和依靠完善的制度，推动森林资源有效保护和科学利用。一是严格落实森林资源保护发展责任。这两年来，全区破坏森林资源的问题集中在政府主导的建设项目、国企投资的风电和水泥厂项目及采石、采矿等方面，南宁市、防城港市、玉林市、贺州市 2019 年违法使用林地面积同比不减反增；桂林市兴安风电项目破坏公益林近 750 亩、灌阳风电项目破坏公益林近 200 亩；违法占用林地采石、采矿面积较 2018 年增加了近 4 倍。这说明有些地方认识还没有到位，责任还没有压实。严格保护、科学管理和依法使用森林资源是政治态度问题，我们要

逐级把保护发展森林资源责任机制完善好、落实好。二是建立沟通协调机制，严厉打击涉林违法犯罪。全区森林督查核实的违法图斑查处工作严重滞后，来宾市、桂林市、贺州市、南宁市查处率不到50%；上林县、钟山县、灌阳县查处率不到10%，南宁市江南区、西乡塘区还是零查处；部分县、区案件存在不捕不诉或轻判轻罚情形。各地要在机构改革中，进一步理顺和加强林业执法体制，建立林业主管部门、公检法沟通协调机制，形成强大的执法合力，加大打击力度。三是完善落实林地依法依规使用监管机制。广西每年的林地指标在5000公顷左右，但需求都达到上万公顷，不足部分都是靠国家林业和草原局从备用定额中追加。国家林业和草原局明确表示，对违法、违规问题较多的省份，一律取消国家备用定额支持。如果国家取消对我区备用定额支持，将严重制约我区经济社会发展。各地要科学统筹安排好年度林地定额，全力保障重大项目建设对林地的需要，减少违法占用林地问题的发生。四是提升森林资源监管科学化水平。全区每年需要办理30多万份林木、3000多宗林地的行政许可事项，但市、县林业主管部门监管审批人员有1～5人，队伍力量不足。草原资源监督管理机构不健全、人员力量不足的问题十分突出。各地要建立健全基层森林、草原资源监管机构，充实工作人员，用好生态护林员队伍，强化"天、空、地、网"一体化监管应用。

（二）完善建立林长制制度体系

林长制改革扩大试点的作用已经显现。比如，试点县、区被侵占国有林地回收年度任务完成率超过120%，远高于非试点地区（仅34.8%）。全国已有21个省（区、市）探索实行林长制，新修订的《中华人民共和国森林法》将建立林长制写进了法条，自治区将把林长制改革作为今年重点推进的一项重大改革，全面部署推进。撤销了独立的林业行政主管部门的地区，完全可以通过实施林长制来弥补机构和人员队伍不足，林长制办公室所在部门具体负责森林资源保护管理工作。一是强化政府责任。目前，全区仅有58个县（市、区）设有单独的林业部门，全面推动林长制改革，就是要压实各级政府的林业行政管理职责，解决保护发展森林资源责任落实不到位的问题。二是强化顶层设计。林长制改革的根本是把制度建立运行起来，解决林业部门自身难以解决的问题。各地要充分总结改革试点工作经验，结合实际完善林长制制度体系架构，自上而下逐级统筹落实。三是强化支撑保障。自治区将尽快出台全面推行林长制改革的实施意见，各地要提前谋划、精心部署，在人员和经费保障等方面提前做好安排。自治区林业局要建立完善改革督查指导机制，加大督促指导力度，发现重大问题要及时向自治区人民政府报告。

（三）健全完善森林防火工作新机制

2019年10月以来，全区各地发生森林火灾90起，占年内火灾总数的38.5%，占全国的35.6%，形势严峻。鹿心社书记、陈武主席等领导同志多次作出批示，要求坚决遏制火灾频发势头。森林防火实行各级政府行政首长负责制，各市、县要压实政府的森林防火责任，在政府机构改革中重构森林火灾预防、扑火、救援新机制。一是要实现预防管控常态化。各地要强化各级林业主管部门的森林火灾预防责任，林业部门要切实担负起森林火灾预防工作第一责任，配合应急部门抓好森林防火工作；要建立完善日常巡察管控机制，全面消除森林火灾隐患，协同做好森林火灾扑救和火灾案件的查处工作。二是要加强基层森林消防队伍建设。机构改革后县级林业主管部门基本没有设置独立的森林防火机构，有的地方林业部门"三定"方案里甚至没有森林防火职能；原防火人员转隶后林业部门防火力量严重不足，近期火灾多发的桂平市、平南县、博白县、德保县都存在这方面问题。各地可以学习借鉴百色市的经验，在乡镇（街道）组建15～20人的半专业森林消防队伍，承担起森林防火日常工作。三是要完善建立协调联动机制。最近在一些较大火灾扑救处置中，出现信息不共享、协同不到位等情况。各级各有关部门要进一步理顺森林防灭火工作机制，明确部门职能职责，完善构建森林防灭火工作定期协商协调、信息互通共享、队伍调度指挥、应急处置联动、基础设施规划建设等方面的制度机制。

（四）持续强化廉洁风险防控体系

林业工作直接深入人民群众生产生活，林业行风清不清正、作风扎不扎实、干部廉不廉洁，关乎人民群众切身利益，关系党和政府形象。各级要认真落实全面从严治党主体责任，指导林业部门构建和强化林业廉洁风险防控体系，把对干部严管厚爱、对作风常抓不懈、对纪律遵守执行、对行风一抓到底的要求不折不扣地落实下去。各级林业部门要完善形成"不忘初心、牢记使命"长效机制，激励干部新时代新担当新作为；要全面梳理排查廉洁风险，扎紧制度笼子，构建不敢腐、不能腐、不想腐的体制机制，认真当好政治生态的"护林员"。

林业政策文件

广西油茶"双千"计划新造林项目检查验收办法
（修订）

第一章 总 则

第一条 为深入推进全区油茶"双千"计划，强化油茶产业项目管理，确保项目建设质量和成效，根据《广西壮族自治区人民政府关于实施油茶"双千"计划助推乡村产业振兴的意见》（桂政发〔2018〕52号）精神以及自治区有关规定，结合全区实施油茶"双千"计划工作实际，决定对《广西油茶产业"双千"计划新造林项目检查验收办法（试行）》进行修订，制定本办法。

第二条 本办法适用于自治区下达的油茶新造林项目（包括油茶低产林更新改造项目）的检查验收。

第三条 中央及其他油茶造林项目无专门实施要求的，参照本办法执行。

第二章 检查验收内容及技术标准

第四条 检查对象

企业、国有林场、合作社、种植大户和农户等实施的油茶新造林。

第五条 检查验收内容

主要包括油茶"双千"计划实施方案、新造林项目实施面积、造林成活率、保存率、种苗情况、营造林质量、档案管理情况等。

第六条 检查验收技术标准及要求

主要参考《造林技术规程》（GB/T 15776—2016）、《油茶栽培技术规程》（DB45/T 472—2018）及其他有关技术规范。

（一）实施面积

采用GPS定位测量法或地形图外业勾绘GIS软件内业测算方法来确定实施面积（矢量图层统一使用国家大地2000坐标系）。面积均以水平面积计，以亩为单位，保留一位小数。

（二）造林密度

参考《油茶栽培技术规程》（DB45/T 472—2018），结合实际，采用2.2米×3米、2.5米×3米、2.5米×4米、2.5米×5米、3米×4米、2米×5米的株行距，造林密度控制在53～100株/亩。

（三）种苗来源和苗木质量

1. 种苗来源

种苗来源须符合以下其中一项：

（1）通过国家或自治区品种审（认）定且适宜当地种植的油茶良种，来源符合有关规定，档案齐全。

（2）经自治区林业主管部门同意用于试种示范的油茶品种，且试种示范方案须经自治区林业主管部门同意。

2. 苗木质量

无纺布容器杯，规格为直径≥12厘米，高≥16厘米。苗高≥50厘米、地径（嫁接口以上）≥0.5厘米，分枝3个以上，苗木生长健壮、无检疫对象。

（四）造林成活率和保存率

造林成活率是指造林后当年单位面积成活株数与造林总株数之比（取整数）。油茶造林小班（地块）造林合格评定标准：成活率≥85%为合格，41%≤成活率≤84%为待补植，成活率≤40%为造林失败。成活率调查允许误差为±2个百分点。

造林保存率是指造林后第二年单位面积保存株数与造林总株数之比（取整数）。油茶造林小班（地块）第二年合格评定标准：保存率≥85%。保存率调查允许误差为±2个百分点。

第三章　检查验收程序和方法

第七条　油茶"双千"计划新造林项目检查验收实行县级自查、自治区核查两级检查验收方式。区直林场的检查验收参照县级验收程序进行。

第八条　县级林业主管部门组织专业技术人员完成县级自查。

（一）县级自查

按照项目实施方案，逐个小班（地块）检查。主要检查小班（地块）面积、成活率（保存率）、种苗、造林质量、管护、档案管理情况。

1.面积检查。主要核实实施主体上报造林合格面积和符合油茶"双千"补助标准面积。造林合格面积是指符合检查验收技术标准及要求；符合油茶"双千"补助标准面积是指除满足检查验收技术标准及要求外，还应满足相对集中连片20亩以上要求。

2.造林成活率（保存率）调查。采用样行或样地对造林成活率（保存率）进行调查。样行或样地根据小班苗木定植情况，均匀布设在有代表性的地段。样行数按小班应调查的面积确定，每个小班不少于3行；样地设置为带状样地，带宽5米，机械布设，样地数按小班应调查面积确定，每个小班不少于3块。

样行或样地调查的面积比例。当小班（地块）面积在100亩以下时，样行或样地面积应占小班（地块）面积5％；100～450亩小班（地块）样行或样地面积应占3％；450亩以上小班（地块）样行或样地面积不少于2％。

根据样行或样地内总造林株数及成活（保存）株数计算小班（地块）造林成活率（保存率）。

3.造林质量检查。检查是否按造林作业技术规程进行施工，包括整地质量、苗木质量、种植、苗木生长、使用良种等情况，如造林使用不符合质量标准的苗木、未使用良种（使用非良种未经自治区林业主管部门批准）或苗木来源不清的，视为不合格。

4.档案管理情况检查。主要检查调苗档案材料及其他相关图文表资料是否齐全等。

（二）自治区核查

县级自查完成后，于当年10月底前向自治区林业局上报经设区市林业主管部门审查同意的自查报告，申请自治区核查（区直林场完成自查后直接向自治区林业局申请核查），自治区核查工作于每年的11月底前完成。

1.抽查比例及方法

（1）抽查县级单位数量：原则上对每个项目县和区直林场进行检查。

（2）抽查量：每个抽查县（区直林场）抽查小班（地块）的数量和面积不少于该县（区直林场）上报自查造林合格小班（地块）数量和面积的10％。

2.核查方法、内容和要求

对抽查的小班，其核查方法和内容与自查相同。

（1）面积核查：当核实的小班面积与该小班县级自查上报面积相差±5％以内时，认可上报自查面积，否则以核实面积为准。如核实造林地点与自查存在明显位移，造林面积不予认定，核实面积和造林合格面积均计为0。

（2）造林成活率（保存率）核查：造林成活率（保存率）与县级自查数据的误差在允许范围之内，则以县级自查数据为核实数据，否则以核查数据为核实数据。

（3）造林质量核查：检查是否按造林作业技术规程进行施工；检查整地质量、苗木质量、种植、苗木生长、使用良种等情况，如造林使用不符合质量标准的苗木、未使用良种或苗木来源不清的，视为不合格。

（4）档案管理情况核查：主要检查调苗档案材料及县级项目实施方案、计划文件、检查验收材料等图文表资料是否齐全。

第四章　检查验收结果

第九条　县级自查指标

（一）任务完成率＝（自查上报完成面积/计

划面积）×100%

（二）造林面积合格率＝（自查上报造林合格面积／完成面积）×100%

（三）符合油茶"双千"补助标准面积合格率＝（自查上报符合油茶"双千"补助标准合格面积／完成面积）×100%

第十条 县级自查报告主要内容：

（一）项目的基本情况，包括计划任务、项目管理机制、组织实施形式、项目资金筹措等。

（二）自查工作开展情况，包括时间、人员、工作方法等。

（三）自查结果，分述各检查指标的计算结果，重点说明项目完成面积、合格面积、合格率、任务完成率、资金管理、使用情况，特别是自治区安排的项目资金使用和管理情况。

（四）分析评价，用实例、数据和图片对比，分析评价油茶项目实施成效。

（五）主要做法和经验。

（六）存在问题和建议。

（七）有关附表、附图及数据库。

第十一条 自治区核查指标

（一）核实面积＝∑抽查小班核实面积

面积核实率＝（∑抽查小班核实面积／∑抽查小班自查上报完成面积）×100%

（二）核实造林合格面积＝∑抽查小班核实合格面积

核实造林面积合格率＝（∑抽查小班核实合格面积／∑抽查小班核实面积）×100%

（三）核实符合油茶"双千"补助标准面积＝∑抽查小班核实符合油茶"双千"补助标准面积

核实符合油茶"双千"补助标准面积合格率＝（∑抽查小班核实符合油茶"双千"补助标准合格面积／∑抽查小班核实面积）×100%

（四）核实上报造林合格总面积＝自查上报造林合格总面积×面积核实率

（五）核实上报符合油茶"双千"补助标准总面积＝自查上报符合油茶"双千"补助标准总面积×面积核实率

（六）推算造林合格总面积＝核实上报造林合格总面积×核实造林面积合格率

（七）推算符合油茶"双千"补助标准总面积＝核实上报符合油茶"双千"补助标准总面积×核实符合油茶"双千"补助标准面积合格率

第十二条 自治区核查报告，包括核查工作报告和核收数据库文件。核查工作报告包括以下内容：

（一）项目实施概况。包括自治区下达计划任务情况，项目实施方案，项目管理机制，组织实施形式，项目资金筹措及使用情况。县级自查工作情况及结果。

（二）核查工作概况。包括抽查小班（地块）数量及抽查比例情况，核查工作过程以及需要解释说明的其他情况。

（三）核查结果。分述各项核查指标计算结果，重点是核实面积、面积核实率、核实合格面积、核实面积合格率，推算被抽查县造林合格总面积和符合油茶"双千"补助标准总面积，自治区安排的项目资金管理和使用情况。

（四）分析评价。总结分析被抽查县（区直林场）油茶造林质量监督管理、资金使用与管理、档案管理等方面好的经验做法，并用实例、图片和数据，分析评价项目实施情况。

（五）存在问题、对策及建议。

（六）附统计表、数据库。

第十三条 报告归档

将自查（核查）报告，外业调查图、表（含面积量算记录）、数据库、统计汇总表、面积量算原始资料等按工程档案管理规定立卷归档。

第五章 附 则

第十四条 本办法由自治区林业局负责解释。

第十五条 本办法自印发之日起执行。

附件1

_____年度广西油茶"双千"计划新造林（更新改造）项目检查验收外业调查表

县（市、区、林场）_____

乡（镇、分场）	村	小班号（地块号）	造林时间	县级自查上报			自治区核查			造林密度（株/亩）	成活率（保存率，%）	种苗情况		造林质量		管理情况		备注
				完成面积（亩）	造林合格面积（亩）	符合补助标准面积（亩）	核实面积（亩）	核实造林合格面积（亩）	核实符合补助标准面积（亩）			来源是否符合有关规定	苗木是否符合质量标准	整地质量	苗木生长	落实管护人员	建档情况	
1	2	3	4	5			6		7	8	9	11	12	13	14	15	16	17

注：1. 县级（区直林场）自查及自治区核查同用此表；

2. 造林时间具体到月份；

3. 造林成活率、保存率的百分数均取整数；

4. 种苗情况：11栏选填"是"或"否"，12栏选填"是"或"否"；

5. 造林质量：13栏选填"好""中"或"差"，14栏选填"好""中"或"差"；

6. 管理情况：15栏选填"有"或"无"，16栏选填"好""中"或"差"。

调查人员：

检查组负责人：

调查时间： 年 月 日

附件 2

_____县（市、区、林场）_____年度广西油茶"双千"计划新造林（更新改造）项目核查验收工作量统计表

小班（地块）数（个）	自查上报			区、市核查抽查情况					备注
	完成面积（亩）	造林合格面积（亩）	符合补助标准面积（亩）	抽查小班		抽查面积			
				个数	抽查率	抽查面积（亩）	抽查面积（亩）	抽查率	

检查组负责人：　　　　　　　统计者：

附件3

_____年度广西油茶"双千"计划新造林（更新改造）项目核查验收结果统计表

县（市、区、林场）_____

计划面积（亩）	自查上报				核查结果								推算全县（区直林场）	
	完成面积（亩）	任务完成率	造林合格面积（亩）	造林面积合格率	符合补助标准面积（亩）	符合补助标准面积合格率	核实面积（亩）	面积核实率	核实造林合格面积（亩）	核实造林面积合格率	核实符合补助标准面积（亩）	核实符合补助标准面积合格率	核实上报造林合格总面积（亩）	核实上报符合补助标准总面积（亩）	造林合格总面积（亩）	符合油茶"双千"补助标准总面积（亩）

注：1. 任务完成率＝（自查上报完成面积／计划面积）×100%；

2. 造林面积合格率＝（自查上报造林合格面积／完成面积）×100%；

3. 符合油茶"双千"补助标准面积合格率＝（自查上报符合油茶"双千"补助标准合格面积／完成面积）×100%；

4. 核实面积＝∑抽查小班核实面积；

5. 面积核实率＝（∑抽查小班核实面积／∑抽查小班自查上报完成面积）×100%；

6. 核实造林合格面积＝∑抽查小班核实面积；

7. 核实造林合格率＝（∑抽查小班核实造林合格面积／∑抽查小班核实面积）×100%；

8. 核实符合油茶"双千"补助标准面积＝∑抽查小班核实符合油茶"双千"补助标准面积；

9. 核实符合油茶"双千"补助标准面积合格率＝（∑抽查小班核实符合油茶"双千"补助标准合格面积／∑抽查小班核实面积）×100%；

10. 核实上报造林合格总面积＝自查上报完成面积×面积核实率×造林面积核实率；

11. 核实上报符合油茶"双千"补助标准总面积＝自查上报完成面积×面积核实率×核实符合油茶"双千"补助标准面积合格率；

12. 推算造林合格总面积＝核实上报造林合格总面积×核实造林面积合格率；

13. 推算符合油茶"双千"补助标准总面积＝核实上报符合油茶"双千"补助标准总面积×核实符合油茶"双千"补助标准面积合格率。

检查组负责人：　　　　　　　　　　　　统计者：

广西油茶"双千"计划低产林改造项目
检查验收办法（修订）

第一章　总则

第一条　为深入推进全区油茶"双千"计划，强化油茶产业项目管理，确保项目建设质量和成效，根据《广西壮族自治区人民政府关于实施油茶"双千"计划助推乡村产业振兴的意见》（桂政发〔2018〕52号）精神以及自治区有关规定，结合全区实施油茶"双千"计划工作实际，决定对《广西油茶产业"双千"计划低产林改造项目检查验收办法（试行）》进行修订，制定本办法。

第二条　本办法适用于自治区下达的油茶"双千"计划低产林改造项目的检查验收。

第三条　中央及其他油茶低产林改造项目无专门要求的，参照本办法执行。

第二章　检查验收内容及技术标准

第四条　检查对象

企业、国有林场、合作社、种植大户和农户等实施的油茶低产改造林。

第五条　检查验收内容

主要包括油茶"双千"计划低产林改造项目实施方案、实施面积、改造质量和档案管理等。

第六条　检查验收技术标准及内容

（一）技术标准

主要参考《造林技术规程》（GB/T 15776—2016）、《油茶低产林改造技术规程》（DB45/T 766—2011）及其他有关技术规范。

（二）实施面积

采用GPS定位测量法或地形图外业勾绘GIS软件内业测算方法来确定实施面积（矢量图层统一使用国家大地2000坐标系）。面积均以水平面积计，以亩为单位，保留一位小数。

（三）改造质量

低产林改造分四种改造方式，每种方式都实行100分打分制，合计得分85分以上为合格。具体如下：

1. 抚育改造

主要开展密度调整，修剪，杂草清除和合理施肥。考核指标如下：

（1）调整密度（30分）

砍除杂灌及老、残、病株，适当间伐、补植。调整后植株间树冠不重叠，林分郁闭度0.6～0.7，或每亩保留70～100株。按实施情况酌情打分。

（2）修剪（40分）

剪除枯枝、病枝、寄生枝等，合理整形，树体内部通风透光。按实施情况酌情打分。

（3）清除杂草、合理施肥（30分）

砍除林内杂草，采果后至春梢萌动前施肥1次。按实施情况酌情打分。

2. 嫁接改造

主要适用于长势旺盛的非良种植株。考核指标如下：

（1）穗条来源及质量（40分）

使用通过国家或自治区审定且适宜当地种植的油茶良种穗条，来源于我区定点采穗圃，质量符合有关规定、档案齐全，达到以上要求此项40分，否则不得分。

（2）嫁接成活率或保存率（60分）

嫁接当年，株成活率达90%以上，否则不得分。

株保存率是指嫁接后第二年单位面积保存株数。嫁接合格评定标准：株保存率80%以上为合格，否则不得分。

3.截干更新

主要适用于长势旺盛的良种油茶植株。考核指标如下：

（1）生长质量（20分）

截干第二年，冠幅0.3平方米以上。按实际情况酌情打分。

（2）整形修剪（40分）

截干距离地面80厘米左右，选留3个以上枝条。新梢短截修剪后，枝条比例合理、分布均匀，树冠均衡发展。按实施情况酌情打分。

（3）密度调整（40分）

调整后的油茶林每亩保留70～100株。按实际情况酌情打分。

4.更新改造

参照《广西油茶"双千"计划新造林项目检查验收办法》检查验收。

第七条　所有面积均以水平面积计，以亩为单位，保留一位小数。成活率和保存率的百分数均取整数，其他百分数均保留一位小数。

第三章　检查验收程序和方法

第八条　油茶"双千"计划低产林改造项目检查验收实行县级自查、自治区核查两级检查验收方式。区直林场的检查验收参照县级验收程序进行。

第九条　县级自查由县级林业主管部门组织专业技术人员完成。

（一）县级自查

按照项目实施方案，对低产林改造逐个小班（地块）开展检查。主要检查小班（地块）面积、低改质量、档案和管理情况。检查应在设置的样地内进行。

样地的设置：小班面积20亩以上50亩以下（不含50亩），设样地2个；小班面积50～100亩，设样地3～4个；小班面积100亩以上，设样地5个。每个样地按20米×10米面积随机设置。

1.面积检查。主要核实实施主体上报低改合格面积和符合油茶"双千"补助标准面积。低改合格面积是指符合低产林改造质量要求的面积；符合油茶"双千"补助标准面积是指除满足低产林改造质量要求外，还应满足相对集中连片20亩以上要求的面积。

2.改造质量检查。按照改造质量要求，通过实测、目测的方式，对改造质量进行打分来判定低产改造是否合格。

3.管护和档案管理情况检查。主要检查涉及考核指标所需的证明材料等。

（二）自治区核查

县级自查完成后，于当年10月底前向自治区林业局上报经设区市林业主管部门审查同意的自查报告，申请自治区检查（区直林场完成自查后直接向自治区林业局申请核查）。自治区核查工作于每年的11月底前完成。

1.抽查比例及方法

（1）抽查县级单位的数量：原则上对每个项目县（区直林场）进行检查。

（2）抽查量：每个项目县（区直林场）抽查小班（地块）的数量和面积不少于该县（区直林场）上报自查低改合格小班（地块）数量和面积的10%。如抽取的小班（地块）面积不能达到核查要求，可适当增加小班（地块）数量。

2.核查方法、内容和要求

对抽查的小班，核查方法和内容与自查相同。

（1）面积核查：当核实的小班面积与该小班上报面积相差±5%以内时，认可原上报面积，否则以核实面积为准。如核实低改地点存在明显位移的，低改面积不予认定，核实面积和低改合格面积均计为0。

（2）改造质量核查：按照改造质量要求，通过实测、目测的方式，对改造质量进行打分来判定低改是否合格。

（3）档案管理情况核查：涉及考核指标所需的证明材料及其他需提供的图文表资料等。

第四章　检查验收结果

第十条　县级自查指标

（一）任务完成率 ＝（自查上报完成面积／计划面积）×100%

（二）低改面积合格率 ＝（自查上报低改合格面积／自查上报完成面积）×100%

（三）符合油茶"双千"补助标准面积合格率 ＝（自查上报符合油茶"双千"补助标准合格面积／完成面积）×100%

第十一条　县级自查报告主要内容：

（一）项目的基本情况，包括计划任务、项目管理机制、组织实施形式、项目资金筹措等。

（二）自查工作开展情况，包括时间、人员、工作方法等。

（三）自查结果，分述各检查指标的计算结果，重点说明项目完成面积、任务完成率、合格面积、合格率、项目资金管理、使用情况，特别是自治区安排的项目资金使用和管理情况。

（四）主要做法和经验。

（五）存在问题和建议。

（六）有关附表、图及数据库。

第十二条　自治区核查指标

（一）核实面积 ＝ ∑抽查小班核实面积

面积核实率 ＝（∑抽查小班核实面积／∑抽查小班自查上报完成面积）×100%

（二）核实低改合格面积 ＝ ∑抽查小班核实合格面积

核实低改面积合格率 ＝（∑抽查小班核实合格面积／∑抽查小班核实面积）×100%

（三）核实符合油茶"双千"补助标准面积 ＝ ∑抽查小班核实符合油茶"双千"补助标准面积

核实符合油茶"双千"补助标准面积合格率 ＝（∑抽查小班核实符合油茶"双千"补助标准合格面积／∑抽查小班核实面积）×100%

（四）核实上报低改合格总面积 ＝ 自查上报低改合格总面积 × 面积核实率

（五）核实上报符合油茶"双千"补助标准总面积 ＝ 自查上报符合油茶"双千"补助标准总面积 × 面积核实率

（六）推算低改合格总面积 ＝ 核实上报低改合格总面积 × 核实低改面积合格率

（七）推算符合油茶"双千"补助标准总面积 ＝ 核实上报符合油茶"双千"补助标准总面积 × 核实符合油茶"双千"补助标准面积合格率

第十三条　自治区核查报告，包括核查工作报告和核查验收数据库文件。核查工作报告包括以下内容：

（一）项目实施概况。包括自治区下达计划任务情况，项目管理机制，组织实施形式，项目资金筹措及使用情况。县级自查工作情况及结果。

（二）核查工作概况。包括抽查小班（地块）数量及抽查比例情况，核查工作过程以及需要解释说明的其他情况。

（三）核查结果。分述各项核查指标计算结果，重点是核实面积、面积核实率、核实合格面积、核实面积合格率，推算被查县（区直林场）低改合格总面积和符合油茶"双千"补助标准总面积，自治区安排的项目资金管理和使用情况。

（四）分析评价。总结分析被查县（区直林场）油茶低产林改造质量监督管理、资金使用与管理、档案管理等方面好的经验做法，并用实例、图片和数据，分析评价油茶产业项目实施情况。

（五）存在问题、对策及建议。

（六）附统计表、数据库。

第十四条　报告归档

将自查（核查）报告，外业调查图、表（含面积量算记录）、数据库、统计汇总表、面积量算原始资料等按工程档案管理规定立卷归档。

第五章　附则

第十五条　本办法由自治区林业局负责解释。

第十六条　本办法自印发之日起执行。

附件1

_____ 年度广西油茶"双千"计划低产林改造项目检查验收调查评分表

_____ 县（市、区、林场）

乡（镇、分场）	村	小班号（地块号）	低改时间	县级自查上报			自治区核查			抚育改造			嫁接改造		截干更新			总得分	备注
				完成面积（亩）	低改合格面积（亩）	符合补助标准面积（亩）	核实面积（亩）	核实低改合格面积（亩）	核实符合补助标准面积（亩）	密度调整（30分）	修剪（40分）	除草施肥（30分）	穗条来源及质量（40分）	成活率（保存率）（60分）	生长质量（20分）	整形修剪（40分）	密度调整（40分）		
1	2	3	4	5	6	7	8	9	10	11	12	13	14	15	16	17	18	19	20

注：19栏总得分是分改造方式进行合计的分数，得分在85分以上为合格。

检查组负责人：

调查人：

调查时间：　　年　　月　　日

附件2

＿＿＿年度广西油茶"双千"计划低产林改造项目核查验收工作量统计表

＿＿＿县（市、区、林场）

自查上报				区、市核查抽查情况				备注
小班（地块）数（个）	完成面积（亩）	低改合格面积（亩）	符合补助标准面积（亩）	抽查小班		抽查面积		
				个数	抽查率	抽查面积（亩）	抽查率	

检查组负责人：　　　　　　　统计者：

附件3

____年度广西油茶"双千"计划低产林改造项目核查验收结果统计表

县（市、区、林场）：____

计划面积（亩）	自查上报					核查结果								推算全县（区直林场）	
	完成面积（亩）	任务完成率	低改合格面积（亩）	符合补助标准面积（亩）	符合补助标准面积合格率	核实面积（亩）	面积核实率	核实低改合格面积（亩）	核实低改面积合格率	核实符合补助标准面积（亩）	核实符合补助标准面积合格率	核实上报低改合格总面积（亩）	核实上报符合补助标准总面积（亩）	低改合格总面积（亩）	符合油茶"双千"补助标准总面积（亩）

注：
1. 任务完成率=（自查上报完成面积／计划面积）×100%；
2. 低改面积合格率=（自查上报造林合格面积／完成面积）×100%；
3. 符合油茶"双千"补助标准面积合格率=（自查上报符合油茶"双千"补助标准合格面积／完成面积）×100%；
4. 核实面积=Σ抽查小班核实面积；
5. 面积核实率=（Σ抽查小班核实面积／Σ抽查小班自查上报完成面积）×100%；
6. 核实低改合格面积=Σ抽查小班核实合格面积；
7. 核实低改面积合格率=（Σ抽查小班核实合格面积／Σ抽查小班核实面积）×100%；
8. 核实符合油茶"双千"补助标准面积=Σ抽查小班核实符合油茶"双千"补助标准面积；
9. 核实符合油茶"双千"补助标准面积合格率=（Σ抽查小班核实符合油茶"双千"补助标准合格面积／Σ抽查小班核实面积）×100%；
10. 核实上报低改合格总面积=自查上报造林合格总面积×面积核实率；
11. 核实上报符合油茶"双千"补助标准总面积=自查上报符合油茶"双千"补助标准面积合格率×面积核实率；
12. 推算低改合格总面积=核实上报低改合格总面积／核实低改面积合格率；
13. 推算符合油茶"双千"补助标准总面积=核实上报符合油茶"双千"补助标准总面积×核实符合油茶"双千"补助标准面积合格率。

检查组负责人：　　　　　　　　　　　统计者：

林业改革发展

全区林业发展改革

【概况】 2020年，是全面建成小康社会和"十三五"规划实现之年，也是脱贫攻坚收官之年。广西林业系统坚持以习近平新时代中国特色社会主义思想为指导，认真贯彻落实习近平生态文明思想和习近平总书记对广西工作的重要指示精神，坚持解放思想、改革创新、扩大开放、担当实干，抢抓疫情"空窗期"植绿增绿护绿、强链延链补链，着力推进生态保护修复，做美"绿水青山"，着力推动林业经济发展，做大"金山银山"，稳植树造林、稳产业发展、稳开放合作、稳要素保障，林业工作稳中有进、进中向好，决战决胜脱贫攻坚、与同步全面建成小康社会，实现"十三五"圆满收官，为广西生态文明建设和经济社会发展做出了积极贡献。

实现一个重大赶超 广西林业总产值从2015年的4300亿元增加到2020年的7662亿元，2020年比2019年增长17.8%。"十三五"期间，广西林业总产值年均增长12.3%，从2015年排名全国第五位跃升到2020年的全国第二位，仅次于广东省，一二三产业比例调整为30∶48∶22。全国林业产业发展大会、全国林业和草原工作会议介绍了广西模式，在甩开追兵、赶超标兵中迈出了坚实的步伐。国家林业和草原局局长关志鸥批示："广西林业局在发展林业产业方面取得明显成效，形成了具有地方特色的经验和做法，可考虑作为示范省（区）给予重点支持，并做强做大主导产业，为巩固脱贫成果，开拓林业产业发展新模式提供示范。"

实现两个重大突破 林下经济产值从2015年的714亿元增加到2020年的1235亿元，2020年比2019年增长12.5%，"十三五"期间，年均增长11.6%；林业生态旅游从2015年的239.6亿元增加到1472亿元，比2019年增加了2.5倍，"十三五"期间年均增长43.7%，高峰、六万大山、派阳山、姑婆山、龙胜温泉等成为森林旅游、康养胜地，两大新兴产业发展"破题破局"，与木材加工并列成为林业三大千亿元产业。

实现三个重大争先 一是油茶产业发展全国争先。2020年，广西油茶种植面积达到55.2万公顷，居全国第三位，累计带动超过40万贫困人口稳定脱贫，2020年在全国油茶现场会上介绍广西经验。二是林业脱贫攻坚全国争先。林业生态扶贫、产业扶贫累计带动120万名贫困人口稳定脱贫，多次在全国生态扶贫、全区定点扶贫会上介绍典型经验。三是乡村绿化美化全国争先。总结推出40多种村屯绿化模式，全区16万多个村屯全部实现绿化。

实现四个重大创新 一是创新完善国有林场经营体系。理顺国有林场公益性管理体制，重组建立一批区直国有林场重点企业，广西国有林场经营总面积比2019年增长6.1%，总资产比2019年增长36.2%，2020年国家评定改革成果为优秀等次。二是创新建立林业绿色金融体系。截至2020年，累计争取金融机构授信1500亿元，落地投入超过800亿元，是财政投入的近60倍；发起筹建10亿元广西工业高质量发展森工基金，搭建广西国控林业投资股份有限公司自有融资平台，首创林权流转合同鉴证凭证贷款试点。2020年，完成全球首例清洁发展机制林业碳汇项目，两期碳汇项目累计获得联合国清洁发展机制执行理事会（EB）正式核证签发碳减排量74.72万吨二氧化碳当量，实现碳交易298.57万美元。三是创新完善林业科技应用体系。"十三五"期间，新增省部级科技创新平台10个，获省部级科技奖励26项，实施科技成果转化188项，林业科技进步贡献率达到55%。四是创新实施集体林权制度改革。2020年，广西林权抵押贷款余额达161亿元，政策性森林保险投保面积达966.67万公顷，同比 2019 年增长 5%，专业合作社达 1800 多家，入社成员超过 4.5 万户。

实现五个重大提升 一是森林生态功能稳步提升。连续 12 年每年植树造林 20 万公顷、义务植树 8000 万株以上，2020 年森林覆盖率达到 62.50%，森林生态系统服务功能总价值达到 1.5 万亿元，均居全国第三位。二是森林经营质量稳步提升。人工林、国家储备林建设规模、建设质量居全国第一位；活立木蓄积量达到 9.35 亿立方米，木材年产量达到 4000 万立方米，约占全国的 1/2，稳居全国第一位。三是森林资源监管持续提升。在全国率先构建"天、空、地、网"一体化动态监管体系，形成全区史上最真实、全国省级林地图斑区划精确度最高的林地和森林资源数据，有力保障了重大项目建设使用林地需求。四是林产工业发展稳步提升。2020 年，广西人造板年产量达到 5034 万立方米，"十三五"期间，年均增长 10.03%，居全国第三位；2020 年，广西木材加工和造纸产业产值达到 2889 亿元，比 2019 年增长 7.9%，"十三五"期间，年均增长 14.34%；广西森工集团等成为行业龙头，林产加工园区建设成为全国的一面旗帜。五是林业开放合作能力持续提升。截至 2020 年，打造广西"两山"发展论坛、广西花卉苗木交易会、广西家具家居博览会等新平台，连续举办 10 届中国 – 东盟林木展，成功举办 2016 年中国 – 东盟林业合作论坛，发布《中国 – 东盟林业合作南宁倡议》，国家林业局（现国家林业和草原局）东盟林业合作研究中心落户广西，林业多边贸易额超过 400 亿美元。

【林业疫情防控】

全面加强野生动物管控 新冠疫情发生后，广西迅速作出部署，2020 年 1 月 26 日，全面暂停涉及野生动物行政许可审批及实施，全面落实陆生野生动物养殖场所就地隔离封存，全面禁止任何形式的野生动物交易和转运，全面停止野生动物的展、演、游等场所的经营活动。组织各市、县林业部门全面清查整顿野生动物人工繁育场所和经营利用机构，对野生动物人工繁育场所进行封控隔离。2020 年，全区隔离封存养殖场所 2000 多家，涉及动物 2000 多万只；清查无证养殖场所近 2000 家，涉及动物 350 多万只。全区违法猎捕、交易、食用野生动物现象大幅度减少。

科学处置在养野生动物 2020 年，广西如期完成除蛇类以外的野生动物处置工作，处置除蛇类以外的野生动物 384 万只（头），处置率 100%。累计完成蛇类综合处置 1501 万千克，综合处置率 100%。全区人工繁育陆生野生动物补偿处置资金兑付总额 16.5 亿元，兑付率 100%，补偿处置工作进度和质量位居全国前列。通过签约明确转型药用眼镜蛇、滑鼠蛇等蛇类 592 多万条、约 531 万千克，是全国唯一推动蛇类向药用转型的省（区）。全国人大常委会执法检查组在广西检查"一法一决定"实施情况时给予了高度肯定。

加强林业系统内部防控 自治区林业局成立新型冠状病毒感染肺炎疫情防控工作领导小组，组织做好区直林业系统疫情防控工作，排查区直林业系统重点人群，跟踪做好重点人群的服务和管理，做好自治区林业局办公区的疫情防控工作，全力保障干部职工生命安全和身体健康，为打赢疫情防控战做出积极贡献，干部职工疫情实现疫情零感染。

【林业生态建设】

植树造林绿化国土 2020 年，广西开展"种好树"主题活动以及"关注森林"生态文化宣传活动，组织开展全区党政军义务植树活动，完善"互联网 + 义务植树"平台，完成植树造林总面积 22.38 万公顷，完成年度任务的 129%；义务植树 8192.2 万株，完成年度任务的 102.4%。"十三五"期间，广西共完成植树造林 115.86 万公顷，平均每年完成 23.17 万公顷，义务植树 40650.5 万株。

重点生态工程建设 "十三五"期间，广西深入实施珠江防护林、沿海防护林等重点生态修复工程，加强邕江、漓江、九洲江等重点区域生态修复，广西珠江防护林建设面积160万公顷，防护林体系完成人工造林66.67万公顷，工程建设县数、建设任务均居全国第一位。

重点区域绿化美化 2020年，广西持续开展"珍贵树种苗木送边民行动"，完成"绿美乡村"建设700个村屯绿化美化景观提升项目，新增国家森林乡村176个、全国生态文化村6个，405个单位获得"广西森林城市"系列称号，村庄绿化覆盖率达到39.87%。第二次全区古树名木资源普查结果显示，广西现有古树名木14万多株，挂牌立碑保护率达99.8%。"十三五"期间，广西有10个设区市成功创建"国家森林城市"，10个县（市）荣获"全国绿化模范县（市）"称号，566个单位获得"广西森林城市"系列称号，401个村屯获评"国家森林乡村"称号，41个村屯获评"全国生态文化村"称号，37个村屯入选国家"美丽乡村"，基本实现村屯绿化全覆盖。

优化森林经营布局 "十三五"期间，广西深入实施珍贵树种种植、桉树种植结构调整、金山银山工程森林质量提升和森林景观改造项目等，科学发展人工商品林，实施树种结构调整，大力培育大径材、混交林，大力实施森林抚育，主要造林树种林木良种使用率在80%以上，新造林中混交林比例提高60%以上。

加强森林生态修复 "十三五"期间，广西统筹构建石漠化生态治理区、优质特色林木资源培育区、珠江—西江生态涵养带和北部湾沿海生态涵养带"两区两带"生态安全战略格局，深入实施石漠化综合治理工程，石漠化面积减少38.72万公顷，净减20.2%，石漠化面积减少比例、石漠化治理成效稳居全国第一位。深入实施退耕还林工程，每年减少泥沙流失2500万吨。天然林全面停伐，公益林面积达到545.2万公顷。

【绿色产业发展】

大力发展油茶产业 2020年，广西油茶产业成为国家脱贫成效考核典型，广西共创建油茶"双高"示范园30个、油茶"双高"示范点100个。在部分市、县启动了油茶收入试点工作，推荐油茶产业企业3024家，实现授信担保放款1.45亿元，广西油茶种植贷款余额达到5.76亿元。"十三五"期间，广西油茶产业综合产值由2015年的44.8亿元增加到2020年的300亿元。如百色市2020年完成油茶新造林6926.67公顷，油茶面积达13.42万公顷，稳居全区第一位、全国第三位；油茶籽产量9.97万吨，总产值达40亿元。

林产工业快速发展 "十三五"期间，广西扎实推进现代林业产业高质量发展三年行动计划，南宁市、贵港市、玉林市构建形成绿色家具家居产业集群，"高林""丰林""三威"等人造板以产量大、质量优而享誉全国。桂林市、柳州市、百色市打造具有广西特色的木竹制品生产基地，荔浦市衣架生产总量、出口量约占全国同类产品生产总量及出口量的50%。梧州市、河池市、防城港市初步形成林产化工产业集群。贵港市以旋切单板、胶合板为主的木材加工企业或个体发展到3500多家，其中生产旋切板的2600多家，年生产能力达到1100多万立方米；生产胶合板的576家，年生产能力达到1500多万立方米。

大力发展林下经济 2020年，广西新组建林下经济专业合作社47家，4家企业获得自治区首批中药材"定制药园"称号，林权抵押贷款余额161亿元，林业产权交易额达24.23亿元。扶持建设30个自治区林下经济示范项目。"十三五"期间，广西林下经济发展面积达到454.67万公顷，惠及林农超过1505万人，建设367个林下经济示范项目和"产业富民"林下经济示范基地。

做大做强森林旅游 2020年，广西评定了星级森林人家15个、广西森林体验基地7个、广西花卉苗木观光基地3个、森林康养基地5个。"十三五"期间，广西大力实施森林旅游"510工程"，深入打造森林旅游龙头示范项目，整合南宁市城郊的广西国有高峰林场（简称"高峰林场"）、广西国有七坡林场（简称"七坡林场"）、南宁树木园和广西林业科学研究院共 6.13 万公顷国有林地，引进"央企""湾企"合作实施七坡林场七彩世界森林旅游项目、高峰林场高峰森林公园和"花城绿谷"森林康养项目、南宁树木园中林生态城等重大项目，打造集森林体验、森林康养、森林科普于一体的"环绿城南宁森林旅游圈"，总投资超过 600 亿元。全区已建成 AAA 级以上森林生态旅游景区 145 处，占全区的 27%，以涉林资源为依托的旅游游客量为 6.2 亿人次，旅游总消费 7073 亿元，占全区的 69%，对将八桂大地绿水青山打造成为金山银山具有积极的意义。桂林桂花、北海罗汉松、南宁茉莉花、柳州紫荆花和桂派特色树桩盆景等成为特色花卉品牌。推动龙胜各族自治县、金秀瑶族自治县、环江毛南族自治县、罗城仫佬族自治县等成功创建全国森林旅游示范县。

产业基础更加夯实 2020 年，广西新增自治区级林业龙头企业 31 家，全区已建或在建林业产业园区 32 个，园区总面积 29333.33 公顷，入园企业 2400 余家。"十三五"期间，广西创建自治区级现代林业特色核心示范区 78 个、县级示范区 101 个、乡级示范园 222 个、村级示范点 821 个，初步建成了一批要素集中、产业集聚、技术集成、经营集约、效益稳定的现代特色林业示范区。崇左市推进中泰产业、广西山圩产业等木材加工园区建设，全市木材加工产值超过锰产业值，达到 209.8 亿元，成为全市第二支柱产业。

【森林资源保护】

森林资源监管全国领先 2020 年，广西森林督查发现疑似违法变化图斑 13029 个，比 2019 年下降 38.3%，上报年度疑似违法变化图斑数量连续 3 年呈显著下降趋势，减少量约 2/3。"十三五"期间，广西全面完成林地及森林资源变更、森林覆盖率、公益林资源与生态状况等年

度监测任务，基本完成第五轮森林资源规划设计调查任务和天然商品林核实落界工作，无人机执法监管实际监测面积达 1265 平方千米，森林资源管理"一张图"成果实现了全区森林资源一张图、一套数、一个体系的监测及一个平台管理的目标，从根本上解决了业务管理与基础数据之间相互脱节的问题。全国首创航拍正射高清影像核实林地落界成果；全国首次采用机载激光雷达应用进行全域调查，人工调查工作量减少 70%～80%；全国首创使用中高分卫星遥感、无人机建模和激光雷达等森林资源调查监测新技术。

湿地保护体系更加丰富 2020 年，广西公布全区第一批 34 处自治区重要湿地名录，龙胜龙脊梯田、梧州苍海、南宁大王滩等 3 处试点建设的国家湿地公园通过验收，成功创建广西南宁大王滩国家湿地公园。"十三五"期间，广西率先在全国成立湿地保护专家委员会、红树林资源保护评审委员会，有湿地类型自然保护区 12 处、国家海洋公园 2 处、国家湿地公园 24 处；全区湿地总面积保持 75.43 万公顷，湿地保护率达 34.39%，在全区建立了以湿地自然保护区、国家湿地公园、饮用水水源保护区等为主体的湿地保护体系。

红树林保护体系更加完善 "十三五"期间，广西率先在全国公布实施《广西壮族自治区红树林资源保护条例》，沿海三市集中开展了营造和修复红树林工作，累计营造和修复红树林面积 693.92 公顷，红树林面积逐年小幅增加，全区红树林面积达 9330 公顷，居全国第二位。

生物多样性保护成效显著 "十三五"期间，广西在全球首次野化放归人工繁育黑叶猴、瑶山鳄蜥，生物多样性丰富度居全国第三位，森林生态系统稳定性、功能性显著增强。广西现有自然保护地 223 处，实际面积 225.6 万公顷，包括自然保护区、森林公园、风景名胜区、地质公园、湿地公园、石漠公园、海洋公园等多种类型。

督察整改全面落实到位 2020 年，广西完成 14 个设区市自然保护地优化整合与生态保护红线评估调整工作衔接。5 处自治区级自然保护区的功能区划方案获自治区人民政府批复。完成中央生态环境保护督察、海洋督察专项督察指出沿海 3 个市自然保护区内违法养殖问题整改。推进违建别墅清查整治工作，拆除建筑物 29 栋。与自治区生态环境厅联合开展"绿盾"、自然保护地大检查等专项监督检查行动，发现问题 984 个，其中查处整改完成 634 个。

【重点领域改革】

持续深化国有林场改革 "十三五"期间，广西国有林场经营总面积达 149.59 万公顷；森林蓄积量达 9385.4 万立方米，比 2015 年增长 9.1%；经营总收入达 59.3 亿元，比 2015 年增长 8.8%；总资产达 469.8 亿元，比 2015 年增长 36.2%；净利润达 4.7 亿元，比 2015 年增长 36.2%。13 家区直林场经营收入达 55.5 亿元，比 2015 年增长 20.0%；总资产达 390.7 亿元，比 2015 年增长 53.8%；深入实施商品林"双千"基地建设，经营面积达到 149.6 万公顷，比 2015 年增长 28.3%，租地造林实现"场外再造一个林场"的目标。

深化行政审批制度改革 2020 年，广西出台《县级林业主管部门部分涉林权力事项赋予乡镇实施指导意见》，为林木采伐许可等 4 项权力事项平稳、下放乡镇实施提供指导。制定并公布自治区林业局随机抽查事项清单和联合抽查清单。首次与市场监管局开展联合执法检查，检查 10 家企业。取消林木种子质量检验机构资质认定、草种质量检验机构资质认定等 7 项行政许可事项。委托和授权中国（广西）自由贸易试验区实施行政权力事项 6 项，行政许可事项全程网办率达 84%、实现 100% 零跑腿。深化"放管服"改革，自治区级审批事项由 38 项减少到 28 项。

深化集体林权制度改革 2020 年，广西在永福县、苍梧县、上思县、平果市、扶绥县、南丹县、贵港市覃塘区等 10 个县（市、区）开展了第二批集体林地"三权分置"改革试点工作。新增马山县、天峨县、贵港市、东兴市、岑溪市等地的 5 个林权交易服务站，广西建成地方林权交易服务站共 13 家，交易服务覆盖面不断扩大。引入融水苗族自治县怀宝林场等 3 家市（县）林场和广西丰林林业有限公司等 5 家林业企业进场交易。编制竹子查勘定损技术规范，开展"县区级"无赔款优待。成立首家自治区级林权收储担保公司。广西林业产权交易挂牌总金额 92 亿元，比 2019 年增长 14%。为建档立卡贫困户承保森林面积达 52.67 万公顷，比 2019 年增长了 15%。"十三五"期间，广西积极推行"政银担"合作模式，组建森林保险案件勘测专家队伍，成立大灾风险赔偿基金，共建设村级森林保险基层服务点达到 1300 多个，集体林地流转面积超 133.33 万公顷。

【林业开放合作】

科研取得丰硕成果 "十三五"期间，广西新增省部级科技创新平台 10 个，首次获得国家人才称号，取得科技成果 643 项，是"十二五"的 3.12 倍，制定标准 59 项，获授权专利 194 件，审定良种 34 个，获得授权植物新品种 24 个。登记科技成果 662 项，获得各类科技奖励成果 47 项。广西主要用材林高效培育与利用、贫困地区木本粮油产业科技扶贫示范等 3 个项目获得广西创新驱动发展重大专项立项，获得资助 1.47 亿元。

关键技术实现突破 "十三五"期间，广西突破了油茶良种繁育、杉木良种选育及大中径材高效培育、马尾松工业用材林良种选育及高产栽培、桉树中大径材良种与高产栽培等一批关键技术，其中马尾松育种群体建立与应用、肉桂高效培育与利用 2 项科研成果荣获广西林业科技进步奖一等奖。全区获得良种选育相关省级以上科技成果奖 20 件。

成果转化成效显著 "十三五"期间，广西坚持科技成果向林业生产经营主体转移转化，累计实施科技成果转化 188 项，累计转化收益 4390 万元。广西林业科学研究院 2016 年技术交易登记资金总量 1140 多万元，在全区所有单位中排名第二。选育松、杉、桉和油茶等林木良种 47 个，结合林业重点生态工程建设在贫困地区推广应用，建设林业科技示范基地 68 个。选派林业科技特派员 343 人次，辐射推广近 13333.33 公顷，带动周边农户 20 多万人。

林业对外开放持续扩大 "十三五"期间，广西深化推进与东盟国家在林木种质资源交换、良种选育、营造林技术等领域的交流合作，桉树、油茶等产业走出国门，国外林业科技专家来访 300 人次，林业"走出去"正在成为广西服务"一带一路"倡议的新名片。

【林业脱贫攻坚】

贫困地区生态环境持续改善 "十三五"期间，广西 54 个贫困县森林覆盖率达 73%，比 2015 年提高 5.2%，植树造林 61.944 万公顷，完成森林抚育 98.148 万公顷，实施防护林建设 1.71 万公顷，石漠化综合治理人工造林 4786.67 公顷，封山育林 6.96 万公顷。自治区林业局安排贫困县村屯绿化美化项目 612 个，新建中小型有机垃圾沼气化项目 225 处，户用沼气池 2480 户，太阳能光伏覆盖公共照明示范村 237 处，农村人居环境显著改善。

林业产业脱贫效益持续提升 "十三五"期间，广西 54 个贫困县油茶种植总面积达 47.8 万公顷，比 2015 年增长 25%，占全区油茶林总面积的 88%，成为脱贫的"长线"项目。54 个贫困县林下经济发展面积达 273.33 万公顷，比 2015 年增长 23%；年产值达 650 亿元，比 2015 年增长 76%。贫困地区森林旅游业产值超过 300 亿元，比 2015 年增长 138%。54 个贫困县林业产业总产值超过 2400 亿元，比 2015 年增长 40%。

生态补偿脱贫范围持续扩大 "十三五"期间，广西林业部门累计利用中央、自治区、县级财政资金 17.13 亿元，在 67 个项目县选聘、续聘生态护林员 6.3 万名，户均年增收达 8000 元，补助资金对贫困户脱贫的贡献率在 60% 以上，带动和巩固 24 万名建档立卡贫困人口"家门口脱贫"。完成 2015 年、2017 年新一轮退耕还林面积 2.53 万公顷，带动 2.81 万户 11.76 万名贫困人口增收。下达中央和自治区财政森林生态效益补偿资金 60.3 亿元，其中贫困县 41.3 亿元，占 68.5%。下达权属集体和个人的天然林停伐管护补助 7.28 亿元，其中贫困县 5.41 亿元，占 74.31%，54 个贫困县共 57.87 万公顷集体和个人天然林得到有效保护。

林业科技扶贫行动持续推进 "十三五"期间，广西林业部门在贫困县建设林业推广示范项目 89 个、林业科技示范基地 82 个。54 个贫困县县级以上林业示范区达到 72 个。在贫困地区举办林业科普惠农增收活动 89 期，培训林农及基层林业技术人员 1 万多人。向贫困县选派林业科技特派员 678 名，培训林农近 5 万人，指导建设示范林 9913.33 公顷，辐射推广 2.42 万公顷，带动周边农户 21.14 万人，为服务对象带来 8.8 亿元经济效益。

政策资金保障体系持续健全 "十三五"期间，广西林业部门每年将 60% 以上的中央和自治区涉林专项资金安排到 54 个贫困县，高于自治区规定的支持比例（50%）10 个百分点。自治区林业局先后与农业发展银行、农业银行、农村信用合作社等金融机构签订 1155 亿元授信额度用于支持林业扶贫，居全国林业系统和全区各行业前列。自治区林业局对 54 个贫困县项目占用林地、林木采伐限额实行优先保障，累计审批林地面积 8800 多公顷，占全区的 51%；累计追加贫困县林木采伐限额 59 万立方米，占全区追加量的 73%；累计免收森林植被恢复费 76 宗共 5415 多万元。

定点扶贫工作成效持续向好 "十三五"期间，广西林业部门汇聚区直林业系统人力、物力支持对口帮扶的隆林各族自治县 6 个贫困村，至 2017 年全部脱贫摘帽。6 个贫困村发展沃柑种植、油茶种植、黑猪养殖、种桑养蚕等特色种养项目10余个，村村有特色产业、村村有增收项目，村集体经济每年稳定增收在10万元以上，723户2959名建档立卡贫困人口全部脱贫摘帽，贫困发生率降至0。自治区林业局连续3年在广西区直中直驻桂单位定点扶贫工作考核中荣获"综合评价好"等次。

【防灾减灾体系】

森林防火体系逐步完善 "十三五"期间，广西共发生森林火灾2212起，比2015年下降1.6%，没有发生重大、特大森林火灾，森林火灾损失持续稳定在低水平。建成全国第一个联通自治区、市、县三级的森林防火综合调度平台及森林防火信息专网线路148条，森林防火基础设施设备数量与质量、科技含量大幅提升。先后新建、扩建各类森林消防队伍2811支62516人，设立乡镇森林防火组织机构700多个、乡镇联防组织近700多个、村联防组织900多个，森林消防队伍进一步壮大。

有害生物防控全面加强 "十三五"期间，广西基本建成自治区、市、县（区）、乡（镇）四级监测预报网络，专、兼职测报人员2985人，设立测报点820个。林业有害生物年均发生面积38.66万公顷，年均成灾面积5640公顷，成灾率仅为0.4‰，远低于国家下达广西4.2‰指标；林业有害生物防治作业总面积55.32万公顷，无公害防治率96.58%，高出国家下达指标11.58%。

【林业基础保障】

林业资金投入取得新突破 "十三五"期间，中央安排广西林业资金投入178.96亿元。自治区财政先后设立油茶产业发展专项、林下经济发展专项、林木良种补贴专项等，自治区财政投入林业资金突破77亿元。落实林业贴息贷款110亿元，获中央和自治区财政贴息资金5.68亿元。金融部门发放林业贷款近388.38亿元。

林业法治化建设进程加快 "十三五"期间，广西颁布实施广西森林防火条例、古树名木保护条例、红树林资源保护条例等法律法规，建立完善保护发展森林资源目标责任制等制度机制，出台建立以国家公园为主体的自然保护地体系等政策措施。

林业信息化水平大幅提升 "十三五"期间，广西林业数据中心被认定为国家绿色数据中心，"互联网＋林业北斗"示范应用获中国智慧林业最佳实践五十强。广西林业生态建设展示中心按期投入使用。林木种子生产经营许可证审批成为自治区首个正式上线运行的智能审批事项。高峰林场、广西国有雅长林场（简称"雅长林场"）等网站被评为"全国林业专题十佳网站"。

【人才队伍建设】

队伍建设全面加强 "十三五"期间，广西林业部门严格落实《党政领导干部选拔任用工作责任追究办法》等4项监督制度，优化领导班子结构，严格依规依程序选任干部，确保了选人用人风清气正。2020年，调整配备11个直属单位的14名班子成员，各单位领导班子年龄结构、专业搭配等更加科学合理。依规依程序晋升二级巡视员3人，提拔处级干部28名，处级干部晋升职级46人，处级干部交流或改任27名，处级干部试用期满正式任职25名，科级干部晋升职级84人。

机构改革全面完成 自治区林业局为政府直属机构，是正厅级单位，自治区林业局本级设置16个职能处室，直接管理38个事业单位，包括14个二层站（中心）和24家自治区直属林业事业单位。自治区林业局机关行政编制人数100人，机关及直属单位在职在编总人数7988人（含聘用人员约10000人），广西林业系统有从业人员50多万人。14个设区市中有13个设立林业局独立机构，1个设立挂牌机构；7个为市人民政府组成部门，7个为市人民政府工作部门。111个县（市、区）中有58个设立林业局独立机构，

8个设立非独立机构，45个设立挂牌机构（在自然资源部门挂牌）；38个作为县（市、区）人民政府组成部门，3个作为县（市、区）人民政府直属机构，68个作为县（市、区）人民政府工作部门（由自然资源部门统一管理），2个由其他部门管理。

党的建设全面推进 "十三五"期间，广西林业部门大力推进区域化和信息化党建，积极探索"互联网+党建"，深化扶贫领域腐败和作风问题专项整治，全面开展"抓系统、系统抓"专项整治，完成中央第三巡视组巡视"回头看"反馈意见和自治区党委第四巡视组巡视反馈意见自查与整改工作。局本级建成新时代文明实践中心、理论宣教馆、成果展厅、林业数字化展厅和党员政治活动室，各直属单位及局机关建立党员政治活动室和新时代文明实践所210个。评选出49名勤廉榜样代表、7名系统道德模范、65个文明家庭和7个文明处室，南宁树木园、高峰林场荣获全国文明单位称号，局机关等4个单位被评为第十七批自治区文明单位。

（自治区林业局办公室）

林业重点工程

重点公益林保护工程

【重点公益林保护】 2019年自治区级以上公益林动态调整成果经自治区人民政府审定，于2020年3月完成确认批复工作，并报备国家林业和草原局。

2019年自治区级以上公益林成果衔接"一张图"工作 根据国家林业和草原局部署要求，须将广西批复的2019年公益林动态调整成果矢量范围衔接至2019年森林资源管理"一张图"成果矢量范围（简称"2019年'一张图'"），按照"增减平衡"的原则和"非林地剔除、破碎小班处理、拓扑检查"的技术要求，经衔接后，在2019年"一张图"上的自治区级以上公益林面积为544.31万公顷（其中国有公益林65.64万公顷、集体和个人所有公益林478.67万公顷，国家级公益林466.64万公顷、自治区级公益林77.67万公顷），较批复的2019年自治区级以上公益林区划落界确认成果增加41.23万公顷。

2020年自治区级以上公益林动态调整 广西现有自治区级以上公益林面积为545.2万公顷，占全区林地面积的34%，其中按照土地使用权划分，国有公益林66.5万公顷，占12%；集体和个人所有公益林478.7万公顷，占88%。按照地类划分，有林地297.3万公顷，占54.5%；疏林地0.09万公顷，占0.01%；灌木林地224.6万公顷，占41.2%；

未成林地7.4万公顷，占1.4%；无立木林地9.4万公顷，占1.7%；宜林地6.4万公顷，占1.2%。按照生态区位划分，江河源头47万公顷，占8.6%；江河两岸84.1万公顷，占15.4%；森林和陆生野生动物类型国家级自然保护区74.7万公顷，占13.7%；世界自然遗产0.7万公顷，占0.1%；重要水库17.3万公顷，占3.2%；边境地区陆路水路接壤的国境线18.3万公顷，占3.4%；荒漠化和水土流失严重地区299.5万公顷，占54.9%；沿海防护林基干林带0.1万公顷，占0.02%；红树林0.5万公顷，占0.08%；上述范围外的2001年试点面积3万公顷，占0.6%。

2019年公益林资源与生态监测 广西组织开展2020年公益林资源与生态状况监测、遥感监测、动态调整监测工作，完成监测报告。根据监测结果，公益林单位面积蓄积、单位面积生物量、林分平均郁闭度、林分平均直径、植被盖度、枯枝落叶厚度等级、腐殖质厚度等指标均保持稳步提高，森林质量等级评定为中。生态服务总价值为6459.4亿元，较2019年增加了428.10亿元，增长了7.10%，社会效益总价值高达140.12亿元。

（自治区林业局资源处）

退耕还林工程

【概况】 2020年，国家下拨广西退耕还林政策补助资金10821.41万元，其中完善退耕还林政策补助资金5019万元，前一轮到期退耕还生态林抚育费、森林生态效益补偿补助资金分别为5595.21万元和207.2万元。自治区财政安排各相关工程县退耕还林工作经费873万元和退耕还

林生态效益监测经费21万元。

【工程推进情况】 2020年2月17日，根据国家整改通知要求，广西下发了《关于开展2019年度国家级退耕还林检查验收发现问题整改的通知》（桂林办漠字〔2020〕3号），召开全区退

耕还林政策补助资金兑现推进会，有力推进了存在问题整改工作，并将整改情况及时上报国家。

2020年2月26日，按照国家林业和草原局关于退耕还林工作的总体部署及全区林业工作总体要求，广西下发了《关于印发全区2020年退耕还林工作要点的通知》（桂林办漠字〔2020〕5号），指导全区各地开展退耕还林工作。

2020年3月4日，为贯彻落实自治区人民政府办公厅关于广西严格管控类耕地退耕还林还草工作要求，自治区林业局联合自治区发展改革委等五部门下发申报退耕还林还草计划任务通知，召开电视电话会议，指导推动各地林业主管部门开展退耕还林还草任务申报工作。

2020年3月13日，广西下发了《关于开展2020年度退耕还林检查验收工作的通知》（桂林办漠字〔2020〕6号），明确了检查验收对象和内容、检查验收方式和工作要求，及时推进全区开展检查验收工作。

2020年7月18日，广西印发《广西壮族自治区林业局关于印发全区推进退耕还林资金兑现工作方案的通知》（桂林漠发〔2020〕4号），进一步提高了各地资金兑现率，有效助力脱贫攻坚，巩固退耕还林成果。

2020年5月下旬、11月上旬，广西分别派出检查组到相关市、县检查退耕还林政策补助资金兑现工作，督促各地加快资金使用进度，规范资金管理。

【县级检查验收】 根据国家要求，自治区林业局组织开展了2020年度退耕还林工程县级检查验收工作。本次县级检查验收对象为国家安排的2017年度退耕还林任务面积2000公顷，涉及3个设区市的10个县（市、区）。验收内容主要包括退耕地类别、退耕还林面积核实和合格、保存、成林等情况及工程管理情况。全区县级自查上报检查验收面积2000公顷，保存面积1927.79公顷，占计划任务面积的96.4%；未达到保存标准面积460.63公顷，占计划任务面积的23%；损失面积11.58公顷，占计划任务面积的0.58%；不核实面积为0。成林面积为1037.11公顷，占计划任务面积的51.9%。

【效益监测】 2020年9月，自治区林业局委托广西林业勘测设计院、广西林业科学研究院开展2020年度退耕还林工程效益监测。主要评估内容为退耕地水源涵养、保育土壤、植被积累营养物质和生物多样性保护等生态服务功能指标。相关监测数据在2021年底前提交。

【成效宣传】 2020年6月30日，根据国家林业和草原局《关于总结推广退耕还林实用模式的通知》（退技发〔2020〕16号）要求，广西组织全区各地认真总结报送并筛选了9个退耕还林实用模式上报。

（自治区林业局荒漠草原处）

石漠化综合治理工程林业项目

【概况】 2020年度石漠化综合治理工程林业项目主要实施2019年度计划任务，完成人工造林1330公顷，封山育林23125公顷，森林抚育502公顷，均完成自治区下达计划的100%。

自治区林业局积极协调国家发展改革委、国家林业和草原局，成功将广西42个县纳入了"十四五"期间全国"双重"规划石漠化综合治理范围。

【工程宣传】 自治区林业局组织开展"6·17"世界防治荒漠化和干旱日活动，围绕"携手防沙止漠 共护绿水青山"宣传主题，通过自治区林业局门户网站、八桂小林通等媒体和展览渠道，重点宣传新中国成立以来广西防沙治沙、石漠化防治工作取得的成效和对生态治理的贡献，不断提高群众对荒漠化治理重要意义的认识，不断增强群众的防治意识，充分调动了社会力量参与荒漠化防治的积极性和主动性，营造了荒漠化治理的良好氛围。据不完全统计，2020年全区播报相关电视新闻10多则，推送各种网络宣传信息几十条，制作板报（墙报）50多期，悬挂横幅200多条。

【石漠化监测】 根据《国家林业和草原局荒漠化防治司关于做好岩溶地区第四次石漠化监测相关准备工作的通知》有关要求，及时在全区部署开展第四次石漠化监测工作。

自治区林业局安排专项经费，委托广西林业勘测设计院在阳朔、兴宾、都安、天等、凌云等5个石漠化综合治理重点县（区）开展石漠化综合治理工程监测，监测指标有林地面积、森林覆盖率和蓄积量，植被种类变化，生物多样性指数，植物固碳量，石漠化土地面积和程度，石漠化土地治理面积，林业总产值，新增林果产品产量，新增薪材数量，建沼气池、节能灶、太阳能、小水电的农户数量和比例，并完成2019年度数据的采集工作。

（自治区林业局荒漠草原处）

重点区域防护林工程

【概况】 2020年，全区珠江防护林工程、沿海防护林工程中央预算内投资计划实际完成9.2万亩，占计划任务9.2万亩的100%。

【珠江防护林工程】 2020年中央预算内投资计划实际完成人工造林7.2万亩（其中营造油茶林6.5万亩），占计划任务7.2万亩的100%；完成退化林修复1万亩，占计划任务1万亩的100%。

工程主要以营造乡土树种、珍贵树种和混交林为主。

【沿海防护林工程】 2020年中央预算内投资计划实际完成人工造林1万亩，占计划任务1万亩的100%。

（自治区林业局生态处）

森林培育

林木种苗生产建设

【概况】

种子生产与使用 2020年，广西共采收林草种子282420千克，包括油茶、澳洲坚果等经济林砧木用种，主要集中在油茶、澳洲坚果、杉木、肉桂、八角、苏木、香椿、马尾松、火力楠等树种，其中良种种子21360千克，占总量的7.6%，种子采收量比2019年（571792千克）减少289372千克，降幅50.6%，主要原因是油茶育苗量大幅减少，油茶采种用种随之减少；广西采收良种穗条12786万条，与2019年的12565万条基本持平。2020年采收前种子库存量582千克，主要是杉木、马尾松、加勒比松、湿地松等树种的种子，占总量的91.4%。

2020年，广西实际用种量382093千克，其中良种用量52311千克，占总用种量的13.7%。在良种使用中，油茶、杉木、马尾松、红锥良种用量较大，这4个树种良种用量占广西良种用量的99.5%。2020年实际用种量比2019年（690714千克）减少308621千克，降幅44.7%；良种穗条实际用量为11104万条。

苗木生产与供应 2020年，广西育苗苗圃总数为2548处，其中国有苗圃71处；育苗面积8206.1公顷，其中国有育苗面积597.6公顷。苗木总产量91482万株，其中容器苗68039万株，占总产量的74.4%；良种苗木39711万株，占总产量的43.4%。2020年造林实际用苗量40991万株，与2019年（42474万株）相比减少1483万株，降幅为3.5%。2020年广西苗木生产能够满足造林需要。

种苗生产供应特点 一是苗木供过于求。2020年，广西苗木总量仍然供大于求，苗木总产量91482万株，实际用苗40991万株，苗木供应总量过剩。二是种苗生产结构性矛盾依然突出。常规苗木多，名特稀苗木少、产量低。2020年，广西苗木仍以油茶、桉树、杉木、马尾松等造林树种为主，四大树种苗木总量57600万株，占广西总苗木产量的62.9%，而高价值、乡土树种苗木总量仅为11100万株，占12.1%。三是小规格苗多，大规格苗少。广西林木种苗生产仍以一年生及以下小苗为主，一年生及以下小苗58000万株，占广西苗木总产量的63.4%。二年生及以上的中大规格苗木缺乏，特别是部分乡土高价值树种、彩化树种、花化树种优质大苗供不应求。四是良种苗木总量有所减少。2020年，广西良种苗木39711万株，占总产量的43.4%，良种苗木数量比2019年减少约5000万株，同比减少10%。主要原因是良种油茶育苗量有所减少，2020年油茶育苗总量23600万株，比2019年的30100万株减少6500万株，减幅21.6%。

在良种种子供应方面，2020年广西良种种子数量较少，采收量仅为2.14万千克，主要为油茶、杉木、红锥、马尾松、湿地松、西南桦、火力楠等树种的种子。而特色良种种子供应与实际需求存在较大差距，乡土珍贵树种和观赏绿化树种良种种子不足，已成为制约森林质量提升的主要问题。

【油茶种苗】 2020年，广西继续大力推进油茶种苗产业发展，建有油茶种苗繁育基地163处，其中油茶定点采穗圃22处，面积141.33公顷；油茶繁殖圃152处（保障性苗圃25处），面积约980公顷。广西具备年生产良种穗条约20万千克，可嫁接苗木12000万株以上，同时可培育二年生以上大苗10000万株以上的能力，全面扭转了油茶苗木供应不足的局面。2020年，油茶育苗总量为23600万株，需苗量为5838万株，占产苗量的24.7%，苗木供应充足，油茶种苗生产供应实现了百分之百良种和百分之百大苗的"双百"目标。

【红树林种苗】 广西钦州、北海、防城港沿海三市建有红树林种苗生产基地共 11 家，总面积 40.67 公顷，培育红树林苗木约 1480 万株，其中钦州约 550 万株、北海约 680 万株、防城港约 250 万株，生产的苗木以秋茄、白骨壤、桐花树、木榄及红海榄为主，基本满足红树林造林和修复种苗需求。广西红树林通过审定的良种有白骨壤、桐花树、拉关木（外来树种）3 个品种，但由于良种推广力度不够，良种苗木培育数量很少。2020 年广西开始实施《红树林保护修复专项行动计划（2020—2025 年）》，大力推进红树林苗木培育，在南宁市组织召开红树林种苗培育工作座谈会，对广西红树林苗木培育现状、基地建设和生产供应等相关政策措施、培育技术进行研讨，会后成立广西红树林培育技术支撑专家组，制定红树林种苗保障方案及苗木培育技术指南，为国家重点生态保护修复工程建设提供强有力的支撑。12 月，对广西红树林种苗生产基地开展摸底调查，形成《广西红树林种苗生产基地摸底调查报告》上报国家林业和草原局林场种苗司。同时引导种苗龙头企业广西八桂林木花卉种苗股份有限公司进驻北海开展红树林育苗工作，保障红树林苗木供应。

【林木良种建设】

良种基地生产建设情况 2020 年，广西进一步加快良种基地结构调整。继续推进马尾松、杉木初级种子园改造和高世代种子园建设，逐步调减、淘汰严重老化、低产的初级种子园，加大对香合欢、柚木、红锥、楠木等珍贵乡土阔叶树种和油茶、澳洲坚果等主要经济林树种种子园（采穗圃）建设，丰富和优化林木良种供应结构。广西有林木良种基地 49 处，包括良种基地 22 处、在建良种基地 13 处、油茶采穗圃 14 处，总面积 5681 公顷，其中种子园 1904.67 公顷 ［含新建高世代种子园 563.73 公顷（2 代马尾松 128.67 公顷、2 代杉木 311.46 公顷、3 代杉木 123.6 公顷）］，测定林 1005.67 公顷，收集区 403 公顷，良种示范区 1480.39 公顷，其他 200.67 公顷。2020 年种子园种子产量 21092.3 千克；母树林 612.4 公顷，产量 11180 千克；油茶采穗圃 156.87 公顷，产量 3985 万条；良种繁殖圃 319.85 公顷，产量 10927.7 万株。

采种基地种子采收情况 2020 年，广西有林木采种基地 20 处，总面积 2476.8 公顷，其中可采种面积 2020.67 公顷，可采种量 33560 千克，实际采种量 3321 千克。与 2019 年（1321.6 公顷）相比，可采种面积增加 699.07 公顷，实际采种量比 2019 年（23601.5 千克）减少 20280.5 千克。

良种储备及调剂 2020 年，自治区级良种储备收储杉木种子 570 千克、马尾松 55 千克，调剂杉木种子 150 千克、马尾松种子 20 千克。

【种质资源保存与利用】 2020 年，继续开展广西国家林木种质资源库项目建设，该项目建设面积 533.33 公顷，规划收集保存 108 个重点树种，收集林木种质资源 5000 份以上。累计完成收集广西主要造林树种及具有发展前景的树种超过 110 种；实收地理种源、品种、地方品种、家系、无性系、优株等种质共计 5463 份；新建速生树种保存区、珍贵树种保存区、木本油料树种保存区、木本香料保存区、杉木专题园、楠木专题园、东盟树种专题园等，累计建库面积 348.6 公顷；项目已开发建成智慧种质资源库信息管理平台；林区道路、管护用房、配套扩繁圃等已全面开工建设。完成《广西第一次林草种质资源普查与收集总体方案》编制，召开广西第一次全国林草种质资源普查与收集项目启动会，并在南宁市武鸣区开展种质资源普查试点，标志着广西种质资源调查工作正式启动。

【林木良种审（认）定】 2020 年 10 月，经自治区林业局党组会议审核同意，完成广西林木品种审定委员会换届改选工作。广西共审（认）定林木良种 30 个，其中松树 13 个、杉木 11 个、桉树 5 个、罗汉松 1 个。广西通过审（认）定的林木良种总数达到 231 个，其中松树、杉木、桉树和油茶四大树种良种共 191 个，占林木良种总数的 82.7%。

【建设投资】 2020 年，广西林草种苗建设完成投资 11038 万元，其中中央财政补助资金 1551 万元、其他投资资金 9487 万元。在完成投资中林木良种基地投资 2014 万元，林木种质资源保存库投资 434 万元，苗圃投资 1758 万元，其他种苗建设项目投资 6841 万元。林草种苗建设投资比 2019 年（21063 万元）减少 10008 万元，降幅为 47.5%。

中央林木良种补助 2020 年，国家林业和草原局批复下达广西林木良种补助资金 1774 万元，对 12 个国家级林木良种基地和 2 个国家级林木种质资源库实施繁育补助；对 20 个单位良种苗木实施培育补助，补助苗木数量 2250 万株，其中杉木 460 万株、马尾松 405 万株、油茶 1070 万株、桉树 180 万株、红锥 30 万株、香樟 20 万株、西南桦 10 万株、澳洲坚果 50 万株。

广西林木良种补助 2020 年，广西林木良种补助资金 3500 万元，分为六大板块：对 10 个林木良种基地实施繁育补助 220 万元，对 19 个种子园建设项目补助 759 万元，对 5 个林木种质资源保存与利用单位补助 325 万元，对 13 个良种基地基础设施补助 296 万元，对 5 个保障性苗圃建设补助 400 万元，对 26 个油茶良种大苗培育单位补助 1500 万元。

【林木种苗质量监管】

林木种苗法治宣传教育 广西各级林业主管部门对《中华人民共和国种子法》《广西壮族自治区林木种苗管理条例》及林木种苗有关政策开展形式多样的宣传教育活动，并提供举报电话和电子邮箱，建立举报登记及案件查处反馈制度，增强林木种苗从业者依法治种和依法维护自身合法权益的意识。2020 年，广西共有报刊报道 8 条、电台报道 1 条、网络报道 120 条、板报宣传 8 期，举办集中宣传活动 256 期，发放宣传资料 6 万多份，张贴标语横幅 209 条，出动宣传车 395 车次，其他以 LED 显示屏、张贴海报、短信等宣传 228 条。

林木种苗质量抽查与执法检查 2020 年，自治区级质量抽检及执法检查共抽查 76 个单位的 93 个苗批，合格苗批 87 个，合格率为 93.5%，生产经营许可证办证率为 98.3%，标签使用率为 90.9%，种苗质量自检率为 80.3%，建档率为 96.2%，平均良种育苗使用率为 92%。下达林木种苗执法检查整改通知书 11 份，立案查处违法生产经营林木种苗案件 1 起。

打击制售假冒伪劣林木种苗 2020 年，自治区林业局印发《广西壮族自治区林业局办公室关于开展打击制售假冒伪劣油茶种苗和侵犯林业植物新品种权"铁拳 2020"专项行动的通知》（桂林办场字〔2020〕34 号），组织广西林业系统开展打击制售假冒伪劣油茶种苗和侵犯林业植物新品种权"铁拳 2020"专项行动。广西共出动执法人员 1942 人次，检查苗圃数量 772 个、工程造林地 332 个，下达执法整改通知书 57 份，立案查处违法生产经营林木种苗案件 2 起。

《广西壮族自治区林木种苗管理条例》修订 2020 年，《广西壮族自治区林木种苗管理条例》正式列入自治区人民政府立法计划。10 月，自治区司法厅组织召开《广西壮族自治区林木种苗管理条例（修订）》立法论证会；11 月，《广西壮族自治区林木种苗管理条例（修订草案）》通过自治区十三届人民政府第 70 次常务会审议。

【资产处置】

广西林木种苗示范基地资产划转 经 2019 年 12 月自治区林业局党组第 40 次会议研究，同意将广西林木种苗示范基地资产无偿划转给广西国有东门林场（简称"东门林场"）。按照《自治区本级行政事业单位国有资产处置管理办法》，经资产清查及第三方机构资产评估，并报自治区林业局及自治区财政厅批复同意，按照"房地合一"原则，2020 年 6 月，将广西林木种苗示范基地房屋建筑物（账面原值 351.62 万元）无偿划转给广西国有高峰林场。7 月，其余地面附着物及其他固定资产（账面原值 1243.95 万元）全部无偿划转给广西国有东门林场。

广西林木种苗检测加工储藏基础建设项目整体移交及资产划转 经 2019 年 12 月自治区林业局党组第 40 次会议研究，同意将广西林木种苗检测加工储藏基础建设项目整体移交并将所有固定资产（含土地）无偿划转给广西国有东门林场。按照《自治区本级行政事业单位国有资产处置管理办法》，经资产清查及第三方机构资产评估，报自治区自然资源厅及自治区人民政府批复同意，2020 年 6 月，将项目用地 6556.98 平方米（账面原值 214.64 万元）及其他尚未形成账面固定资产的全部资产无偿划转给广西国有东门林场，完成项目整体移交。

【社会化服务与会议、培训】

社会化服务 指导广西林木种苗行业协会加强社会化服务，开展林木种苗信息收集发布、参与种苗质量抽查、制定星级苗圃认定办法。2020 年 11 月，指导行业协会召开年会暨换届大会，重新选举会长、常务副会长、副会长、秘书长，成立专家支持组，制订协会工作计划。

对广西苗木生产经营单位开展苗木生产技术和苗木经营销售经常性指导。一是重点指导广西八桂林木花卉种苗股份有限公司在广西科学布局育苗生产点。2020 年，该公司已在广西建设生产各类苗木（重点生产桉树、杉木、油茶、红树林等苗木）苗圃 24 个（合作经营 6 个）、组培厂 6 个，年产组培瓶苗 12000 万株、造林苗 8000 万株以上。二是积极推进广西八桂种苗科技示范基地等项目实施。2020 年自治区林业局第 13 次局长办公会议讨论通过广西八桂种苗科技示范基地项目建设方案，落实项目用地并完成项目建议书编制。基地项目选址位于广西国有七坡林场康宁分场，规模面积 166.67 公顷，项目建设规划总投资 50000 万元。主要建设内容包括林木种质资源收集区、林木良种试验与科普展示区、苗木现代化培育区和林业种苗科技研学教育区。

种苗工作会议 2020 年 11 月，全区林业种苗工作会议在南宁召开。自治区林业局二级巡视员蒋桂雄出席会议并作重要讲话，肯定了近年来广西林木种苗工作取得的成绩，对下一步的重点工作进行了部署。各市林业主管部门分管领导、种苗机构负责人，自治区林业局有关处（室、站）负责人，各自治区直属国有林场分管领导，国家级、自治区级林木良种基地负责人等 80 余人参加会议。

专业技能培训 2020 年 6 月，在南宁举办 2019 年广西油茶种苗育苗技术暨执法培训班，各市林业种苗主管部门负责人、油茶定点采穗圃及油茶苗圃主要管理人员、自治区种苗站负责人等 120 余人参加培训。12 月，在南宁举办广西林木良种基地暨种苗质量管理培训班，部分市（县）林木种苗部门负责人、35 个林木良种基地负责人及有关良种基地支撑专家等 90 余人参加培训。

【规划编制】 开展广西林木种苗发展"十四五"规划编制工作。2020 年 4 月，修改完善"十四五"规划前期重大课题"广西林木种苗现状及对策研究报告"，形成定稿上报。与广西林业科学研究院签订技术委托合同，委托编制广西林木种苗发展"十四五"规划。广西林木种苗发展"十四五"规划与国家林业和草原局及广西林业发展"十四五"规划进行了充分对接，将广西林木种苗的重要指标、重点任务和重大工程融入规划中，于 2020 年底前完成了规划编制初稿和召开专家咨询会。

（自治区林业种苗管理总站）

森林培育

【概况】 据年报统计，2020年广西完成植树造林面积21.55万公顷，其中完成荒山造林1.88万公顷、迹地人工更新6.9万公顷、低效林改造造林0.7万公顷、封山育林2万公顷、桉树萌芽更新10.07万公顷。

珠防林工程 完成人工造林1400公顷，占年度任务的100%。

海防林工程 完成人工造林666.7公顷，占年度任务的100%。

速丰林工程 新造速丰林3.3万公顷，占年度任务1.3万公顷的254%。造林从以桉树为主逐步向多树种转变，培育目标从以中小径材为主向增加中大径材转变。松、杉、油茶等乡土速生树种及中大径材造林面积大幅增加。

造林补贴项目 完成造林40786.7公顷。

特色经济林发展 完成油茶新造林35533.3公顷、油茶低产林改造20733.3公顷。

珍贵树种 完成降香黄檀、格木、香合欢、红锥、大花序桉、黑木相思、火力楠等造林2607公顷。

【营造林实绩核查】 2020年4—6月，自治区林业局委托广西森林资源与生态环境监测中心完成2019年度全区营造林实绩综合核查工作。

造林项目核查结果 本次核查的造林项目包括2018年度下达计划2019年实施的珠防林、海防林、造林补贴项目和自治区林业经营性产业发展项目（木本油料）。经核查，全区造林项目总体上报面积核实率为99.5%，比2018年度提高0.6个百分点；核实面积合格率为99.8%，比2018年度提高0.3个百分点；上报面积合格率为99.3%，比2018年度提高1个百分点；计划任务完成率为93.9%，比2018年度提高4.1个百分点。

历年造林成效核查结果 包括退耕还林退耕地造林、珠（海）防林工程人工造林、造林补贴项目、油茶营造林项目的三年保存和退耕还林、珠（海）防林工程的五年封山成效，6个项目的总体上报面积成效率为99.5%，比上年度提高4.9个百分点。

（自治区林业局生态处）

【广西国家储备林建设】
建设概况 广西在国家储备林建设方面具有得天独厚的优势，承担国家储备林基地规划建设任务约186.67万公顷，属全国最多，任务最重。广西既是全国首批国家储备林基地建设试点省（区），也是全国首个利用国家开发银行贷款建设国家储备林的省（区）。在2020年脱贫攻坚重要节点，又处于国家开发银行贷款国家储备林二期扶贫项目200亿元授信即将到期的关键阶段，自治区林业局及时紧抓扶贫优惠政策，进一步深化与国家开发银行合作。2020年5月14日，自治区林业局与国家开发银行广西分行签署支持挂牌督战县国家储备林扶贫项目合作协议，利用大额授信，定向支持大化、都安、罗城、隆林、那坡、乐业、三江、融水等8个挂牌督战贫困县及相关县（市、区）信贷资金50亿元以上，通过国家储备林收购收储等多种方式，构建利益联结的贫困人口短中长期收入增长机制。

建设成效 截至2020年底，广西已累计利用信贷资金超百亿元（其中国家开发银行74.966亿元），建设国家储备林超66.67万公顷，建设面积居全国首位，有力推动了全区生态建设、经济建设和脱贫攻坚。根据国家储备林月报表统计，2020年共完成建设面积18.99万公顷，其中利用国家开发银行贷款10.307亿元。完成2019年度下达中央预算内投资国家储备林建设面积 2760 公顷，下达中央资金 2000 万元、自治区配套资金 1000 万元。

截至 2020 年底，自治区直属国有林场和广西国控林业投资股份有限公司在广西 8 个挂牌督战县已踏查意向合作林地超 1.33 万公顷，签订合作协议超 4000 公顷。其中，在自治区林业局定点帮扶县隆林各族自治县盘活 2800 公顷资源，帮助 460 户林农增收 5500 万元，涉及贫困户 82 户，增加其收益 379 万元。农户通过"拿现金、取分成、得租金、挣薪金、获股金"持续增收，村集体经济有了稳定收入并不断壮大，生产主体积极性得以充分激活，林分综合效益稳步提升。

会议及培训 2020 年 8 月 19 日，召开 2020 年国家开发银行贷款国家储备林建设项目厅级联席会，促进银政企多方沟通，共同研究国家层面出台的《国家储备林贷款业务规程（试行）》，协商解决项目实施存在的问题，明确项目管理分工职责。9 月 11 日，举办 2020 年全区国家储备林建设培训班，解读贷款业务规程，部署下一步工作，各项目单位相关人员共 100 余人参训。10 月 23 日，召开《广西国家储备林基地建设精品成果汇编》专家咨询会暨示范林建设研讨会，梳理总结全区国家储备林建设好的营造林模式及典型案例，推动广西国家储备林精品工程建设。

【林业沃土工程】

项目实施 2020 年实施 2019 年度自治区林业沃土工程试点项目 2966.67 公顷，占计划任务的 103%，分解落实自治区财政补助资金 300 万元。在 12 家自治区直属林场和广西国控林业投资股份有限公司推广免炼山造林和测土配方施肥技术面积 1.72 万公顷，营建测土配方施肥示范点 13 个，免炼山技术示范点 3 个，种植绿肥、增施有机肥、采伐剩余物还林等多项沃土技术集成示范点 1 个。2020 年 5 月印发 2020 年度林业沃土工程试点项目实施方案，分解建设任务 1066.67 公顷，下达自治区财政补助资金 100 万元。

专题研究 2020 年完成《2019 年广西林地可持续研究经营与保护专题研究报告》，为"十四五"期间广西林地可持续经营与保护提供理论依据；完成 2019 年多代连载桉树人工林地沃土技术集成应用与示范课题研究，为桉树人工林地力修复与提升提出可行性指导意见；联合中国科学院微生物所、东华大学和广西国控林业投资股份有限公司开展广西桉树林地土壤改良试验 6.67 公顷。

（广西速生丰产林基地管理站）

森林经营

【概况】 据年报统计，2020 年全区完成中幼龄林抚育面积 63198 公顷，完成桉树种植结构调整 8387 公顷。

【实施中央财政森林抚育补贴项目】 按照国家要求，2019 年 10—11 月，自治区林业局组织核查组对所有项目单位进行核查。经核查，全区森林抚育项目上报面积合格率 99.98%，核实面积合格率 100%，计划任务完成率 94.3%，与 2018 年度相比下降 4.1 个百分点。印发《广西壮族自治区林业局办公室关于 2018 年度中央财政森林抚育补贴项目自治区级核查结果的通报》（桂林办生字〔2019〕15 号），对进度慢、任务未完成的市（县）进行了通报批评，要求引起重视、查找原因、认真整改、抓紧完成。

【逐步推进树种结构调整工作】 按照 2020 年全区林业工作会议的部署，为进一步调整优化全区森林树种结构，逐步改变树种单一、林分单纯、结构单薄、林相单调状况，提升森林生态功能和整体质效，推进美丽广西建设，根据《进一步调整优化全区森林树种结构的实施方案（2015—2020 年）》，要求全区完成公益林区和生态重要区域桉树纯林改造乡土树种、珍贵树种或混交林任务 26 万公顷以上。通过将改造范围内现有桉树林全部砍伐后，改种乡土树种、珍贵树种、花化彩化树种纯林或混交林的措施，调整树种结构和林分结构，促进形成多树种、复层、异龄混交林，增加物种多样性，提高林分稳定性，增强森林的生态功能。2020 年内完成公益林区和生态重要区域桉树纯林改造 8387 公顷。

国土绿化

【概况】

2020 年，在全区范围内开展"兴水利、种好树、助脱贫、惠民生"主题活动，组织万名领导干部下乡参加植树活动。全年广西共完成义务植树 8194.4 万株，完成计划任务的 102.4%。

截至 2020 年 12 月底，广西古树名木公示及政府认定公布全部完成，累计挂牌立碑 140195 株，已签订 53763 份古树名木养护协议，有 33665 株古树纳入养护管理；完成案件查处 6 起，查处率100%，通过古树名木移植审批 20 起 87 株。全区投入古树名木保护资金合计 6809.2 万元。

2020 年，广西完成 700 个村屯绿化提升项目建设任务，其中示范村屯 100 个，管护提升村屯 350 个，珍贵树种送边民行动村屯 250 个。全区投入村屯绿化资金合计 2250 万元。

自治区绿化委员会下发《关于授予藤县等单位"广西森林城市"系列称号的决定》（桂绿字〔2020〕2 号），授予藤县等 405 个单位"广西森林县城"等称号。

第四届中国绿化博览会广西展园建设工作完成验收。广西园获第四届中国绿化博览会金奖、最佳植物配置奖、最佳生态材料应用奖，黄光银和尹承颖 2 人被评为突出贡献个人。

【全民义务植树活动和部门绿化】

新冠疫情防控期间有序开展义务植树 2020年 3 月 11 日国家林业和草原局召开 2020 年春季造林绿化和森林草原防火电视电话会议，对统筹推进新冠疫情防控和春季造林绿化工作进行具体部署。2020 年，自治区绿化委员会办公室下发《关于积极应对新冠疫情有序开展义务植树活动的通知》（桂绿办字〔2020〕3 号），就贯彻落实会议精神、确保义务植树年度计划任务保质保量完成进行工作部署。

大种树主题活动深入开展 经自治区党委、政府同意，自治区水利厅、自治区农业农村厅、自治区林业局联合印发了《关于开展兴水利 种好树 助脱贫 惠民生主题活动的函》（桂水农水函〔2020〕8 号），3—4 月，各市县人民政府和区直、中直驻桂单位开展万名领导干部下乡开展以水利基础设施及高标准农田建设、植树绿化、古树名木保护为主要内容的主题活动。

义务植树统计 各地以春节、"3·12"植树节和"3·21"世界森林日等为载体，开展不同形式的义务植树活动，2020 年全区共植树 8194.4万株，完成计划任务的 102.4%。

【古树名木普查与保护】

任务完成情况 截至 2020 年 12 月底，广西古树名木公示及政府认定公布全部完成，累计挂牌立碑 140195 株，已签订 53763 份古树名木养护协议，有 33665 株古树纳入养护管理；完成案件查处 6 起，查处率 100%，通过古树名木移植审批 20 起 87 株。全区投入古树名木保护资金合计 6809.2 万元。

会议安排部署 自治区林业局在玉林市召开全区 2020 年古树名木保护工作现场会，全面总结交流全区古树名木保护工作进展情况，培训古树名木复壮技术，宣传《广西壮族自治区古树名木保护条例》，考察北流市民乐镇、新圩镇古树名木复壮现场。自治区林业局副局长陆志星参加会议并作重要讲话。

自治区绿化委员会办公室组织开展广西古树名木保护规划评审会，《广西壮族自治区古树名木保护规划（2019—2030）》通过评审。黄周玲二级巡视员参加会议。

落实保护工作经费 广西累计投入古树名木保护资金 6809.2 万元，其中自治区级补助资金 4270 万元，市级配套资金 637.3 万元，县级配套资金 1503.5 万元，其他资金 398.4 万元。

古树名木系统升级 自治区绿化委员会办公室组织开展广西古树名木信息管理系统升级项目审查验收会，项目通过验收。

指导通报制度 广西林业科学研究院常年派出专家进行技术指导，并通过 QQ、微信、电话等方式，及时指导解决普查工作中存在的技术问题。同时，建立全区各地古树名木资源保护工作定期通报制度，督促推进各项工作落实到位。

【村屯绿化提升建设】

实施"绿美乡村"建设工程 广西投入资金 2250 万元，重点围绕"一区两线三流域多点"区域，对具备发展乡村旅游条件的 30 户以上 100 个示范村屯、350 个景观提升村屯开展村屯绿化提升建设项目和 250 个"珍贵树种送边民行动"项目，通过绿化、美化、花化、香化，推动乡村旅游业发展，实现生态产业富民。截至 2020 年 12 月底，100 个示范村屯及 350 个景观提升村屯全部竣工，累计种植各类苗木 66.3 万株，其中绿化大苗 2.35 万株、彩化美化香化大苗 3.06 万株、果树 0.99 万株、灌木 59.9 万株；累计绿化面积超 146.67 公顷。

会议安排部署 2020 年 1 月 16 日，自治区林业局在南宁召开全区珍贵树种送边民行动座谈会。会议全面贯彻落实广西兴边富民行动精神，进一步巩固广西兴边富民行动成果，推动边境地区乡村生态振兴。会议由边境地区的防城港、百色、崇左等 3 个设区市，防城区、东兴市、那坡县、靖西市、大新县、宁明县、龙州县、凭祥市等 8 个边境县（市、区）汇报"珍贵树种送边民行动"工作思路及打算；讨论"珍贵树种送边民行动"实施细则；部署"珍贵树种送边民行动"任务安排和工作要求。自治区林业局副局长陆志星参加会议。

村庄绿化覆盖率 村庄绿化覆盖率是国家、自治区乡村振兴战略规划主要指标中唯一一项涉林指标，根据国家、自治区乡村振兴战略规划要求，林业部门负责对规划期内的村庄绿化覆盖率实施年度监测。根据广西村庄绿化覆盖监测结果，广西 2017 年基准值为 36.28%，2018 年测定值为 37.86%，2019 年测定值为 39.05%。

【创森工作】

国家森林城市 2020 年 5 月 21 日，国家林业和草原局生态保护修复司下发《国家林业和草原局生态保护修复司关于开展 2020 年度国家森林城市监测评价工作的通知》（生森函〔2020〕25 号），对崇左、来宾、百色等市开展监测工作。

广西森林城市系列创建活动 自治区绿化委员会下发《关于授予藤县等单位"广西森林城市"系列称号的决定》（桂绿字〔2020〕2 号），授予藤县等 405 个单位"广西森林县城"等称号。

【生态文化建设】

广西生态文化协会 2020 年年会暨工作座谈会 广西生态文化协会召开 2020 年年会暨工作座谈会，自治区林业局副局长、广西生态文化协会副会长陆志星在会上作重要讲话，对 2020 年工作进行部署。黄周玲二级巡视员主持会议，肖超副会长兼秘书长作 2019 年协会工作报告。

【第四届中国绿化博览会】

展园验收　2020 年 7 月 8 日，第四届中国绿化博览会广西展园建设工作完成验收。

展园获奖　2020 年 11 月 18 日，圆满完成第四届中国绿化博览会展园工作。在贵州省黔南州都匀市举办的第四届中国绿化博览会上，广西园获第四届中国绿化博览会金奖、最佳植物配置奖、最佳生态材料应用奖，黄光银和尹承颖 2 人被评为突出贡献个人。

（自治区绿化委员会办公室）

林业产业

森林资源加工利用

【扎实推进林业产业工业发展】 一是自治区林业局积极收集整理自治区人民政府和自治区有关部门出台的一系列优惠扶持政策并汇编成册印发，指导帮助林业企业用足用好扶持政策；协助解决复工复产达产遇到的用工、防控物资保障、原材料供应、物流运输、市场开拓等实际困难，助推林业企业复工复产达产，努力把疫情带来的不利影响降到最低。二是自治区林业局组织召开全区现代林业产业高质量发展暨高端绿色家居产业发展现场考察会，联合自治区工业和信息化厅推动自治区人民政府召开全区高端绿色家居产业推进工作电视电话会议，督促指导各地通过"建链、补链、强链、延链"，积极承接东部沿海地区家居家装制造业转移，推动家居家装产业加快发展。三是自治区林业局为深入推进林业产业园区建设，起草《广西自治区级林业产业示范园区认定办法》，向国家林业和草原局推荐广西崇左·龙赞东盟国际林业循环经济产业园、广西山圩产业园、贵港市覃塘林业生态循环经济（核心）示范区、贵港市产业园区（江南园）、浦北县泉水工业园、广西鹿寨桂中现代林业科技产业园等6个林业产业园区申报国家林业产业示范园区。四是自治区林业局加大对林业产业项目建设的投融资支持。向国家林业和草原局推荐高林公司中（高）密度纤维板生产线搬迁技改升级改造中林生态城·南宁项目、广西高林林业股份有限公司中（高）密度纤维板生产线整体搬迁技术改造升级项目、广西国旭东腾人造板有限公司年产35万立方米中高密度纤维板项目、广西国旭春天人造板有限公司年产10万立方米胶合板自动化生产线技改项目、广西高峰自治区级森林公园建设项目（一期及二期）、广西金鸡山自治区级森林公园项目、百色市深圳小镇林业产业脱贫奔康示范园建设项目、广西万林林业产业有限责任公司二期工程（扩建项目）年产8万立方米胶合板项目、广西国有钦廉林场1万公顷国家储备林林地林木流转项目、广西国有大桂山林场桉树商品林基地建设项目、梧州市广信森林公园项目、岑溪市林业资源综合开发项目（一期）、防城港市上思县林业资源综合开发与保护项目、世界白裤瑶（南丹）大健康扶贫产业园项目、九龙沟森林康养度假区扶贫开发项目、广西罗城仫佬族自治县生态扶贫国家储备林建设项目、广西龙州青山溪澳洲坚果生态文化（核心）产业园项目等17个项目申报林业产业重点投融资项目，积极争取投融资支持。

【扎实推进现代特色林业示范区建设】 一是自治区林业局围绕乡村振兴和脱贫攻坚，积极指导推动创建县级林业核心示范区25个、乡级示范园84个、村级示范点324个。其中，25个县级林业示范区分别为马山县周鹿澳洲坚果产业示范区、青秀区澳洲坚果产业示范区、兴宁区同仁金花茶产业示范区、鹿寨县黄冕森林药材产业示范区、融安县石门仙湖森林旅游示范区、融水苗族自治县国营贝江河林场林木良种苗木生产示范区、荔浦市壮锦兰花产业示范区、灌阳县新圩镇长冲塘油茶产业示范区、灵川县林下草珊瑚产业示范区、苍梧县福森油茶产业示范区、蒙山县那巢蜂蜜产业示范区、容县华桂山油茶种植示范区、福绵区顺流塘桐棉松示范区、兴业县祥兴油茶种植示范区、百色市田林县者苗八中高产油茶产业示范区、凌云县林场油茶产业示范区、贺州市月湾生态休闲旅游示范区、环江毛南族自治县香猪林下生态养殖示范区、凤山县洪力油茶产业示范区、宏泰吉油茶高产高效示范区、隘洞镇纳乐村板买油茶产业示范区、八腊猴山生态旅游示范区、玉龙油茶产业示范区、高山油茶产业示范区、象州县糠杉大径材示范区。二是自治区林业局组织开展《广西现代特色林业核心示范区建设标准》修订工作，制订现代特色林业示范区建设升级版的新标准。三是自治区林业局参与起草《广西现代特色农业示范区高质量建设（2021—2025）五年提升行动方案》，计划建设和提升一批规划起点高、建设标准高、管理水平高的"三高"现代特色林业示范区。截至2020年底，全区已创建自治区级现代特色林业示范区 78 个，其中五星级示范区 4 个、四星级示范区 25 个、三星级示范区 49 个，初步建成了一批要素集中、产业集聚、技术集成、经营集约、效益稳定的现代特色林业示范区。

（自治区林业局产业处）

森林旅游

【稳步推进森林旅游发展】 一是由南宁市人民政府牵头，自治区自然资源厅、自治区林业局等有关部门配合，有序推进七彩世界森林旅游项目相关工作；中林生态城·南宁项目完成良凤江景区资产评估报告、企业尽职调查报告、项目可行性分析报告、项目概念规划等工作，并于 2020 年 8 月 18 日举办央企入桂·广西中林生态城项目（一期）开工现场会；"花城绿谷"康养文旅项目完成意向选址、策划、概念性规划设计等工作；高峰森林公园项目一期工程基本建成并正常对外运营。二是自治区林业局评定星级森林人家 27 个（其中四星级 21 个、五星级 6 个）、广西森林体验基地 8 个、广西花卉苗木观光基地 3 个、森林康养基地 6 个，并通过媒体开展宣传推介活动，积极宣传展示广西森林旅游资源和森林旅游产品，扩大广西森林旅游知名度和影响力。

2020 年新增评定星级森林人家 27 个：

五星级（6 个）：浦北县石祖·花果田园森林人家、玉林市牛塘森林人家、罗城米椎林森林人家、天峨县山旮旯森林人家、南丹歌娅思谷森林人家、环江木论喀斯特生态旅游景区森林人家。

四星级（21 个）：南宁侯哥花果山森林人家、南宁威宁生态园森林人家、南宁拉基壮家美食森林人家、柳城县大埔镇源泉山庄森林人家、钟山县大坪森林人家、合浦县红树林渔人部落森林人家、河池龙洲岛景区森林人家、东兰今朝养生园森林人家、大化秀水山庄森林人家、环江牛角寨瀑布群森林人家、环江琼园山庄森林人家、河池红沙湾度假山庄森林人家、河池梦古寨休闲山庄森林人家、兴安县梁家寨森林人家、兴安县和苑森林人家、兴安县漓源瀑布森林人家、平南县金月潭森林人家、玉林市龙泉湖森林人家、罗城木栾森林人家、宜州区板栗林森林人家、昭平县南山茶苑森林人家。

2020 年新增评定广西森林体验基地 8 个：梧州白云山森林体验基地、钟山县三台山森林体验基地、富川秀峰森林体验基地、灵山县烟霞山森林体验基地、贵港市覃塘区花山茶海森林体验基地、广西平果芦仙湖森林体验基地、南丹丹炉山森林体验基地、都安三岛湾森林体验基地。

2020 年新增评定广西花卉苗木观光基地 3 个：南宁南国紫薇园花卉苗木观光基地、柳州景江茶花特色花卉苗木观光基地、梧州思良江宝巾花卉苗木观光基地。

2020 年新增评定森林康养基地 6 个：玉林大容山森林康养基地、北海田野生态养生园森林康养基地、浦北县五皇山森林康养基地、浦北县石祖禅茶园森林康养基地、陆川县龟岭谷森林康养基地、来宾大岭瑶天下森林康养基地。

（自治区林业局产业处）

花卉产业

【有序发展花卉产业】 一是 2020 年 1 月 10—18 日，自治区林业局联合广西国际博览事务局、南宁市人民政府、广西国际博览集团有限公司在南宁国际会展中心举办以"壮美广西，花满邕城"为主题的 2020 年迎春花市，自治区副主席方春明出席开幕式并宣布开市，宣传展示广西花卉产业发展成果，推进花卉企业交流合作，培育发展花卉产业。二是 2020 年 10 月 16—18 日，自治区林业局联合桂林市人民政府在桂林市举办以"花开八桂，壮美广西"为主题的第一届广西花卉苗木交易会，自治区副主席方春明出席开幕式并宣布开幕。交易会开展了产品展销、新品推介、产业论坛、基地现场考察、电商直播带货、产业推介和产销对接等多场活动，全区 14 个设区市参展企业 160 家，参会区内外客商 280 人，展出各类花卉苗木品种 1000 多个，区内外 30 多家媒体单位对交易会盛况进行了宣传报道。本届交易会全面展示了广西花卉苗木产业新形象，达成苗木采购、花木合作种植、苗木市场建设、花卉苗木研究中心建设等方面合作项目意向或协议 16 个，花卉苗木交易成交金额 6.5 亿元，合作项目意向投资 9.3 亿元。三是自治区林业局做好第十届花卉博览会参展工作。截至 2020 年底，完成广西展园方案设计、财政评审及政府采购工作、展园总工程量的 60%。

【着力做好林业产业交流及招商工作】 一是成立自治区林业局"三企入桂"林业工作专班，统筹推进落实自治区"三企入桂"行动林业各项工作，促成中国林业集团与自治区人民政府签署战略合作协议、广西森工集团股份有限公司与广西保利置业集团签署战略合作协议。二是自治区林业局组织各地林业部门做好林业产业项目策划及招商工作，汇总收集招商引资项目 66 个，并

通过网络等形式开展招商引资工作。组织广西森工集团股份有限公司、广西国有派阳山林场等单位赴浙江省杭州市、德清县等地开展招商推介会，着力引进浙江知名林业企业入桂投资。三是自治区林业局组织代表团参加中国义乌国际森林产品博览会、广西名特优农产品（广州）交易会。2020 年 11 月 24—26 日，自治区林业局联合玉林市人民政府、自治区工业和信息化厅在玉林市举办广西家具家居博览会，本次家具家居博览会交易额突破 4.2 亿元，采购商达到 23600 名，参展企业达 575 家，参观人员 25.5 万人次。首届广西家具家居博览会共评出特奖 6 个、金奖 9 个、银奖 16 个、铜奖 24 个，有效地推进林业产业对外交流合作。四是自治区林业局会同自治区投资促进局编制《广西重点产业链投资导图（林业）》初稿，逐步修改完善。

【稳步推进区直林场公司改革发展工作】 一是自治区林业局组织制定区直林场人造板企业整合重组工作方案，做好区直林场人造板企业尽职调查工作，稳步推进区直林场人造板业务整合发展；指导推进广西森工集团股份有限公司组建矿业投资公司、进出口贸易公司、企业管理公司等控股子公司，完善集团公司管理体系。二是自治区林业局督促推进广西高林林业股份有限公司中（高）密度纤维板生产线整体搬迁技术改造、广西国旭东腾人造板有限公司年产 35 万立方米中高密度纤维板技术改造、广西国旭春天人造板公司年产 10 万立方米胶合板自动化生产线技术改造等项目建设，推动转型升级。三是自治区林业局指导推进广西祥盛家居材料科技股份有限公司上市。截至 2020 年底，广西祥盛家居材料科技股份有限公司已完成增资扩股、股份公司设立、辅导备案登记以及第一、第二期上市辅导等工作。四是

自治区林业局组织制订广西华沃特生态肥业股份有限公司改革发展工作方案、广西八桂林木花卉种苗股份有限公司改革发展工作方案，稳步推进广西华沃特生态肥业股份有限公司、广西八桂林木花卉种苗股份有限公司改革发展。

【扎实做好其他基础工作】 一是自治区林业局积极推动自治区人民政府出台《广西万亿元林业绿色产业高质量发展行动方案》，力争到 2023 年全区林业绿色产业产值超过 10000 亿元。二是自治区林业局落实"十四五"规划编制单位，启动"十四五"产业发展系列规划编制工作。三是自治区林业局评定广西绿友农生物科技股份有限公司、梧州黄埔化工药业有限公司、广西亿松木业有限公司、贵港市骏马木业有限公司、贵港理昂生物质发电有限公司、天峨县细木工板厂、东兰县兴达木材加工厂、环江友林木业有限公司、河池市宜州区闽丰木业有限公司、扶绥理昂生物质发电有限公司、广西崇左市美博木业有限公司、

广西上林福人湖休闲农业综合开发有限公司、广西鑫赞建设工程有限公司、广西拓远市政工程有限公司、广西亿成花王生物科技有限公司、南宁市卉芜园林有限责任公司、广西增年林农发展有限公司、融安县鑫利达木业有限公司、融安县慧森木业有限公司、柳州市景江农业开发有限公司、广西融水瑞森木业有限公司、浦北县龙腾木业有限公司、广西贵港市恒久木业有限公司、广西万林林产业有限责任公司、百色艺哥木业发展有限公司、环江伍香源食品有限责任公司、广西天峨金桂元食品有限公司、广西象州鑫源祥木业有限公司、广西祥盛家居材料科技股份有限公司、广西扶绥亿桉木业有限公司、崇左市康誉木业有限公司等 31 家自治区级林业龙头企业，助推贫困地区脱贫攻坚和林业产业发展。

（自治区林业局产业处）

油茶产业

【概况】 2020 年，广西新种油茶 3.58 万公顷，油茶林面积达 54.9 万公顷，低产林改造 2.28 万公顷，油茶籽 29.89 万吨，产值约 318 亿元，全年带动超过 4 万贫困人口通过发展油茶产业脱贫。中央和自治区财政投入油茶产业扶持资金 3.38 亿元，新建油茶"双高"示范园 37 个、示范点 101 个，产业规模与质量稳步提升。

2020 年 7 月公布的 2019 年油茶产量测定结果显示，全区测产样地平均亩产茶油 17.30 千克，连续 4 年测定结果超 17 千克。其中，高峰林场界牌分场测产点亩产油量最高，达 83.35 千克。

【领导重视】 2020 年 11 月 12 日，国家林业和草原局局长关志鸥到罗城仫佬族自治县调研油茶产业发展情况。

11 月 16 日，全国油茶产业发展现场会在河南省光山县召开，继 2019 年全国油茶产业发展现场会后，广西再次在全国油茶产业发展现场会上作典型发言。

【主要工作】

高位推动发展 2020 年 4 月 2 日，广西油茶产业发展工作联席会议办公室印发 2021 年部门任务清单，协调各成员单位，共同推动油茶产业发展。

10 月 27 日，2020 年全区油茶产业发展现场会在贺州市召开。自治区副主席方春明出席会议并讲话，自治区人民政府副秘书长、自治区扶贫办主任蒋家柏主持会议。会议总结油茶"双千"计划实施以来油茶产业发展情况，分析产业

发展面临的问题，进一步谋划和部署广西今后一段时间油茶产业发展工作。自治区有关部门、有关金融机构分管同志，柳州市、桂林市、梧州市、防城港市、百色市、贺州市、河池市政府分管同志，各市林业主管部门主要负责同志，各县（市、区）政府分管同志及林业主管部门主要负责同志等150多人参加了现场会。

加强技术支撑　2020年6月4—5日，全区油茶"双千"计划推进工作培训班在岑溪市举办。自治区林业局副局长陆志星出席并讲话，自治区林业局二级巡视员蒋桂雄及广西林业科学研究院有关专家为培训学员授课。培训内容包括解读油茶产业发展相关政策；讲解油茶高效栽培及低产林改造等技术；现场观摩岑溪市软枝油茶种子园不同苗龄造林对比试验林、采穗圃、丰产栽培示范林，岑溪市林业科学研究所2019年种植油茶大杯苗示范林，广西国有三门江林场（简称"三门江林场"）位于糯垌镇的油茶良种基地。各市林业主管部门分管领导及业务科室负责人、油茶重点县（市、区）林业主管部门主要负责人、部分区直单位相关负责人、广西油茶产业协会代表等100余人参加了培训。

9月27—29日，广西油茶"双千"计划科技支撑研讨会在广西林业科学研究院召开。自治区林业局党组成员、广西林业科学研究院院长安家成，二级巡视员蒋桂雄、丁允辉，国家林业和草原局规划财务司、中国林业产业联合会木本油料分会、中南林业科技大学、江西省林业科学院等领导专家出席会议。会议研讨了广西油茶"双千"政策、油茶高产稳产的关键措施和技术、低改措施、适合广西应用推广的品种、油茶产品扶贫模式、广西山茶油品牌战略与营销等内容。与会人员还参观了高峰林场油茶示范林基地、广西林业科学研究院油茶种质资源库。区内外油茶知名专家，自治区科学技术厅、自治区粮食和物资储备局、自治区工业和信息化厅、自治区扶贫办、自治区林业局等有关部门负责人，各市县林业局代表，各市林业科学研究所、区直林场、广

西油茶产业协会和有关企业代表共90多人参加会议。

制定配套文件　2020年3月，自治区林业局先后印发《2020年全区油茶产业"双千"计划实施方案》《广西油茶"双千"计划低产林改造项目检查验收办法（修订）》《广西油茶"双千"计划低产林改造项目检查验收办法（修订）》《关于加强油茶"双千"计划造林苗木质量管理的通知》，为全区实施油茶"双千"计划提供具体指导和政策保障。

8月12日，自治区林业局、自治区自然资源厅、中国银行保险监督管理委员会广西监管局联合印发《关于进一步推动"油茶贷"工作的通知》，拓宽油茶产业投融资渠道，推动油茶产业做大做强。

打造产业品牌　2020年8月10日，自治区林业局组织开展广西山茶油区域公共品牌地铁专列发车仪式，"油中桂冠，长寿佳选"广西山茶油区域公共品牌地铁专列在南宁正式开通，广西山茶油品牌首次通过地铁专列形式亮相消费市场。自治区林业局党组成员、副局长陆志星出席发车仪式并致辞，自治区林业局相关处室站负责人，三门江生态茶油、六道香茶油、澳加粮油等广西知名山茶油企业和品牌负责人，主流媒体代表参加活动。

8月21日，自治区林业局组织开展广西山茶油区域公共品牌高铁专列发车仪式。自治区林业局党组成员、副局长陆志星出席发车仪式并致辞，自治区林业局相关处（室、站）负责人，三门江生态茶油、六道香茶油、澳加粮油等广西知名山茶油企业和品牌负责人，主流媒体代表参加活动。自治区林业局组织完成广西山茶油区域公共品牌地铁、高铁、机场全方位广告宣传，共有7家油茶加工企业的8个茶油品牌参与宣传。通过系列活动，加大宣传力度，普及油茶文化，扩大油茶消费市场，推动油茶产业发展。

（自治区林业局生态处）

森林草原资源
保护与管理

森林草原资源保护

【强化保护发展森林资源目标责任制落实】 完成对各设区市人民政府 2019 年度责任制考评结果的通报和 2020 年度考核目标任务的下达。根据 2019 年考评结果，桂林、梧州、北海、防城港、玉林、百色、贺州、河池、崇左 9 个市考核得分在 95 分以上，考核等级为"优秀"；南宁、柳州、钦州、贵港、来宾 5 个市得分在 85～95 分之间，考核等级为良好。配合完成国家林业和草原局对广西 7 个县保护发展森林资源目标责任制抽查工作并全部通过检查。组织各市上报 2020 年考核自查情况。

【推进 2019 年森林督查案件督办工作】 完善森林督查案件跟踪销号数据，建立严格、科学的验收销号制度，精准掌握疑似违法变化图斑的整改情况。构建包括立案率、结案率、查结率、整改率等指标评估体系，有效评估案件查处进度。采取月报制度，及时通报先进和落后单位，结果运用至自治区林业督查激励措施。经统计，2019 年度森林督查立行政案件 7061 起，刑事案件 3986 起；行政处罚 5625 人，罚款金额 6602.9 万元，实施强制措施 1241 人，移送起诉 578 人，判刑 111 人，执纪问责 38 人。已经补办审核（批）手续面积 94 公顷，回收林地面积 330 公顷，恢复植被面积 13037 公顷，补种树木 697.8 万株。疑似违法图斑查结率为 85.79%。配合专员办完成对 12 个县（区）2019 年森林督查整改工作情况"回头看"和 7 个县（区）的 2020 年森林督查图斑核实工作检查工作，配合开展广西建设项目行政许可检查 6 个项，查处南崇铁路、新柳南高速公路项目建设超范围违法占用林地 10 多起。

（自治区林业局森林资源管理处）

【野生动植物保护管理】 一是加强野生动植物保护监测。借助红外相机、全球定位系统追踪等技术手段不断加强白头叶猴、黑叶猴、东黑冠长臂猿、穿山甲、瑶山鳄蜥、冠斑犀鸟等极度濒危野生动物的调查监测，持续开展迁徙候鸟调查监测，加强对候鸟在广西境内的迁徙路线、重要的迁徙停歇地和越冬地，以及珍稀濒危候鸟的种群、分布和栖息地状况的调查监测；加强中华穿山甲、冠斑犀鸟、水鹿、金斑喙凤蝶、鳄蜥等珍稀濒危野生动物的保护与繁育研究，重点开展瑶山鳄蜥、中华穿山甲等野外放归监测，鳄蜥野外种群数量稳步增加。同时，借助样地调查手段，积极开展德保苏铁、望天树、资源冷杉、元宝山冷杉、瑶山巨苔、兰科植物等极危物种的调查监测，使濒危物种得到有效保护和种群恢复。二是加大打击力度。会同自治区公安厅、自治区海关等部门对各类可能违法经营野生动物及其制品的场所，特别是城市综合体、野生动物集散地、农贸市场、花鸟市场、重要栖息地等，实行常态化执法检查，严厉打击违法猎捕、滥食野生动物及其制品等行为，深入推进"昆仑 2020"专项行动，依法严厉打击非法猎捕、出售、买卖走私野生动物等违法犯罪活动。2020 年，全区累计检查野生动物养殖场、农贸市场等场所 1.9 万处；隔离封控陆生野生养殖场所 2000 多家，涉及动物 2000 多万只；查处涉野生动物行政案件 159 起，扣缴野生动物 33461 头（只）、野生动物制品 22314 件（张）；清查整治农贸市场、花鸟市场、酒店农庄等场所商家近 7 万家次。同时，会同政法、农业农村、公安、市场监管等部门联合下发《关于联合开展保护野生植物专项行动的通知》(桂林护发〔2020〕12 号)，自 2020 年 9 月 30 日起至 12 月 31 日，在全区范围内联合开展打击整治破坏野生植物资源专项行动。截至 2020 年 12 月

31 日，查办野生植物案件 148 起，打掉犯罪团伙 5 个，打击处理违法犯罪人员 173 人，收缴重点保护植物 6065 株、重点保护植物根茎 187.62 吨、野生植物制品 2993 件。

（自治区林业局野生动植物保护处）

重点物种救护 截至 2020 年 12 月 31 日，广西救护中心共收容救护各级别各种陆生野生动物活体 621 只（条），其中穿山甲、圆鼻巨蜥等国家 I 级保护野生动物活体 94 只（条），猕猴、仓鸮等国家 II 级保护野生动物活体 412 只（条），其他保护野生动物活体 100 多只（条）。2020 年救护穿山甲活体 60 只，存活 44 只，救护成活率 73%；获批 1 项穿山甲救护技术国家专利，申报 2 项穿山甲救护技术国家专利；穿山甲救护技术攻关初显成效。首次开展马来穿山甲半野化饲养繁育救护研究，在 2 个野外散放池野放 63 只马来穿山甲，经过近 6 个月的野外环境饲养繁育和野化训练，存活 52 只，并自然交配繁殖 3 只幼仔。

救护动物放生 2020 年 8 月 4 日，在高峰森林公园野外放归白鹇、竹鼠、果子狸、领角鸮、仓鸮、红隼、豹猫等 100 多只救护成功的野生动物。

疫源疫病监测防控 2020 年，全区 58 个疫病监测站加强野猪非洲猪瘟和鸟类禽流感等疫病主动监测预警，各监测站共上报监测信息 11774 条。全年采集野外野猪样本 12 头份、养殖场养殖野猪样本 40 多头份，经非洲猪瘟病毒抗体检测，结果全部为阴性，说明广西境内没有发现或发生野外野猪感染或携带非洲猪瘟病毒情况，也没有出现野猪和家猪交叉感染非洲猪瘟病毒情况，有力地支持了全国应对非洲猪瘟疫情监测防控工作。

动物疫病科研合作 2020 年新冠疫情发生后，救护中心积极配合军事科学院军事医学研究院、国家林业和草原局野生动物疫病检测中心等国内权威科研机构开展穿山甲等野生动物可能携带新型冠状病毒的溯源检测和溯源技术攻关工作，全力采集并提供野生动物原始样本，全年共采集野外、野生动物养殖场、动物园 / 野生动物园等场所近 100 种野生动物的组织、血清 / 血浆、拭子等样本 2000 多份，助力相关科研机构开展野生动物疫病科学研究工作。

新冠疫情防控 2020 年新冠疫情发生后，救护中心全员值岗值守，安排落实全区 58 个疫病监测站实行 24 小时值班制度，实行日报告和零报告制度，开展全线巡查监测工作；强化对全区野生动物养殖单位、经营场所的疫病监测防控工作，严防动物疫病向外界传播；派出工作组到崇左、钦州等 4 个市 9 个县 15 个养殖专业合作社宣讲相关政策文件精神和疫情防控措施，调研动物养殖成本，为自治区人民政府制定野生动物处置补偿政策提供科学依据。廖宏俊主任工作成绩突出，被自治区直属机关工委授予"2020 年优秀共产党员"称号。

（广西陆生野生动物救护研究与疫源疫病监测中心）

【草原监督管理】 一是开展草原资源管理工作调研。赴桂林等 9 个市 20 个草原资源重点县（区），对工程项目建设征占用草原资源、草原植被恢复、禁牧休牧等情况进行调查摸底，提出多项草原管理措施和整改意见。二是深化"放管服"改革。调整完善涉草行政许可审批事项清单内容，取消草种质量检验机构资格认定、草种进出口经营许可证的初审 2 个行政许可审批事项，同步更新"广西数字政务一体化平台"事项清单，办理草种生产、经营许可证审核审批有关业务，推动"放管服"改革取得新成效。三是完善草原管理制度，推进广西草原植被恢复费征收使用管理办法和征收标准制定工作。

【草原资源调查监测】 一是开展草原综合植被盖度监测，在广西布设 600 个样地开展外业调查，测算全区和 14 个设区市的草原综合植被盖度，为国家和广西开展生态文明建设目标评价，为广西全面建成小康社会统计监测指标体系和绿色发展指标体系提供重要指标数据。2020 年，广西草原综合植被盖度 82.76%，比 2019 年上升 0.93 个百分点。二是开展草原类型与生态质量等级划分项目。在广西布设 800 个样地，调查广西草原植物种类、植株高度、盖度、产量等基本情况，统计分析各类草原的物种构成、生产能力等情况，对广西草原类型进行划分，对草原的质量等级进行评定，为广西自然资源资产负债表编制、自然资源资产清查等工作提供基础数据。三是开展广西草地生态服务价值评估，分析测算广西草地生态系统服务价值，把广西草地上的"绿水青山"量化为"金山银山"，为国家和广西制定合理的草原管理政策，规划草原保护建设项目提供科学依据。

【草原宣传与培训】 开展草原法普法宣传月活动和草原普法"送法下乡"活动。以"依法保护草原 建设壮美广西"为主题，布置广西各地开展草原法普法宣传月活动，组织宣传队到百色市开展草原普法"送法下乡"活动，增强群众保护草原的法律观念和意识。着力提高草原工作队伍业务能力，年内举办广西草原管理和项目技术培训班 4 期，培训各市县草原管理和业务技术人员共 370 人次，有效提升广西草原工作队伍的草原监督管理水平。

(广西草地监理中心)

【自然保护地基本情况】 截至 2020 年底，全区共建立不同类型、不同级别的自然保护地 223 处，其中自然保护区 78 处（国家级 23 处、自治区级 46 处、市县级 9 处）、森林公园 61 处（国家级 23 处、自治区级 36 处、市级 2 处）、湿地公园 24 处（均为国家级）、风景名胜区 33 处（国家级 3 处、自治区级 30 处）、地质公园 23 处（国家

级 11 处、自治区级 12 处）、海洋公园 2 处（均为国家级）、石漠公园 2 处（均为国家级）。初步形成层级分明、类型多样、功能齐全、覆盖面广的自然保护地网络，在保护自然资源、重要及珍稀濒危野生动植物、维护区域生态平衡等方面发挥着不可替代的作用，对中国及世界生物多样性保护有重要意义。

【自然保护地建设管理】 2020 年，扎实推进自然保护地体系建设工作，抓好自然保护地建设管理工作。一是自治区林业局会同自治区自然资源厅、自治区生态环境厅、自治区海洋局印发《关于开展全区自然保护地整合优化工作的通知》(桂林保发〔2020〕2 号)，部署各地推进自然保护地整合优化工作，形成广西自然保护地整合优化预案上报国家林业和草原局审核通过，经修改完善后提交给国家林业和草原局专班封库，该成果已纳入生态保护红线成果。二是构建广西自然保护地整合优化信息化平台，组织各设区市林业主管部门及自然保护地管理机构完成辖区内自然保护地情况调查摸底工作，并将有关信息录入平台，为实现广西自然保护地信息化管理奠定基础。三是理顺各类保护地的管理职能，加快推进相关自然保护地职能划转、机构转隶工作。全面完成自治区直属的广西防城金花茶国家级自然保护区、广西山口红树林生态国家级自然保护区和广西合浦儒艮国家级自然保护区 3 个国家级自然保护区的转隶工作。四是扎实推进白头叶猴、大明山、雅长兰科、大瑶山、金花茶、十万大山等自然保护区基础设施项目建设。建立项目库管理制度，组织各自然保护地管理机构做好自然保护地建设项目申报。五是提高自然保护区集体和个人生态公益林补偿标准，自然保护区集体和个人石山生态公益林补偿标准在原有的基础上提高到 22 元/亩，集体和个人土山生态公益林补偿标准在原有的基础上提高到 27 元/亩。同时争取自治区财政同意 2021 年自然保护区的集体和个人土山生态公益林补偿标准再提高 9 元/亩，达到 36 元/亩。

六是加快推进中央生态环境保护督察涉林问题整改，组织有关市县加快推进自然保护区开展功能区划工作。截至 2020 年 12 月，自治区人民政府陆续批复了寿城、架桥岭、海洋山、青狮潭、银殿山、底定、五福宝顶等 7 处自治区级自然保护区功能区划方案。七是开展重点自然保护地人类活动遥感监测，与自治区生态环境厅联合开展"绿盾"、自然保护地大检查专项行动等监督检查，有力推进涉及自然保护区违法违规项目的查处及整改，强化自然保护地监管。

（自治区林业局保护地和湿地处）

【开展湿地和红树林生态保护修复工作】

开展自治区重要湿地名录认定，推进湿地公园建设 自治区重要湿地名录认定和国家重要湿地申报工作迈上新台阶。2020 年 9 月 21 日，经自治区人民政府同意，公布广西第一批 34 处自治区重要湿地名录。完成第二批 18 处自治区重要湿地论证报告和认定书的编制工作。向国家林业和草原局推荐北海滨海等 10 处自治区重要湿地为国家重要湿地，并配合开展国家重要湿地现地核查工作。

扎实推进国家湿地公园建设 组织专家开展国家湿地公园建设督导和相关验收准备工作，龙胜龙脊梯田、梧州苍海、南宁大王滩等 3 处试点建设的国家湿地公园通过国家林业和草原局验收，正式挂牌成为国家湿地公园；东兰坡豪湖国家湿地公园试点验收未通过，限期整改。

抓好湿地和红树林保护修复项目建设管理 广西获得中央和自治区财政湿地保护修复资金 4448 万元，其中中央财政资金 3848 万元、自治区财政资金 600 万元，共计实施 26 个湿地保护与恢复、科普宣教、科研监测等项目。启动《广西湿地保护"十四五"规划》编制工作并形成初稿。指导各项目单位做好 2020—2021 年中央财政资金湿地保护修复项目入库工作，加大对项目的监督检查指导力度。加强项目单位开展中央财政资金项目的竣工验收指导工作，对项目建设内容完成情况、资金使用情况、财务核算情况、档案建立情况等开展竣工检查验收。

开展红树林生态保护修复工作 2020 年 11 月 11 日，组织召开全区红树林资源保护修复工作会议，沿海三市及涉及红树林的县（区）人民政府和有关部门、自治区有关厅局以及相关科研院所等单位的领导、专家约 80 人参加会议。2020 年，全区营造红树林 65.32 公顷，修复红树林 104.9 公顷。加强红树林资源保护机制体系建设。开展红树林保护修复调研工作、红树林保护管理情况检查。编印《广西红树林资源保护管理现状及修复对策研究》。同时委托广西林业勘测设计院编制《广西红树林及树木价值计算办法研究》《广西红树林资源保护规划（2020—2030年）》，完成前期调研、听证、征求相关单位意见和专家论证等相关工作，并经广西湿地保护修复工作厅际联席会议第三次会议审议通过。组织北海、防城港、钦州编制本市红树林保护修复专项行动计划实施方案，并会同自治区自然资源厅汇总编制《广西红树林保护修复专项行动实施方案（2020—2025 年）》，报自然资源部、国家林业和草原局备案，将广西营造 1000 公顷红树林、修复 3500 公顷红树林任务分解落实到具体地块。做好榄根红树林死亡等案件专项整改督导，研究完善红树林资源长效保护管理机制。

【组织开展湿地保护相关活动及培训】 2020 年 9 月 25 日，召开广西湿地保护修复工作厅际联席会议第三次会议。精心组织"世界湿地日"和"世界海洋日"活动，广西北仑河口国家级自然保护区创新开展与社会公众交流互动方式，采用"走进南海红树林"专题网络直播形式，向社会公众讲好滨海湿地及红树林湿地保护的故事，活动当日观看人数超过 400 万，有效增强了社会公众保护红树林、保护海洋生态系统的意识。在桂林市举办全区湿地保护管理培训班，培训各有关市（县）林业主管部门、基层管理和技术人员约

100 人，有效提高基层湿地保护管理和技术人员的业务水平及管理能力。

（广西野生动植物和自然保护区管理站）

【林业有害生物发生情况】 2020 年，广西发生并造成较严重为害的林业有害生物有 61 种，其中病害 22 种、虫害 37 种、鼠害 1 种、有害植物 1 种，发生总面积 383297.27 公顷，比 2019 年下降 3.89%。病害发生面积 74925.87 公顷，比 2019 年上升 24.79%，占发生总面积的 19.55%；虫害发生面积 296055.4 公顷，比 2019 年下降 9.63%，占发生总面积的 77.24%；鼠害发生面积 233.33 公顷，占发生总面积的 0.06%；有害植物发生面积 12133.33 公顷，比 2019 年上升 10.05%，占发生总面积的 3.17%。成灾面积 10085.53 公顷，成灾率为 0.73‰。主要成灾种类有松材线虫病、桉树青枯病、桉树叶斑病、桉树枝枯病、八角炭疽病、马尾松毛虫、松茸毒蛾、黄脊竹蝗、刚竹毒蛾、茶毒蛾、柚木肖弄蝶夜蛾等。

【外来林业有害生物发生为害情况】 松材线虫病发生面积 28907.67 公顷，是 2019 年的 3.37 倍，在 13 个市 39 个县（市、区）148 个乡镇有为害，新增发生面积 22293.33 公顷。新增疫点市 2 个，即防城港市和河池市；新增疫区 12 个，即南宁市横县、武鸣区，柳州市柳南区、鱼峰区，桂林市临桂区、恭城县，梧州市万秀区、长洲区，防城港市防城区，玉林市玉州区，百色市田林县，河池市宜州区；新增疫点乡镇 73 个。此外，南宁市兴宁区、西乡塘区，柳州市柳城县等 3 个县（区）秋季普查无疫情发生，未发现病死树。松材线虫病在广西呈扩散蔓延态势。

松突圆蚧发生面积 209220 公顷，与 2019 年持平。主要发生在苍梧县、岑溪市、灵山县、浦北县、玉州区、福绵区、容县、陆川县、博白县、兴业县、北流市，其中容县、北流市等局部区域发生较严重。

湿地松粉蚧发生面积 11946.67 公顷，比 2019 年下降 74.27%。主要发生在梧州市龙圩区和苍梧县，玉林市容县、陆川县、博白县、玉州区、福绵区、兴业县，发生程度为轻级。

桉树枝瘿姬小蜂发生面积 326.67 公顷，比 2019 年下降 7.33%。主要发生在梧州、钦州、贵港、玉林等 4 个市，发生程度为轻级。

微甘菊发生面积 12133.33 公顷，比 2019 年上升 10.05%。主要发生在桂南和桂东南，在玉林市容县、陆川县、博白县、北流市发生较严重，对当地的林木生长造成较大影响。

【本土林业有害生物发生情况】 松树病虫害发生面积 27506.67 公顷，比 2019 年上升 12.67%。2020 年广西松毛虫发生面积为 20033.33 公顷，比 2019 年上升 10.4%，全区松树种植区均有不同程度的为害，其中南宁市武鸣区、马山县、上林县，桂林市灵川县、全州县、兴安县，钦州市灵山县，贵港市港北区，贺州市八步区、钟山县，崇左市宁明县等区域为害偏重，局地成灾。萧氏松茎象为害得到较好控制，发生面积 373.33 公顷，比 2019 年下降 8.76%，主要分布于桂北和桂东，其中桂林市兴安县发生中度为害。松褐天牛发生面积 5040 公顷，比 2019 年上升 45.22%，主要发生在松材线虫病疫区，发生面积连续多年持续上升。松落针病发生面积 6.67 公顷，发生在河池市金城江区，局部区域偏重发生。

桉树病虫害发生面积 31220 公顷，比 2019 年下降 16.26%。病害的主要种类是紫斑病、青枯病、叶斑病和枝枯病，分布于全区速生桉种植区，在桂东地区速生桉人工林区为害较严重。其中，桉树紫斑病发生面积 533.33 公顷，比 2019 年下降 38.46%；桉树叶斑病发生面积 10953.33 公顷，比 2019 年下降 20.36%；枝枯病发生面积 300 公顷，比 2019 年下降 60.53%。油桐尺蛾、桉袋蛾、桉小卷蛾等食叶害虫发生面积 13913.33 公顷，比 2019 年下降 9.93%，在南宁、桂林、钦州、北海、玉林、来宾等市局部地区速生桉人工林区油桐尺蛾为害较严重。以桉蝙蛾为主的桉树蛀干害虫发生面积4760公顷,略有扩大,分布于全区速生桉种植区,其中南宁、柳州、贺州等市局部区域桉蝙蛾为害较严重。

杉树病虫害发生面积1060公顷,比2019年下降10.07%。主要种类是炭疽病、赤枯病和生理性黄化病,主要发生在桂西地区,其中杉木生理性黄化病在河池市天峨县局地偏重成灾,杉木赤枯病在百色市乐业县局地发生较重。雀丽毒蛾在桂林市全州县为害杉木。

竹类病虫害发生面积39120公顷,比2019年上升11.18%。其中,竹丛枝病发生面积21373.33公顷;竹茎广肩小蜂发生面积2553.33公顷,与2019年持平,发生在桂林市,其中兴安县发生偏重;黄脊竹蝗发生面积11073.33公顷,比2019年上升24.51%,发生在柳州、桂林、贺州、河池和来宾等5个市,其中柳州市融安县、桂林市灵川县、永福县以及河池市罗城县发生为害偏重成灾;竹篦舟蛾发生面积1433.33公顷,与2019年持平,发生在桂林市临桂区、全州县、兴安县,以中度发生为主;刚竹毒蛾发生面积2680公顷,是2019年的2倍多,发生在柳州和桂林市,其中桂林市永福县局部区域偏重成灾。

八角病虫害发生面积1220公顷,比2019年下降16.70%。其中,八角炭疽病发生面积9273.33公顷,比2019年下降17.89%,发生在防城港、钦州、玉林、百色、河池、来宾、崇左等7个市,其中百色市凌云县、河池市凤山县等局部区域偏重成灾;八角叶甲发生面积2353.33公顷,比2019年下降10.41%,主要发生在南宁、防城港、玉林和百色等4个市,其中百色市凌云县为害严重,局地成灾。

核桃害虫发生面积6686.67公顷,与2019年持平。病害以核桃炭疽病为主,发生面积1053.33公顷,发生在河池市凤山县,发生程度为中度以下。虫害以云斑天牛为害为主,分布于核桃种植区,主要发生在河池市凤山县,多以轻度发生为主。

油茶病虫害发生面积466.67公顷,比2019年上升6.06%。主要病害为油茶炭疽病,主要害虫为油茶毒蛾。油茶炭疽病发生在百色市田阳区、乐业县和西林县,轻度发生。油茶毒蛾发生在柳州市、百色市,其中柳州市三江侗族自治县局部区域偏重成灾。

红树林害虫发生面积366.67公顷,比2019年下降47.85%。为害种类主要有广州小斑螟、白囊袋蛾、柚木肖弄蝶夜蛾、桐花树毛颚小卷蛾、互花米草、鱼藤等,发生在沿海的钦州、北海、防城港红树林分布区。其中,广州小斑螟发生面积140公顷,以轻度发生为主;柚木肖弄蝶夜蛾发生面积140公顷,在北海市合浦县发生为害较重。

珍贵树种病虫害发生面积693.33公顷,比2019年下降6.31%。为害种类主要有肉桂枝枯病、灰卷裙夜蛾、黄野螟、拟木蠹蛾、肉桂双瓣卷蛾、桉蝙蛾等。肉桂枝枯病发生面积313.33公顷,发生在贵港市平南县和玉林市容县,以轻度为主。黄野螟发生面积213.33公顷,发生在凭祥市和广西国有钦廉林场(简称"钦廉林场"),以轻度为主。肉桂双瓣卷蛾发生面积133.33公顷,在钦廉林场轻度发生。斑腿华枝在浦北县为害红锥。

【林业有害生物防治情况】 2020年,全区林业有害生物防治作业面积为120533.33公顷,其中预防面积15460公顷,实际防治面积90379.67公顷,无公害防治率96.66%。应用飞机喷施药剂防治林业有害生物共作业13886.67公顷,其中南宁市、柳州市、河池市防治松褐天牛共作业6120公顷,田林县、上思县防治八角病虫害共作业2760公顷,贺州市平桂区、钟山县防治松毛虫共作业3893.33公顷,三门江林场防治桉树病虫害作业1113.33公顷。

【林业有害生物防控目标完成情况】

林业有害生物测报准确率 2020年度考核指标为90%以上,实际完成率为97.62%。预测

2020 年发生面积 392419.6 公顷，实际发生面积 383297.27 公顷，测报准确率为 97.62%。

林业有害生物无公害防治率 2020 年度考核指标为 85% 以上，实际完成率为 96.66%。全年防治面积 90379.67 公顷，其中使用生物、仿生制剂等无公害药剂或营林防治、人工防治、诱捕等无公害措施防治面积为 87360.99 公顷，无公害防治率为 96.66%。

林业有害生物成灾率 2020 年度考核指标为 4.1‰以下，实际完成率为 0.73‰。全年全区林业有害生物发生面积 383297.27 公顷，其中病害发生面积 74925.87 公顷，占 19.55%；虫害发生面积 296055.4 公顷，占 77.24%。成灾面积 10085.53 公顷，成灾率为 0.73‰。

种苗产地检疫率 种苗产地检疫率 2020 年度考核指标为 100%，实际完成率为 100%。2020 年全区应施检疫苗木 9779.24 公顷、种子 3883.5 千克、花卉 2147116 株，实际完成检疫苗木 9779.24 公顷、种子 3858 千克、花卉 2127116 株，完成种苗产地检疫率 100%。

（广西森林病虫害防治检疫站）

森林资源管理

【概况】 2020 年，广西森林覆盖率为 62.5%，达到年初预期目标，同比增加 0.05 个百分点，并保持全国第三位；活立木蓄积量超过 8.19 亿立方米，可采率超过 60%。全年可使用林地定额为 18664.3977 公顷，占 2020 年度国家林业和草原局下达广西建设项目使用林地定额总量的 283%，收取森林植被恢复费 285980.0605 万元，同比增长 93%。呈送国家林业和草原局审核建设项目使用林地 66 宗，审核同意建设项目使用林地面积 9288.9573 公顷；自治区、市、县审核审批建设项目 3498 宗，面积 14503.9278 公顷。共下达森林采伐限额 4470.9 万立方米，办理林木采伐许可证 44.7372 万份，发证蓄积量 4218.87 万立方米。

【森林资源调查监测评价】

森林覆盖率年度监测与考核 组织开展全区 2020 年度省、市、县三级森林覆盖率年度监测和检查验收工作。根据监测结果，2020 年全区森林覆盖率为 62.5%，达到年初预期目标，同比增加 0.05 个百分点，并保持全国第三位。

森林督查暨森林资源管理"一张图"年度更新 调查更新采用高分辨率遥感影像，结合森林资源档案材料，采用内业核实和外业补充调查的方法。广西首次在国家部署 2019 年度森林督查暨森林资源"一张图"年度更新工作的基础上，同步部署 2020 年度森林督查暨"一张图"变更工作，并且按照国家部署提交成果时间要求按时按质提交 2019 年度成果，全面衔接公益林图层、核实落界天然商品林图层，经国家林业和草原局中南调查规划院反馈成果达到国家级入库标准，实现全区森林资源一张图、一套数、一个体系的监测和一个平台管理的目标，从根本上解决业务管理与基础数据之间相互脱节的问题。根据森林资源管理"一张图"年度更新结果，2019 年全区林地面积 1601.12 万公顷，占全区土地总面积的 67.5%，其中国有林地面积 150.87 万公顷，占全区林地面积的 9.4%；集体林地面积 1450.25 万公顷，占全区林地面积的 90.6%。人工林面积 884.98 万公顷，天然林面积 565.9 万公顷。

广西森林资源规划设计调查 广西森林资源规划设计调查创新采用高分遥感、机载激光雷达遥感与少量地面调查相结合的方法进行全域调查，2020 年完成对各县各森林经营单位的成果评审、全区 20.41 万平方千米国土面积的机载激光雷达数据成果入库整理工作。

广西公益林资源与生态监测 监测采用固定样地与遥感调查相结合的方法，完成《广西壮族自治区公益林资源与生态状况监测报告（2020年）》。根据监测结果，公益林单位面积蓄积、单位面积生物量、林分平均郁闭度、林分平均直径、植被盖度、枯枝落叶厚度等级、腐殖质厚度等指标均保持稳步提高，森林质量等级评定为"中"。生态服务总价值为6459.4亿元，较2019年增加428.10亿元，增长7.10%；社会效益总价值高达140.12亿元。

国家森林资源调查监测试点工作 根据国家林业和草原局关于森林资源年度监测评价试点的临时重大工作部署，广西被选定为全国4个试点省份之一，联合国家林业和草原局中南调查规划设计院完成广西森林资源调查监测评价工作。

"空、天、地、网"一体化森林资源监管体系建设 广西推进建设"空、天、地、网"一体化森林资源监管体系，在全国率先开展一年4次的全域高分遥感影像季度监测，实现森林资源底数当年更新出数的目标，成为全国森林资源监管的先进典范，真正实现森林资源监管的全覆盖、高频次、常态化，形成"变化检测、图斑推送、基层核实、情况反馈、立案查处、整改跟踪"六环节的高效管理。

【林地保护利用】

严格执行林地用途管制 积极争取国家林业和草原局支持，强化林地定额管理和调控，严格依照县级林地保护利用规划及《建设项目使用林地审核审批管理办法》（国家林业局令第35号）审核审批林地，加强事中事后监管，切实做好重大项目建设使用林地的服务保障工作。国家林业和草原局下达广西2020年度林地定额为6592.7296公顷，为统筹解决广西各类建设项目对林地定额的需求问题，尤其是基础设施建设项目、自治区统筹推进重大项目、民生公共项目、扶贫产业项目以及生猪养殖项目对林地定额的需求，自治区林业局积极向国家林业和草原局汇报

沟通争取支持使用国家备用定额12071.6681公顷。截至2020年12月30日，广西全年可使用林地定额为18664.3977公顷，占2020年度国家林业和草原局下达广西建设项目使用林地定额总量的283%，收取森林植被恢复费285980.0605万元。全区共审核审批建设项目3564宗，审核审批林地面积23792.8851公顷，使用林地定额18633.4715公顷，收取森林植被恢复费285980.0605万元。其中，国家林业和草原局审核建设项目使用林地66宗，审核同意建设项目使用林地面积9288.9573公顷；自治区、市、县审核审批建设项目3498宗，审核同意建设项目使用林地面积14503.9278公顷。

积极打造服务营商环境 扎实开展"六稳"工作，全面落实"六保"任务，进一步强化服务意识，组成服务专班，主动靠前服务，优化审批程序，切实保障自治区层面统筹推进重大项目、基础设施项目、公共事业、民生项目、重点园区建设需要。有力保障了田林至西林（滇桂界）公路项目、南宁沙井至吴圩公路项目、广西隆安至硕龙公路（南宁境）项目、信都至梧州公路二期工程项目、南宁至玉林铁路项目、桂林至钦州港公路（南宁六景至宾阳段）项目、阳朔至鹿寨高速公路抢险性复工建设项目、贺州至巴马公路（象州至来宾段）项目、南丹至下老公路项目、浦北至北流公路项目、灌阳至平乐高速公路项目、贺州至巴马公路（来宾至都安段）项目、贺州至巴马公路（蒙山至象州段）二期工程、天峨至北海公路［平塘至天峨（广西段）］项目、天峨至北海公路（平果至南宁段）项目、巴马至凭祥公路（田东经天等至大新段）项目、巴马至凭祥公路（巴马至田东段）项目、天峨至北海公路（巴马至平果段）项目、梧州至那坡公路（平南至武宣段）项目、连山至贺州公路（广西段）项目、G72泉州至南宁高速公路（广西桂林至柳州段改扩建工程）项目等一批重大交通基础设施建设项目。着重服务百色市开放开发试验区、梧州循环经济产业园区、藤县新材料产业园区、藤县桂民

投产业园、玉林龙潭产业园区、广西（北流）轻工产业园、博白县锂电新能源材料一体化产业基地、南宁国际旅游度假区项目、吉利集团人才教育广西民族大学相思湖学院转设投资项目、扶绥恒大文化旅游康养城、扶绥桂民投产业园等一批重点工业园区、重点文旅开发项目，安排专项林地定额，切实保障自治区重大项目、"双百双新"项目涉林要素需求。

【林木采伐管理及改革工作】

加强采伐限额监督管理　指导全区严格执行森林采伐限额管理制度，通过全国林木采伐管理系统，加强对各地限额使用的监管，深入推进林木采伐"放管服"改革工作。全年下达森林采伐限额 4470.9 万立方米，办理林木采伐许可证 44.7372 万份，发证蓄积量 4218.87 万立方米，其中追加 2020 年省级备用森林采伐限额 30 万立方米，专项支持 8 个 2020 年计划脱贫"摘帽县"和 7 个重点县。

"十四五"期间年森林采伐限额编制工作　组织 468 个编限单位完成"十四五"期间年森林采伐限额编制工作，在全区部署使用广西"十四五"期间森林采伐限额编制测算辅助系统。组织国有森林经营单位完成森林经营方案修编及成果审查工作。

推进林木采伐"放管服"改革　按照国家和自治区关于统筹抓好疫情防控和经济平稳运行的部署要求，根据林木采伐"放管服"改革精神，在前期调研的基础上，出台做好林木采伐支持保障工作的相关措施，要求各地推进采伐限额"阳光分配"，坚持服务站点向基层延伸，简化商品林采伐设计，同时做好服务保障和监管工作。

森林抚育项目实施　分两批次下达 2020 年度中央财政森林抚育补贴项目任务和资金，累计下达资金 15460.33 万元。通过实施中央财政森林抚育补贴项目，提升广西林分单产，配合辅助各国有林场实施国家储备林项目。预计 2021 年 12 月底全面完成 2020 年度任务，并出具自治区级监测报告。

【天然林保护管理】　认真贯彻落实《天然林保护修复制度方案》，组织启动《广西天然林保护修复规划》编制工作。按照自治区党委、政府领导作出的批示要求，组织开展《广西天然林保护修复规划》编制工作，完成规划编制纲要和专题调研。组织各市县各森林经营单位在森林资源管理"一张图"年度更新整体工作中进一步核实天然商品林，剔除人工林，完善天然商品林核实落界成果。组织开展天然林保护管理核查整改工作。组织监测中心开展天然商品林核实落界核验工作，对各县各单位开展的核实落界工作的外业核查报告、外业调查表、外业核实图片、公示材料、核实成果等进行核验。配合国家林业和草原局完成全国天然林保护政策广西实地调研工作。经统计，全区连片面积大于 1 公顷核实落界天然商品林面积为 50.17 万公顷，其中国有 3.63 万公顷，集体和个人所有 46.54 万公顷。

【森林资源监管治理能力建设】

森林资源监管平台全面运行　完成对全区各级林业主管部门相关人员平台使用培训工作，实现平台全面运行。通过监管平台及时下发 2020 年度变化图斑，有力推动各级林业主管部门开展森林督查暨森林资源管理"一张图"年度更新实地核查工作，为实现森林资源年度出数打下坚实基础。

建立自治区检察院、广州专员办、自治区林业局协作配合工作机制　广西壮族自治区人民检察院、国家林业和草原局广州专员办、自治区林业局三方会签并印发《关于建立协作配合工作机制的意见》，强化检察机关与林业主管部门、森林草原资源监督机构工作衔接，建立健全协作配合渠道和平台，有力推进生态环境和资源损害线索移交、责任追究、公益诉讼等工作机制，实现案件信息共享、办案协作、联合执法，提升工作效能，持续形成严厉打击违法破坏森林资源行为的高压态势，进一步增强森林督查的威慑力。

推进"六保""六稳" 为深入贯彻落实党中央、国务院以及自治区党委、政府关于统筹推进新冠疫情防控和经济社会发展工作部署，进一步夯实自治区重大项目建设使用林地支持保障服务工作，自治区林业局主要采取提前介入、主动服务的措施，印发《广西壮族自治区林业局关于统

筹抓好疫情防控和经济平稳运行做好建设项目使用林地和林木采伐工作的通知》（桂林政发〔2020〕2号），强有力确保自治区重大项目顺利实施。

（自治区林业局森林资源管理处）

森林火灾和安全生产

【概况】 2020年，全区共发生森林火灾206起，同比下降46.8%，其中一般火灾121起，同比下降55.7%，较大火灾85起，同比下降25.4%。过火总面积2103.27公顷，同比下降19.5%。受害森林面积786.42公顷，同比下降14.3%。损失林木16336.97立方米，同比下降33.8%。因森林火灾死亡1人，同比下降88.9%。森林火灾受害率控制在0.8‰以内，没有发生重特大森林火灾和重大伤亡事故。全区林业行业没有发生生产安全事故。

【机构队伍建设】 积极与自治区编制部门沟通协调，批复自治区林业局设置森林草原防火和安全生产处，落实编制11个；督促指导市、县林业主管部门成立临时防火机构并落实负责人员。积极争取国家专项森林防火编制分解下达到市、县。

【制度机制建设】 联合自治区应急厅制修订《广西壮族自治区森林火灾应急预案》《广西壮族自治区林业局、广西壮族自治区森林防灭火指挥部办公室关于印发完善森林草原野外火源治理体系推进专项治理能力建设的指导意见》《广西壮族自治区应急管理厅、广西壮族自治区林业局森林防灭火工作职责事项划分》《广西壮族自治区应急管理厅、广西壮族自治区林业局森林防灭火工作协同联动机制》《广西壮族自治区森林保险防灾经费管理办法》等系列指导文件，进一步完善森林防火制度。将森林防火工作纳入林业综合督

查内容，将各地森林火灾次数设为绩效考评约束性指标，直接与市县政府绩效挂钩，确保森林防火责任落实到位。

【森林火灾预防】

宣传教育 自治区人民代表大会制定法规，将森林防火宣传工作纳入各级政府宣传普及应急安全常识体系建设，建立健全政府主导、部门协作、社会参与、全民动员的森林防火常识宣传普及长效机制。组织林业干部、乡镇干部、第一书记、驻村工作队员等队伍进村屯、进社区、进学校、进家庭，针对农村留守老人、儿童等特殊群体开展精准宣传。编制印发森林火灾典型案例选编，通过以案释法形成震慑力。

火源管理 落实森林防火区野外用火审批制度，按照"用火必报""谁审批谁负责"的原则，狠抓林区用火审批管理。高火险期、重点时段增派人员进入林区巡护检查，防止火种进山入林。突出"人防""技防"相结合，利用国家森林草原防灭火指挥部办公室林火卫星监测和自治区本级租用的"智慧林火"卫星监测双系统开展林火热点监测预警，确保火情早发现早处置。租用2架M-171航空护林直升机开展航空护林工作，全年巡护飞行148架次316小时，发现并参与处置扑救森林火灾3起。在全区推广使用"防火码"，设置卡口2000多个，登记进山人员近5万人次。开发利用"森林防火通"APP，加强对护林员日常工作的监督管理。

风险隐患排查 开展"野外火源专项治理行动""打击森林草原违法违规用火行为专项行动",推动火灾风险隐患排查整治。联合自治区应急厅、云南森林消防总队驻广西分队开展"同驻防、同宣传、同巡护、同排查"森林防灭火专项行动,对全区火灾多发重点区域开展森林火灾风险隐患排查,共排查整治隐患228处。3个全国试点县开展森林火灾风险普查试点工作全部完成可燃物外业调查。

【基础设施建设】

森林防火项目建设 组织编制全区森林防火"十四五"规划,为"十四五"期间全区森林防火事业发展提供根本遵循。开展森林防火基础设施建设项目专项检查,进一步理清全区30个在建项目实施情况。下发《关于全区森林火险区综合治理在建项目实施进展情况的通报》等3个通报文件,对存在问题进行点名通报,对主观问题要求限时整改,对客观问题予以协调解决,加快项目实施进度,发挥项目强基固本作用。

【安全生产】 制定《广西林草行业安全生产专项整治三年行动实施方案》《全区林草行业涉电公共安全隐患专项整治三年行动实施方案》,全面开展广西林草行业安全生产专项整治行动,全区制定各项制度措施27项,排查风险隐患1330处,完成整改1320处。全面开展森林防火和危险化学品专项督导整改工作,抓好汛期安全生产工作,年内没有发生涉林安全生产事故。

【培训演练】

业务培训 2020年6月30日至7月3日举办2期森林防火和1期安全生产培训班,培训全区市县林业主管部门、区直林业事业单位分管领导、业务骨干近500人。全区林业系统累计举办各类森林防火和安全生产培训班近150场次,培训1.4万余人次。

防火演练 2020年11月12日,自治区林业局举办广西森林防火演练,全区16支森林专业消防队伍共320名消防队员开展体能技能竞赛、森林防火装备演示、森林火灾早期处置扑救演练,各级林业系统近100人现场观摩学习。全区各级林业部门共组织开展森林防火实战演练近150场次,参演专业、半专业森林消防队员达3000人次。

(自治区林业局森林草原防火和安全生产处)

森林公安工作

森林公安队伍建设

【党组织建设工作】

加强理论武装 2020年，自治区森林公安局组织全体民警和职工深入学习宣传党的十九届五中全会、自治区党委十一届九次全会精神和《中国共产党政法工作条例》，深入开展学习《习近平谈治国理政》（第三卷）系列活动，深入贯彻落实习近平总书记重要训词精神和全区公安局长会议精神，切实把上级机关的重大战略部署贯彻落实到森林公安各项工作中。认真开展意识形态专题学习教育、意识形态专题思想政治工作分析会，牢牢把握党对意识形态工作的领导权和主动权。

加强基层党组织建设 深入推进"四强"党支部创建工作，推动支部标准化规范化建设按期达标，积极打造支部党建品牌。新冠疫情防控期间，各党支部建立21支疫情防控突击队，有6个集体和个人的抗疫先进事迹在广西区直机关党建网报道。2020年5月，自治区森林公安局直属分局机关和直属派出所共20个党支部完成换届选举工作。根据森林公安改革和工作需要，6月19日，自治区森林公安局机关及直属单位24个党支部437名党员的党组织关系从自治区林业局机关党委整体划转到自治区公安厅机关党委。9月，开展党课微视频评比活动，自治区森林公安局黄冕派出所党支部拍摄的党课微视频获自治区直属机关工委授予"党课开讲啦"三等奖。

【管理体制调整和机构改革工作】 2020年4月28日，自治区党委办公厅、自治区人民政府办公厅下发文件，进一步明确行业公安机关管理体制调整和机构改革中的管理体制、职责任务、编制和人员划转情况等若干问题。

5月14日，自治区森林公安机关管理体制调整实施工作电视电话会议召开，自治区党委常委、政法委书记黄世勇出席会议并讲话，自治区副主席方春明，自治区副主席、公安厅党委书记、厅长周成方等参加会议。会议明确从5月14日起，自治区森林公安局由自治区林业局划转自治区公安厅直接领导和管理。

【推进公安机关执法勤务机构警员职级套改工作】 根据自治区党委组织部关于同意自治区森林公安局及其直属单位执法勤务职级序列改革实施方案的复函精神，2020年3月23日，自治区林业局党组研究同意自治区森林公安局及直属单位33名处级干部套改为执法勤务类职级；4月3日，自治区森林公安局党委研究同意374名同志套改为执法勤务类职级务。

【开展教育整顿活动】 2020年，自治区森林公安局将"坚持政治建警全面从严治警"教育整顿、做好自治区公安厅政治督察迎检工作和公安部政治督察反馈问题整改工作，以及"以案为戒、以案促改、以案促建"纪律作风教育整顿活动一体推进，组织研究印发工作措施，成立局教育整顿办公室，召开动员部署会，建立和落实"第一议题"制度、联系点制度，组织开展政治轮训和警示教育。

【开展立功创优活动】 2020年4月26日，自治区森林公安局表彰2019年度全区森林公安单位先进集体和个人，其中先进集体三等功39个、个人三等功70名民警、个人嘉奖8名民警。

【落实从优待警政策】

组织开展慰问和优抚工作 2020年，组织春节前慰问全区森林公安单位因公牺牲、伤残及家庭困难民警（家属）102人，发放慰问金16.46万元；组织慰问重大疾病住院民警 3 名、慰问直系亲属去世民警 2 名，发放慰问金 1 万元。为2019 年因公牺牲的 1 名民警和历年来因公牺牲及病故的 15 名民警申请发放特别慰问金、特别抚恤金和特别补助金共 20.1 万元。

成功申报追记一等功 2020 年 3 月 1 日，自治区森林公安局为在抗击新冠疫情中坚守岗位因公牺牲的来宾市森林公安局兴宾区森林公安分局民警赵富恒同志申报追记一等功。3 月 10 日，自治区公安厅批准赵富恒同志追记一等功。

颁发民警从警纪念章 12 月，为从警满 20 周年的 63 名民警、从警满 30 周年的 9 名民警、光荣退休的 6 名民警，发放纪念章和证书。

【**警衔管理工作**】 2020 年，自治区森林公安局完成本局及直属单位 110 名民警的警衔上报评授工作。

森林公安执法建设

【**涉案财物管理处置突出问题集中整治工作**】 根据自治区公安厅《关于印发全区公安机关涉案财物管理处置突出问题集中整治工作实施方案的通知》要求，自治区森林公安局印发《自治区森林公安局直属分局及直属派出所涉案财物管理处置突出问题集中整治工作实施方案的通知》，2020年 3 月 25 日至 6 月 16 日，由机关相关部门及各分局法制人员组成专项检查工作组，对各直属派出所 2019 年以来执法办案中有关涉案财物管理和处置的情况、2019 年以前案件已办结但涉案财物还未及时依法处理的情况，以及涉案财物管理制度建设和涉案财物信息化管理的情况进行专项检查督导。通过检查组的检查督导和直属单位的自查自纠、集中整治等工作措施，全面排查梳理直属单位在涉案财物管理工作中的风险点和风险面，并深入分析研究存在问题的原因，查缺补漏，制定完善的涉案财物管理处置制度，切实从源头上杜绝涉案财物管理问题的发生。在本次检查整治工作中，工作组及直属单位共排查有涉案财物的案件 130 起，其中发现存在问题的案件 103 起，存在问题 127 个，已经整改问题 121个，待整改问题 6 个。

【**受立案突出问题专项整治**】 根据自治区公安厅《关于印发全区公安机关深入开展受立案突出问题专项整治工作方案的通知》要求，自治区森林公安局印发深入开展受立案突出问题专项整治工作方案和《自治区森林公安局关于对"昆仑2020"专项行动及受立案突出问题专项整治两项工作进行督导的通知》，并于 2020 年 6 月 1 日专门召开涉案财物管理处置和受立案突出问题集中整治工作推进会，自治区森林公安局党委书记、局长莫泰意主持会议并对下一步工作作重要指示。4 月 3 日至 8 月 20 日，自治区森林公安局派出多个检查工作组到各直属分局和直属派出所进行受立案突出问题集中整治检查，并定期对直属单位受立案突出问题整改情况进行通报，督促各直属分局针对所辖直属派出所存在的受立案突出问题进行整改，直属单位受立案突出问题集中整改工作取得显著实效。

截至 2020 年 12 月 31 日，两个直属分局处警未按时限受理案件 54 起，整改 54 起，整改率为100%；受理未按时限作出是否立案决定案件 175起，整改 175 起，整改率为 100%。自 2020 年 8月以来，各直属派出所没有未处警和未按时限作出是否立案决定的案件发生。

【**森林公安机关受立案工作规范**】 为规范全区森林公安受立案工作，提高警务工作效率，结合森林公安实际，自治区森林公安局制定《涉林案件受立案工作指引》，进一步规范警情按警、处警、受理、审查、立案等程序的工作指引，规范受立案工作，防止森林公安民警违规接处警，减少涉警信访的发生。

打击破坏森林和野生动植物资源违法犯罪行为

【概况】 2020 年，广西森林公安机关共立破坏森林和野生动物资源刑事案件 5898 起，同比上升 0.65%；破案 3710 起，打击违法犯罪人员 6217 人，其中逮捕 709 人、移送起诉 3441 人。收缴木材 9.62 万立方米，收缴野生动物 3.35 万只（头）、野生动物制品 2.23 万件（张），查获国家重点保护野生植物 220 余吨。协助收回被占林地 600 多公顷。打掉犯罪团伙 18 个，捣毁加工厂 6 家。

【非法贩卖野生动物清查行动】 根据自治区公安厅打赢疫情防控阻击战部署，自治区森林公安局第一时间发布《关于严厉打击非法猎杀、收购、运输、出售野生动物及其制品等违法犯罪行为的通告》，自通告发布之日起至全国疫情解除期间，全面禁止野生动物及其制品交易活动，严厉打击非法猎杀、收购、运输、出售野生动物及其制品的违法犯罪行为。组织各级森林公安于 2020 年 1 月 22 日至 4 月 30 日在全区范围内开展非法贩卖野生动物清查行动。据统计，行动期间，广西各级森林公安机关共出动警力 41995 人次，出动警车 13033 车次；立刑事案件 64 起，破案 51 起；查处行政案件 100 起；打击违法犯罪人员 158 人；清查整治农贸市场、花鸟市场、店铺、摊点等场所商家 36028 家次，清查活禽店、酒店（饭店、农庄）等餐饮业 12053 家次；收缴野生动物 7801 头（只）[其中国家重点保护野生动物 539 头（只）]，收缴野生动物制品 2169 件，收缴猎具 1039 件，扣缴作案车辆 1 台，收缴枪支 2 支；处理舆情 48 件，查处网上贩卖信息 19 起；协同相关部门开展清查 5095 次；接受群众举报线索 84 条，根据举报线索查处案件 35 起；开展疫情防控和普法宣传教育 57569 次。

【依法严厉打击破坏野生动物资源违法犯罪专项行动】 根据公安部关于依法严厉打击破坏野生动物资源违法犯罪活动的部署精神，自治区森林公安局组织各级森林公安于 2020 年 1 月 31 日至 5 月 30 日在全区范围内开展依法打击破坏野生动物资源违法犯罪专项行动。据统计，行动期间，广西各级森林公安机关共出动警力 47366 人次；立涉野生动物刑事案件 79 起、破案 68 起，查处行政案件 106 起，打击违法犯罪人员 176 人；收缴野生动物 8072 头（只）[其中国家重点保护野生动物 580 头（只）]，收缴野生动物制品 2295 件，收缴猎具 1039 件，扣缴作案车辆 1 台，收缴枪支 2 支。

【"昆仑 2020"专项行动】 根据自治区公安厅关于开展"昆仑 2020"专项行动部署安排，森林公安负责"昆仑 2020"3 号专项行动中打击破坏森林资源犯罪和 5 号打击破坏野生动物资源犯罪专项行动工作。据统计，2020 年 5 月至 12 月 31 日，广西各级森林公安共立破坏森林和野生动物刑事案件 4109 起、破案 2700 起，抓获犯罪嫌疑人 3141 人（其中，刑事拘留 266 人，逮捕 393 人，移送起诉、取保候审、监视居住 2482 人），总涉案价值约 2.693 亿元。其中，3 号行动中共立破坏森林资源刑事案件 3937 起、破案 2553 起，抓获犯罪嫌疑人 2961 人（刑事拘留 238 人，逮捕 371 人，移送起诉、取保候审、监视居住 2352 人），涉案价值约 1.861 亿元；5 号行动中共立破坏野生动物资源刑事案件 172 起、破案 147 起，抓获犯罪嫌疑人 180 人（刑事拘留 28 人，逮捕 22 人，移送起诉、取保候审、监视居住 130 人），收缴野生动物 20134 头（只、条）[国家重点保护陆生野生动物 1044 头（只、条）、国家重点保护水生野生动物 6 只（条）]，收缴野生动物制品 136.6 千克，收缴猎具 431 件，涉案价值约 8331 万元。在"昆仑 2020"专项行动中，广西破案总数、抓获犯罪嫌疑人数、自主发现线索等 7 个主要战果指标排名全国前列。

【大要案件侦办工作】 2020 年，自治区森林公安局协调组织和督促指导，侦破 3 起公安部挂牌督办的破坏森林和野生动物资源犯罪案件。

侦破公安部督办"2·28"系列非法收购、运输、出售、加工珍贵、濒危野生植物案。该系列案共立刑事案件 32 起、破案 29 起，抓获犯罪嫌疑人 24 人，捣毁加工厂 6 个，打掉犯罪团伙 4 个；查扣国家重点保护二级植物桫椤植株 64 株及桫椤切片 1.43 吨，金毛狗根茎及根茎切片 180.38 吨。

侦破公安部督办"3·26"非法收购、运输、出售珍贵、濒危野生动物及其制品案。该案共抓获犯罪嫌疑人 4 人、查获象牙制品 266 件（5556.8 克）、动物骨头 4 根（犀科白犀动物骨头 1 根、猫科狮动物骨头 3 根）。

侦破公安部督办"5·21"非法收购、运输、出售珍贵、濒危野生动物其及制品案。该案共抓获犯罪嫌疑人 20 名，打掉犯罪团伙 4 个，查获穿山甲 36 只（其中活体穿山甲 16 只、冻体穿山甲 20 只）、穿山甲鳞片 25.08 千克、双角犀鸟 6 只、水獭 2 只，查扣走私工具车辆 2 辆。

【物证鉴定工作】 2020 年，自治区森林公安局物证鉴定所共受理鉴定委托 353 份，检验野生动植物检材 12847 件、照片 852 张，依法出具鉴定文书 348 份，提供远程鉴定及鉴定技术咨询服务共 1600 余次。疫情防控期间，根据公安部关于野生动物物证检验鉴定战时技术支撑组相关部署，自治区森林公安局物证鉴定所作为全国 4 家公安机关野生动物检验鉴定机构之一，面向全国为公安机关实战部门答疑解惑、解读法律法规，对野生动物物证的固定、取证、送检进行指导，对具备鉴定条件的完整的野生动植物照片检材进行远程鉴定，为破案打击工作提供技术支撑。

森林公安基础设施建设

【基础设施建设】 围绕"强基础、抓规范、促发展"工作主线，加强基层基础建设为导向，进一步推进森林公安机关业务技术用房和执法办案场所规范化建设。2020 年，北海市森林公安局搬入新建业务技术用房，自治区财政林业改革发展资金森林公安补助 40 万元完成办案区改造项目。河池市森林公安业务技术用房建设完成验收。北海市森林公安局铁山港分局业务技术用房主体工程完工。自治区森林公安局高峰派出所投入 48.8 万元建设涉案物品储备室。自治区森林公安局七坡派出所投入 48 万元修缮办公和业务用房，良凤江派出所投入 45 万元修缮办案区、枪库、厨房，东门派出所投入 45 万元升级办案区、翻新多功能球场、训练房和车棚等，雅长派出所投入 48 万元进行办案区升级改造，钦廉派出所投入 45.1 万元改造民警食堂和备勤楼。

【警用装备建设】 加强警用装备建设，自治区森林公安局安排部门预算资金 989.96 万元用于购置装备设备，提升森林公安执法能力建设。安排 400 万元为全区森林公安民警更换制式服装，为依法履职提供坚强保障。安排 589.96 万元用于购置物证鉴定所设备、警用物资、办公设备、刑侦专用设备、信息化专用设备等。安排 1027.6 万元用于全区市县森林公安机关业务装备建设，其中购置执法执勤车辆 42 辆。

【经费保障】 2020 年,中央、自治区财政转移支付森林公安补助安排 5010 万元,其中中央资金 2760 万元、自治区资金 2250 万元。资金覆盖全区市县森林公安机关,重点保障工作任务重、财力困难的市县森林公安机关,主要用于森林公安开展案件侦办查处、野生动植物资源保护、林区治安管理、林区社会稳定维持、突发事件处理、禁种铲毒、民警教育培训、指挥通信购置、刑侦技术、执法勤务、信息化建设、派出所业务装备所需支出。

(自治区森林公安局)

林业改革

林业行政审批制度改革

【概况】 2020年是自治区林业局贯彻落实党中央、自治区"放管服"改革精神，深化相对集中实施行政审批改革有重大实质性进展的一年，根据自治区林业局党组会议精神，自2020年1月1日起实施相对集中审批，原分散在各处室站的行政审批事项、人员向局审批办集中，审批办人员分驻政务中心窗口、后台两部分办公。审批办试运行以来，围绕审批提速，减环节、缩时限、提效率，大力推进相对集中实施行政审批工作步入正轨，很大程度上提升了政务服务形象，进一步优化了林业营商环境，助推全区经济稳增长。

【落实相对集中行政审批机制】 自2020年1月1日起实施相对集中审批机制，原分散在各业务处室站审批的政务服务事项全部集中局审批办办理，审批办集中各业务领域的审批人员10名，由审批办统一领导、集中办公。同时，印发《广西壮族自治区林业局行政审批授权书》，充分授予驻政务中心窗口审查审核权、审批决定权、结果制作权、送达权，其中授予政务窗口行政许可审批决定权46项，占许可事项的84%，所有依申请政务服务事项实现"一窗受理、一窗进出"。理顺审批办与相关业务处室站职责关系，各业务处室站政务服务职能向事中事后监管、规范服务事项规则转变，落实审管分离，有效地扭转了"重审批、轻监管"的局面。

【主动服务重大建设项目】 深入贯彻习近平总书记关于坚决打赢新冠疫情防控阻击战重要指示精神，做好建设项目使用林地支持保障工作，印发《广西壮族自治区林业局关于印发林业支持打赢疫情防控阻击战服务全区经济稳增长若干措施的通知》（桂林发〔2020〕4号）、《广西壮族自治区林业局关于统筹抓好疫情防控和经济平稳运行做好建设项目使用林地和林木采伐工作的通知》（桂林政发〔2020〕2号）、《广西壮族自治区林业局关于印发支持8个2020年计划脱贫摘帽县和7个重点县十条措施的通知》（桂林财发〔2020〕11号），主动作为、靠前服务，对自治区层面统筹推进的重大项目优先办理、即到即办。2020年办理行政审批业务2833件（批次），其中使用林地类审批1441件（含延续行政许可决定106件），建设项目先行使用林地备案手续179件，林木采伐许可证核发897批次，动植物保护管理类审批234件，林木种子生产经营许可证核发47件，进入自然保护区类审批35件。服务自治区重大项目124个（含"双百双新"项目25个）、生猪养殖项目295个（委托设区市级审批230个、自治区级审批65个）、脱贫攻坚项目60个，免征森林植被恢复费共计39077094元，切实做好重大建设项目、民生项目使用林地支持保障工作，有效地促进疫情防控期间经济平稳运行。

【推进政务服务"简易办"改革】 贯彻落实自治区人民政府办公厅关于推进政务服务"简易办"实施方案各项措施，提升政务服务便利度。一是推进"一表申请、一窗受理"，在2019年市县乡依申请政务服务事项"一窗受理"集成套餐目录的基础上，编制涉林事项申请材料规范清单。二是推进告知承诺制审批，印发林业系统承诺审批事项目录及承诺审批信用信息目录，承诺审批事项包括林木种子生产经营许可核发等6项许可，为复制推广告知承诺制审批、加强信用监管打下坚实基础。三是推进政务服务异地通办，印发北部湾经济区政务服务跨城通办林业系统事项目录及实施清单"八统一"材料，实施北部湾经济区跨城通办事项3项，打造便民审批。四是审批结果免费送达，与中国邮政速递物流有限公司南宁分公司签订服务合同，所有审批结果免费寄达申请人，进一步提升群众获得感。五是对标对表浙江、广东等先进地区，优化政务服务事项实施清单，优化后自治区林业局行政许可事项全程网办率达84%，政务服务事项即办件比例达31.15%，提速率由原来的60.34%提升至75.78%，行政许可事项100%"零跑腿"。

【下放部分行政许可事项权限】 一是委托和授权中国（广西）自由贸易试验区实施行政权力事项6项，其中委托5项、直接授权1项，并印发具体实施方案，刻制委托实施的行政审批专用章，保障下放权力顺利落地实施，推进自由贸易区高质量高标准建设。二是深入贯彻落实党中央、自治区关于恢复生猪生产重大决策部署，将生猪养殖项目使用林地审批权限委托给设区市，印发委托实施的行政许可文书类型、文号规则及文书样式，并刻制14个设区市的行政审批专用章，做好配套工作。三是贯彻落实自治区党委、政府强首府战略部署，做好委托南宁市实施强首府建设项目使用林地审批的前期调研、沟通工作，为全面增强南宁市综合竞争力做出林业方面的贡献。

【动态调整权责清单及许可目录】 一是根据《自治区党委编办关于组织集中调整市、县、乡三级权责清单规范化通用目录的通知》要求，结合机构改革职责调整情况及法律法规变化情况，全面梳理林业系统市、县、乡三级权责清单规范化通用目录，为规范涉林行政权力依法实施打下基础。二是根据自治区行政审批制改革工作领导小组办公室关于全面梳理行政许可和行政审批中介服务事项的通知要求，重新梳理、确认、完善行政许可行业目录。三是印发《广西壮族自治区林业局办公室关于做好新〈森林法〉施行后行政许可目录调整及相关工作的通知》，组织调整政务一体化平台许可目录及办事清单，有序做好木材运输证等许可事项的取消事宜。四是做好行政许可事项的取消、调整工作，根据《国务院关于取消和下放一批行政许可事项的决定》（国发〔2020〕13号），取消"林木种子质量检验机构资质认定""草种质量检验机构资质认定"等7项行政许可，取消的许可一律不得再以备案等名目变相审批，加强事中事后监管。

【推进林业行政审批系统建设】 一是专门与自治区大数据发展局相关处室对接，重新确定林业审批系统与广西数字政务一体化平台交互方式，在云服务器上部署新的开发环境；二是根据审批系统建设需求，重新改造、优化涉林行政许可的申请表单，优化后的表单更符合审批业务数据统计需求，也更便于申请人填写；三是推进系统建设工作，组织系统建设单位制订时间倒排表，指定专人负责对接跟踪，重大问题及时汇报。

（自治区林业局政策法规处）

国有林场改革

【国有林场改革持续整改】 国家林业和草原局办公室、国家发展改革委办公厅2020年5月6日印发《关于国有林场改革国家重点抽查验收情况反馈意见的通知》（办场字〔2020〕39号），国有林场改革获国家重点抽查验收评定"优"等次。自治区副主席方春明作出批示："成绩应当充分肯定，可喜可贺！但对存在的问题更应重视，切实整改。"针对存在的问题，组织有关国有林场开展整改工作"回头看"，坚持标本兼治、统筹推进的原则，深入研究整改过程中存在的问题和难点，广泛征求意见建议，制定解决措施办法，压实主体责任，落实整改期限，扎实推进整改工作。对抽中的自治区直属高峰国有林场、防城港市上思县十万大山国有林场和来宾市忻城县欧洞国有林场，组织工作组实地核查整改情况，研究制订整改方案和解决措施，同时要求其他林场举一反三、查漏补缺，逐项排查整改。经过严格整改，截至2020年底抽中的单位基本能解决安全饮水问题；林场总场及分场供电实现全覆盖，并积极协调沟通将林场纳入新一轮农村电网改造升级规划范围；林场职工住房及管护用房完成翻新加固；林场总场通分场、林站及林区主干道路均已全部硬化，林场生产生活条件得到较大改善。

【巩固提升国有林场改革成效】 一是积极协调解决国有林场民生保障问题。积极协调相关部门和地方政府，研究解决国有林场改革遗留问题，确保解决职工养老金和社保欠费问题。2020年10月，协调解决河池凤山县凤山林场退休职工养老保险问题，明确在职职工国有林场改革后社保补缴1267.75万元欠费。二是不断完善国有林场基础设施建设。积极争取中央、自治区有关部门对广西国有林场基础设施建设加大政策支持力度，2019—2020年获基础设施建设资金2000万元，支持7家国有林场林区道路建设。截至2020年12月，广西145家国有林场总场部基本实现通社会公路硬化，林场总场均实现"四通"（通路、通电、通水、通网），基础设施建设基本满足林场发展需求。三是加大国有林场人才引进力度。督促指导各国有林场制定人才引进相关工作方案

和制度，编制年度用人招聘计划，积极与当地编办、人社等部门对接，开辟招聘绿色通道，引进林场发展急需的人才。同时，启动2020年自治区林业局直属事业单位公开招聘入编考试工作。积极向自治区党委编办申请批复，2020年10月，全区组织开展直属事业单位公开招考工作，计划新招入编职工699人，积极引进各类人才，改善人才队伍结构。四是深入林场开展蹲点调研。2020年9月2日，国家林业和草原局林场种苗司印发《关于开展国有林场改革发展蹲点调研的通知》（场改函〔2020〕13号），根据调研要求，深入象州县林场、金秀县林场、武宣县六峰山林场、兴宾区铁帽山林场开展关于林场经营、危旧房改造和场部建设等调研工作。

【全面建设高质量商品林"双千"基地】 借助国有林场改革全面完成的有利契机，充分发挥自治区直属国有林场技术强、队伍优、融资易等优势，携手市县国有林场，创新利益联结机制，推动全区国有林场改革后的高质量发展，从而带动提升全区森林经营质量。2020年，13家区直属林场中的8家与33家市县国有林场成功"牵手"，通过"大场联小场""大场带小场"等合作模式，与市县国有林场合作造林面积达1.8万公顷，全年"双千"基地建设规模增加8.47万公顷，2020年"双千"基地桉树每亩平均出材量达8.3立方米。

（自治区林业局国有林场和种苗管理处）

集体林权制度改革

【概况】 2020年，在自治区林业局党组的正确领导下，在各地和相关部门的共同努力下，林业改革发展处积极深化集体林权制度改革，促进林下经济发展、村级集体经济发展，实现各项工作有序开展。全区林下经济产值达1235亿元；林

权抵押贷款余额161亿元，林下经济贷款余额31.95亿元；全区森林保险投保面积为980万公顷，同比增长4.2%，保费金额达到2.66亿元，同比增长12.7%；林业产权交易平台交易额达到31.43亿元，同比增长15.8%。

【积极推进林下经济产业高质量发展】

加强林下经济产业发展调研 一是组织林下经济用地政策调研。为深入了解林下经济产业发展情况，协调解决产业发展遇到的困难和问题，促进林下经济快速发展，组织人员开展林下经济项目用地政策调研。二是开展林下经济"十四五"规划调研工作。组织广西森林资源与生态环境监测中心、广西林下经济产业协会相关人员组成调研组，深入基层了解各地"十三五"期间林下经济发展情况和存在问题，为编制广西林下经济"十四五"规划提供参考。

以示范基地建设带动产业发展 一是加强示范项目建设。落实自治区财政林下经济发展补助资金 2800 万元，安排非贫困县资金 1400 万元，扶持建设 30 个自治区林下经济示范项目。二是开展中药材"定制药园"遴选工作。全区共有 4 个与医药企业和科研机构合作开展种植加工一体化的林下中药材种植基地通过评审，获得自治区首批中药材"定制药园"称号。三是积极推进示范基地的提升建设工作。根据《关于创建自治区林下经济精品示范基地的指导意见》要求，将 9 个规模较大、示范效果明显的示范项目打造成自治区级林下经济精品示范基地。组织开展以前年度林下经济示范项目监测及验收工作，对示范项目建设中存在的问题提出整改要求。四是开展区直国有林场林下经济"一场一品"建设活动。印发《关于组织制定林下经济"一场一品"创建工作方案的通知》，指导区直国有林场结合自身资源优势、技术优势及基础条件等，利用 5 年左右的时间在本场建设有特色的林下经济示范基地。

积极开展林下经济产品促销工作 为减少新冠疫情对贫困地区带来的不利影响，根据国家林业和草原局工作部署，将林下经济产品滞销问题纳入阿里巴巴"农产品滞销难卖信息反馈通道"机制，由阿里巴巴利用自身资源，根据实际情况、产地条件等组织商户选择采购。同时，还通过林业系统"八桂小林通"APP、广西林下经济产业协会和区直林场林下经济绿色产业联盟及时发布各市、县以及区直林场林下经济产品货源信息，进一步拓展销售渠道。2020 年 1—10 月，区直林场林下经济绿色产业联盟共销售"8+7"个县林下经济扶贫产品近 170 万元。

指导组建林业专业合作社 2020 年 5 月，印发《关于做好自治区和国家级农民专业合作社申报前期准备工作的通知》，指导市、县林业主管部门组织符合条件的林业专业合作社积极申报自治区级以上农民专业合作社。6 月，印发《关于加快组建林业专业合作社的通知》，将组建林业专业合作社的任务落实到各县。截至 10 月底，全区新组建林下经济专业合作社 47 家。

【稳步推进集体林地"三权分置"工作】 组织人员赴融水、合浦、金秀开展集体林地"三权分置"试点情况调研。组织召开全区林改工作负责人及试点县林业部门分管领导参加座谈会，探讨广西集体林地"三权分置"改革试点工作。印发《关于开展第二批集体林地"三权分置"改革试点工作的通知》，确定永福县、苍梧县、上思县、扶绥县、南丹县、覃塘区等 10 个县（市、区）开展第二批集体林地"三权分置"改革试点工作。同时，督促指导河池市及环江毛南族自治县开展集体林业综合改革试验区总结评估工作。

【扎实推进林权抵押贷款工作】 一是做好林业经营主体"建档立卡"融资推荐工作。2020 年 3 月，组织广西农业信贷担保有限公司、广西银保监局等部门相关人员赴百色市开展林业经营主体"建档立卡"调研工作，印发《关于开展全区油茶及木材加工类经营主体摸底推荐工作的通知》，向广西农业信贷担保有限公司推荐油茶产业企业共 3024 家，实现授信担保放款 1.45 亿元。二是积极探索建立林权收储担保机制。组织部分国有区直林场、广西国控林业投资股份有限公司和民营企业共同组建林权收储担保股份有限公司；加强与金融管理部门的沟通协作，印发《广西林权收储（担保）公司试点监督管理办法》。三是组织开展油茶贷款工作。组织自治区农村信用社联合社、自治区自然资源厅等单位相关人员开展信贷支持油茶产业发展调研工作，共同印发《关于加大推进"油茶贷"有关工作事项的通知》，着力解决油茶新造林前期投入资金大、林权登记不顺畅、经营业主抵押物不足等导致融资难的问题。全区油茶种植贷款余额 5.76 亿元。

【进一步完善政策性森林保险政策】 一是完善政策性森林保险政策。联合自治区财政厅等部门共同印发《关于广西农业保险高质量发展工作方案的通知》，协同广西林业勘测设计院编制竹子查勘定损技术规范，开展"县区级"无赔款优待，协调处理桂林全州理赔纠纷和斯道拉恩索集团、金光集团、广西林业集团承保难问题。二是推进油茶收入保险试点工作。为助推油茶"双千"计划的实施，联合有关部门共同印发《油茶收入保险试点工作方案》，在部分市县启动油茶收入试点工作。三是持续推进风险共担承保模式。针对沿海台风灾害频发地区，保险公司赔付率过高、承保不积极的问题，采取以"风险共担、利益共享"为原则的共保模式，有效地解决保险机构承保积极性不高的问题。

【加强指导村级集体经济发展工作】 一是制订工作计划。印发《关于做好 2020 年推动发展壮大村级集体经济工作的通知》，明确 2020 年的主要工作任务，全力确保 2020 年集体经济工作任务圆满完成。二是牵头完成调研与联系指导工作。牵头组织局领导分别带领相关处室站的人员赴来宾市及县区开展村级集体经济工作实地调研，提出推进来宾市集体经济发展的有关思路和措施，并及时上报调研报告和联系指导情况统计表。三是出台政策措施。印发《自治区林业局关于支持全区村级集体经济发展措施》和《关于进一步明确林业支持全区村级集体经济工作重点与要求的通知》，明确支持全区和来宾市村级集体经济发展的具体工作内容。

（自治区林业局林业改革发展处）

林业科学技术

林业科技管理

【概况】 2020年，广西林业科技管理工作紧紧围绕深入贯彻习近平新时代中国特色社会主义思想，认真贯彻全区创新支撑产业高质量发展推进大会精神，认真实施林业科技创新支撑林业高质量发展三年行动，围绕林业中心工作和林业科技创新"双十双百"目标，加强科技创新、成果转化和科技推广等各项重点工作。

【项目申报与落实】 2020年，全区林业科研院所、国有林场和林业企业积极申报林业科技项目，新立项项目91个。其中，国家自然科学基金3项、国家标准项目3个，新增项目合同经费3368.5万元，新增到位经费4917万元。

【科技成果与奖励】 2020年，完成科技成果登记150项，获2019年度广西科学技术奖励3项，其中科技进步二等奖1项；获广西第十六次社会科学优秀成果奖励2项，其中《广西油茶产业专题调研报告》获二等奖。全区共完成84项成果转化项目，签订科技成果转化合同金额1819.46万元。

【科技创新平台建设】 2020年，广西木本香料育种与栽培国家长期科研基地入选第二批60个国家林业和草原长期科研基地，广西国有派阳山林场获广西农业科技园区认定。广西林业科学研究院成立广西"两山"发展研究院。3个平台获中央预算林业基建投资929万元，其中广西漓江源森林生态系统国家定位观测研究站改扩建项目388万元，国家林业和草原局林产品质量检验检测中心（南宁）能力提升建设项目380万元，国家林业和草原局中南速生材繁育重点实验室基础设施建设及仪器设备购置项目161万元。

【林业科技扶贫】 2020年，自治区林业局深入开展林业科普惠农增收活动和油茶科技讲堂活动，在隆林、融水、罗城等46个县区举办62期培训，培训林农及基层技术人员5052人，赠送苗木14.76万株，发放技术资料1.3万余份。组织向全区委派林业科技特派员375名，其中277名特派员服务地点为贫困县（区）、贫困村。落实"8+7"个县林业脱贫攻坚需要解决事项，到博白、环江开展林业脱贫攻坚指导服务3次。广西林业科技扶贫工作获国家林业和草原局的高度肯定，在2020全国林业和草原科技扶贫培训班上作先进典型发言。

（自治区林业局科学技术与对外合作处）

林业科技研究

【林业科研项目】 2020年，获中央和自治区林业科技项目新立项项目91个。广西"万亩百亿"油茶绿色发展技术创新与产业化示范项目获自治区创新驱动发展专项资金立项，项目经费资助1700万元。

主要用材林资源培育与利用技术方面取得突破。通过实施广西创新驱动专项"广西主要用材林资源培育与利用"项目，建立并不断扩大国内最大的松树种质资源库，收集种质资源6115份（其中无性系3853个、家系2262个），建立马尾松 SNP 分子标记辅助选择技术体系；收集杉木优良种质资源 1767 份，收集各类杉木育种材料 2559 份，形成杉木核心育种群体；在国内率先建立尾叶桉第三代、大花序桉第一代育种群体和大花序桉嫁接种子园；选育松杉桉优良无性系 80 个、审定省级林木良种 11 个；初步提出松杉桉培育关键技术模式 6 个，初步形成松杉桉人工林生态功能评价体系各 1 套；选育抗松材线虫病马尾松优良单株 2 个，建立 4 种天敌的繁育技术体系，研制蛀梢害虫性引诱剂 2 种；开发实木新产品 13 个；构建广西主要用材林土壤数据库；研发水溶性松香新产品、浅色松香改性树脂产品、长叶烯与月桂烯提取新工艺，并建成生产线 4 条，在松脂精深加工方面取得重要突破。

贫困地区木本粮油产业科技扶贫示范方面取得突破。通过实施广西创新驱动专项"贫困地区木本粮油产业科技扶贫示范"，筛选适宜贫困地区的木本粮油优良品种 22 个；研发木本粮油低产林综合改造模式 8 个；总结石漠化地区核桃高效立体复合栽培模式 7 个；形成核桃和澳洲坚果鲜果处理储存、高品质安全原油生产技术形成 3 套；开发油类系列、休闲系列、加工剩余物高质化利用技术 11 项及系列新产品 11 个；建立扶贫模式 19 个，帮扶贫困村 515 个贫困户 9359 户。

【科研团队建设】 广西林业科学研究院油茶团队获广西创新争先奖集体奖，1 人获广西杰出工程师奖。首次获国家人才称号，1 人入选国家"百千万"人才工程；1 人获国务院政府特殊津贴；1 人获"八桂英才"称号；1 人入选广西"十百千"人才工程。创新设立场长科技助理工作制度，从区直林业科研单位、广西科学院系统选派 13 名优秀专家挂任林场场长科技助理。

（自治区林业局科学技术与对外合作处）

林业标准制定

【林业标准】 一是国家标准方面。广西林业科学研究院参与的 3 个国家标准 [《杉原条》（20200489-T-432）、《木线条》（20200490-T-432）、《肉桂栽培技术规程》（20203790-T-432）] 获得立项。二是地方标准方面。向自治区市场监管局申报 23 项，其中 11 项获得立项；2020 年没有新发布地方标准。建立桉树中大径材混交、红锥良种高效栽培等标准化示范基地 2 个。

【广西林业地方标准】 2020 年，共立项 11 项广西林业地方标准。

2020 年度广西林业地方标准立项情况统计表

项目编号	标准项目名称	标准性质	制定或修订	起止年限	主要负责起草单位
2020-02043	重要湿地认定指标	推荐性	制定	2020 年 10 月至 2022 年 3 月	广西森林资源与生态环境监测中心、广西野生动植物和自然保护区管理中心、广西林业勘测设计院
2020-02151	香合欢培育技术规程	推荐性	制定	2020 年 10 月至 2022 年 3 月	广西林业科学研究院、广西国有雅长林场、广西国有七坡林场
2020-02164	优良无性系桉树蓄积材积主要计量数表	推荐性	制定	2020 年 10 月至 2022 年 3 月	广西林业勘测设计院

续表

项目编号	标准项目名称	标准性质	制定或修订	起止年限	主要负责起草单位
2020-02165	马尾松林分二元胸高形数表	推荐性	制定	2020年10月至2022年3月	广西林业勘测设计院
2020-02166	木姜叶柯条形茶生产技术规程	推荐性	制定	2020年10月至2022年3月	广西林业科学研究院、广西三椿生物科技有限公司、广西巴马伟林生物科技有限公司
2020-02174	食用林产品产地环境质量安全监测与评价技术规范	推荐性	制定	2020年10月至2022年3月	广西林业科学研究院
2020-02175	食用香茅食材质量等级要求	推荐性	制定	2020年10月至2022年3月	广西林业科学研究院、防城港市绿华源农林科技有限公司
2020-02184	原味山茶油生产技术规程	推荐性	制定	2020年10月至2022年3月	广西林业科学研究院
2020-03014	灰木莲培育技术规程	推荐性	制定	2021年1月至2022年6月	广西国有高峰林场、广西大学、南宁树木园
2020-03015	政策性森林保险松杉竹查勘定损技术规范	推荐性	制定	2021年1月至2022年6月	广西林业勘测设计院、广西北部湾林业产权交易中心
2020-03016	灵芝林下生态种植技术规程	—	—	2021年1月至2022年6月	广西林业科学研究院、广西林下经济产业协会

【标准示范区建设】 2020年,组织建设"广西国有钦廉林场桉树中大径材混交标准化示范基地建设""七坡林场红锥良种高效栽培技术标准化示范"等2个标准化示范项目。

(自治区林业局科学技术与对外合作处)

林业科技成果推广

【林业科技推广示范项目建设】 2020年获中央财政林业科技推广示范项目资金2720万元,新立项项目24个,建设科技示范点35个,推广优良品种6个,推广实用新技术28项,营建示范林面积583.47公顷。建设年生产1200吨八角、肉桂、香茅草饲料生产线1条,建设年生产1200吨油茶籽油低温冷榨工艺生产示范线和年生产300吨油茶籽油绿色精制示范线各1条,建成年生产300吨的以制炭副产物(竹醋、木醋、果壳醋等)为原料的生产消毒卫生抗菌液和畜禽养殖用病毒防疫消杀剂的综合生产线1条。项目实施期间累计培训林农2655人次,发放培训资料2850册;建设内容包括良种繁育、森林经营、特色经济林、林特资源、生态修复、生物防治等方面。直接拨付贫困县项目资金1220万元,落实到贫困县实施的项目资金320万元。

2020年获自治区本级林业科技推广资金500万元,新建自治区级林业技术推广示范项目25个(其中12个区本级项目实施地为贫困县),项目计划营建示范林147.47公顷,年产1万立方米生产能力的钢琴用环保中密度纤维板示范生产线1条,年产1000吨油茶果壳有机肥生产线1条。

2020 年中央财政林业科技推广示范项目

序号	项目名称	承担单位	金额 / 万元
1	平乐县杉木速生丰产栽培技术推广示范	平乐县广运林场	100
2	大花序桉高效栽培技术集成示范	象州县象州林场	100
3	珍贵树种灰木莲人工林栽培技术推广示范	广西国有高峰林场	100
4	香樟繁育及高效栽培技术示范	广西国有钦廉林场	100
5	天然香料八角、肉桂、香茅制饲料添加剂关键技术推广示范	广西林业科学研究院	100
6	广西桂平肉桂栽培标准化示范区建设	广西林业科学研究院	100
7	油茶种植	龙胜各族自治县	100
8	油茶特色制油关键技术推广示范	龙胜各族自治县	100
9	桂东南贫困地区马尾松优良家系推广与示范	苍梧县	100
10	油茶新品种丰产组装配套技术示范	昭平县	100
11	杉木优良种源对比造林技术推广与示范	罗城仫佬族自治县	100
12	景观造林珍贵树种栽培技术推广与示范	罗城仫佬族自治县	100
13	桂北贫困地区马尾松优良家系推广与示范	环江毛南族自治县	100
14	良种油茶大苗高效栽培技术推广示范	大化瑶族自治县	100
15	优良实木材树种大花序桉高效培育技术集成示范	那坡县林业科学技术推广站	100
16	杉木无性苗木快繁及高效栽培示范	融水县贝江河林场	100
17	高产孢量白僵菌生产技术推广与示范	环江毛南族自治县森林病虫害防治检疫站	120
18	柳州螺蛳粉原料竹笋丰产栽培技术示范推广	柳州市柳南区龙汉岭林场	100
19	制炭副产物生产天然消杀产品关键技术推广示范	广西林业科学研究院	100
20	漓江源头森林生态系统服务评估应用示范	广西桂林猫儿山国家级自然保护区管理处	100
21	广西特色药用植物生态种植技术在石漠化生态恢复中的应用与推广	广西壮族自治区中国科学院广西植物研究所	100
22	珍贵乡土树种异龄混交造林技术推广示范	广西林业科学研究院	100
23	木材剩余物与碳基缓释肥料推广示范	广西国有七坡林场	100
24	三门江林场黑木相思优良无性系示范推广	广西国有三门江林场	100
25	广西田林县油茶优良无性系丰产栽培技术示范推广	田林县	100
26	东兰板栗标准化示范园建设	东兰县	100
27	生态经济型优良珍贵树种——台湾桤木丰产栽培技术推广示范	忻城县	100
	合计		2720

2020 年自治区级林业技术推广示范项目汇总表

序号	树种	项目名称	项目承担单位	建设地点	建设规模/亩	金额/万元
1	松树	低效马尾松公益林改造技术推广与示范	广西沙塘林场	广西沙塘林场	100	20
2	杉木	灌阳县良种杉木造林技术推广与示范	桂林市林业技术推广站	灌阳县	80	20
3	杉木	南丹县速生良种大径材杉木推广示范	南丹县林业技术推广中心	南丹县吾隘镇	100	20
4	油茶	岑溪软枝油茶二代新品种示范与推广	岑溪市林业技术推广站	岑溪市林业科学研究所	52	20
5	油茶	田林县油茶丰产栽培技术推广示范	百色市林业技术推广站	田林县	50	20
6	油茶	油茶新造良种示范推广	隆林各族自治县经济林生产技术指导站	隆林各族自治县沙梨乡	50	20
7	油茶	油茶高产高效栽培科技推广示范项目	凤山县林业工作总站	凤山县平乐乡	100	20
8	油茶	良种油茶高效栽培技术推广示范	忻城县林业技术推广站	忻城县古蓬镇	50	20
9	油茶	华硕华金华鑫良种油茶栽培示范项目	广西国有三门江林场	广西国有三门江林场江口分场	50	20
10	油茶	资源县油茶良种丰产栽培技术推广示范	资源县林业科学研究所	资源县梅溪镇随滩村	50	20
11	油茶	油茶良种大苗丰产栽培技术推广示范	桂林市林业技术推广站	永福县	50	20
12	珍贵树种	闽楠高效栽培示范	融水县贝江河林场	贝江河林场	100	20
13	珍贵树种	珍贵香粉原料林树种润楠属植物良种种质资源推广与示范	桂林市林业工作站	平乐县广运林场、永福县罗锦镇金福村	100	20
14	珍贵树种	楠木人工种植推广示范项目	那坡县林业技术推广站	那坡县	50	20
15	珍贵树种	乡土树种香合欢高产林营建示范	广西国有雅长林场	广西国有雅长林场	50	20
16	珍贵树种	桂中地区主要珍贵乡土树种栽培示范	广西国有维都林场	广西国有维都林场龙凤山分场	100	20
17	病虫害防治	八角炭疽病防控技术推广示范	大新县林业技术推广站	大新县五山乡	100	20
18	病虫害防治	桉树枯梢病防治试验示范	广西国有派阳山林场	广西国有派阳山林场北山分场	500	20
19	加工	油茶果壳有机肥生产关键技术推广与示范	广西三椿生物科技有限公司	柳州市三江侗族自治县	—	20
20	加工	钢琴用环保中密度纤维板生产关键技术应用示范	广西国旭林业发展集团股份有限公司	广西国旭林业发展集团股份有限公司五洲分公司	—	20

续表

序号	树种	项目名称	项目承担单位	建设地点	建设规模/亩	金额/万元
21	竹子	大型丛生竹笋用林优质高产技术示范	柳州市柳江区冲马岭林场	冲马岭林场	100	20
22	花木	彩叶树种枫香人工林平衡施肥及修枝整形技术推广示范	广西林业科学研究院	良凤江森林公园	150	20
23	香料	木本香料水肥一体化技术推广示范	广西国有钦廉林场	钦廉林场	50	20
24	黑木相思	黑木相思高效栽培技术集成与示范	广西国有博白林场	广西国有博白林场	100	20
25	澳洲坚果	澳洲坚果新品种引进及高效栽培技术推广示范	右江区林业局林业工作总站	百色右江区四塘镇	80	20
合计						500

注：1. 油茶果壳有机肥生产关键技术项目的建设规模为年产 1000 吨油果茶壳有机肥生产线 1 条。

2. 钢琴用环保中密度纤维板生产关键技术应用示范项目的建设规模为年产 1 万立方米生产能力的钢琴用环保中密度纤维板示范生产线 1 条。

【林业技术网络推广平台建设】 一是"八桂小林通"APP 等科技推广平台持续为林农提供服务。2020 年，"八桂小林通"APP 发布涉林资讯 2352 篇、科技视频 65 个、林业技术文章 83 篇、供求信息 76 条，解决林农提问 91 个。"八桂小林通"APP 总点击浏览量突破 100 万次，技术文章点击近 15 万次。微信公众号发布资讯 404 篇，关注人数达 5610 人。二是不断丰富线上推广形式和内容。在自治区林业局官方网站开设"广西林业科技推广"专栏，发布各类林业资讯及技术文章 500 多篇。搭建"八桂小林通"APP 微信小程序，升级优化"八桂小林通"APP，增加"供求信息"子栏目，发布林木种苗、肥料和林业特产供需信息。三是拓宽线上林业技术推广渠道。与广西广播电视报社建立合作关系，共同拍摄油茶、澳洲坚果、核桃、竹子、林下经济等 10 个方面林业实用技术视频，并在"学习强国"APP、广西数字网络图书馆、"八桂小林通"APP 等平台进行推送，收效显著。

【科普惠农活动】 2020 年，分别在隆林、龙胜、罗城等 25 个县（区）举办 41 期培训班，培训林农及基层技术人员 3752 人，赠送苗木 14.76 万株，发放技术资料 1.1 万份。

【林业科技特派员】 2020 年，选派 375 名林业科技特派员（比 2019 年增加 137 人），其中向贫困地区选派 277 人，重点服务油茶、澳洲坚果、八角等产业。

【林业科技推广服务体系建设】 2020 年，根据自治区林业局《关于加强林业科技推广服务体系建设的通知》要求，采取深入各地开展调查摸底，组织市县林业主管部门遴选 2427 名技术专家，分别选聘为自治区林业技术推广专家、市县林业技术推广专员、乡镇林业技术指导员、乡土专家，建成以自治区级专家和市县级林业技术推广专员为龙头，林业技术指导员和责任林业技术员为骨干，以农民技术带头人和社会化林业技术推广人员等"乡土专家"为补充的林业科技推广服务体系，破解林业科技推广"最后一公里"难题。

（广西林业技术推广站）

林业质量技术监督

【林产品质量检验检测】 2020 年，根据国家林业和草原局要求，国家林业和草原局林产品质量检验检测中心（南宁）承担广西区域 212 批次林产品的抽样及检验工作，其中包含 22 批次木质产品和 190 批次的经济林产品及其产地土壤。

【食用林产品质量安全】 2020 年，组织出台《关于进一步加强食用林产品质量安全监管的通知》，督促指导全区各级林业主管部门落实监管责任。积极筹措经费，全面扩大开展食用林产品及产地土壤质量安全监测范围，年度监测任务由 2019 年的 80 批次大幅增加至 1100 批次。组织制定《广西食用林产品监测品种指导性目录》。

（自治区林业局科学技术与对外合作处）

林业知识产权体系建设

【专利申请】 2020 年，广西林业系统共申请专利 160 件，获得授权专利 102 件，其中发明专利 25 件、实用新型专利 57 件、外观设计专利 20 件。广西林业科学研究院等主要林业科研单位"十三五"以来累计获得授权专利 428 件（其中发明专利 267 件、实用新型专利 136 件、外观专利 25 件）；申报计算机软件著作权 56 个，其中获得授权 38 个，累计登记计算机软件著作权 117 项；出版专著 6 部、教材 9 部。

【成果转化】 2020 年，广西出台的《促进科技成果转化股权和分红奖励实施办法》等政策较好地调动了科研人员的积极性，成果转化与交易大幅增长，全年转化林业科技成果 84 项，转化金额 1819.46 万元。中央财政林业科技推广示范资金项目推广良种 6 个，标准 1 项，新技术 28 项。

【植物新品种】 2020 年，广西积极引导科技人员加大植物新品种创制力度，向国家林业和草原局申请 20 个以上植物新品种权，获得林业植物新品种授权 10 个，广西累计获得林业植物新品种授权 27 个。申请 14 个松树品种、9 个杉木品种、5 个桉树品种进行品种审定，自治区级林木良种审定 24 个、品种认定 4 个。

【植物新品种权保护】 2020 年，组织印发《2020 年打击制售假劣种苗和保护植物新品种权专项行动实施方案》，对全区专项行动进行部署。开展植物新品种摸底调查、植物新品种执法队伍建设情况摸底调查，摸清全区新品种保护状况。举办全区林业科技创新与推广应用培训班。开展打击制售假冒伪劣油茶种苗和侵犯林业植物新品种权"铁拳 2020"专项行动，共出动执法人员 350 人次，检查苗圃 124 个，下达执法检查整改通知书 33 份，立案查处违法生产经营林木种苗案件 2 起，未发现有林业植物新品种侵权行为。

（自治区林业局科学技术与对外合作处）

对外开放

林业对外科技交流与合作

【科技交流与合作】 2020年，广西继续加大与区内外的林业合作交流。自治区林业局与广西科学院签订战略合作协议，在科技项目申报、科技平台建设、科技人才交流方面开展多项合作。广西林业科学研究院、广西森工集团股份有限公司与中国林业科学院木材工业研究所签订产学研科技创新战略合作协议。

【首届广西"两山"发展论坛】 2020年12月23日，自治区林业局在南宁市举办首届广西"两山"发展论坛，来自区内外的200多位林业领域专家、领导参加论坛，对广西林业践行"两山"理念成果与实践进行系统总结，引起强烈反响。论坛共有33262人观看现场直播，点击率1934262次，创下广西区直部门官方政务直播纪录；全国共有272家媒体刊登报道277篇，包括中央电视台、广西电视台、新华社等主流媒体。

（自治区林业局科学技术与对外合作处）

欧洲银行贷款林业项目

【欧洲投资银行贷款广西珍稀优质用材林可持续经营项目】

项目概况 欧洲投资银行贷款广西珍稀优质用材林可持续经营项目是欧洲投资银行中国林业专项框架贷款项目之一。中国林业专项框架贷款项目是由国家林业和草原局组织，广西、河南和海南三省（区）负责具体实施的打捆项目。项目于2015年5月27日通过欧洲投资银行董事会批准，2016年3月22日自治区人民政府与欧洲投资银行正式签署项目协议，标志着贷款项目成功落户广西。2016年9月12日，财政部与自治区人民政府签署贷款项目转贷协议。项目建设期为2015—2019年，于2019年3月26日建设完成并通过欧洲投资银行贷款项目评估组检查。由于打捆项目省（区）提款尚未完成，项目关账期延长一年，2020年6月30日项目顺利竣工。

项目资金 2015—2020年完成项目总投资54561.5万元。国内配套资金累计到位31257.37万元。其中，中央造林、抚育补贴资金5528.29万元，自治区级配套资金5595.79万元，项目单位自筹资金20133.29万元；2020年自治区级配套资金到位1114.81万元。项目共向欧洲投资银行申请贷款3笔，累计完成提款报账2999.85欧元（折合人民币23304.13万元），基本完成全部提款工作。

项目还款 2020年度组织15个项目实施单位完成欧洲投资银行贷款项目到期还息资金14.83万元人民币，其中县级单位10.52万元人民币、区直林场4.31万元人民币。

【欧洲投资银行贷款广西森林质量提升与可持续经营项目】

项目概况 2020年1月，根据《广西壮族自治区发展和改革委员会、广西壮族自治区财政厅转发国家发展改革委、财政部关于开展有关国际金融组织贷款新一期规划备选项目准备工作的通知》（桂发改外资〔2019〕1133号）精神，自治区林业局向自治区发展改革委、自治区财政厅上报欧洲投资银行贷款广西森林质量提升与可持续经营项目。2020年12月31日，《国家发展改革委、财政部关于印发我国利用欧洲投资银行贷款2020—2022 年备选项目规划的通知》（发改外资〔2020〕1975 号），欧洲投资银行贷款广西森林质量提升与可持续经营项目经国务院批准，成功纳入欧洲投资银行贷款备选项目规划，共获 1.5 亿欧元贷款额，是广西首次以自治区为主体直接申报成功的欧洲投资银行贷款项目，为广西林业高质量发展拓宽投融资渠道。

【全球环境基金（GEF）赠款项目】

项目概况　2016 年 9 月，财政部与联合国粮农组织签署全球环境基金"中国森林可持续管理提高森林应对气候变化能力项目"赠款协议。该项目的总体目标是让中国河南、广西、福建和海南 4 个省（区）内部分地区在重新造林与森林恢复活动中有效应用基于激励的森林可持续经营实践，增强碳储存与碳封存，并保护生物多样性。广西被列入项目实施单位并获赠款资金 170 万美元，项目由雅长林场、七坡林场、南丹县山口林场、兴安县摩天岭林场 4 个单位具体实施。

项目实施　2020 年，自治区政府投资项目评审中心组织省级专家到广西各项目单位开展 GEF 项目试点示范营造林情况、珍稀树种培育、样地监测指导工作 12 次。组织实施完成再造林试点示范 286.43 公顷，单一树种栽培改造为混交林试点示范 60.5 公顷，森林抚育加强试点示范 1577.36 公顷，完成减少对环境影响的采伐试点示范 81.11 公顷。2020 年向国家林业和草原局

申请项目资金报账 10.84 万美元。

项目培训　2020 年 11 月 3 日，自治区政府投资项目评审中心在兴安县举办全球环境基金赠款"中国森林可持续管理提高森林应对气候变化能力项目"培训班，并组织参训人员到兴安县摩天岭林场项目示范点参观学习，来自 4 个项目实施单位的项目管理技术相关人员等 27 人参加培训。

2020 年项目完成省、县两级各类有关技术培训班共 5 期，受训人数 314 人次。

【碳汇造林项目】　2006 年，广西组织实施中国广西珠江流域治理再造林项目。该项目是全球首例在联合国清洁发展机制理事会成功注册的碳汇造林项目，完成碳汇造林面积 3100 公顷。2020 年 1 月 14 日，世界银行生物碳基金向广西支付广西珠江流域治理再造林项目获联合国清洁发展机制理事会核证签发的二氧化碳减排量碳汇款 538803.31 美元（折合人民币3701294.52 元）。

【世界银行贷款项目管理】　2020 年度组织 50 个项目实施单位完成世界银行贷款项目到期还贷资金共 9030.48 万元，其中县级单位 4151.43 万元、区直林场 4879.05 万元，维护广西良好国际形象和信誉。

（广西利用外资林业项目管理中心）

林业劳动人事

自治区林业局领导成员

自治区林业局领导成员一览表

机关名称	姓名	性别	职务	任职时间
广西壮族自治区林业局（厅）	邓建华	女	副厅长、党组成员	2011 年 8 月至 2018 年 11 月
			副局长、党组成员	2018 年 11 月至 2020 年 4 月
			副局长、党组成员、一级巡视员	2020 年 4 月至今
	黄政康	男	副厅长、党组成员	2012 年 4 月至 2018 年 11 月
			副局长、党组成员	2018 年 11 月至今
	陆志星	男	副厅长、党组成员	2016 年 9 月至 2018 年 11 月
			副局长、党组成员	2018 年 11 月至今
	安家成	男	厅党组成员兼广西林业科学研究院院长	2014 年 7 月至 2018 年 11 月
			局党组成员兼广西林业科学研究院院长	2018 年 11 月至今
	李巧玉	女	局党组成员、办公室主任	2019 年 12 月至 2020 年 1 月
			局党组成员、总工程师、办公室主任	2020 年 1 月至 2020 年 4 月
			局党组成员、总工程师	2020 年 4 月至今
	蒋桂雄	男	副巡视员	2017 年 4 月至 2019 年 11 月
			二级巡视员	2019 年 11 月至今
	莫泰意	男	自治区森林公安局局长（副厅级）	2016 年 6 月至 2020 年 6 月
	李堂龙	男	自治区森林公安局政委（副厅级）	2011 年 3 月至 2020 年 6 月
	丁允辉	男	二级巡视员	2020 年 4 月至今
	黄周玲	女	二级巡视员	2020 年 4 月至今
	罗基同	男	二级巡视员	2020 年 12 月至今

注：2020 年 6 月，自治区森林公安局整建制划归自治区公安厅管理，因此莫泰意、李堂龙等 2 名同志在自治区林业局的任职时间截至 2020 年 6 月。

（自治区林业局人事处）

自治区林业局各处（室、站）负责人

根据自治区党委办公厅、自治区人民政府办公厅《关于印发〈广西行业公安机关管理体制调整实施方案〉的通知》和《关于进一步明确行业公安机关管理体制调整若干问题》精神，2020 年 6 月，自治区森林公安局整建制划归自治区公安厅管理。

【自治区林业局办公室】

主　任：施福军（2020 年 4 月任职）

　　　　李巧玉（2020 年 4 月免职）

副主任：杨智强

　　　　潘劲涛（2020 年 3 月任职）

一级调研员：李巧玉（2020 年 4 月免职）

三级调研员：黄秋菱（2020 年 5 月任职）

四级调研员：黄秋菱（2020 年 5 月免职）

戴玫君（2020 年 7 月任职）

一级调研员：蒋迎红

三级调研员：余　钊

四级调研员：肖万福

【自治区林业局政策法规处（行政审批办公室）】

处　　长（主任）：伍贤旭

副处长（副主任）：邱承刚

林　钢

一级调研员：伍贤旭（2020 年 7 月任职）

二级调研员：邱承刚

三级调研员：龙　耀（2020 年 7 月任职）

四级调研员：龙　耀（2020 年 7 月免职）

【自治区林业局生态保护修复处（自治区绿化委员会办公室）】

处　　长：李贵玉

常务副主任：黄周玲（2020 年 6 月免职）

副处长（副主任）：梁一萍

一级调研员：李贵玉

黄周玲（2020 年 6 月免职）

郭平生（2020 年 7 月退休）

二级调研员：凌绍明

廖河康（2020 年 4 月任职）

三级调研员：吴曙光（2020 年 7 月任职）

四级调研员：吴曙光（2020 年 7 月免职）

【自治区林业局森林资源管理处（山林纠纷调处办公室）】

处　　长：黄　强

副处长：周怀勋

潘　军（2020 年 2 月任职）

一级调研员：黄　强

二级调研员：黎　林（2020 年 6 月任职）

农永和

杨安娜（2020 年 1 月免职）

四级调研员：卢书兵（2020 年 12 月任职）

【自治区林业局荒漠化防治和草原管理处】

处　　长：蒋迎红

【自治区林业局野生动植物保护处】

处　　长：张振球（2020 年 3 月任职）

副处长：张振球（2020 年 3 月免职）

二级调研员：吴练荣（2020 年 7 月任职）

三级调研员：吴练荣（2020 年 7 月免职）

四级调研员：刘世超

【自治区林业局自然保护地和湿地管理处】

处　　长：侯水升（2020 年 3 月任职）

副处长：梁艳华（2020 年 1 月任职）

刘　建

侯水升（2020 年 3 月免职）

一级调研员：莫　涛（2020 年 6 月任职）

二级调研员：莫　涛（2020 年 6 月免职）

三级调研员：吴　辱（2020 年 5 月任职）

四级调研员：温东林

刘天泉

吴　辱（2020 年 5 月免职）

【自治区林业局林业改革发展处】

处　　长：谭华昌

副处长：廖家怀

谭石清（2020 年 7 月任职）

一级调研员：谭华昌

二级调研员：廖家怀

四级调研员：谭石清（2020 年 7 月免职）

【自治区林业局产业处】

处　　长：冷光明

副处长：梁艳华（2020 年 1 月免职）

罗小三（2020 年 3 月任职）

二级调研员：周献逸

王湛萍（2020 年 6 月任职）

三级调研员：王湛萍（2020 年 6 月免职）

四级调研员：罗小三（2020年3月免职）

【自治区林业局国有林场和种苗管理处】

处　　长：丁允辉（2020年6月免职）

副处长：吴　暄

一级调研员：丁允辉（2020年6月免职）

余健成（2020年6月任职）

二级调研员：吴　暄

李云奔

杨继伟（2020年6月任职）

余健成（2020年6月免职）

三级调研员：杨继伟（2020年6月免职）

【自治区林业局规划财务处（生态公益林管理办公室）】

处　　长：许华功

副处长：陈祖群

夏亦康

颜立强（2020年9月免职）

一级调研员：许华功

李惠珍

四级调研员：梁绍桓

朱万江

【自治区林业局科学技术与对外合作处】

处　　长：王　鹏（2020年1月任职）

王　鹏（2020年12月免职）

韦达威（2020年1月免职）

副处长：刘家开（2020年6月任职）

四级调研员：刘家开（2020年6月免职）

【自治区林业局森林草原防火和安全生产处】

处　　长：韦达威（2020年1月任职）

森林草原防火督查专员：黄可先（2020年1月任职）

副处长：李暑贤（2020年6月任职）

一级调研员：黄可先（2020年1月任职）

韦达威（2020年6月任职）

二级调研员：杨安娜（2020年1月任职）

四级调研员：李暑贤（2020年1月任职）

李暑贤（2020年6月免职）

【自治区林业局人事处】

处　　长：宋正海

副处长：吴小珊

罗红广

陈春咏（2020年2月免职）

一级调研员：宋正海（2020年7月任职）

二级调研员：吴小珊

陈春咏（2020年2月免职）

【自治区林业局机关党委（工会）】

专职副书记：阳书群

机关纪委书记：王永琢

一级调研员：阳书群（2020年6月任职）

二级调研员：袁甫柏

王永琢

四级调研员：李暑贤（2020年1月免职）

【自治区林业局离退休人员工作处】

处　　长：陈春咏（2020年6月任职）

黄可先（2020年1月免职）

副处长：陈春咏（2020年2月任职）

陈春咏（2020年6月免职）

一级调研员：黄可先（2020年1月免职）

二级调研员：黄禄忠

陈春咏（2020年2月任职）

陈春咏（2020年6月免职）

四级调研员：韦力荣

【自治区森林公安局】

局　　长：莫泰意（副厅级）

政　　委：李堂龙（副厅级）

副局长：李远西

黄　洪

苏崇武

一级高级警长：李远西（2020年3月任职）

　　　　　　黄　洪（2020年3月任职）

　　　　　　苏崇武（2020年3月任职）

副政委：陆　智

一级高级警长：陆　智（2020年3月任职）

　　　　　　李茂华（2020年3月任职）

二级高级警长：李天友（2020年3月任职）

纪委书记：王　鹏（2020年1月免职）

政治部：

主　任：李建新

副主任：李　震

　　　　袁晗文

一级高级警长：李建新（2020年3月任职）

二级高级警长：李　振（2020年3月任职）

三级高级警长：袁晗文（2020年3月任职）

办公室：

主任：陈　刚

副调研员：谢佰快（2020年3月免职）

三级高级警长：陈　刚（2020年3月任职）

四级高级警长：谢佰快（2020年3月任职）

刑侦支队：

支队长：王裕成

政　委：黄仁明

副调研员：张新成（2020年3月免职）

三级高级警长：王裕成（2020年3月任职）

　　　　　　黄仁明（2020年3月任职）

　　　　　　张新成（2020年3月任职）

治安支队：

支队长：农好祥

政　委：周隆腾

副调研员：李振霖（2020年3月免职）

　　　　　　李洪超（2020年3月免职）

三级高级警长：周隆腾（2020年3月任职）

　　　　　　李振霖（2020年3月任职）

　　　　　　李洪超（2020年3月任职）

四级高级警长：农好祥（2020年3月任职）

法制支队：

支队长：吕舜林

政　委：何炳海

三级高级警长：吕舜林（2020年3月任职）

　　　　　　何炳海（2020年3月任职）

督察支队：

支队长：蒋叶荟

三级高级警长：蒋叶荟（2020年3月任职）

教育训练支队：

支队长：常　敏

政　委：黄政溶

三级高级警长：常　敏（2020年3月任职）

　　　　　　黄政溶（2020年3月任职）

警务保障支队：

支队长：黄军健

三级高级警长：黄军健（2020年3月任职）

特警支队：

支队长：戴　忠

政　委：黄育贝（2020年2月退休）

三级高级警长：戴　忠（2020年3月任职）

监察室：

主　任：凌　敏

三级高级警长：凌　敏（2020年3月任职）

调研员：李茂华（2020年3月免职）

　　　　李　震（2020年3月免职）

　　　　李天友（2020年3月免职）

直属一分局：

局　长：黄宗杰

政　委：眭向东

副调研员：黄善文（2020年3月免职）

三级高级警长：黄宗杰（2020年3月任职）

眭向东（2020年3月任职）

四级高级警长：黄善文（2020年3月任职）

直属二分局：

局　长：张　冲

政　委：龙晓林

三级高级警长：张　冲（2020年3月任职）

龙晓林（2020年3月任职）

【自治区林业局机关服务中心】

主　任：马　涪

副主任：刘新洪

副处级干部：潘　彪（2020年10月退休）

【广西草地监理中心】

主　任：陈兴乾

副主任：颜灿健（2020年6月免职）

唐积超

一级调研员：马世武（2020年3月任职）

二级调研员：颜灿健（2020年6月任职）

三级调研员：颜灿健（2020年1月任职）

颜灿健（2020年6月免职）

李锦灵（2020年1月任职）

四级调研员：曾泰卫（2020年5月任职）

张　伟（2020年5月任职）

【广西林业基金管理站】

站　长（主任）：何业锦

副站长（副主任）：韦燕青

一级调研员：何业锦（2020年3月任职）

三级调研员：李少英（2020年1月任职）

四级调研员：李少英（2020年1月免职）

【广西林业有害生物防治检疫站】

站　长：罗基同（2020年12月免职）

刘杰恩（2020年12月任职）

副站长：杨秀好（2020年6月免职）

一级调研员：罗基同（2020年3月任职）

罗基同（2020年12月免职）

二级调研员：蒋金培（2020年6月任职）

三级调研员：蒋金培（2020年1月任职）

杨秀好（2020年1月任职）

蒋金培（2020年6月免职）

杨秀好（2020年6月免职）

四级调研员：蒋金培（2020年1月免职）

李兴平（2020年5月任职）

【广西林业技术推广站（乡镇林业工作站）】

站　长：韦鼎英

副站长：刘革宁

一级调研员：许奇聪（2020年3月任职）

二级调研员：许奇聪（2020年3月免职）

三级调研员：刘革宁（2020年1月任职）

四级调研员：杨先伟（2020年5月任职）

【广西野生动植物和自然保护区管理站】

站　长：颜立强（2020年11月任职）

副站长：颜立强（2020年9月任职）

颜立强（2020年11月免职）

杨焕兴（2020年9月免职）

二级调研员：谭学锋（2020年11月退休）

杨焕兴（2020年6月任职）

三级调研员：杨焕兴（2020年1月任职）

杨焕兴（2020年6月免职）

四级调研员：汪利燕（2020年5月任职）

【广西速生丰产林基地管理站（广西利用外资林业项目管理中心）】

站　长（主任）：朱春林（2020年8月任职）

副站长（副主任）：朱春林（2020年8月免职）

李孝忠（2020年6月免职）

二级调研员：李孝忠（2020年6月任职）

三级调研员：李孝忠（2020年1月任职）

李孝忠（2020年6月免职）

四级调研员：黄利萍（2020 年 5 月任职）

叶春生（2020 年 5 月任职）

调研员：周丽英（2020 年 1 月任职）

副处级干部：唐黎明（2020 年 1 月免职）

【广西林业社会保险事业中心】

主　任：谭建华

副主任：石益秀

【广西陆生野生动物救护研究与疫源疫病监测中心】

主　任：廖宏俊

副主任：黎德丘

正处级干部：廖河康（2020 年 4 月免职）

副处级干部：蒋卫民（2020 年 1 月任职）

【广西林业种苗管理站】

站　长：黄伯高（2020 年 6 月任职）

副站长：覃英繁

三级调研员：彭文胜（2020 年 1 月任职）

覃英繁（2020 年 1 月任职）

四级调研员：彭文胜（2020 年 1 月免职）

吴支民（2020 年 5 月任职）

【广西林业信息宣传中心】

主　任：张庆志

副主任：蒋军林（2020 年 1 月任职）

副处级干部：蒋卫民（2020 年 1 月免职）

【广西林业生态工程质量监督管理中心】

主　任：覃建宁

副主任：邓　艳（2020 年 6 月任职）

副处级干部：唐黎明（2020 年 1 月任职）

【广西北部湾林业产权交易中心】

主　任：罗伟强

副主任：欧发验

（自治区林业局人事处）

【广西森林消防装备服务中心】

主　任：黄国红

自治区林业局直属单位负责人

【广西生态工程职业技术学院】

党委书记：李振秋（副厅级）

院长、党委副书记：冯昌信（副厅级）

党委副书记、纪委书记：蒋雪刚

党委副书记：王汉奇

副院长：杨　毅

杨燕红

潘梅勇

工会主席、院长助理：石荣胜

工会副主席：吴　锋（副处级，2020 年 8 月任职）

党政办公室：

主　任：杨燕红（2020 年 3 月免职）

韦文榜（2020 年 6 月任职）

副主任：张根涛

韦文榜（2020 年 3 月任职）

韦文榜（2020 年 6 月免职）

党委组织部（人事处）、教师发展工作部：

部（处）长：周全连

副部（处）长：黄仲贵（副处级，2020 年免职）

黄名忠（副处级，2020 年

6月免职）

王亚丽（副处级，2020 年
6 月任职）

刘　鹏（副处级，2020 年
6 月任职）

党委宣传部：
部　长：冯立新（2020 年 6 月任职）

教务处：
处　长：苏付保（2020 年 6 月免职）
　　　　黎　森（2020 年 6 月任职）
副处长：黎　森（2020 年 6 月免职）
　　　　冯立新（2020 年 6 月免职）
　　　　巫国富（2020 年 6 月任职）
　　　　丁伟钧（2020 年 6 月任职）

学生工作处（部）：
处（部）长：冯光澍（2020 年 6 月任职）
副部（处）长：吴　锋（2020 年 6 月免职）
　　　　　　　张宁辉（2020 年 6 月免职）
　　　　　　　廖　翠（2020 年 6 月任职）

后勤管理处：
处　长：覃旭行（2020 年 6 月免职）
　　　　刘维哲（2020 年 6 月任职）
副处长：刘维哲（2020 年 6 月免职）
　　　　廖日苏（2020 年 6 月免职）
　　　　韦英权（2020 年 6 月免职）
　　　　欧文春（2020 年 6 月任职）
　　　　周荣兵（2020 年 6 月任职）

招生就业处：
处　长：张好感（2020 年 6 月免职）
副处长：韦文榜（2020 年 3 月免职）
　　　　龙大军（2020 年 6 月任职）

纪委办公室、监察室：
主　任：陶玉姣

计划财务处：
处　长：何春福（正处级，2020 年
　　　　　6 月免职）
　　　　黄名忠（副处级，2020 年
　　　　　6 月任职）

科研与国际交流合作处：
处　长：王永富
副处长：买凯乐（副处级，2020 年 6 月任职）

审计处：
处　长：张宁辉（副处级，2020 年 6 月任职）

质量管理处（教学督导室）：
处　长：吴雪文（副处级，2020 年 6 月任职）

党委武装部：
部　长：韦英权（副处级，2020 年 6 月任职）

林业工程学院：
党总支书记：冯立新（正处级，2020 年 6 月
　　　　　　　任职）
院长：黎良材（副处级，2020 年 6 月任职）

经济贸易学院：
党总支书记：张宁辉（副处级，2020 年 10 月
　　　　　　　任职）
院长：吴善才（副处级）

园林与城乡规划学院：
党总支书记、院长：陈翠玉（副处级，2020
　　　　　　　年 6 月任职）

工业与艺术设计学院：

党总支书记：龙大军（副处级，2020 年 6 月任职）

旅游与交通管理学院：

党总支书记、院长：韦　飞（副处级，2020 年 6 月任职）

汽车与信息工程学院：

党总支书记、院长：孔丽云（副处级，2020 年 6 月任职）

建筑与道桥工程学院：

党总支书记：周全连（正处级，2020 年 6 月任职）

院长：肖万娟（副处级，2020 年 6 月任职）

生态环境保护学院：

党总支书记：韦文榜（正处级，2020 年 6 月任职）

马克思主义学院：

党总支书记：黄仲贵（副处级，2020 年 6 月任职）

院长、党总支副书记：蒋君红（副处级，2020 年 6 月任职）

通识教育学院：

院长：黄小民（副处级，2020 年 6 月任职）

继续教育培训中心：

主任：吕　宁（副处级，2020 年 6 月免职）

图文信息中心：

主任：吴广文（副处级，2020 年 6 月任职）

教学实验林场：

场长：韦仲烈（副处级，6 月免职）

黄寿昌（副处级，2020 年 6 月任职）

产业管理中心：

主任：向达永（副处级）

【广西林业干部学校】

校　长：彭光明（2020 年 2 月免职）

　　　　韦　宏（2020 年 6 月任职）

副校长：韦金梅（2020 年 1 月免职）

　　　　韦　宏（2020 年 2 月任职）

　　　　韦　宏（2020 年 6 月免职）

　　　　凌尚松（2020 年 6 月任职）

【广西林业科学研究院】

院长、党委副书记：安家成

党委书记：尹国平

党委副书记、纪委书记：龙化妥

副院长：马锦林

　　　　曹继钊

　　　　李开祥

　　　　蒋　燚

工会主席：黄海英

正处级干部：赵泽洪

　　　　　　曾　辉

副处级干部：龙定建

　　　　　　杨秀好（2020 年 6 月任职）

【广西林业勘测设计院】

院长、党委书记：黄光银

党委副书记、纪委书记：周丽英（2020 年 1 月免职）

副院长：岑巨延（2020 年 7 月免职）

　　　　代华兵

　　　　张　伟（2020 年 6 月任职）

副处级干部：覃政居（2020 年 6 月免职）

【广西森林资源与生态环境监测中心】

主任、党总支书记：陈崇征

副主任：蔡会德

　　　韦启忠（2020 年 6 月免职）

　　　卢　峰（2020 年 6 月任职）

正处级干部：谭伟福

　　　　　彭光明（2020 年 2 月任职）

副处级干部：韦启忠（2020 年 6 月任职）

【广西九万山国家级自然保护区管理中心】

主任、书记：刘杰恩（2020 年 12 月免职）

副主任：杨守忠（2020 年 7 月免职）

　　　潘劲涛（2020 年 3 月免职）

　　　曾　健

　　　熊晓斐（2020 年 6 月任职）

三级调研员：杨守忠（2020 年 7 月任职）

四级调研员：雷桂能

【广西雅长兰科植物国家级自然保护区管理中心】

主任、书记：黄伯高（2020 年 6 月免职）

副主任：杨秀星

　　　秦伟志（2020 年 6 月任职）

　　　王　磊（2020 年 6 月任职）

三级调研员：杨秀星（2020 年 5 月任职）

　　　　　赵祖壮（2020 年 5 月任职）

四级调研员：赵祖壮（2020 年 5 月免职）

　　　　　谭宏生（2020 年 7 月任职）

　　　　　刘世勇（2020 年 7 月任职）

【广西大桂山鳄蜥国家级自然保护区管理中心】

主　任：阳春生

副主任：郭　军

　　　秦旭东（2020 年 7 月任职）

【广西山口红树林生态国家级自然保护区管理中心】

主　任：张小副（正处级，2020 年 6 月任职）

【广西防城金花茶国家级自然保护区管理中心】

主　任：李武峥（副处级，2020 年 6 月任职）

副主任：黄瑞斌（正科级，2020 年 6 月任职）

　　　廖南燕（正科级，2020 年 6 月任职）

【广西合浦儒艮国家级自然保护区管理中心】

主　任：张宏科（正科级，2020 年 6 月任职）

副主任：周　煜（副科级，2020 年 6 月任职）

【南宁树木园（南宁良凤江国家森林公园）】

主任、副书记：施福军（2020 年 4 月免职）

党委书记：田　湘

常务副主任：邓　力（2020 年 9 月任职）

党委副书记、纪委书记：张振林

副主任：李俊贞

　　　蒋军林（2020 年 1 月免职）

　　　邓福春

　　　韦金梅（2020 年 1 月任职）

副处级干部：廖克波

工会主席：朱友飞

正处级干部：刘家正

　　　　　李传金（2020 年 7 月退休）

　　　　　陈青来

　　　　　范　强

　　　　　苏　勇

　　　　　余超燊

副处级干部：何国园

　　　　　梁建平

　　　　　陈美颜

　　　　　梁宁春

【广西国有高峰林场】

场长、党委副书记：刘　涛

党委书记：陆湘云

专职副书记、工会主席：褟俊卿（正处级）

党委副书记、纪委书记：陆艳武

常务副场长：莫　凡

副场长：何　春

　　　卢中强

　　　蒙好生

易冠明

正处级干部：万文生

戴　军（2020 年 12 月任职）

副处级干部：黎小波

肖达生

康凤兰（2020 年 10 月退休）

岑巨延（2020 年 7 月任职）

吴龙波

黄宁斌

李炳寿

【广西国有七坡林场】

场长、党委副书记：陈文军

党委书记：余注光

副书记、纪委书记：邓　力（2020 年 9 月

免职）

何英姿（2020 年 9 月

任职）

副场长：何　荣

周启华（2020 年 6 月任职）

易冠明

何英姿（2020 年 9 月免职）

正处级干部：李宏伟

李继昌

张团山

陈德文

秦崇彪

副处级干部：林　宁

江志平

【广西国有博白林场】

场长、党委副书记：罗　敦

党委书记：林　武

常务副场长：张小副（2020 年 6 月免职）

副书记、纪委书记：钟铭隆

副场长：许彩洪

黄汉辉

刘源澄

工会主席：李勇强

副处级干部：郑力华

冯　锋

刘宏东

【广西国有六万林场】

场长、党委副书记：樊吉尤

党委书记：刘运华

党委副书记、纪委书记：马宏伦

常务副场长：彭家昆

副场长：覃世杰

郑绍鑫

罗云龙

工会主席：郑绍鑫

正处级干部：陈　良

副处级干部：黄　奎

陈林生

龙永宁

刘　萍

黎进友

黄东平

【广西国有黄冕林场】

场长、党委副书记：张泽尧

党委书记：杨家强

常务副场长：潘会彪

副书记、纪委书记：郭彦玲

副场长：韦昌鹏

肖崇福

工会主席：胡荣辉

正处级干部：梁洪星

吴树刚

钟作辉

【广西国有钦廉林场】

场长、党委副书记：蒋　林

党委书记：陈卫国

常务副场长：陈宗福

副书记、纪委书记：欧健南

副场长：周昌文

　　　　刘正兴

　　　　陆海燕

工会主席：周昌文

正处级干部：林绍鸿

　　　　　韦家伦

【广西国有雅长林场】

场长、党委副书记：李松海

党委书记：余春和

常务副场长：朱　兵

党委副书记、纪委书记：莫东宜

副场长：卢志锋

　　　　徐荣勋

　　　　韦秋思

正处级干部：黎广星

副处级干部：胡星隆

　　　　　陈俊连

【广西国有大桂山林场】

场长、党委副书记：邓永胜

党委书记：唐义华

党委副书记、纪委书记：李梁芬

副场长：罗义汉（2020 年 5 月任职）

　　　　文晨光

　　　　曾有杰

　　　　吴秦展（2020 年 1 月任职）

工会主席：文晨光

正处级干部：梁红新

【广西国有三门江林场】

场长、党委副书记：谢春俊

党委书记：张树安

常务副场长：余平福

党委副书记、纪委书记：吴伟平

副场长：莫继有

　　　　曾昭意

　　　　　陈　鹏

工会主席：郭伟明

正处级干部：黄远清

副处级干部：邓昌槐（2020 年 9 月退休）

　　　　　黄进伟

　　　　　韦汉杰（2020 年 10 月任职）

副调研员：韦汉杰（2020 年 10 月免职）

【广西国有东门林场】

场长、党委副书记：邱炳发

党委书记：陆珍先

常务副场长：韦　宏（2020 年 2 月免职）

党委副书记、纪委书记：詹定举（2020 年 1 月免职）

　　　　　李大华（2020 年 6 月任职）

副场长：周启华（2020 年 6 月免职）

　　　　白卫国

　　　　刘　鑫

　　　　魏国余（2020 年 6 月任职）

　　　　兰　俊（2020 年 6 月任职）

正处级干部：詹定举（2020 年 1 月任职）

　　　　　张远华

【广西国有派阳山林场】

场长、党委副书记：庞赞松

党委书记：张　智

党委副书记、纪委书记：吴祖源

副场长：李学团

　　　　杨卫星

　　　　陈振华

　　　　廖兵余

工会主席：陈振华

【广西国有维都林场】

场长、党委副书记：戴　军（2020 年 12 月免职）

党委书记：陈云峰

常务副场长：黄庆一

党委副书记、纪委书记：李步斌

副场长：庞俊生

　　　　邓善宝

　　　　廖维建

工会主席：邓善宝

正处级干部：卢祖俊

　　　　　　梁庭辉

副处级干部：罗　森

　　　　　　朱声管

（自治区林业局人事处）

林业人事制度改革

【概况】 2020 年，在局党组的正确领导下，在相关处室、单位的大力支持下，自治区林业局人事处坚持以习近平新时代中国特色社会主义思想为指导，全面贯彻党的十九大和十九届二中、三中、四中、五中全会精神，全面贯彻新时代党的建设总要求和新时代党的组织路线，以党的政治建设为统领，落实全面从严治党要求，认真做好思想教育、机构编制、干部管理、深化改革、人才培养、教育培训以及自身建设等各项工作，着力健全和落实科学精准的选贤任能制度、科学严密的组织制度、科学有效的人才制度，着力建设忠诚干净担当的高素质干部队伍，着力提高人事教育工作科学化水平，为打赢新冠疫情防控阻击战、建设壮美林业提供坚强组织保证。

【党的政治建设】

强化理论武装　坚持以党组（党委）中心组和处级以上领导干部为重点，认真组织各级党员干部学习党的十九大和十九届二中、三中、四中、五中全会精神，贯彻习近平总书记系列重要讲话精神和治国理政新理念新思想新战略，组织党员干部读原著、学原文、悟原理，做到学而信、学而用、学而行。撰写党组会议纪要 33 期，共印制 2300 多份分发给局机关和各直属单位。

深化思想政治教育　突出加强理想信念、党章、党的宗旨、党规党纪、党的优良传统等教育，加强对新修订的宪法和党章的学习，加强党的宗旨、党史国史、党的优良传统和作风、党内政治文化等的学习教育，开展经常性警示教育和法治教育，引导党员干部进一步增强"四个意识"、坚定"四个自信"、做到"两个维护"。同时，加强对局机关各党支部理论学习、党员干部自学的监督检查，有效提升干部的政治素养和理论水平。

精心组织召开专题民主生活会　根据自治区纪委机关、自治区党委组织部《关于认真开好中央脱贫攻坚专项巡视"回头看"整改专题民主生活会的通知》（桂组通字〔2020〕32 号）精神，研究制定《自治区林业局党组中央脱贫攻坚专项巡视"回头看"整改专题民主生活会方案》，深入开展理论学习，广泛征求意见建议，深入查找原因，认真开展谈心谈话、批评和自我批评，领导班子成员共提批评意见 43 条，达到"团结—批评—团结"的目的。

【领导班子和干部队伍建设】

牢固树立科学的选人用人导向　坚持着眼于林业事业改革发展需要，选拔任用干部坚持德才兼备、以德为先，坚持五湖四海、任人唯贤，坚持"信念坚定、为民服务、勤政务实、敢于担当、清正廉洁"的好干部标准，不任人唯亲、不以人划线、不以领导个人好恶划线，严格落实《党政领导干部选拔任用工作责任追究办法》等四项监督制度，坚持公道正派用人，坚决抵制跑官要官，真正做到坚持原则不动摇、执行标准不走样、履行程序不变通、遵守纪律不放松，大力选拔想干事、能干事、干好事的干部。

进一步优化领导班子结构 坚持着眼长远、注重发展、优化结构，加强对区直林场领导班子的综合分析研判，注重领导班子和领导干部的专业化选配，坚持知事识人、依事择人，综合考虑工作需要、岗位特点、专业特长等因素，把学有专长的优秀干部选拔到相关专业的领导岗位上。2020年，调整配备11个直属单位的14名领导班子成员，各单位领导班子年龄结构、专业搭配等更加科学合理。

严格依规依程序选任干部 根据《党政领导干部选拔任用工作条例》，进一步规范干部选拔任用程序，做到干部档案"凡提必审"、个人有关事项报告"凡提必核"、纪检部门意见"凡提必听"、反映考察对象的信访案件"凡提必查"。充分发挥党组织领导和把关作用，改进考察识别方法，强化精准识别，全方位、多角度、立体式地考察干部，加强对干部德才表现的深入了解，综合运用巡视、审计、信访等成果，加强分析研判，切实提高选人用人精准度和科学化水平。同时，落实群众对干部选拔任用工作的知情权、参与权、选择权和监督权，做到坚持程序一步不少、履行程序一步不错、执行程序一步不让，没有干部"带病上岗"或"带病提拔"的情况，确保选人用人风清气正。2020年，依规依程序晋升二级巡视员3人，提拔处级干部28人，处级干部晋升职级46人，处级干部交流或改任27人，处级干部试用期满正式任职25人，科级干部晋升职级84人，群众反映比较好。落实干部选拔任用工作全程纪实制度，全面、规范记录干部基本信息、初始提名、民主推荐、组织考察、有关事项报告、酝酿、讨论决定、任职等程序履行情况，实事求是地记录整个研究过程，为今后开展倒查、追究问责提供依据。

【机构编制建设和管理工作】

稳步推进机构改革工作 局机关"三定"方案出台后，及时印发《广西壮族自治区林业局关于印发自治区林业局各处室主要职责细化方案的通知》（桂林人发〔2020〕32号），进一步细化优化各处室主要职责，厘清有关职责交叉问题，明晰有关职责分工事项。按照自治区党委的统一部署，积极协助推进全区森林公安等行业公安管理体制调整相关工作。积极与自治区生态环境厅、自治区海洋局等部门沟通对接，顺利完成机构改革新划入的广西山口红树林国家级自然保护区管理中心、广西防城金花茶国家级自然保护区管理中心、广西合浦儒艮保护区管理中心等3个自然保护区管理中心相关接收转隶工作，并及时完成班子调配；加强与自治区党委编办沟通汇报，积极争取机构升格。按照局直属从事生产经营活动事业单位改革工作领导小组的部署，指导广西林业勘测设计院制定、完善转企改制方案，及时报送自治区政府审批，并获得批复。

及时请示增设机构增核编制 经积极争取，自治区党委编办印发《自治区党委编办关于自治区林业局机构编制调整有关事项的批复》（桂编办复〔2020〕4号），同意增设森林草原防火和安全生产处，并配套增核行政编制5名、处级领导职数3名（其中，正处级领导职数2名、副处级领导职数1名）。针对新冠疫情防控中暴露出来的野生动物收容救护机构人员不足或缺失问题，向自治区党委编办报送《广西壮族自治区林业局关于增核广西壮族自治区陆生野生动物救护研究与疫源疫病监测中心编制有关事项的请示》（桂林报〔2020〕10号），并就自治区陆生野生救护研究和疫源疫病监测中心增核编制事宜初步达成一致意见。

成立广西"两山"发展研究院 为践行习近平总书记"绿水青山就是金山银山"的"两山"理念，经局党组会议研究决定，印发《广西壮族自治区林业局关于成立广西"两山"发展研究院的通知》（桂林人发〔2020〕33号），成立广西"两山"发展研究院，作为广西林业行业一个新型的理论研究平台（临时性机构），挂靠广西林业科学研究院运行管理。

加强机构编制管理 按照自治区事业单位登记管理局的统一部署,加强指导培训,严格审核把关,顺利完成广西林业基金管理站、广西林业有害生物防治检疫站等 13 个直属事业单位年度报告制度改革试点工作。撰写广西壮族自治区林业局关于机构职能体系运行情况"回头看"调研事项的汇报材料,得到自治区党委编办领导高度评价。认真做好日常管理工作,2020 年,办理公开招聘等用编申请手续 764 人次、出入编手续 22 人次、增人计划手续 61 人次、公务员登记(参公登记)10 人次。

【干部监督管理】

从严核查干部个人有关事项报告 坚持"凡提必核""凡备必核"的要求,从严、从实核查干部个人有关事项报告。组织填报范围内的处级以上领导干部(厅局级干部 9 名、处级干部 228 名)认真学习"两项法规",并严格按照规定的时间节点要求,认真填报个人有关事项报告。共对 10 批 30 名拟提拔(重用)对象的个人事项报告进行重点核查,按照 10% 的比例随机抽选 21 名同志进行核查。严格执行查核结果处理办法,强化查核结果运用,坚持实事求是、具体问题具体分析,精准掌握尺度,并妥善作出处理。其中,2 名干部因漏报情节较重受到组织诫勉谈话处理,将 1 名同志漏报和瞒报事项作为问题线索移交驻自治区自然资源厅纪检组调查处理并印发通报,切实维护报告制度的权威性和报告纪律的严肃性。

规范领导干部出国(境)管理 严格审核出国(境)计划、方案,强化处级以上领导干部出国(境)审批、报备和相关证件办理及集中管理工作。所有出国(境)的干部由局主要领导审批同意、驻自治区自然资源厅纪检组出具廉政鉴定意见后,报南宁市公安局出入境管理处备案,并及时更新相关信息,所有干部的护照、港澳通行证等由人事处集中管理。2020 年共办理处级以上领

导干部出国(境)手续 4 人次。严格按照有关规定,到南宁市公安局出入境管理部门办理自治区林业局相关涉密人员及处级以上干部相关信息报备工作。

强化干部日常监督管理 坚持全面从严治党、从严治吏,落实民主评议、内审等制度,加强对干部履行岗位职责情况、廉政情况的日常管理和平时考核,及时发现和纠正苗头性倾向性问题。自治区林业局主要领导与直属单位领导干部谈心谈话,掌握思想状况,及时警示提醒,做到防患于未然。加强对各级领导干部特别是"一把手"这个"关键少数"的管理监督,开展领导干部利用名贵特产特殊资源谋取私利问题等专项整治,盯紧权力集中、资金密集、资源富集等关键岗位,加强约束监管,真正把关键人、关键处、关键事管好、管住、管到位。强化干部"八小时以外"的管理,综合运用巡查、内审、考核、信访、个人有关事项报告抽查核实等成果,加强干部提醒、函询、诫勉和谈心谈话等工作,经常扯扯袖子、咬咬耳朵,督促干部改正缺点,防止小毛病演化成大问题。

【教育培训和人才工作】

抓好干部培训工作 围绕落实"三大定位"新使命和"五个扎实"新要求对干部能力素质提出的新要求,紧扣林业改革发展新需要,以全面增强执政本领为重点,印发《自治区林业局 2020 年教育培训工作方案》,突出思想政治理论学习和林业业务专业化能力培训,围绕林业工作重点,精心设计和实施系列干部培训项目。采取以会代训、集中培训等方式,举办 2020 年全区油茶产业"双千"计划推进工作培训班、全区国家储备林基地建设暨贷款项目培训班等各类培训班、专题讲座共 53 期,培训干部 6300 余人次;举办党的十九届四中全会精神轮训班,对区直林业系统副处级以上干部实现培训全覆盖。选派局机关处室站、区直林业事业单位、市县林业局共 92 人次参加国家林业和草原局、自治区党委组

织部、自治区公务员局、自治区党校、自治区党委区直机关工委组织的各类党性教育、政治理论和业务能力培训，组织领导干部完成广西干部网络学院网络学习任务，组织区直林业事业单位专技人员抓好继续教育培训，进一步提高广大干部运用专业思维、专业素养、专业方法推动林业改革发展、适应引领经济发展新常态的能力。

扎实做好人才工作 选派 2 名同志参加自治区党校中青班学习，选派 2 名同志到国家林业和草原局跟班学习锻炼，选派第一批 11 名同志挂任区直林场场长科技助理，向自治区党委组织部推荐 9 名新冠疫情防控担当作为先进个人。认真落实《广西壮族自治区林业局关于实行领导联系、关护科技人才试行办法》，将关心、关爱科技人才的要求落到实处。

扎实抓好公开招聘工作 根据《广西壮族自治区事业单位公开招聘人员实施办法》的规定，成立自治区林业局公开招聘工作领导小组，局分管领导任组长，研究制定《自治区直属林业事业单位公开招聘人员方案》，明确公开招聘工作指导思想、方法步骤和具体要求。根据工作需要，17 个直属林业事业单位共设置 462 个岗位、计划招聘 699 人，在广西人事考试网、自治区林业局官方网站发布《2020 年自治区林业局直属事业单位公开招聘工作人员公告》，共有 7513 人报名，通过资格审查 6398 人，并完成笔试工作。

强化优秀年轻干部培养 根据《党政领导干部选拔任用工作条例》、自治区党委办公厅《关于适应新时代要求大力发现培养选拔优秀年轻干部的实施意见》等规定，按照"拓宽来源、优化结构、改进方式、提高质量"的要求，以大力发现培养为基础，以强化实践锻炼为重点，以确保选准用好为根本，以从严管理监督为保障，健全完善选拔、培养、管理、使用环环相扣又统筹推进的全链条机制，出台大力培养选拔优秀年轻干部的意见，努力建设一支践行"担当为要、实干为本、发展为重、奋斗为荣"理念，适应新使命新任务新要求、经得起风浪考验、数量充足、结

构优化、素质优良、敢于担当、充满活力的高素质专业化年轻干部队伍，为建设壮美林业提供坚强的人才保障。

【选人用人专项检查各项准备工作】

思想高度重视 坚持把迎接中共中央组织部选人用人专项检查作为最重要的工作之一，切实提高思想认识，认真梳理总结干部选拔任用工作情况，总结经验、查找不足、落实整改。牵头成立自治区林业局迎接中共中央组织部选人用人专项检查工作领导小组，分管局领导任组长，办公室、人事处、机关党委主要负责人任副组长，领导小组下设办公室，办公室设在人事处，具体做好材料起草、问题排查、整改落实等各项迎检准备工作。

研究制定迎检工作方案 研究制定《迎接中组部选人用人专项检查工作方案》，明确指导思想，工作任务、责任分工、完成时限等内容。各组对照责任清单，挂图作战，系统梳理存在的问题，分清轻重缓急，有计划地妥善安排各项工作任务。

认真做好各项迎检准备工作 根据通知要求，认真准备专题汇报、文件制度、各类干部名册、干部文书档案、会议记录纪要、查核、处分、本级巡察、民主生活会、年度考核、专项检查等 10 个方面 17 类材料，干部选拔任用档案做到一人一册，按规范的程序整理档案材料共 75 册。认真对巡视及选人用人专项检查反馈问题、"一报告两评议"反馈问题、信访举报反馈问题、近年来开展的违规经商办企业专项整治、干部人事档案专项整治、"裸官"任职岗位管理、领导人员因私出国（境）管理、领导干部亲属经商办企业行为管理、领导干部（含退休）在企业社团兼职等存在的问题开展专项排查，对自查发现干部管理监督、干部队伍建设、干部人事档案审核等方面存在的问题，做到立行立改、坚决整改。进一步完善制度机制，研究制定《自治区直属国有林场党委工作规则》《自治区直属国有林场行

政领导班子工作规则》，修订《自治区直属林业事业单位科级干部选拔任用工作规程（2020年修订）》《自治区林业局机关调入工作人员考察工作规程》，进一步扎紧制度的笼子。

【干部人事基础工作】

认真做好年度考评工作 完成局机关和二层站2019年度干部考核工作，确定优秀等次人选，并组织开展对直属单位领导班子2019年度考核暨"一评议两报告"工作。审核区直林业系统各单位工资业务，维护干部职工合法权益。

组织开展人事档案"全覆盖" 根据中共中央组织部和自治区党委组织部的部署，自2020年1月起在区直林业系统非参公事业单位深入开展干部人事档案专项审核工作。截至2020年11月，区直林业系统非参公事业单位审核人事档案3387份，查出"三龄两历"信息不一致人员1419人次，补充材料11892份。

抓好组织人事部门自身建设 坚持"三好三满意"理念，突出"严、细、深、实"要求，坚持学习专业知识、提升专业能力、培养专业作风、强化专业精神相统一，用专业的思维和方法来谋划推动组织人事工作。平时采取集中培训、工作研讨、岗位练兵和经验交流等方式，强化核心业务和新政策、新制度、新技能的专题培训，积极推进工作精细化管理，落实理论学习、重要事项请示报告、谈心谈话、关键节点和重点对象廉政提醒等制度，不断提高组织人事部门业务素质和实际工作能力。

（自治区林业局人事处）

国有林场和林业
工作站建设

国有林场建设

【**林场经济指标稳中向好**】 2020 年，全区国有林场资产总额达到 469.8 亿元，比上年 434.7 亿元增长 8.1%；总产值总负债 258.5 亿元，比上年 189.2 亿元增加 36.6%；实现经营收入 59.3 亿元，比上年 43.5 亿元增长 36.3%；营业利润 1.03 亿元，比上年 0.78 亿元增长 32.1%。其中，区直林场总资产 390.7 亿元，同比增长 24.7%，占全区国有林场 83.2%；实现经营收入 55.5 亿元，同比增长 46.1%，占全区国有林场经营总收入的 93.6%；营业利润 0.98 亿元，较 2019 年增加 0.8 亿元。

【**森林资源培育更加稳固**】 一是大力开展植树造林。截至 2020 年 12 月底，区直林场完成造林面积 3.95 万公顷，中幼龄林抚育 18.96 万公顷，种植珍贵树种 1000 公顷，桉树种植结构调整 2293.33 公顷，林场森林资源基础不断加强，树种结构不断优化。二是不断提高木材产量。区直林场积极开展混交林、培育大径材、近自然林经营，强化实施测土配方、机械化作业等精细化管理，桉树每亩出材量达到 8.07 立方米，较 2019 年提高 0.6 立方米。三是持续推进高质量商品林"双千"基地建设。区直林场大力开展"双千"基地建设，多家林场创新合作方式思路，七坡林场率先与大山塘林场"场场联合"，三门江林场、广西国有黄冕林场（简称"黄冕林场"）与鹿寨"场县合作"，以广西鹿鼎林业集团有限责任公司为载体，开展国家储备林项目建设等。

【**森林资源保护持续加强**】 一是超额完成国有林场被侵占林地回收任务。截至 12 月底，2020 年全区回收被侵占林地面积 3.05 万公顷，2018—2020 年三年累计回收 8.07 万公顷，占累计回收任务的 104.75%。二是扎实开展区直林场森林资源管理问题专项整改工作。2020 年，区直林场拆除违规建筑 128 栋（个）127292 平方米，恢复林业用地 26.33 公顷；立林业行政、刑事案件 218 余起，妥善解决林区道路、管护用房未办理为林业生产服务设施用地手续等历史遗留问题，完成整改问题 710 个，完成率达 94.8%。三是不断规范国有林场林地租赁行为。全区国有林场完成需规范租赁林地任务 2.7640 万公顷，占需规范租赁林地任务的 34.9%。

【**林业产业得到快速发展**】 一是优化重组区直林场人造板产业。广西森工集团整合区直林场的资源优势，大力推动广西高林林业股份有限公司、广西国旭东腾人造板有限公司、广西国旭春天人造板有限公司等三大技改升级重大项目，广西祥盛家居材料科技股份有限公司绿色板材产业园年产 30 万立方米超强刨花板项目落地开工建设，中国广西国际木材暨高端绿色家具家居产业园、山圩雷卡轻工园等在区直林场落地实施，逐步形成工业园区区集群。二是种苗肥料产业产销两旺。广西八桂种苗高科技集团股份有限公司（简称"八桂种苗公司"）、广西华沃特集团股份有限公司（简称"华沃特公司"）抢占全区绿化苗木、林业用肥市场份额，经营收入得到快速增长。八桂种苗公司 2020 年实现产值 1.1 亿元，同比增长 65%，华沃特公司经营收入达 4.4 亿元，同比增长 101%。三是大力拓展招商服务项目。林场做好"三企入桂"招商服务，南宁树木园引进中国林业集团有限公司，计划投资 105 亿元打造中林生态城项目；高峰林场引进广州广弘华建文旅投资有限公司，计划投资 120 亿元建设花城绿谷森林康养项目；自治区林业局引进新希望六和股份有限公司，计划投资 50 亿元利用区直林场闲置土地合作建设生猪养殖项目。四是加快推进森林公园建设。"环绿城南宁森林旅游圈"项目得到有序推进,高峰森林公园2020年接待游客超过30万人次,南宁树木园与中国林场集团合作打造中国首个林业生态健康城,七坡林场七彩世界森林公园、金鸡山森林公园列入自治区统筹推进重大项目,逐步培育打造成一批知名品牌,为社会提供更多的优质生态产品。

【林场发展能力明显提高】 一是推进"壮美林场"建设。完成2019年"壮美林场"评定9家,进一步优化评价指标体系。二是抓好国有贫困林场脱贫工作。分解下达2020年度扶贫资金2700万元,组织开展2019、2020年度脱贫验收工作,全区43家贫困林场如期脱贫。三是做好区直林场项目备案批复工作。截至2020年12月,批复项目10个、备案项目45个,涉及投资资金270.5亿元;召开项目可行性研究报告评审会、咨询会22个,强化对区直林场各类经营性事项的审查论证,及时跟进林场项目建设情况,管好用好资金,严控廉政风险。四是持续推行区直林场大宗物资电子化交易模式。2020年电子平台交易实现销售收入14.76亿元,同比增长24.1%,溢价1.07亿元,采购物资3015.1万元,节约成本72.8万元。

林业工作站建设

【林业工作站机构建设】 2020年,全区14个设区市中单独设立市级林业工作站管理机构11个。全区单独设立县级林业工作站管理机构86个。全区共有乡镇林业工作站1105个。其中由县(市、区)林业部门管理派出机构248个,由县(市、区)林业部门和乡镇政府双重管理271个,乡镇政府直接管理586个。

【林业工作站队伍建设】 2020年,11个市级林业工作站共有管理人员72人,其中大专以上学历66人,占91.67%,中专及以下学历6人,占8.33%;林业专业技术人员37人,占51.39%,非林业专业技术人员35人,占48.61%。86个县(市、区)林业工作站共有管理人员502人,其中大专以上学历441人,占87.85%,中专及以下学历61人,占12.15%;林业专业技术人员346人,占68.92%,非林业专业技术人员156人,占31.08%。全区1105个乡镇林业工作站年末在岗职工3606人,其中大专以上学历2681人,占74.35%,中专学历506人,占14.03%,高中学历298人,占8.26%,初中及以下学历121人,占3.36%;林业专业技术人员共2101人,占总人数

的58.26%,非林业专业技术人员共1505人,占总人数的41.74%。

【林业工作站能力建设】

乡镇林业工作站站长能力测试 2020年10月20—23日,自治区林业局在桂林市举办了全区乡镇林业工作站站长能力培训测试班,组织120名乡镇林业站站长参加由国家林业和草原局组织的全国乡镇林业工作站站长能力测试,国家林业和草原局林业工作站管理总站派出督查组进行全程督导。本次培训和测试任务完成率100%。

全国乡镇林业工作站在线学习平台培训 2020年,全区各级林业工作站在全国乡镇林业工作站在线学习平台注册学习人数达3760人,累计学时249590个。

【标准化林业工作站建设】 2020年,国家林业和草原局下达广西全国标准化林业工作站建设项目25个,落实中央财政预算项目补助资金500万元,自治区配套资金300万元。建设单位名单如下:柳州市三江侗族自治县程村乡、八江镇、洋溪乡、高基瑶族乡、和平乡站,融水苗族自治

县和睦镇、安陲乡、永乐镇、同练瑶族乡站；桂林市永福县广福乡站，资源县河口瑶族乡、两水苗族乡站，全州县石塘镇、安和镇、龙水镇站，灵川县九屋镇站，兴安县华江瑶族乡站；梧州市蒙山县文圩镇站，岑溪市大业镇站，藤县天平镇站、龙圩区新地镇站；贺州市八步区仁义镇站；来宾市金秀瑶族自治县三江乡站。

2020年12月29日，国家林业和草原局通报全国标准化林业工作站建设核查情况，授予广西17个林业站"全国标准化林业工作站"称号。分别为柳州市融水苗族自治县杆洞乡、洞头镇站；桂林市兴安县漠川乡站，永福县永安镇站，龙胜各族自治县马堤乡站，资源县瓜里乡站，荔浦市修仁镇站、茶城乡站；梧州市藤县埌南镇站，蒙山县黄村镇站，岑溪市筋竹镇站；钦州市浦北县福旺镇站；百色市田阳区洞靖镇站，平果市榜圩镇站，隆林各族自治县介廷乡站和隆或镇站；河池市东兰县泗孟乡站。

【本底调查关键数据年度更新】 2020年9月，自治区乡镇林业工作站组织开展全区市、县、乡三级林业站本底调查工作。11月底完成2020年林业工作站本底调查关键数据年度更新工作。通过关键数据年度更新工作，摸清了家底、找出了问题、剖析了原因、提出了对策，为切实加强基层林业站的管理、指导和改革发展决策提供了参考与依据。

【生态护林员】 2020年，中央下达广西生态护林员补助资金5.02亿元，全区共选聘建档立卡贫困人口生态护林员6.41万名，管护森林面积540万公顷。开展专题督导调研、暗访检查2次，先后到南宁、桂林、梧州、贵港、防城港、百色、贺州、河池、来宾、崇左10个市28个县对2020年生态护林员选聘管理工作进行督导。2020年12月31日印发《广西壮族自治区生态护林员考核办法（试行）》，规范生态护林员考核管理。指导各项目县使用全国生态护林员信息系统，按时完成信息录入工作，规范档案材料管理，做到动态调整。

【新时代文明实践站林业工作课堂活动】 2020年，自治区乡镇林业工作站在罗城、隆林、那坡等21个县（区）共计举办21期培训，培训林农及基层技术人员共计1622人，发放技术资料3818份。

【林业工作站党风廉政建设】 2020年，自治区乡镇林业工作站编印了《乡镇林业工作站廉政教育手册》和《一起来学习习近平生态文明思想》宣传单并发放至全区各级林业工作站，加强基层林业站党风廉政建设和思想政策学习，提升公共服务能力。

【信息宣传】 2020年，全区各级林业站向国家林业和草原局宣传中心和自治区林业信息宣传中心报送信息宣传稿件共277篇，采用94条。开展"最美生态护林员"评选工作，其中推荐的桂林市龙胜各族自治县三门镇大地村生态护林员谭周林获得全国"最美生态护林员"荣誉，为宣传基层林业站干事创业提供正能量。

（广西乡镇林业工作站）

林业财务会计审计

林业资金稽查

【概况】

机构概况 广西壮族自治区林业基金管理站，编制9名，实有人数9名。人员构成：处级干部3名，科级干部4名，科员2名。设有稽查科，稽查具体工作由1名稽查科长负责。基金站站长兼任自治区林业局内审中心主任。

主要职责 负责对广西林业重点工程资金的使用和管理情况进行监督检查，同时配合国家林业和草原局、财政部广西专员办、自治区财政厅、自治区审计厅等单位对广西林业专项资金进行检查、稽查和审计等工作。稽查对象为广西各级林业主管部门及其所属单位、区直属国有林业事业单位。

【稽查监管职责履行情况】

组织开展涉林扶贫资金检查 2020年4月，印发《广西壮族自治区林业局 广西壮族自治区财政厅关于开展涉林扶贫财政补助资金检查的通知》（桂林财发〔2020〕16号），自治区林业局与自治区财政厅联合派出4个检查组，对柳州、来宾、桂林、贺州、百色、河池等6个市所辖13个县（市、区）2016年以来的森林生态效益补偿资金、天然林停伐管护补助资金、生态护林员补助资金进行检查。检查涉林扶贫资金15.32亿元，资金支出10.24亿元，总体执行率66.8%。2020年6月，对检查发现的部分项目推进缓慢、资金尚未形成支出、个别县（市、区）项目资金不及时足额到位、个别单位项目支付不规范等问题进行通报，督促相关单位进行整改。

开展林业扶贫和项目资金检查工作 2020年10月，印发《广西壮族自治区林业局关于开展2018—2020年林业扶贫和项目资金检查工作的通知》（桂林财发〔2020〕70号），自治区林业局派出4个检查组，对桂林、河池、来宾、崇左、百色等5个市所辖16个县（市、区）2018—2020年林业改革发展资金、林业生态保护恢复资金、中央基建林业项目资金、农业综合开发林业项目资金、生态护林员补助资金、国有贫困林场扶贫资金等财政林业专项资金进行检查。检查涉及项目资金18.61亿元，资金支出10.89亿元，剔除被财政统筹整合资金1.39亿元，总体执行率63.2%。2020年12月，对检查发现的部分项目资金支出滞后、会计核算不规范、项目实施及生态护林员管理存在不足等问题进行通报，督促相关单位进行整改。

参与自治区林业局组织开展的项目验收工作 2020年5月，基金站派员参加自治区林业局验收组对广西雅长兰科植物国家级自然保护区管理中心、雅长林场2017—2018年管护用房建设试点项目开展的验收工作。通过现场查看、听取汇报、查阅材料等方式从项目立项材料、实施方案及相关文件，项目建设管理情况，项目资金使用情况和项目竣工验收材料等方面进行验收。

参与自治区林业局"双千"基地建设项目专项检查 2020年6月初，基金站派员参加自治区林业局检查组对三门江林场高品质商品林"双千"基地建设项目开展的专项检查。通过对"双千"基地建设项目的收购流程、核查备案、廉政监督、实地经营、制度规范等进行全面检查，发现存在问题，提出解决办法，总结推广好做法、好经验，强化规范管理。

参与自治区林业种苗项目管理考核工作 2020年4月，基金站派1名处级干部带队到桂林、贺州、梧州各林业种苗基地对种苗项目管理进行考核，检查资金到位情况，指导财务管理工作。

参与生态护林员选聘管理暗访工作 2020年4月，基金站派1名处级干部带队到宁明县城中镇、亭亮镇等6个乡镇16个行政村，随机抽查 16 名生态护林员进行入户走访，并到乡镇林业站查阅相关资料，详细了解生态护林员选聘合规情况、在岗尽职情况以及补助资金发放情况等指出存在问题，并要求立行立改。

参与自治区林业局开展的国有林场脱贫验收工作 2020 年 5 月，基金站派 1 名处级干部带队到德保县红坭坡林场、黄连山林场，那坡县那马林场，田东县百笔林场，凤山县凤山林场开展脱贫检查验收工作，纠正了一些林场因核算不准确导致未能如期完成脱贫工作的做法。

参与自治区林业局开展的退耕还林政策补助资金兑现情况调研 2020 年 6 月，基金站派 1 名处级干部带队到来宾市忻城县、武宣县和梧州市藤县开展退耕还林政策补助资金兑现情况调研。

配合国家林业和草原局调研组开展定点扶贫县林草生态资金使用情况调研 2020 年 5 月，基金站派 1 名处级干部陪同国家林业和草原局基金管理总站调研组到罗城仫佬族自治县、龙胜各族自治县开展定点扶贫县林草生态资金使用情况调研。

参与国家林业和草原局调研组开展专项资金检查调研 2020 年 9 月，基金站派 1 名处级干部陪同国家林业和草原局基金管理总站调研组赴云南省开展天保林、退耕还林、林业贷款贴息等专项资金检查调研。

派出业务骨干到林业基层单位培训授课 2020 年 9 月，应来宾市林业局邀请，基金站派 1 名处级干部到金秀瑶族自治县为培训班学员授课，给学员讲解新政府会计制度、林业改革发展资金等相关法规和会计事项处理方法，课程达到预期效果。

完成广西林业 2019 年度林业资金稽查监管工作报告的编撰、上报 2020 年 3 月，根据《国家林业局林业资金稽查监管年度报告制度（试行）》要求，按时完成广西林业 2019 年度林业资金稽查监管工作报告的编撰、上报工作。

完成 6 个自治区林业局直属事业单位领导干部任期经济责任审计工作 根据自治区林业局党组工作安排，完成对广西壮族自治区陆生野生动物救护研究与疫源疫病监测中心、南宁树木园、广西林业勘测设计院、广西林业干部学校、广西国有六万林场（简称"六万林场"）、广西雅长兰科植物国家级自然保护区管理中心等 6 个直属单位领导离任的审计工作。按要求将审计结果报告自治区林业局党组，同时对审计单位下发审计报告及整改通知书。通过对被审计单位进行客观评价，及时发现存在问题，堵塞管理漏洞，规范经营管理，进一步推进区直林业企事业单位经济高质量发展。

完善内审整改机制，促进问题整改到位 按工作计划，督促被审计单位做好内审发现问题整改工作。对 2019 年 6 月至 2020 年 4 月开展的三门江林场等 9 个单位领导任期审计情况提交党组会进行审议，及时下发整改通知，督促被审计单位对内审发现问题尽快整改到位。

【林业资金运行状况分析】

林业资金使用管理现状 资金管理制度健全，资金运行总体安全。从自查和检查情况来看，广西各级林业主管部门及项目实施单位高度重视投资项目建设，贯彻执行《林业改革发展资金管理办法》《林业生态保护恢复资金管理办法》《林业固定资产投资建设项目管理办法》《广西壮族自治区建档立卡贫困人口生态护林员选聘实施细则（2019 年）》等国家和自治区有关林业资金管理的政策法规，林业资金和财务监督制度比较健全，监管措施基本到位。各级林业主管部门基本上能按规定用途和计划下达内容拨付和使用资金，资金管理使用基本规范合理。资金的使用对项目县（市、区）脱贫攻坚起到良好的推动作用，促进项目县（市、区）森林资源的壮大与管护。

（自治区林业局规划财务处）

林业审计监督

【概况】 自治区林业局内部审计机构成立于1985年5月。近年来，自治区林业局不断改革创新监督体制机制，加强和规范对林业直属单位内部审计监督工作。2016年8月，原林业厅党组会议研究决定将原由计划财务处承担的"内部审计工作管理"职责交由自治区林业基金管理站承担。2019年6月，根据《自治区党委办公厅、自治区人民政府办公厅印发〈广西壮族自治区林业局职能配置、内设机构和人员编制规定〉的通知》（厅发〔2019〕109号），自治区林业局下设规划财务处，负责审计稽查及直属单位规划财务监督管理工作等。2020年，由自治区林业基金管理站开展具体业务工作。

【审计职能】 自治区林业局内部审计机构职能是负责自治区林业局直属单位内部审计工作。内部审计机构及内部审计人员依法依规对自治区直属林业企事业单位财政财务收支、经济活动的真实性、合法性和效益性等情况进行审计监督与审计评价。

【审计方式及模式】 一是以经济责任审计为主线，抓好领导干部权力运行机制的监督和制约。二是加强对林业重点领域、重点项目、重点资金进行资金监管，防范财政财务风险。三是委托专业的第三方公司对审计对象或项目进行审计评价，提高审计的独立客观性。四是配合纪检部门开展各类检查、巡察，发挥内部审计的监督作用。五是加大审计整改力度，督促被审计单位做好内审发现问题整改工作，限期反馈整改情况。六是对内审人员加强业务培训，从直属单位抽调人员参与审计实践，通过"以审代培"提升专业知识和实战能力。

【审计成效】 2020年，自治区直属林业系统共完成审计项目127个，其中经济责任审计64个，财政财务收支审计31个，固定资产投资审计14个，其他审计18个。审计发现问题363个，提出审计建议201条。

一是聚焦重大政策措施落实情况，发挥内部审计"助推器"作用。结合主责主业，围绕林业中心工作，切实抓好重大政策措施落实情况审计工作，为油茶"双千"计划、国家储备林建设、木材加工业、林下经济产业、森林旅游、森林康养、国有林场改革等林业重点工作、重要项目的深入推进保驾护航，有效防范项目资金风险，确保财政资金安全有效使用。

二是聚焦林业财政财务收支情况，发挥内部审计"监督者"作用。开展林业直属单位的财政财务收支审计，加大对林业经济运行中风险隐患的审计力度。对发现存在预算执行不到位、会计核算不规范、支付手续不完善等问题，提出审计建议，督促落实整改，切实提高林业资金使用的安全性、规范性和有效性，进一步加强林业直属单位规范有序、科学发展。

三是聚焦内部控制制定和执行情况，发挥内部审计"防火墙"作用。针对发现林业直属单位存在内部管理制度不健全、固定资产管理不规范、建设项目手续不完善等问题，督促被审计单位健全内部控制体系，提高内部控制执行力，强化风险防范，推动区直林业企事业单位科学化、制度化管理。

四是聚焦林场森林资源管理情况，发挥内部审计"守护者"作用。对林场是否贯彻执行有关森林资源发展、生态环境保护等政策及决策部署，是否对森林资源进行开发利用及管理保护，是否推动本单位森林资源持续发展等情况进行审计，全面客观地反映直属国有林场生态建设水平和森林资源管理水平，牢牢把握森林资源"守护者"的角色定位。

五是聚焦内部审计成果运用情况，发挥内部审计"服务者"作用。加大对内部审计成果运用的力度，促进林业直属单位深化改革、提质增效、做强主业，为广西生态建设、万亿元林业产业和林业经济高质量发展提供服务保障。

（自治区林业基金管理站）

林业信息宣传

林业信息化

【概况】 一是广西林业大数据平台二期通过验收、三期顺利推进，已完成框架建设、数据库建设、决策分析、数据交互共享等功能，较好地提升了林业政务服务水平；参加首届全国生态大数据创新应用大赛获优秀奖，获评第二批数字广西建设标杆引领重点示范项目。二是广西林业数据中心经自治区大数据发展局组织的评审小组专家通过材料审阅、实地勘查、组织讨论等环节，一致同意广西林业数据中心（机房）通过认定，予以保留。三是圆满完成广西电子政务数据治理试点工作，共梳理 444 个政务数据资源目录，共计 33 个信息系统、10 个数据库、292 张数据表、2458.78 万条数据，完成约 1400 万数据量的数据治理工作。四是开展广西林业信息化"十四五"规划编制，根据《广西壮族自治区林业局办公室关于印发广西林业发展"十四五"规划编制工作方案的通知》要求，已完成规划总体框架与规划正文的初稿撰写。五是扎实推进网络安全升级建设，按照信息系统安全等级保护 2.0 的标准开展局办公网络安全加固升级建设，部署网络安全设备、落实信息安全制度、采取必要技术手段来保障办公用户计算机系统安全和信息数据安全，提升整体安全响应能力，消除泄密隐患。六是推动中国 – 东盟动植物疫病疫情联合防控大数据平台项目建设，由自治区林业局作为第一牵头单位组织实施该平台的建设工作，已经完成项目前期调研并形成调研报告。七是推动自治区林业局与中国铁塔股份有限公司开展战略合作试点，以"互联网 + 林业 + 铁塔"为基础，立足森林防火、保护地管理、森林资源监测、森林病虫害防治实际需要，发挥中国铁塔股份有限公司广西壮族自治区分公司在全区林区的铁塔资源优势，充分运用大数据、云计算、物联网、5G+ 等技术手段，构建重点林区"铁塔群 + 挂载"监测感知网。八是完成自治区林业局门户网站整体迁移及网站集约化建设，纳入自治区层面统一管理，进一步调整细分栏目分组，依托广西数字政务一体化平台优化升级网上政务服务能力，提高了网上办事服务的实用性。

（广西林业信息宣传中心）

林业宣传

【概况】 2020 年，全区各级各地林业宣传部门坚持以习近平新时代中国特色社会主义思想为指导，深入学习贯彻党的十九大和十九届二中、三中、四中、五中全会精神及习近平总书记对广西工作的重要指示精神，全面落实《中国共产党宣传工作条例》精神，聚焦服务全区生态文明建设和林业改革发展，坚持正确的舆论导向，不断创新机制、丰富形式，为奋力开创"建设壮美广西、发展壮美林业"新局面营造良好的舆论环境。据不完全统计，2020 年全区林业系统在区内外主流媒体发布广西林业报道 1527 篇，其中《人民日报》11 篇、中央电视台 4 条（其中《新闻联播》2 条）、"学习强国"平台 10 篇、人民网 89 篇、新华网 47 篇、《中国绿色时报》33 篇（含头版头条 2 篇）、《广西日报》256 篇（含头版头条 3 篇）、广西电台 327 条、广西卫视 238 条、广西新闻网 256 篇、广西云 256 篇。

【新闻发布】 2020年，自治区林业局按照"政府想说的、媒体关注的、公众关心的"有机结合的工作理念，强化主动引导，不断完善制度建设、优化发布内容、扩大发布影响，与中央驻桂和区内20多家主流媒体密切对接和良性互动，形成了较为成熟高效的新闻宣传联动体系。是年，围绕全区国有林场改革、广西林业产业高质量发展、首届广西"两山"论坛等主题举办各类新闻发布会17场，其中以自治区人民政府名义召开的新闻发布会4场，以自治区林业局名义召开的新闻发布会9场；局领导参加媒体公开节目访谈4次。

【关注森林活动】 2020年9月10日，自治区关注森林活动组委会第一次工作会议在南宁召开。自治区政协副主席、自治区关注森林活动组委会主任刘慕仁出席会议并讲话。他强调，要全面推动关注森林活动并迈上新台阶。一要坚持服务全区大局，以高质量发展为主线，以破解生态文明建设难题为重点，以关系人民群众切身利益的生态问题为切入点，深入开展调查研究和建言资政，有针对性地提出科学合理的对策建议，为加快推进生态文明建设贡献智慧和力量。二要切实加强组织领导。组委会各成员单位要充分发挥各自优势，进一步加强沟通协调，做到各尽所能、各展所长，不断增强工作合力。要防止和反对形式主义、官僚主义，认认真真把工作往深里做、往实里做。三要大力提升活动实效。重点开展好建言资政、主题宣传、生态文化传播、生态文明教育和森林城市建设等五个方面的活动，着力打造活动精品，注重提升青少年的生态文明意识。四要不断创新活动载体。注重充分运用融媒体技术手段，通过办好活动网站、搭建网络论坛、开展网民评议等形式，加大宣传力度，进一步提高关注森林活动的社会关注度。

会议审议通过了《广西壮族自治区关注森林活动工作规则》《广西壮族自治区关注森林活动三年工作规划（2020—2022）》及《广西壮族自治区关注森林活动2020年工作方案》，并为获得"广西森林城市"系列称号的代表单位授牌。会后，刘慕仁一行还在广西林业数字展示中心调研生态文明教育示范建设情况。

自治区政协人口资源环境委员会主任、组委会副主任秦敬德主持会议，自治区林业局副局长、关注森林活动执委会副主任邓建华宣读《广西壮族自治区绿化委员会关于授予藤县等单位"广西森林城市"系列称号的决定》。

自治区政协人口资源环境委员会副主任陈刚、黄远山，自治区关注森林组委会各成员单位、各支持单位的相关负责人，执委会全体成员，"广西森林城市"系列称号的代表单位负责人参加会议。自治区林业局各处、室、站全体干部职工列席会议。

【基层典型】 2020年，广西林业信息宣传中心依托传统新闻媒体，深入基层一线，努力发掘并向中宣部"新中国成立70周年林业先进典型"成功推送庞祖玉等具有较大影响和带动作用的广西林业基层先进典型。同时，广西林业信息宣传中心还委派记者深入东盟国家，重点发掘"广西油茶在金三角替代罂粟"新闻线索，在《中国绿色时报》《广西日报》等媒体头版头条发表报道，并被人民网、中国林业网、广西壮族自治区人民政府网站在内的20多家国内主流媒体、网站和泰国的泰国网《世界日报》、缅甸《金凤凰》、印度尼西亚《国际日报》等多家东盟主流媒体广泛报道。2020年6月6日，广西林业信息宣传中心向中央电视台推荐的生态护林员典型在中央电视台《新闻联播》栏目播出，向全国介绍了隆林各族自治县林业扶贫工作成效。

（广西林业信息宣传中心）

林业精神文明建设

直属机关党的建设与机关建设

【概况】 2020年，在自治区党委和区直机关工委的正确领导下，自治区林业局深入学习贯彻党的十九届四中、五中全会精神，坚定不移以习近平新时代中国特色社会主义思想为指导，认真贯彻落实新时代党的建设总要求和党的组织路线，以党的政治建设为统领，以学习习近平新时代中国特色社会主义思想为主线，深入实施基层党组织标准化规范化建设，深入开展党的建设工作，深入推进党风廉政建设和反腐败工作，不断提升直属机关党的建设工作质量，为推动新时代林业高质量发展提供坚强有力的保障。

【推进党的政治建设】 深入贯彻落实新时代党的建设总要求和党的组织路线，增强"四个意识"、坚定"四个自信"、做到"两个维护"，自觉与以习近平同志为核心的党中央保持高度一致。一是认真贯彻落实《党委（党组）落实全面从严治党主体责任规定》，结合林业工作实际出台《2020年中共广西壮族自治区林业局党组全面从严治党主体责任清单》，自治区林业局相关领导认真履行全面从严治党第一责任人责任，做到重要工作亲自部署、重大问题亲自过问、重点环节亲自协调、重大案件亲自督办。全年共召开党组会议、专题会议研究管党治党工作议题共36次，进一步强化了局党组全面从严治党主体责任，推动全面从严治党向纵深发展。二是召开2020年全区林业系统党建工作会议、党风廉政建设工作会议，总结2019年全区林业系统党建工作和党风廉政建设工作取得的成效，研究部署2020年工作任务并印发2020年区直林业系统党建工作要点和党风廉政建设工作要点，逐级细化分工，层层传导压力。三是认真落实"一岗双责"。局领导班子成员和机关党支部严格执行新形势下党内政治生活的若干准则，局领导班子成员以普通党

员身份参加所在党支部的组织生活，党支部书记带头讲党课，利用调研、检查、业务会议的形式对分管部门和联系单位党的建设和党风廉政建设工作进行部署和督导，确保主体责任真正落实落细。四是严肃党内政治生活，认真开展好"三会一课"、党员积分制、党员过政治生日、组织生活会、民主评议党员、谈心谈话等组织生活制度，严肃党内政治生活，提高党内政治生活质量。

【持续加强理论武装】 坚持把学习贯彻习近平新时代中国特色社会主义思想和党的十九届四中、五中全会精神作为首要政治任务，狠抓学习宣传教育不放松，督促各级领导干部带头学思践悟，引导广大党员干部在学懂弄通做实上狠下功夫，用党的创新理论武装头脑，以实际行动践行"两个维护"。一是党组中心组带头学。始终抓好党组中心组理论学习这一关键环节，制订局党组中心组理论学习计划，全年共开展5次中心组学习，认真落实一学一报制度，及时向区直机关工委报告中心组学习开展情况。局领导班子成员充分发挥示范和表率作用，带头开展调研、撰写心得、带头抓落实，带动广大党员干部大兴学习和调查研究之风。二是政治理论宣讲全覆盖。局领导和各处、室、站负责人组成宣讲团开展政治理论进基层大宣讲活动，以学习《习近平谈治国理政》（第三卷）和党的十九届五中全会精神为重点，先后深入直属单位开展宣讲37场次，直属单位领导干部深入各分场、造林部基层一线开展宣讲182场次，参加人员近6000人次，实现了政治理论宣讲全覆盖。三是建立直属单位党委理论学习中心组学习巡听旁听制度，科学构建组织领导、制度建设、学习效果、奖励加分等4个方面学习考评体系，从13个具体内容量化巡听

评价标准，实现了可量化、可操作性、可执行的目标。该做法在区直机关工委2020年区直机关党组（党委）理论学习中心组学习情况的通报中得到肯定，有力促进并提升了直属林业单位基层党委班子和广大党员的思想政治建设水平，推动理论武装深入开展。四是党员干部深入学。年初印发理论学习方案，每月印发党支部理论学习要点，确保理论学习有方向、有成效。邀请自治区党委区直机关工委原常务副书记邓金玉、自治区党校教授等人士到自治区林业局进行学习授课。通过集中学习、组织参观、专题辅导、教育培训、深入调研等方式，扎实开展一系列理论学习和实践活动，党员干部抓学习的责任感、使命感和党建业务能力得到明显提升。五是党务干部重点学。组织举办形式多样的党务干部培训班、纪检干部培训班，共培训区直林业系统党务、纪检干部500余人次。六是不断丰富学习形式载体。充分发挥"学习强国"平台作用，用好"新时代文明实践中心"，经常性开展全面从严治党思想政治教育，结合新冠疫情防控、产业发展和脱贫攻坚等中心工作，注重发挥先进典型示范作用，营造全面从严治党的良好氛围。

【夯实机关党建工作基础】 强化党建引领，筑牢思想政治根基，做牢、做实、做细党建工作，整体推进新时代林业党建工作科学化水平。一是扎实开展换届选举工作。严格按照新颁布《中国共产党基层组织选举工作条例》要求，于2020年12月18日顺利召开局直属机关第九次党代会，选举11名同志担任新一届机关党委委员，5名同志担任新一届机关纪委委员。组织好局机关14个党支部的换届选举工作，指导好各直属单位按时进行换届选举，健全组织，选准配强党委、党群办、党支部干部队伍。二是建立局领导党建联系点制度。根据业务分工，局领导确定1～3个党支部作为工作联系点，参加所联系党支部的组织生活，对党支部进行帮带，充分发挥示范带动作用。三是模范机关创建成效显著。围绕党建带动模范机关创建，着力打造政治型、学习型、实干型、廉洁型的"四型"模范机关，6月在区直机关创建模范机关经验交流现场会上作书面发言，12月自治区林业局被区直机关工委选树为全区"创建模范机关示范单位"。四是开展局机关党支部与直属林场基层党支部结对共建活动。结合机关党支部自身优势，深入指导基层党支部的规范化建设和林业中心工作等，充分发挥机关党支部的"酵母"作用，助推业务工作迈上新台阶。五是持续深入开展"党支部建设加强年"活动。年内开展2轮对局机关和直属单位党支部达标创优检查工作，积极推进党员积分制管理，抓好党支部定级、软弱涣散党组织整顿工作，2020年向区直机关工委申报首批达标验收党支部119个，占所管辖党支部总数的98.3%，12月中旬配合区直机关工委检查复核小组完成对抽中的18个党支部材料复核工作。局机关党委和高峰林场第三党支部分别在区直机关工委举办的专题示范培训班和"四强"党支部建设论坛现场会上作了典型发言。六是打造特色党建品牌。局机关打造"红色引领，绿色筑梦"等14个党支部品牌，南宁树木园形成"凤鸣林海"等一批有特色、有亮点、有成效的党建品牌，品牌效应促进和提升了党建工作质量。

【提高党支部组织生活质量】 建立健全党支部各项工作制度，扎实推进基层党组织标准化规范化建设。一是开展党内先进典型表彰教育活动，形成良好的争先创优氛围。7月1日隆重召开中国共产党成立99周年庆祝大会，局党组书记为全体党员上"七一"专题党课。评选表彰2018—2020年度27个先进基层党组织和96名优秀党务干部、优秀党员；有4名先进个人、2个先进基层党组织荣获区直机关工委通报表彰；局机关党委获评2018—2019年度全区党内法规工作先进单位，1名同志获评全区党内法规工作先进个人。二是基层党组织建设规范化。广泛开展党性体检、党员示范岗、结对共建、进社区志愿服务等系列主题党日活动,打造支部党建品牌。三是党费收缴管理规范。督促基层党支部认真核定党员党费缴纳基数,做到党员按月交纳党费、支部按季上缴,并定期公布党费收缴情况,党员主动交纳党费的意识和党员身份意识明显增强。四是积极完成年内发展党员数量。保质保量发展2020年区直机关工委下发指标的60名党员任务,指导各基层党组织认真做好入党积极分子、党员发展对象教育培训和党员组织关系转接等工作。五是积极落实党内关怀帮扶,建立中华人民共和国前入党党员和生活困难党员档案库,在春节、端午节和"七一"期间,组织开展慰问中华人民共和国成立前入党老党员和生活困难党员270人次,发放慰问金13.44万元,切实增强基层党组织的创造力、凝聚力、战斗力和党员的荣誉感、自豪感、归属感。

【**压实意识形态工作责任**】 全面落实意识形态工作责任制,牢牢掌握意识形态工作的领导权,坚持在理论学习上下功夫,在宣传教育上做文章,在舆论引领上破难题,着力打牢做好意识形态工作的思想、政治和工作基础。一是加强意识形态工作检查督导。将学习宣传贯彻落实《中国共产党宣传工作条例》作为重要内容,坚持党管宣传、党管意识形态、党管媒体原则落小落细落实,增强意识形态领域主导权和话语权,局党组年内专题研究意识形态工作两次以上。11月对局机关各党支部和直属单位意识形态工作进行了全面检查,各直属单位定期分析研判意识形态工作情况,确保全区林业系统意识形态领域安全。二是深入贯彻《落实意识形态领域工作责任制实施意见》,切实压实责任,积极做好思想教育、网络舆情监控等工作,对局机关办公电脑设备进行全面的安全检查,避免泄密事件发生。全年共收集网络舆情信息137.57万条,其中涉林热点信息2023条,负面信息1326条,制作舆情监测日报248期。三是深入基层挖掘典型,传播广西林业"好声音""好故事"。据不完全统计,2020年,全区林业系统在区内外主流媒体发布广西林业相关报道1527篇,在国家林业和草原局门户网站发布信息364条。大力加强"互联网+党建"建设,在当代广西网、区直机关党建网、广西林业网站等媒体上发表广西林业党建工作、群团工作宣传信息300多条。四是加强思想政治工作研究。组织各直属单位积极开展政研课题研究,有8篇论文分别获得中国林业思想政治课题研究一、二、三等奖,自治区林业局荣获优秀组织奖。6月中旬,自治区林业局相关领导在中国林业职工思想政治工作研究交流会上作了典型经验发言。11月,自治区林业局成功承办全国林业生态价值转化研究实践研讨会,高峰林场、南宁树木园在会上作典型发言,并被确定为全国林业生态价值转化实践基地。五是做强党建工作课题研究。积极参与2020年度机关党员干部春节回乡调研助力打赢脱贫攻坚战活动,区直林业系统论文获得一等奖1篇,获得三等奖8篇,自治区林业局获优秀组织奖。2020年区直机关党建课题成果评比中自治区林业局荣获一等奖。

【**狠抓党风廉政建设与反腐败工作**】 作风建设永远在路上,坚持把纪律规矩挺在前,有效运用监督执纪"四种形态",推进党风廉政建设和反腐败工作,持续营造风清气正的政治生态环境。一是通过多次组织党员干部观看警示教育专题片、参观警示教育基地、转发自治区纪委违纪违法典型案例通报等方式强化警示教育,向全区林业工作站工作人员发放《乡镇林业工作站廉政教育手册》4900余册,推动林业系统党员干部知敬畏、存戒惧、守底线。二是完善惩防体系建设。深入开展"抓系统、系统抓"专项整治工作。印发2020年全区涉林扶贫领域腐败和作风问题专项治理工作措施,召开2020年深化林业扶贫领域专项治理"抓系统、系统抓"工作视频会议,部署深化林业扶贫领域专项整治工作。全区林业系统共计检查扶贫项目797个,检查扶贫资金40.05亿元,整改问题63个。国家林业和草原局领导对该项工作给予高度肯定并作出"广西做法可供其他地方借鉴"的批示。三是用好监督执纪"四种形态"。协同驻自治区自然资源厅纪检监察组开展谈话函询工作，发出加强谈话提醒函420多份，约谈区直林业系统各级领导干部400多人次。持续加大纪律审查力度，通报区直林业系统各单位2018年以来纪律审查工作情况，确保反腐败高压态势不松懈。四是持续加大整改督查力度。组织巡察整改专项集中督查，发现巡察整改不到位、措施虚化等问题18个，进一步督促区

直林业单位党组织把巡察整改政治责任担起来，压紧压实压到位。五是严格审核控制"三公"经费支出，全年"三公"经费支出134.367万元，切实改进文风会风，重要节假日对局机关和驻邕直属单位发放津补贴、慰问及公车使用情况进行暗访，密切关注"四风"问题新动向、新表现，驰而不息纠治"四风"。

（自治区林业局机关党委）

林业工会、妇联、团委工作

【工会工作】

深入学习贯彻习近平新时代中国特色社会主义思想 局机关工会始终坚持把学习贯彻习近平新时代中国特色社会主义思想和党的十九届四中、五中全会精神作为首要政治任务，同时以学习贯彻广西壮族自治区工会第十三次代表大会精神为重点，通过举办专题会、报告会、讲座等多种形式，组织广大干部职工全面深入学习习近平总书记关于工人阶级和工会工作重要论述，全面领会"五个更加"新时代广西工会工作思路，切实做到学懂弄通做实，进一步厘清新时代工会工作方向，团结引导广大干部职工坚定不移听党话、跟党走。一是注重抓好学习环境建设，在局机关建成新时代文明实践中心，区直林业系统共建成200多个新时代文明实践站，同步健全了讲习制度，组建讲习团队，落实讲习计划，各级党员领导干部依托新时代文明实践中心（站）开展政治理论宣讲630场（次）。二是充分发挥工会大学校的作用，利用广西林业门户网站、工会微信群、QQ群等媒体开展网上宣传思想工作，加大网上工会建设力度，发挥职工之家、职工书屋作用，组织局内各处室站、党支部召开学习十九届四中、五中全会精神学习交流会，用十九届四中、五中全会精神凝聚和引领职工，坚决维护党

中央权威和集中统一领导，进一步增强"四个意识"，坚定"四个自信"。

坚持围绕中心，自觉服务林业改革发展大局 2020年初，局机关工会深入贯彻落实新冠疫情防控指示精神，充分发挥工会组织优势，先后21次为机关干部职工集中采购爱心蔬菜和水果共约5吨，基本满足职工"菜篮子"需求，通过解难题、办实事、暖人心的举动，积极为抗击新冠疫情贡献力量。8月，根据《自治区总工会、自治区商务厅、自治区扶贫办关于组织百万职工开展"抗疫情促消费助脱贫"活动的通知》精神，局机关工会按要求将2020年全年可发放的逢年过节慰问品未发放部分提前一次性发放，同时按每人300元的额度发放一次性"助推脱贫攻坚特别消费券"，累计投入近20万元采购发放特色扶贫产品，积极助力抗击新冠疫情和脱贫攻坚。充分发挥先进典型的示范引领作用，积极开展自治区劳动模范和先进工作者推荐评选活动，认真做好全国、广西五一劳动奖章和工人先锋号的推荐评选表彰工作。举办"致青春 为家国"争做黄文秀式好青年主题活动暨"寻找最美林业读书人"读书分享会，大力宣扬广西援鄂医疗队员和林业青年为战"疫"奉献的先进事迹。积极开展岗位技能大赛，推动局直属各单位广泛开展

林业技能比武、岗位练兵、技术创新，培育一批叫得响、过得硬、用得上的林业岗位能手、技术专家，进一步激发了广大林业干部职工的劳动热情和创造力。

强化服务保障，工会履职能力不断提升 认真做好新常态下职工维权工作，完善工会管理机制，全面贯彻落实《中华人民共和国公务员法》和《中华人民共和国工会法》，坚持维护干部职工休假、学习培训、生活福利、岗位成才等方面的合法权益和女性职工权益。2020年局机关工会认真落实逢年过节、工会会员生日、结婚生育、退休离岗慰问，以及会员生病住院、去世或直系亲属去世慰问等制度，共慰问干部职工1200多人次，投入慰问经费近50万元。积极协调有关部门，主动解决职工住房、子女入学入托、工作生活条件改善等问题，切实保障职工利益。开展一线职工疗休养活动，安排3名工作时间长、表现好的干部职工到桂林市参加区总工会举办的疗休养活动。加大对女性职工的关爱力度，组织全体女性职工到广西壮族自治区人民医院、广西医科大学第一附属医院开展健康体检，举办职场女性心理健康讲座和"巾帼建功创伟业 生态文明齐共建"主题活动。积极开展关爱未成年人活动，举办"走进森林 拥抱自然"林业亲子活动和"做好家长 育好家风"亲子讲座，2020年共为38户干部职工家庭办理了计划生育家庭爱心保险，并为全体职工子女购买了小儿统筹医疗保险。扎实做好职工劳动保护工作，集中采购医用口罩3万个发放给全体工会会员，助力机关干部职工抗击新冠疫情，保障安全健康。

积极开展文体活动，持续深化机关精神文明创建 认真贯彻落实习近平总书记对黄文秀同志先进事迹作出的重要指示精神，扎实做好黄文秀同志先进事迹学习宣传工作，组织全体干部职工到电影院统一观看电影《秀美人生》。大力推进书香机关建设，举办"寻找最美林业读书人"读书分享会和"林业青年学习《习近平谈治国理政》读书沙龙"活动，组队参加自治区党委宣传部主办的"我邀明月颂中华"爱国诗词诵读大赛并获三等奖。组织开展"我们的节日"主题活动，结合春节、中秋等传统节日，举办"新春团拜会"、月饼手工制作等活动，大力弘扬传统文化。顺利举办2020年林业驻邕单位第一届壮美林业足球友谊联赛。组织开展文明家庭和文明处室评选活动，共评选出文明家庭35户、文明处室7个。组织林业志愿者到丹凤社区林业新村小区、凤翔社区凤景湾小区开展义务清洁和文明宣传教育活动，积极助力首府南宁迎接全国文明城市测评。积极开展寻找"最美家庭"活动，推荐1户家庭参与并获评为2020年广西"最美家庭"。利用工作日休息时间，坚持开展太极、瑜伽、舞蹈、球类等全民健身活动，并聘请专业教练进行辅导，不断丰富机关业余文化生活，单位凝聚力及干部职工幸福感归属感明显增强。

落实新时代全面从严治党要求，不断强化工会组织建设 深入贯彻落实《机关工会工作暂行条例》，配强、配齐、配优工会领导班子，按照"六有"要求，不断推进工会规范化建设，认真开展2020年度基层工会信息采集调查，进一步完善工会组织、工会会员、资产登记台账。坚持贯彻民主集中制，凡是工会的重大事项或活动，坚持召开机关工会委员会议研究讨论，对工作中把握不准的问题，及时向局党组和区直机关工会请示报告，确保工会各项工作顺利有序推进。规范工会财务管理，认真做好机关工会2019年决算和2020年预算编制工作；按时收取会员会费，及时足额上缴工会经费；配备专业财务管理人员，经常督促财务人员严格按照财务制度办事，收好、管好、用好工会经费，做到日清月结，账目清楚。加强工会干部队伍建设，通过选派工会干部参加区直机关工会干部培训班、经审委员培训班、外出考察、专项业务培训等，进一步提高工会干部引领职工、服务职工、促进发展的能力。强化廉政建设，定期组织开展《中国共产党廉洁自律准则》《中国共产党纪律处分条例》和中央八项规定学习教育，坚持不懈整治"四风"，绷紧廉政思想防线，在工会系统构建不敢腐、不能腐、不想腐的长效机制。

（自治区林业局机关党委）

【妇联工作】

不断提高做好妇女儿童工作的思想认识　坚持把深入学习贯彻习近平新时代中国特色社会主义思想和党的十九大和十九届二中、三中、四中、五中全会精神作为首要政治任务，通过举办专题会、报告会、讲座等多种形式，深入学习领会以习近平同志为核心的党中央对妇女儿童事业发展作出的一系列重大部署，全面深入学习《中国妇女发展纲要（2011—2020年）》《中国儿童发展纲要（2011—2020年）》（以下简称"两纲"），进一步统一思想，提高认识，增强做好妇女儿童工作的责任感和使命感。依托新时代文明实践中心（站），以学习《习近平谈治国理政》（第三卷）和党的十九届五中全会精神为重点，积极组织妇女领导干部担任宣讲员，深入直属单位开展政治理论宣讲，进一步增强"四个意识"、坚定"四个自信"。

加强"两纲"宣传，开展形式多样的主题活动　充分发挥妇委会的桥梁纽带作用，利用春节、三八妇女节、六一儿童节、重阳节等节假日，积极开展"两纲"、婚育道德和家庭美德宣传教育活动；深入开展文明家庭和最美家庭评选活动，评选出局机关文明家庭35户，监测中心李惺颖家庭获评2020年广西"最美家庭"；在局机关党支部深入开展"树清廉家风　创最美家庭"主题活动，进一步推动形成爱党爱家、相亲相爱、向上向善的家庭文明新风尚。开展先进妇女典型选树活动，积极组织妇女集体和个人申报评选"巾帼文明岗"和"防疫三八红旗手"。积极开展慰问妇女职工活动，在春节、"七一"期间慰问困难女党员30多人次，联合局机关工会对因病住院、结婚生育以及退休离岗的妇女职工开展慰问20余次。积极开展关爱贫困地区未成

年人活动，在对口帮扶隆林各族自治县脱贫攻坚过程中，开展金秋助学活动，向适龄儿童赠送助学金、学习用具等；局机关结对共建干部每年至少4次走访慰问困难家庭，给予他们物质上的帮助和精神上的鼓励；大力开展教育帮扶，免费接收贫困户家庭子女到局直属单位广西生态工程职业技术学院就读并优先安排工作。

严格履行计生职责，大力保障妇女儿童权益　全力配合社区计生部门，采取个性化、温馨化、面对面的服务方式，认真抓好孕前管理工作，将计生小册子和计生宣传材料分发到户，积极配合做好服务手册和生育证的审核、发证工作，切实把生育、节育、奖励、处罚政策落实到位。同时，对结婚生育的干部职工及时开展上门服务和慰问工作，教育引导干部职工及居住在本单位宿舍区内的所有人员认真遵守计划生育有关法律、规定，全面确保单位无违法生育情况。深入实施"巾帼维权暖心工程"行动，全面开展困难妇女摸底调查，共上报困难妇女职工4名，并积极跟进落实帮扶政策。坚持全面落实国家法定产假、陪护假、哺乳假等制度，积极协调职工子女入学入托事宜，机关干部适龄子女均顺利就读区直机关幼儿园。认真开展爱心保险续保和信息摸底工作，2020年共为38户干部职工家庭办理计划生育家庭爱心保险，并为全体职工子女购买小儿统筹医疗保险，干部职工合法权益得到充分保障。

抓好机关精神文明建设，持续推进妇女儿童工作　立足林业实际，加强环南宁旅游圈建设，不断完善森林公园自然科普教育基地建设，积极联系社会公益组织和自然科普教育机构，在高峰森林公园、良凤江国家森林公园等开展"爱鸟周"、义务植树、自然科普教育课堂、森林体验等系列活动，大力培养广大青少年的生态文明意识。积极开展"书香八桂　父母同行"亲子阅读活动，推荐2个家庭亲子阅读作品参加自治区妇联组织的作品征集比赛；开展"走进森林　拥抱自然"林业亲子活动，组织举办"做好家长　育好家风"亲子讲座，在局机关进一步培育良好

家风，促进儿童健康成长。切实保障妇女职工身心健康，组织全体女性职工到广西壮族自治区人民医院、广西医科大学第一附属医院开展健康体检，平时对因病住院的女性干部职工及时进行探望和慰问。积极开展妇女主题活动，认真落实上级抗疫部署安排，要求各直属单位调整节日庆祝方式，不搞聚集性活动，依托互联网等平台创新开展三八妇女节纪念活动；组织妇女干部观看区直机关"1+1"素质行动计划——职场女性心理健康讲座；组织开展"巾帼建功创伟业 生态文明齐共建"主题活动；聘请专业教练为女性职工开设舞蹈、瑜伽等健身课程，进一步丰富女性职工精神文化生活。

扎实做好妇女干部的培养使用，强化妇女组织建设 进一步加强对直属单位妇女工作的联系指导，2020年先后指导3家直属单位完成妇委会的换届选举工作。加强妇女干部队伍建设，通过外派学习、下基层调研、挂职锻炼、业务培训等多领域、多层次、多渠道强化提高妇女干部的工作能力和综合素质。加大选拔使用妇女干部力度，特别是在领导班子配备中，大胆使用妇女干部，直属单位领导班子中至少配备1名女性领导，鼓励优秀妇女干部勇挑重担，走上重要领导岗位。重视妇委会干部的选配工作，把思想素质好、工作经验丰富、综合素质强、群众公信度较高的妇女干部及时调整充实到妇女委员会任职，不断强化对妇女工作的组织领导。

【团委工作】

持续加强理论武装 以学习《习近平谈治国理政》（第三卷）和党的十九届五中全会精神为重点，结合《自治区林业局2020年理论学习计划》，对局机关和直属单位团组织学习贯彻活动作出具体安排，构建团员青年日常学习新常态，引导广大青年切实在思想上政治上行动上与以习近平同志为核心的党中央保持高度一致。经常性开展团员青年思想政治教育，结合新冠疫情防控、产业发展和脱贫攻坚等中心工作，注重发挥正反典

型的示范警示作用。丰富学习形式载体，充分利用林业系统"新时代文明实践中心""道德讲堂""微党课""读书沙龙"等平台，组织林业青年进行专题大讨论，进一步推动习近平新时代中国特色社会主义思想在广大团员青年中落地生根、入脑入心。

坚持围绕中心工作，引领青年助推林业改革发展 坚持围绕局党组中心工作，引领广大青年干部职工在推动造林绿化、产业发展、脱贫攻坚、志愿帮扶等工作中建功立业。坚持开展青年义务植树，连续9年承办区直机关青年义务植树活动，于2020年4月组织60多名区直机关青年在七坡林场立新站青年林种植小叶紫薇、白皮柚100余株，以实际行动为壮美广西建设做贡献。选派优秀青年干部，到隆林各族自治县6个贫困村开展扶贫工作，科学制订脱贫规划，因地制宜做好产业扶持，科学开展新冠疫情防控，带领群众走上脱贫致富道路。配合打好新冠疫情阻击战，在学雷锋日发出倡议信，组织团员青年开展"抗击疫情学雷锋 捐赠口罩送爱心"募捐活动，为良凤江菩提山庄基层抗疫一线人员捐赠口罩4000个。组织林业志愿者到丹凤社区林业新村小区、凤翔社区凤景湾小区开展义务清洁和文明宣传教育活动，积极助力首府南宁迎接全国文明城市测评。

开展团员主题活动，积极展示林业青年风采 坚持建青年之家、做青年之友、谋青年之事的发展理念，从青年自身特点和兴趣爱好出发，积极组织开展一系列团员主题实践活动。大力推进书香机关建设，举办"致青春 为家国"——争做黄文秀式好青年主题团日活动暨"寻找最美林业读书人"读书分享会，广西援鄂医疗队员、高峰林场青年代表、自治区林业局驻村第一书记代表分别为现场团员青年讲述战"疫"一线和扶贫基层的青春故事，来自局机关和驻邕直属林业企事业单位的6位青年代表向大家分享与推荐了《时代楷模黄文秀》《苦难辉煌》《三体》等经典热门书籍；共青团区直机关第四协作组有关单位团委

书记代表，自治区人民医院抗疫医疗队员青年代表，林业局各处、室、站、驻邕直属林业企事业单位相关负责人和团员青年近 200 人参加活动。11 月，举办青年学习《习近平谈治国理政》（第三卷）读书沙龙活动，原文学习《习近平谈治国理政》（第三卷）有关生态文明建设的章节，深入研究学习共青团最新政策文件《中国共产主义青年团党和国家机关基层组织工作条例（试行）》。大力开展关爱青年职工子女工作。6 月，在高峰森林公园举办了"走进森林　拥抱自然"林业亲子活动，进一步活跃了机关氛围，增强了单位向心力；9 月，组织举办了"做好家长　育好家风"亲子讲座，讲座邀请了专业的育儿机构，对育儿常见问题进行讲解答疑。坚持定期开展文体活动，顺利举办 2020 年林业驻邕单位第一届壮美林业足球友谊联赛；利用工作日休息时间，坚持开展太极、瑜伽、舞蹈、球类等全民健身活动，聘请专业教练进行辅导，不断丰富机关青年业余文化生活。

夯实团的基层基础，推动团组织规范化建设
及时开展团委换届工作，加强对直属单位团委工作的联系与指导。2020 年先后指导高峰林场、七坡林场、国旭集团等 3 家直属单位及时完成团委换届选举工作。认真做好团的基础工作，及时做好团员信息统计工作，坚持每半年更新一次团员名册，并及时上报上级团组织；扎实开展团费缴纳工作，按时足额向区直团工委缴纳团费。做好"推优入党"工作，积极动员优秀团员向党组织靠拢，鼓励团员青年递交入党申请书，积极参加区直工委党校举办的入党积极分子培训班，定期向党组织输送新鲜血液。

加强建章立制，全面提升团员青年整体素质　深入贯彻落实《广西壮族自治区中长期青年发展规划（2018—2025 年）》，结合林业实际，制定出台《广西壮族自治区林业局青年优先发展实施方案》，在青年思想道德教育、人才队伍建设、身心健康、婚恋服务、文化交流和社会参与等 6 个方面作出详细部署规划，切实维护青年发展权益，为青年成长成才搭建平台，努力营造全系统关心、支持青年发展的良好氛围。选派团干部参加区直团工委举办的团干培训班和青年理论学习工作经验交流活动，不断提高团干部综合素质。扎实做好黄文秀同志先进事迹学习宣传工作，组织全体团员青年到电影院观看主旋律电影《秀美人生》。邀请自治区边海防委员会办公室领导到自治区林业局举办国防知识教育讲座，在团员青年中全面普及国防知识教育，进一步弘扬爱国主义精神。

积极推优评先，选树优秀青年典型　深入开展表彰先进、树立典型活动，进一步激发广大团员青年干事创业热情。3 月，认真组织开展 2019 年度广西"两优两红"和第二十三届"广西青年五四奖章"推荐工作，其中，局直属单位高峰林场团委获评"广西五四红旗团委"，七坡林场团委书记毛纯获评"广西优秀共青团干部"。6 月，推荐广西国有高峰林场高峰森林公园管理中心申报 2019—2020 年度自治区级青年文明号，并举办"号声嘹亮　青年文明号向祖国报告"青年文明号开放周活动。

（自治区林业局机关党委）

林业老干部工作

【概况】 2020年，在自治区林业局党组的正确领导下，在局相关处室、单位的大力支持下，局离退休工作坚持以习近平新时代中国特色社会主义思想为指导，以习近平总书记关于老干部工作重要指示为根本遵循，深入贯彻落实全国离退休干部"双先"表彰大会和全国老干部局长会议精神，坚持以党的政治建设为统领，以离退休党支部规范化建设试点为契机，突出离退休党员党建引领、作用发挥和服务保障，深入推进信息化、精准化、规范化服务管理，推动新时代离退休工作高质量发展，为加快推进"壮美林业"建设贡献智慧和力量。

【持续深入学习贯彻习近平新时代中国特色社会主义思想】

加强政治建设 坚持把政治建设摆在首位，组织广大离退休人员深入学习习近平新时代中国特色社会主义思想、党的十九大和十九届二中、三中、四中、五中全会精神，及时传达学习中央应对新型冠状病毒感染肺炎疫情工作领导小组会议、习近平总书记在北京市调研指导新型冠状病毒肺炎疫情防控工作时发表的重要讲话精神和2020年全国"两会"精神，教育引导离退休人员学习新的精神、认识新的形势、了解新的情况，旗帜鲜明讲政治，牢固树立"四个意识"，坚定"四个自信"，做到"两个维护"，自觉在思想上政治上行动上同以习近平同志为核心的党中央保持高度一致，做到永远爱党、信党、跟党走。抓好意识形态领域工作，严格落实意识形态工作责任制，各党支部书记作为离退休党员意识形态工作第一责任人，要及时发现和应对离退休人员意识形态领域出现的问题，引导广大离退休人员始终坚定政治立场，永葆革命本色。

强化理论武装 针对离退休人员年龄跨度大、文化程度不等、流动性大等特点，采取不同方式开展学习教育，做到学习教育全覆盖。对年老体弱、行动不便的离退休党员采取"送学上门"的方式；对文化程度较高、年龄相对较小的离退休党员，组织他们开展集中学习、个人自学；对外地党员，采取"互联网＋党建"工作方式，运用网站、微信群、QQ群等途径，传达局党组部署要求，保持经常性联系，及时了解他们的思想、身体、生活状况。同时，定期通过手机短信、微信等平台向离退休党员发送学习内容，方便离退休党员快捷、高效阅读了解。邀请自治区党校教授宣讲党的十九届五中全会精神，切实把离退休党员的思想和行动统一到全会精神上来，把智慧和力量凝聚到落实全会确定的各项目标任务上来。2020年，汇编理论学习资料10本，印制500多份，分别放在七星路和林业新村学习室供离退休人员学习。

抓实主题党日 8月，组织110多名离退休党员开展"弘扬革命传统、传承红色基因、牢记初心使命"主题党日活动，全体党员参观了广西革命纪念馆和广西国防教育馆，重温入党誓词，集体歌唱《没有共产党就没有新中国》；实地调研那考河生态综合整治情况，广大党员接受了一次生动的党性和生态文明教育。举行"党课开讲啦"老书记初心讲堂精品党课宣讲专场报告会，邀请自治区人大常委会原副主任潘琦讲"弘扬老干部精神 永葆共产党员本色"专题党课。

【离退休干部党支部标准化规范化建设试点】

加强研究部署 根据自治区党委老干部局的通知精神，局机关离退休党总支和高峰林场场部党总支及时召开会议，系统梳理一年来开展离退休党支部标准化规范化建设试点情况，紧紧围绕组织建设、队伍建设、活动开展、制度落实、工作保障等5个方面开展自查自纠，及时收集整理理论学习资料、"三会一课"记录、支部换届情况和活动开展情况资料，高标准做好迎检各项准备工作。

强化督促检查 由局离退处和高峰林场场部党总支牵头、局机关离退休第四党支部和高峰林场离退休第三党支部全体支委参加并组成检查组，从建立台账、活动开展、"金秋家园"建设等方面，按照离退休干部党支部标准化规范化建设试点要求，逐一组织检查验收，发现4个方面的9个问题，并提出具体整改要求，明确责任人和整改时限，做到立行立改，坚决整改。8月，顺利通过自治区党委老干部局检查组的验收。

注重经验总结 坚持以落实全面从严治党要求为主线，以政治建设为统领，以提升离退休干部组织力为重点，按照标准化规范化要求，系统总结局机关和高峰林场的经验做法，向自治区党委老干部局分别报送题为《坚持建强队伍严格落实制度，全面提升区直林业系统离退休干部党建工作水平》《加强党员管理落实工作保障，不断增强离退休干部党支部的凝聚力和战斗力》的局机关和高峰林场离退休第三党支部标准化规范化建设试点交流材料。

【引导离退休人员发挥优势作用】

组织为新冠疫情防控捐款 根据自治区党委组织部的部署要求，积极动员离退休党员参加新冠疫情防控，通过微信、短信、电话等方式，把中组部关于党员自愿捐款支持新冠疫情防控的号召及时传达到4个离退休党支部和每名党员，广大离退休党员把自愿捐款作为"不忘初心、牢记使命"的生动实践和坚定支持新冠疫情防控工作的具体体现，积极响应，踊跃参与，139名离退休党员共捐款25116元，其中原自治区林业厅厅长刘万福个人自愿捐款达5000元。

开展调查研究 充分发挥离退休人员政治优势、经验优势、威望优势，以集中学习、情况通报会、发放学习资料、组织考察等方式，帮助离退休人员了解新政策、新形势、新变化、新成就以及局党组的重大决策部署。根据离退休人员的专业特长、兴趣爱好、身体状况、精神状态，本着自觉自愿、量力而行的原则，鼓励离退休人员在加快推进林业治理现代化、政策咨询、技术服务、专业指导等工作中积极建言献策。5月，江秀奎会长带领专家到七坡林场调研，就发展珍贵树种、改进林木肥料配方等提出了很好的意见建议。组织自治区林木良种审定委员会、油茶产业"双千"计划专家咨询委员会副主任李富福等离退休干部开展"我看脱贫攻坚新成就"专题调研，向自治区党委老干部局报送题为《实施油茶"双千"计划 助推全区脱贫攻坚》的调研报告。

组织撰写回忆录 根据自治区党委老干部局关于开展"改革开放以来的广西"口述历史活动的要求，动员原自治区林业厅副厅长钟国华和广西林业科学研究院教授周军分别撰写《岁月改变不了的初心——回忆我与广西松脂产业的情缘》《不忘初心 牢记使命，始终坚持做为民有益的事——回忆我的40年科技攻关历程》，讲述改革开放以来广西松脂产业发展和林业科研情况，得到自治区党委老干部局的肯定。

积极参与项目服务 着眼于更好地为老同志老有所为、积极作为创造条件，配合广西林业老年科技工作者协会到各区直林场和热林中心调研。根据自治区财政厅《关于做好行业协会商会承接政府购买服务工作有关问题的通知》（桂财综〔2017〕31号）精神，以购买服务的方式编辑《广西林业统计年鉴（2010—2012年）》，较好地完成了收集、整理、校对、编印、会审2010—2012年有关林业统计方面的工作，并通过专家委员会评审。

【信息化精准化规范化建设】

完善制度机制 研究制定《自治区林业局离退休人员工作实施办法（试行）》，从加强思想政治建设、加强离退休党组织建设、落实好政治生活待遇、完善和创新服务管理、开展走访慰问活动、加强文化建设、加强离退休人员工作保障和离退休人员工作队伍建设等 8 个方面，对离退休工作进行规范，明确坚持日常联系与"四必访"相结合，加强"一对一"精准对接，确保联系服务全覆盖。

开展业务培训 9 月，在六万林场森林公园，采取理论辅导、现场演示、参观见学、座谈交流等方式，组织区直林业系统离退休干部工作培训。培训传达并学习了全区、全国老干部局长会议精神和全区离退休干部党支部标准化规范化建设试点推进会精神，介绍了自治区林业局离退休干部党支部标准化规范化建设试点经验，交流了离退休干部思想政治工作、服务管理有关经验做法。通过参观六万林场党性教育馆，参训人员更加深刻地领会新时代老干部工作的深刻内涵和重要意义，工作目标更加明确、工作思路更加清晰，工作方法更加科学，同时，各单位之间加强了工作的交流和沟通，探讨做好老干部工作的经验，既看到差距，也发现优势，增进了解、建立感情，达到共同提高的目的。年内，选派 9 名离退休干部党支部书记参加自治区党委老干部局组织的"千名书记培训工程"培训班。

完善信息档案 坚持因地制宜、因人制宜、因事制宜，进一步践行精准工作理念，做到政治上尊重、思想上关怀、生活上照顾，为离退休人员老有所养、老有所医、老有所为、老有所学、老有所乐创造条件。组织开展离退休人员身体状况、生活情况、家庭状况等摸底调查，共发放自治区林业局机关离退休人员基本情况调查表 220 份，进一步健全完善离退休人员信息档案。督促党员每月自觉按时足额交纳党费，并及时公布党费收缴使用情况。2020 年，局机关离退休党员共交纳党费 26366 元。

加强与社区的沟通协调 5 月底，走访丹凤社区和纬武路社区，咨询了解离退休人员服务管理相关政策，加强工作交流对接，促进信息共享，确保离退休人员管理服务及时、到位。端午节前，在丹凤社区的配合下，慰问了丹凤社区2020 年转入社会化管理服务的 4 名困难退休人员，帮助理顺了 1 名失联党员的党组织关系。

【真心用情服务】

积极开展"登门入户解难题"活动 7 月下旬，对区直林业企事业单位的 22 名离休干部逐一登门走访看望，协调解决就医、医药费报销、居住等困难；对行动不便的，特别是身体状况差、年龄大、独居的老干部，经常联系，定期看望；对易地安置和异地居住的老干部，通过电话、短信、微信等方式保持联系，适时登门看望，全面了解离休老干部思想、生活、健康等状况和政治、生活两个待遇落实情况，准确掌握他们的需求，做到在"走"的过程中摸清实情，在"访"的过程中切实帮助老干部办实事解难事，切实把党和政府的关怀送到每位老同志的心坎上，共帮助 10 名老同志解决 4 个问题，6 个问题因客观原因正在协调解决；征求意见建议 15 条，均已解决或回复，让老同志真正感受到了来自组织的关怀和帮助，受到了离退休老同志及家属的一致好评。

开展走访慰问 认真落实离退休人员政治、生活待遇，坚持"四必访""五慰问"活动，加强"一对一"精准对接，做好平时走访、住院看望、节日慰问、生日祝寿、丧事慰问、医疗帮扶等工作，持续做好离退休人员的亲情化服务。落实离退休人员工作部门与离退休人员经常性联系制度，帮助离退休人员特别是高龄人员学会使用智能手机，动员更多的老同志加入微信群，及时了解掌握老同志的思想状况、心理状况、身体状况、生活状况和精神需求，完善精准服务措施，不断提升精准服务质量。八一建军节前夕，召开了 2020 年八一建军节暨创建精神文明活动座谈会，慰问了 26 名离退休军转干部，每人发放慰问金 600 元。重阳节前夕，把重阳节、党性教育和感受壮美林业结合起来，组织局机关和二层站共 120 名离退休人员参观游览高峰森林公园和高峰森林公园党性教育基地，自觉接受思想洗礼和党性锻炼，感受区直林场生态建设取得的巨大成就。2020年，慰问生活困难的党员35名，慰问住院老同志28名，为40名80周岁以上老同志祝寿，慰问长期生病不能走动老同志32名，丧事慰问3名，把局党组的关怀送到老同志的心坎上。

抓好精准服务 针对身患重病、家庭负担重、生活困难的离退休人员，通过党内关怀、特困帮扶、志愿服务、邻里互助等方式帮助他们解决医疗护理、紧急救助、家政服务、精神慰藉等方面的实际困难，不断提升精准服务质量。新冠疫情防控期间，加强与社区对接，强化新冠疫情防控措施落地落实，通过微信、短信、电话等方式，通知离退休人员加强自我保护，自觉遵守新冠疫情防控措施，自觉遵守小区出入管理规定，先后给86人次离退休人员打电话了解新冠疫情防控、生活物品、身体状况等方面情况，确保离退休人员零感染。6月，针对老同志关心林业新村办证和七星路危旧房改造等热点问题，协调局机关服务中心和危改筹备办主要负责人，分林业新村和七星路两个片区，通报了林业新村房产证办理进展情况和七星路危旧房改造进展情况，同时，就经费的收缴、使用、工程结算和审计等情况做好政策解释工作。组织部分老同志代表召开

座谈会，收集整理老同志反映的意见建议9条，提出6条解决问题的建议供局领导参考。

做好困难帮扶 自治区林业技术推广站原站长吴天泰因突发昏迷摔倒导致脑出血，术后一直处于昏迷状态，治疗费用达78.25万元，从以人为本、关心关爱干部的角度出发，为吴天泰申请困难补助1.5万元。根据自治区党委老干部局的通知精神，积极为于兆丰等7名同志申报特殊困难离休干部、离休干部遗偶帮扶资金2.82万元。积极做好脱贫攻坚工作，主动了解对口帮扶户黄万兵的情况，协调落实教育资助、基本医疗保障、住房保障等帮扶政策，3次到百色市隆林各族自治县新州镇民德村开展走访慰问。

开展文体活动 认真研究、尽量满足老同志多元化精神文化需求，新冠疫情缓解后，在做好个人和集体防护措施的前提下，鼓励和支持老同志在自觉自愿、量力而行的基础上，把平时活动与节日活动、内部活动与社会活动、趣味活动与健身活动结合起来，开展各种有益于离退休人员身心健康的文体活动以及志愿宣传活动，传播先进文化，丰富老同志精神文化生活。2020年以来，分七星路133号大院和林业新村两个片区开展了4次文体活动，获得老同志的认可。

（自治区林业局离退休人员工作处）

林业档案

【**档案基础建设**】 2012年底搬迁新办公楼之后，档案基础设施得到加强，档案库房面积增加，档案设备更新，档案硬件加强。落实了3间共340平方米档案库房，设置了档案整理室、阅览室，添置了气体消防、温湿计、抽湿机、电脑、打印机等基础设施设备。档案管理人员严格落实有关制度，坚持定期检查，对档案库房的温度、湿度进行监控登记，并采取措施使之保持在规定范围，有效地加强防光、防火、防潮、防虫和防盗

等工作。

【**档案资料收集**】 2020年，档案室共收集整理文书档案7105件，照片档案737张，音像档案62件，电子档案4999件，实物档案8件，会计档案239册，档案信息公开5件。

自治区林业局将档案数字化工作列入局历年重大项目。截至2020年底，完成自治区林业局2005—2014年永久保管期限归档文件13758件

1050976 页，1981—2015 年长期保管期限归档文件 41708 件 977301 页的数字化扫描工作。

【档案干部队伍建设】 坚持统一领导、分类管理的原则，建立以局办公室为主导、各处（室、站）密切配合、档案室集中统一管理的局档案资源管理架构。各处（室、站）明确 1 名领导分管档案工作，同时指定专人负责本处（室、站）档案的收集和移交。

自治区林业局综合档案室设置 1 名专职档案员负责档案管理工作，每年档案年检增加落实人员协助完成档案的整理归档工作。组织档案员参加本级部门培训和开展档案管理培训工作，通过组织开展集体学习、研讨交流、座谈讨论等形式进行培训，提高档案管理人员的业务水平。2020 年，自治区林业局在区直机关和中央驻桂档案工作年度检查中获评优秀等次。加强政治思想教育，及时传达自治区有关文件精神，开展职业道德教育，并组织开展"讲大局、树正气、比奉献"等主题教育。认真查摆领导班子和干部职工在思想意识、工作作风、监督落实等方面的问题，制定行之有效的改进措施，教育引导干部职工树立正确的权力观、政绩观、人生观，立党为公，执政为民，求真务实，扎实推进各项工作顺利开展。

【档案管理制度】 根据档案管理目标要求，为提高档案管理规范化、制度化水平，制定了《立卷归档制度》《档案利用制度》《档案保密制度》《档案管理人员岗位责任制》等档案管理工作制度，出台了《自治区林业局机关档案管理细则》和《自治区林业局机关文件材料归档范围和文书档案保密期限规定》等档案管理规定。重新修订了文件材料分类方案》《自治区林业局机关文件材料归档范围和文书档案保管期限规定》。

【档案检索利用】 自治区林业局档案室以建设自治区一级档案室为中心，对收集入库的档案按整理和检索要求全部进行完善装订，共整理装订全宗卷 12199 盒，印发《自治区林业局机关档案管理细则》，明确借阅档案规定，规范、简化借查档案流程，严格查阅、移交、查询、复制档案手续，确保档案材料的安全保管和利用，强化档案及相关人员的保密和责任意识，有效杜绝档案丢失和泄密事故的发生。

【档案安全管理】 严格执行档案管理"三铁五防"要求，时刻做到"人走灯灭、电断、门锁"，定期杀毒灭菌，合理调控温度、湿度，确保档案实体安全。在档案提供利用和室藏档案数字化过程中，合理安排人员，严格履行工作程序，确保档案信息的安全。

（自治区林业局办公室）

各设区市林业

南宁市林业

【概况】　南宁市林业局为市政府工作部门，由南宁市自然资源局统一领导和管理，内设办公室、政策法规科、生态保护修复科（首府绿化委员会办公室）、森林资源管理科、野生动植物保护与自然保护地管理科、产业科、人事科。南宁市林业局行政编制 30 名。设局长 1 名、副局长 3 名、总工程师（副处级）1 名、正科级领导职数 8 名（含机关党组织专职副书记 1 名）、副科级领导职数 6 名。机关后勤服务人员控制数 3 名。现有在职在编人员 31 人，其中处级干部 8 名、科级及以下干部 18 名、机关后勤服务人员 5 名。下属单位有南宁市林业科学研究所，核定事业编制 43 名、实有 34 人，后勤服务人员控制数 4 名、实有 1 人；南宁市野生动植物保护站（市野生动植物救护中心），核定事业编制 24 名、实有 21 人，后勤服务人员控制数 2 名、实有 2 人；南宁市生态公益林工作站核定事业编制 16 名、实有 16 人；南宁市林业技术推广站（南宁市乡镇林业工作站）核定参公编制 16 名、实有 15 人，后勤服务人员控制数 2 名、实有 2 人；南宁市林政稽查大队核定参公编制 21 名、实有 15 人，后勤服务人员控制数 2 名、实有 5 人；南宁市林业种苗站（南宁市森林病虫害防治站）核定参公编制 18 名、实有 11 人，后勤服务人员控制数 2 名、实有 3 人；南宁市丁当林场核定事业编制 64 名、实有 42 人，后勤服务人员控制数 6 名、实有 3 人。

2020 年，南宁市林业产业总产值 888.3734 亿元，其中第一产业产值 286.3651 亿元，第二产业产值 490.2792 亿元（其中木材加工和木、竹、藤、棕、苇制品制造产值 336.8831 亿元，木、竹、苇浆造纸和纸制品产值 76.2495 亿元，林产化学产品制造产值 5.515 亿元），第三产业产值 111.7291 亿元。全市人造板产量 895.9864 万立方米，花卉及其他观赏植物种植产值 50.031 亿元，林业旅游与休闲服务产值 88.2271 亿元，林下经济产值 77.3071 亿元。全市共完成植树造林 1.78 万公顷，森林抚育 4.38 万公顷，全民义务植树 1019.6 万株。全市林地面积 110.39 万公顷，其中自治区级以上生态公益林 32.52 万公顷。2020 年，全市森林覆盖率为 48.78%。

【森林资源管理】　2020 年，南宁市许可采伐林木蓄积量共 539 万立方米，同比增长 8.25%，占自治区下达南宁市任务的 121.1%；全市 155 个建设项目获许可长期使用林地 12050.764 公顷，占自治区下达南宁市林地定额的 341.1%，确保了自治区、南宁市城市建设项目的顺利推进。全市完成森林生态效益补偿项目公益林管护补助资金兑付 6999.57 万元，完成签订公益林管护合同 31.24 万公顷，资金兑付率达到 94.63%。

【森林资源保护】　2020 年，南宁市森林公安机关共立刑事案件 1012 起，破案 765 起，取保候审 656 人，刑事拘留 55 人，逮捕 49 人，直接起诉 417 人；全市林业执法机构共办理林业行政案件 579 起，结案 518 起，实施行政处罚 507 人，罚款金额 1467.1134 万元，切实加大了破坏森林资源违法行为的发现、打击和整改力度。

【植树造林】　2020 年，南宁市共完成植树造林 1.78 万公顷，占年度任务 1.47 万公顷的 121%，其中完成人工造林 3106.67 公顷，完成其他造林（含萌芽更新）1.25 万公顷。按项目统计，全市完成石漠化治理封山育林 2166.67 公顷，占年度任务 2166.67 公顷的 100%；完成珠防林工程 106.67 公顷，占年度任务 106.67 公顷的 100%；完成优化树结构桉树更新改造 720 公顷，占年度任务

1033.33 公顷的 69.7%。此外，全市完成森林抚育 4.38 万公顷，占年度任务 4 万公顷的 109.5%。

【林业法治建设】 南宁市林业局配合完成《南宁市大王滩国家湿地公园保护条例（草案）》起草工作。该条例于 2019 年 10 月 31 日经南宁市人大常委会第二十三次会议通过，经广西壮族自治区第十三届人民代表大会常务委员会第十四次会议于 2020 年 3 月 27 日批准，自 2020 年 5 月 1 日起施行；组织开展《南宁市城市绿化条例》《南宁市公益林条例》《南宁市五象岭保护条例》立法后评估工作，对上述 3 项法规及《南宁市饮用水水源保护条例》《南宁市西津国家湿地公园保护条例》提出修改建议；配合开展《南宁市那兰鹭鸟保护区条例》项目立法调研工作。

【林业行政审批制度改革】
做好赋权乡镇推进工作 根据《关于印发〈广西赋予乡镇（街道）部分县级管理权限清单（第一批）〉的通知》（桂编办发〔2019〕195 号）及《广西壮族自治区林业局关于印发县级林业主管部门部分涉林权力事项赋予乡镇实施指导意见的通知》（桂林规发〔2020〕5 号）的部署，制订工作方案，对南宁市各乡镇林业执法人员进行专业培训，保障涉林权力事项赋予乡镇实施工作的有序开展。

行政许可事项应转尽转 根据《广西壮族自治区林业局关于印发全区林业系统权力事项指导目录（2019 年版）的通知》（桂林规发〔2019〕4 号）要求，对南宁市林业局行政许可事项进行重新梳理，2020 年将林业部门主管的古树名木移植审查，渔业自然保护区缓冲区非破坏性科研教学实习和标本采集审批，在风景名胜区内从事建设、设置广告、举办大型游乐活动以及其他影响生态和景观活动许可，临时占用草原，在草原上修建直接为草原保护和畜牧业生产服务的工程设施审批，在草原上开展经营性旅游活动审批，草原防火期内在草原上进行爆破、勘察和施工等活动审批，进入草原防火管制区车辆的草原防火通行证审批共 8 项行政许可事项移交至南宁市行政审批局。

规范调整权责清单 按照《关于开展权责清单调整工作的通知》（南编办通〔2020〕15 号）精神，根据法律法规章修订情况和机构改革职能划转情况，对本部门权责事项进行全面梳理，梳理后保留行政许可 1 项、行政处罚 157 项、行政强制 11 项、行政检查 14 项、其他行政权力 2 项，合计 185 项。

【林业行政执法】
大力开展普法工作 通过媒体宣传、专家授课、现场面对面解读等形式，广泛开展《中华人民共和国森林法》宣传。同时，大力开展《中华人民共和国野生动物保护法》《森林防火条例》《植物检疫条例》《森林病虫害防治条例》《南宁市公益林条例》《南宁市五象岭保护条例》《南宁市大明山保护管理条例》等法律法规的宣传和教育，营造林业高质量发展的良好法治环境。

创新行政执法方式 依托广西行政执法综合管理监督、林政稽查平台，加强林业行政执法信息化、规范化管理，实现对森林资源开采、经营加工、运输环节以及野生动植物保护的有效监督。

提升行政执法队伍综合素质 组织南宁市各县区开展行政执法培训，邀请专家讲授行政案件的诉讼应对技巧、行政复议案件办理的应对技巧、行政执法 3 项制度的执行规范等，提高了林业执法队伍的综合素质和行政案件办理能力。

【林业种苗】 2020 年，南宁市苗木产量为 4138 万株，同比增加 8.55%，一年生及以下苗为 1691 万株、二年生苗 782 万株、三年生及以上苗 1665 株。其中，桉杉松 460 万株、珍贵阔叶树种苗木 177 万株、经济林苗木 844 万株。全年实际用苗量 1990 万株，同比下降 5.78%。其中，桉杉松 407 万株、经济林苗木 226 万株、珍贵树种苗木75万株。春季完成了林木种苗质量与执法专项检查及"双随机"检查工作，对49家造林苗圃、经济林苗圃、城镇绿化苗圃的林木种苗生产经营许可、档案、自检、标签制度进行详细检查，并对查验不合格企业进行督促整改。全年开展1次打击假冒伪劣林木种苗和植物新品种权保护专项行动，组织技术人员开展南宁市珍贵树种种质资源调查工作，形成南宁市珍贵树种种质资源调查报告，对南宁市主要珍贵树种利用提出了评价意见。

【国有林场】 2020年，南宁市有国有林场10个。其中，市属林场1个，即丁当林场；县（城区）管辖林场9个，即横县石塘林场、横县镇龙林场、宾阳县黎塘林场、马山县光明山林场、马山县永州林场、隆安县礼智林场、邕宁区八里亭林场、良庆区南州林场、武鸣区朝燕林场。

2020年，南宁市国有林场干部职工（含离退休）共有1836人。其中，在职在编职工666人，占总人数的36.27%；离退休职工1170人，占总人数的63.72%。2020年，全市国有林场在职职工年平均工资8.39万元。

2020年，南宁市国有林场经营总面积39848.28公顷，活立木蓄积量294.58万立方米，其中，天然林蓄积量29.41万立方米。全年完成人工造林面积5805.86公顷（其中速生丰产林面积4505.04公顷，包括场外造林1300.82公顷），人工更新面积728.76公顷，低产低效林改造面积267.5公顷，森林抚育面积5144.1公顷，木材产量16.9万立方米。

【林业产业】 2020年，南宁市林业产业总产值888.3734亿元，其中第一产业产值286.3651亿元，第二产业产值490.2792亿元（其中木材加工和木、竹、藤、棕、苇制品制造产值336.8831亿元，木、竹、苇浆造纸和纸制品产值76.2495亿元，林产化学产品制造产值5.515亿元），第三产业产值111.7291亿元。全市人造板产量

895.9864万立方米，花卉及其他观赏植物种植产值50.031亿元，林业旅游与休闲服务产值88.2271亿元，林下经济产值77.3071亿元。

【花卉产业】 2020年，南宁市林业局圆满完成2020年广西迎春花市承办工作，完成花卉产品布展1790平方米；组织南宁市23家重点单位和企业赴桂林参加第一届广西花卉苗木交易会，南宁市林业局获得优秀组织奖，南宁市有1个展品获得特等奖、6个展品获得金奖、5个展品获得银奖、4个展品获得铜奖。2020年，全市花卉苗木产业产值达50.031亿元，居全区第一位。

【林下经济】 2020年，南宁市大力推广"龙头企业＋专业合作社＋基地＋农户"运作模式，推动形成龙头企业、专业合作组织带动，千家万户农民共同参与的林下经济发展局面，全年新增林下经济专业合作社4家。2020年，全市林下经济发展面积19.2万公顷，林下经济产值77.3071亿元，从事林下经济农户13.86万户，惠及林农72.54万人，成为林业产业发展新亮点。

【森林旅游】 2020年，南宁市有良凤江国家级森林公园、横县九龙瀑布群国家森林公园等各级森林公园8处，总面积7612.74公顷。南宁市被国家林业和草原局、民政部、国家卫生健康委员会、国家中医药管理局四部门评定为第一批"国家森林康养基地"1个；广西森林旅游资源开发利用与服务质量评定专家委员会评定"花卉苗木观光基地"1个、"四星级森林人家"3个；累计获评国家A级森林旅游景区10家，其中国家AAAAA级景区1家、国家AAAA级景区8家、国家AAA级景区1家。2020年，全市林业旅游与休闲服务产值88.2271亿元，接待游客人数1885.45万人次。

【林业招商引资】 2020年，南宁市共有9个项目纳入广西林业招商引资项目库。南宁七彩世界森

林旅游度假区项目预计投资达 300 亿元,拟建设成为"环绿城南宁森林旅游圈"的地区标杆性项目和国家 AAAAA 级旅游景区。中林生态城·南宁项目拟投资 105 亿元,打造全国第一个涵盖森林旅游、森林休闲、森林康养、森林教育和康养社区产业的森林综合体。中林·南宁现代林业科技产业园拟投资 28 亿元,拟用地 66.67 公顷,打造园区综合产业服务平台。有关项目正在积极洽谈投资开发协议。

【南宁市现代林业产业龙头企业名录】 2020 年,南宁市共有自治区级以上现代林业龙头企业 30 家(其中 9 家为新增认定企业),分别为南宁帝旺村木业有限公司、广西林业集团桂钦林浆纸有限公司、广西林业集团桂谷实业有限公司、广西国控林业投资股份有限公司、广西南宁明源木业有限公司、广西嘉和投资有限公司、广西盟展鳄鱼科技开发有限公司、广西上林县林发松香有限公司、广西恒亚养殖发展有限公司、广西天海园林工程有限公司、广西深根园林工程有限公司、广西天利恒种业有限公司、广西源之源生态农业投资有限公司、广西丰林木业集团股份有限公司、广西东正集团有限公司、广西乐林林业开发有限公司、广西横县威林木材市场投资有限责任公司、广西华劲集团股份有限公司、广西得力木业开发有限公司、南宁市广成木业有限公司、广西马山县和林业有限公司、广西润展农业投资有限公司(新认定)、广西绿城园林工程有限公司(新认定)、广西锦一方园林绿化有限公司(新认定)、广西上林福人湖休闲农业综合开发有限公司(新认定)、广西鑫赞建设工程有限公司(新认定)、广西拓远市政工程有限公司(新认定)、广西亿成花王生物科技有限公司(新认定)、南宁市卉芜园林有限责任公司(新认定)、广西增年林农发展有限公司(新认定)。2020 年,南宁市新获认定企业数量及龙头企业总数均居全区第一位。

【森林防火】 2020 年,南宁市共发生森林火灾 19 起,其中一般森林火灾 15 起、较大森林火灾 4 起,累计过火面积 86 公顷,受害森林面积 8.39 公顷。全市无重大、特大森林火灾发生,森林受害率控制在 0.0076‰以内。

【林业有害生物防治】 2020 年,南宁市有市级森防机构 1 个、县级森防机构 7 个,其中县级森防机构包括横县、宾阳县、上林县、马山县、隆安县、邕宁区、武鸣区。武鸣区、宾阳县、马山县、横县、隆安县为国家级中心测报点。

2020 年,南宁市林业有害生物监测任务 922.56 万公顷次,全年共投入防治经费 677.19 万元,完成监测调查面积 930.35 万公顷次,实施防治作业面积 4474.33 公顷,其中应用白僵菌、松墨天牛诱剂等无公害农药实施防治作业面积 4355.73 公顷,无公害防治率 96.92%。应施种苗产地检疫面积 804.33 公顷,实施种苗产地检疫面积 804.33 公顷,种苗产地检疫率 100%。实施木材调运检疫 179.2 万立方米。

2020 年,南宁市林业局开展春、秋两季松材线虫病专项普查和每月巡查工作,调查松林面积 15.39 万公顷,截至 12 月底,松材线虫病发生面积 182.28 公顷。疫情发生区发现和清除枯死松木 9171 株,其中兴宁区 3285 株、西乡塘区 3182 株、江南区 293 株、青秀区 2130 株、横县 238 株、武鸣区 43 株。

2020 年,南宁市林业局开展春、秋两季林地微甘菊专项普查,调查林地面积 207.02 万公顷次,发现微甘菊分布面积 221.41 公顷、防治面积 144.09 公顷,经过防治,林地微甘菊覆盖度小于 15%。

【林业有害生物发生面积与分布】 2020 年,南宁市林业有害生物发生面积 6363.67 公顷,成灾面积 436.2 公顷,成灾率 0.42‰,成灾种类为桉树青枯病、松材线虫病、马尾松毛虫、林地微甘菊。发生种类主要为松材线虫病、林地微甘菊、桉树紫斑病、桉树青枯病、桉树叶斑病、八角叶甲、桉蝙蛾、油桐尺蛾、马尾松毛虫及其他害虫。其中，松材线虫病累计发生面积 182.28 公顷，发生区域为兴宁区三塘镇、五塘镇、昆仑镇，西乡塘区（高新区）安吉街道、安宁街道、心圩街道，江南区（经开区）吴圩镇、金凯街道，青秀区伶俐镇、南湖街道、仙葫开发区、建政街道，横县横州镇、南乡镇，武鸣区城厢镇；林地微甘菊累计发生面积 89.07 公顷，发生区域为上林县、江南区、青秀区、武鸣区；桉树紫斑病累计发生面积 173.2 公顷，发生区域为隆安县；桉树青枯病累计发生面积 41.47 公顷，发生区域为马山县、横县；桉树叶斑病累计发生面积 127.8 公顷，发生区域为武鸣区、马山县、宾阳县；八角叶甲累计发生面积 200 公顷，发生区域为上林县；桉蝙蛾累计发生面积 605.6 公顷，发生区域为江南区、武鸣区、隆安县、马山县、宾阳县、横县；桉袋蛾累计发生面积 1.6 公顷，发生区域为江南区、邕宁区；油桐尺蛾累计发生面积 917.27 公顷，发生区域为江南区、武鸣区、马山县、宾阳县、横县；马尾松毛虫累计发生面积 3918.73 公顷，发生区域为青秀区、江南区、武鸣区、马山县、上林县、横县；其他害虫累计发生面积 106.6 公顷。

【集体林权制度改革】 2020 年 10 月 17 日，南宁市人民政府办公室印发了《南宁市人民政府办公室关于印发南宁市林权登记档案资料移交工作方案的通知》（南府办函〔2020〕197 号），林权档案资料从林业部门移交至不动产登记机构，林权登记纳入不动产登记范围。

【政策性森林保险】 2020 年，南宁市政策性森林保险（含区直林场）投保面积 42.982 万公顷，其中公益林投保面积 29.182 万公顷、商品林投保面积 13.8 万公顷。

【经营主体及林业专业合作社】 2020 年，南宁市积极鼓励和引导社会资本投资林业特色产业，加快培育和发展种养大户、家庭林场和专业合作社等经营主体，提高生产组织化程度，指导开展标准化生产、品牌化经营。积极支持农民林业专业合作社开展林业经营主体"建档立卡"工作暨精准提供融资担保服务和森林保险业务，且对符合林业贷款政策的贷款项目优先给予贴息扶持。截至 2020 年底，南宁市有农民林业专业合作社 65 家，以林下养羊、养鸡、养猪及林下种植中草药为主，流转林地总面积 3833.33 万公顷，入社总人数达 3132 人。

【林业科技与推广】 2020 年，南宁市林业科技获项目资金 277.1 万元，其中中央财政资金 123 万元、自治区财政资金 130 万元、南宁市科学技术局资金 3.8 万元、其他资金 20.3 万元；实施及管理的林业科技项目 15 个。利用全国科技活动周、科技下乡、林业系统科普大行动开展科普宣传活动和科技下乡扶贫工作，开展科技下乡指导培训 27 次、自治区内林业科技交流 7 次。申报专利"提高格木成活率的嫁接方法""一种香椿采穗圃营建的方法"已通过初审。通过验收的项目有 3 个，其中中央财政资金项目 1 个、自治区财政资金项目 2 个。

【乡镇林业工作站建设】 2020 年，南宁市有标准化乡镇林业站 15 个，其中武鸣区 2 个（太平镇林业工作站、罗波镇林业工作站）、上林县 1 个（西燕镇林业工作站）、横县 7 个（六景镇林业工作站、云表镇林业工作站、百合镇林业工作站、校椅镇林业工作站、那阳镇林业工作站、石塘镇林业工作站、峦城镇林业工作站）、马山县 1 个（周鹿镇林业工作站）、青秀区 1 个（刘圩镇林业工作站）。

【植物资源】 2020 年，南宁市分布有野生维管束植物共 248 科 1254 属 3988 种，属国家一级重点保护野生植物的有4种，包括钟萼木、石山苏铁、望天树、水松；属国家二级重点保护野生植物的有27种，包括亨利原始莲座蕨、苏铁蕨、粗齿桫椤、大桫椤、黑桫椤、金毛狗脊、七指蕨、水蕨、福建柏、白豆杉、香木莲、地枫皮、樟树、闽楠、土沉香、蚬木、海南椴、格木、任豆、花榈木、半枫荷、蒜头果、红椿、紫荆木、蛇根木、普通野生稻等；属广西重点保护植物的有162种，包括黄枝油杉、海南五针松、大明山松、长苞铁杉、鸡毛松、长叶竹柏、百日青、小叶罗汉松、海南粗榧、穗花杉、香籽含笑、乐东拟单性木兰、观光木、十万大山润楠、八角莲、广西地不容、马山地不容、凹脉马兜铃、岩黄连、淡黄金花茶、多变淡黄金花茶、金花茶、小果金花茶、毛瓣金花茶、紫茎、锯叶竹节树、金丝李、粘木、顶果木、苏木、小叶红豆、青檀、见血封喉、细子龙、银鹊树、冬栌、木瓜红、多花脆兰、小片齿唇兰、艳叶齿唇兰、花叶开唇兰、无叶兰、竹叶兰、白及、短距苞叶兰、芳香石豆兰、梳帽卷瓣兰、圆叶石豆兰、麦斛、穗花卷瓣兰、瓶壶卷瓣兰、广东石豆兰、香石豆兰、石豆兰、等萼卷瓣兰、密花虾脊兰、钩距虾脊兰、三褶虾脊兰、叉唇虾脊兰、中华叉柱兰、云南叉柱兰、长隔距兰、大序隔距兰、尖喙隔距兰、红花隔距兰、白花贝母兰、流苏贝母花、纹瓣兰、建兰、春兰、多花兰、兔耳兰、硬叶兰、墨兰、钩状石斛、马鞭石斛、大黄草、密花石斛、流苏石斛、曲轴石斛、疏花石斛、重唇石斛、鸡爪兰、蟹爪石斛、美花石斛、罗河石斛、细茎石斛、金钗石斛、铁皮石斛、华密花石斛、纤细石斛、双唇兰、合柱兰、蛇舌兰、有爪金石斛、厚唇兰、单叶厚唇兰、半柱毛兰、美冠兰、剑叶美冠兰、勐海天麻、地宝兰、广东斑叶兰、高斑叶兰、斑叶兰、绒叶斑叶兰、凸孔坡参、毛葶玉凤花、鹅毛玉凤花、线瓣玉凤花、坡参、南方玉凤花、橙黄玉凤花、叉唇角盘兰、广西舌喙兰、白肋翻唇兰、镰翅羊耳蒜、狭翅羊耳蒜、丛生羊耳蒜、绿花羊耳蒜、大花羊耳蒜、长

苞羊耳蒜、见血清、九连灯、钗子股、宽瓣钗子股、阔叶沼兰、大花球柄兰、毛唇芋兰、毛叶芋兰、紫花芋兰、剑叶鸢尾兰、广西鸢尾兰、棒叶鸢尾兰、云南齿唇兰、羽唇兰、同色兜兰、无点兜兰、龙头兰、阔蕊兰、撕唇阔蕊兰、洛氏蝴蝶兰、鹤顶兰、粗脉石仙桃、石仙桃、单叶石仙桃、长足石仙桃、文山石仙桃、云南石仙桃、大明山舌唇兰、尾瓣舌唇、小舌唇兰、台湾独蒜兰、苞舌兰、绶草、绿花带唇兰、长轴白点兰、长喙兰、琴唇万代兰、纯色万代兰、越南香荚兰、线柱兰等。

【动物资源】 2020年，南宁市有野生脊椎动物共5纲41目135科408属727种，属国家一级保护动物的有穿山甲、黑叶猴、林麝、豹、大灵猫、小灵猫、冠斑犀鸟、凹甲陆龟等；属国家二级保护动物的有熊猴、猕猴、蟒蛇、斑林狸、黑熊、白鹇、褐翅鸦鹃、小鸦鹃、黑翅鸢、灰背隼、红隼、猛隼、燕隼、游隼、斑头鸺鹠、领鸺鹠、雀鹰、苍鹰、凤头蜂鹰、赤腹鹰、日本松雀鹰、松雀鹰、草原鹞、鹰雕、蛇雕、鹊鹞、草鸮、领角鸮、黄嘴角鸮、褐鱼鸮、雕鸮、长耳鸮、长尾阔嘴鸟、大壁虎（蛤蚧）、豹猫（野猫、抓鸡虎）、貉（田螺狗）、鹩哥、画眉、银耳相思鸟、红嘴相思鸟、眼镜王蛇、狼、环颈山鹧鸪、鸿雁、平胸龟、团花锦蛇。属于广西重点保护动物的有华南兔、红腹松鼠、红白鼯鼠、棕鼯鼠、橙足鼯鼠、白斑鼯鼠、豪猪、黄猄、扫尾豪猪、中华竹鼠、青鼬、黄鼬、鼬獾、猪獾、果子狸、缟灵猫、椰子猫、豹猫（野猫、抓鸡虎）、赤虎、貉（田螺狗）、赤麂、小麂、毛冠鹿、苍鹭、池鹭、绿鹭、大麻鳽、蓝胸鹑、白额山鹧鸪、灰胸竹鸡、环颈雉（雉鸡、野鸡、七彩山鸡）、黄脚三趾鹑、红胸田鸡、苦恶鸟、董鸡、黑水鸡、骨顶鸡、凤头麦鸡、水雉、大杜鹃、小杜鹃、四声杜鹃、八声杜鹃、乌鹃、绿嘴地鹃、白胸翡翠、蓝悲翠、夜蜂虎、三宝鸟、戴胜（鸡冠鸟）、大拟啄木鸟、蓝喉拟啄木鸟、棕腹啄木鸟、栗啄木鸟、

星头啄木鸟、赤红山椒鸟、粉红山椒鸟、红耳鹎、白喉红臀鹎、绿翅短脚鹎、橙腹叶鹎、红尾伯劳、棕背伯劳、栗背伯劳、黑枕黄鹂（黄鹂）、栗色黄鹂、黑卷尾、灰卷尾、发冠卷尾、丝光椋鸟、灰背椋鸟、八哥、林八哥、鹩哥、灰蓝鹊、灰树鹊、红嘴蓝鹊、喜鹊、白颈鸦、乌鸦、大嘴乌鸦、松鸦、橙头地鸫、乌鸫、黑脸噪鹛、黑喉噪鹛、白颊噪鹛、棕颈钩嘴鹛、锈脸钩嘴鹛、画眉、银耳相思鸟、红嘴相思鸟、小蝗莺、大苇莺、黄眉柳莺、黄腰柳莺、长尾缝叶莺、寿带鸟、大山雀、大头平胸龟、大头乌龟、变色树蜥、长鬣蜥、白尾双足蜥、盲蛇、百花锦蛇（百花蛇）、三索锦蛇、滑鼠蛇（水律蛇）、乌梢蛇（青蛇、乌蛇）、金环蛇、银环蛇、眼镜蛇、眼镜王蛇、蝰蛇、尖吻蝮等。

属"三有"保护动物（国家保护的有重要生态价值、科学价值、社会价值的陆生野生动物）的有刺猬、狼、椰子狸、野猪、松鼠、纹松鼠、岩松鼠、侧纹岩松鼠、花鼠、花白竹鼠、大竹鼠、小竹鼠、绿头鸭、琵嘴鸭、绿翅鸭、麻雀、小鸊鷉、鹌鹑、环颈山鹧鸪、珠颈斑鸠、白腰雨燕、大斑啄木鸟、广西疣斑树蛙、平胸龟、中国林蛙、黑颈水龟、变色树蜥、广西棱蜥、广西林蛇、纯绿翠青蛇、翠青蛇、横纹翠青蛇、团花锦蛇、白条锦蛇、赤腹绿锦蛇、南峰锦蛇、玉斑锦蛇、灰鼠蛇、广西后棱蛇、大噪鹛、黑颈噪鹛、黑尾蜡嘴雀、石鸡、灰雁、鸿雁、豆雁、锡嘴雀、白腰文鸟等。

【湿地资源】 据2011年全国第二次湿地资源调查结果，南宁市湿地总面积为63126.10公顷。其中自然湿地（包括湖泊湿地、河流湿地、沼泽湿地）25586.91公顷，占湿地总面积的40.53%；人工湿地37539.19公顷，占湿地总面积的59.46%。

南宁市湿地类型中，河流湿地24352.32公顷，占湿地总面积的38.58%；湖泊湿地1014.69公顷，占湿地总面积的1.61%；沼泽湿地219.90

公顷，占湿地总面积的0.35%；人工湿地37539.19公顷，占湿地总面积的59.47%。南宁市永久性河流24221.78公顷，占湿地总面积的38.37%；季节性河流湿地40.18公顷，占湿地总面积的0.06%；洪泛平原湿地90.36公顷，占湿地总面积的0.14%；永久性淡水湖758.11公顷，占湿地总面积的1.20%；季节性淡水湖256.58公顷，占湿地总面积的0.41%；草本沼泽219.90公顷，占湿地总面积的0.35%；库塘湿地33450.38公顷，占湿地总面积的52.99%；运河、输水河592.70公顷，占湿地总面积的0.94%；水产养殖场3496.11公顷，占湿地总面积的5.54%。

【自然保护地】

自然保护区 2020年，南宁市自然保护区共有8个，总面积为6260.4公顷。其中，森林和野生动物类型自然保护区共7个，总面积62583.87公顷，分别为广西大明山国家级自然保护区（面积16994公顷，以保护多样性山地森林生态系统以及珍稀濒危特有动植物资源为主要保护对象），广西龙虎山自治区级自然保护区（面积2255.7公顷，主要保护对象是以猕猴、石山苏铁、毛瓣金花茶、珍贵药用植物为主的野生动植物及石灰岩生态系统），广西上林龙山自治区级自然保护区（面积10765.2公顷，保护对象为大明山南亚热带山地森林生态系统和珍稀濒危动植物资源），广西三十六弄－陇均自治区级自然保护区（面积12822公顷，主要保护对象为蚬木、南亚热带石灰岩森林生态系统），广西弄拉自治区级自然保护区（面积8481公顷，主要保护对象为南亚热带岩溶森林生态系统、珍稀濒危野生动植物及其生境、喀斯特地貌独特的自然景观），广西西大明山自治区级自然保护区（南宁辖区面积10919.3公顷，主要保护对象为冠斑犀鸟及其生境），南宁市良庆区那兰鹭鸟市级自然保护区（面积346.67公顷，主要保护对象为白鹭、夜鹭、绿鹭、池鹭）；南宁市地质遗迹自然保护区有1个，即横县六景泥盆系地层标准剖面自治区级自然保护区（面积为 20.99 公顷，主要保护对象为泥盆纪地层剖面）。

自然公园　南宁市现有国家湿地公园 2 处，分别为广西横县西津国家湿地公园（总面积 1855.69 公顷，其中湿地面积 1619.93 公顷），广西南宁大王滩国家湿地公园（总面积 5520 公顷，其中湿地面积 3800 公顷）。南宁市现有森林公园 8 处，分别为广西九龙瀑布群国家森林公园，批复面积 1639.9 公顷；五象岭森林公园，批复面积 650 公顷；广西朝燕自治区级森林公园，批复面积 340 公顷；良凤江国家森林公园，批复面积 1321.3 公顷；南宁老虎岭森林公园，批复面积 306.67 公顷；金鸡山自治区级森林公园，批复面积 610.53 公顷；广西七坡自治区级森林公园，批复面积 495.2 公顷；广西高峰自治区级森林公园，批复面积 1237.07 公顷。南宁市现有石漠公园 1 处，即广西宾阳八仙岩国家石漠公园，批复面积 620 公顷。

【湿地保护】　2020 年，南宁市已成立国家湿地公园 2 处，分别为广西横县西津国家湿地公园和广西南宁大王滩国家湿地公园。广西横县西津国家湿地公园位于横县西津水库区的米埠坑库区，总面积 1855.69 公顷（其中湿地面积 1619.93 公顷），于 2013 年 1 月 30 日获批为试点，2017 年 12 月 22 日通过国家林业局验收。广西南宁大王滩国家湿地公园位于大王滩水库，总面积 5520 公顷（其中湿地面积 3800 公顷），于 2015 年 12 月 31 日获批为试点，2020 年 12 月 25 日通过国家验收。《南宁市大王滩国家湿地公园保护条例》于 2020 年 5 月 1 日起实施。2020 年 9 月 21 日，

自治区林业局正式公布将横县西津、大王滩、凤亭河－屯六水库纳入全区第一批自治区级重要湿地。

【野生动物保护】　2020 年，南宁市累计接收救护野生动物 68 宗，总计 181 头（只、条）。其中，附录保护动物 4 头（只、条）、国家一级保护动物 37 头（只、条）、国家二级保护动物 17 头（只、条）、广西重点保护动物 114 头（只、条），"三有"保护动物 6 头（只、条）。全市共出动各类执法人员 1 万余人次，清查陆生野生动物养殖、经营交易场所 6000 余处，共立野生动物刑事案件 18 起，破案 13 起，受理野生动物行政案件 3 起，查处案件 3 起。收缴野生动物 445 只（头、条），其中 200 只（头、条）为国家级保护动物，其余均为广西重点保护动物及"三有"动物；收缴国家级保护动物制品 169 件、穿山甲鳞片 29.9 千克。

【大王滩国家湿地公园试点建设与综合整治】　大王滩国家湿地公园及水环境工程一期（湿地公园验收必建）项目于 2020 年 1 月完成招投标。3 月，科普宣教中心、那花监测站、明阳人工湿地同时开工建设。9 月 28 日，南宁市人民政府批复同意《大王滩国家湿地公园及水环境工程 PPP 项目实施方案》《大王滩国家湿地公园及水环境工程 PPP 项目合同体系》。12 月 25 日，广西大王滩国家湿地公园试点建设通过国家验收。

（南宁市林业局）

柳州市林业

【概况】　2020 年，柳州林业和园林系统持续推进植树造林，加大森林资源保护力度，完成植树造林 14321 公顷，完成义务植树 660 万株，完成螺

蛳粉原材料（竹笋）基地项目建设面积 556.4 公顷，完成林业总产值 730 亿元，完成林下经济产值 79.55 亿元，完成人工繁育陆生野生动物补偿

处置工作,完成国有林场被侵占林地综合整治工作。森林防火和森林病虫害防治积极有效,保持高压态势打击破坏森林资源的行为,柳州野生动植物资源得到积极有效的保护,确权落界的自治区级以上公益林面积28.92万公顷。

【林木资源】 2020年,柳州市土地总面积186.04万公顷,林业用地面积126.96万公顷,占土地总面积的68.24%,其中有林地90.75万公顷(乔木林85.78万公顷,竹林4.97万公顷),国家特别规定灌木林地25.35万公顷,其他灌木林1782公顷,疏林地6公顷,未成林地4.62万公顷,无立木林地4.46万公顷,苗圃地427公顷,其他地类1.55万公顷;农地乔木林4.06万公顷,农地灌木经济林2.07万公顷,农地竹林0.36万公顷。森林覆盖率67.02%,森林蓄积量8383万立方米。

【野生动植物资源】 2020年,柳州市野生动物有590多种,其中兽类62种,鸟类212种,爬行类71种,两栖类33种,鱼类113种,昆虫100多种。属国家一级保护野生动物的有鼋、穿山甲、白颈长尾雉、黑颈长尾雉、黄腹角雉、大灵猫、小灵猫、梅花鹿、林麝9种;属国家二级保护野生动物的有蟒蛇、猕猴、熊猴、藏酋猴、豺、黑熊、水獭、斑林狸、水鹿、鬣羚、小天鹅、鸳鸯、褐冠鹃隼、凤头蜂鹰、苍鹰、凤头鹰、褐耳鹰、赤腹鹰、雀鹰、松雀鹰、普通鵟、鹰雕、草原雕、鹊鹞、蛇雕、燕隼、灰背隼、红隼、红腹角雉、白鹇、红腹锦鸡、褐翅鸦鹃、小鸦鹃、草鸮、领角鸮、斑头鸺鹠、领鸺鹠、鹰鸮、褐林鸮、仙八色鸫、山瑞鳖、地龟、大鲵、虎纹蛙等44种。主要候鸟种类(包括夏候鸟、冬候鸟和旅鸟)有110种:曾在广西九万山国家级自然保护区发现数十种珍稀动物,黑熊、猴子等动物常出没在山林中。柳州市境内以元宝山、广西九万山国家级自然保护区和三锁、拉沟鸟类保护区、泗涧山大鲵保护区为主的森林群落里

生长着5000多种各类野生植物,其中国家一级保护植物有元宝山冷杉、南方红豆杉、合柱金莲木等10余种;国家二级保护植物有华南五针松、南方铁杉、红花木莲、闽楠、梳帽卷瓣兰等200多种;药用植物有白及、七仙桃、石斛、三百草、百檀、黄柏等3000多种;香料植物有灵芝草、含笑、茉莉、栀子等;攀岩植物有白藤、九龙藤、鸡血藤等。

【造林绿化】 2020年,柳州市完成义务植树660万株,完成植树造林14321公顷,其中荒山造林1141.2公顷,低产林改造982.3公顷,迹地更新10052.1公顷(包括人工更新8007.5公顷,萌芽更新2044.6公顷),封山育林2145.4公顷。完成速丰林造林2628.5公顷。继续实施林业重点生态工程,完成石漠化综合治理工程建设2221.4公顷(人工造林76公顷,封山育林2145.4公顷),实施中央财政森林抚育补贴项目,完成森林抚育1533.3公顷。继续开展油茶产业"双千"计划项目建设,完成新造林3432.2公顷,实施低产林改造3693.3公顷。完成树种结构调整示范林建设150公顷,其中混交林(新造、改培)62.4公顷,珍贵树种造林32.0公顷,彩叶树种造林6.7公顷,培育大径材面积33.3公顷,改桉种竹面积15.6公顷。实施"绿美乡村"建设工程,建设完成村屯绿化美化景观提升示范村屯9个。

【森林资源管理】 2020年,柳州市森林资源管理工作坚守资源保护红线,强化保护发展森林资源责任制,保持高压态势打击破坏森林资源的行为。全年全市共审核审批使用林地项目373个,涉及林地面积1546.2823公顷,其中长期用林地164个,面积1172.5213公顷(含市行政审批局生猪养殖项目24个,面积37.1412公顷),临时用林地43个,面积213.0604公顷;为林业生产服务的设施项目166个,面积160.7009公顷。全年全市共发证采伐量为364.19万立方米,出

材量 277.94 万立方米，占限额总量的 93.3%，森林采伐量控制在年度采伐限额内。加大打击破坏森林资源行为，依托全市森林公安力量开展为期两个月的森林督查案件查处专项行动，全年全市立行政处罚案图斑 1200 个，立刑事案图斑 805 个。行政案件结案 1197 个，刑事案件移交 805 个，刑事案件移交率达 100%，行政案件查处率达 99.75%，行政罚款 99.99 万元，实施强制措施 229 人。年内中央下拨柳州市生态护林员选增聘资金 3700 万元，完成了鹿寨县、融安县、融水苗族自治县和三江侗族自治县的生态护林员选聘任务，共选聘生态护林员 4048 人，其中选聘 3659 人、增聘 389 人。部署开展了 2020—2021 年森林督查暨森林资源管理"一张图"年度更新、生态公益林和天然商品林监测工作，组织开展了"十四五"森林经营方案编制及年森林采伐限额编制工作，同时完成了全市森林资源规划设计调查（简称"二类调查"）工作。

【林业产业】 2020 年，柳州市完成林业总产值 730 亿元，同比增长 1.3%；木材加工与造纸产业产值 370 亿元，同比增长 1.93%，占全市林业总产值的 50.68%。在全市木材加工产业中，人造板是主要加工品种，年产量达到 822.39 万立方米，其中生态板、细木工板年产量近 420 万立方米，约占广西产量的 86%。花卉产值 26 亿元，同比增长 19.4%。柳州市以人造板、家具制造、竹木浆造纸、竹木制品加工为林产工业支柱，全市有林产工业企业 1480 多家，从业人员 5 万余人。广西融水瑞森木业有限公司等 4 家企业获评自治区林业产业重点龙头企业；广西志光家具集团有限责任公司等 6 家企业通过自治区林业产业重点龙头企业监测；融安县石门仙湖森林旅游示范区获评县级现代特色农业示范区。主要授予广西融水三连瀑布森林人家、柳城县源泉山庄"柳州市'森林人家'（四星级）"称号，授予柳州市绿化工程处白莲苗圃、柳州市景江茶花特色花卉苗木观光基地"柳州市'花卉苗木观光基地'（四星级）"

称号，授予广西融水双龙沟原始森林康养服务体系基地"柳州市'森林康养基地'（四星级）"称号。

【林业科研】 2020 年，柳州市开展杉木高效培育技术集成示范（桂科 AA17204087-5）项目建设，在西山林场对 87.8 公顷试验林、示范林进行数据收集和生长监测；开展杉木遗传改良与优良无性系规模化生产应用（桂科 AA17204087-2）科研项目建设，在西山林场累计收集保存优树资源 481 份；对新建基因库 7.6 公顷进行管护；配合广西林业科学研究院开展杂交制种 122 个组合；培育苗木 300 万株；通过审定的良种有 1 个（桂 S-CSO（2）-CL-004-2019）、认定良种 1 个（桂 R-CSO（3）-CL-002-2019）。2020 年，柳州市进一步加强杉木、油茶等传统当家树种和楠木等珍贵树种良种良法推广力度，大力开展示范林建设，营建杉木无性系繁殖技术与高效栽培示范林 20 公顷、组培苗优良家系示范栽培示范林 2.66 公顷、闽楠杉木混交高效栽培示范林 8 公顷；营造马褂木纯林 8 公顷，马褂木、杉木混交林 8.66 公顷，收集保存优质马褂木种质资源 10 份。正常开展国家杉木楠木良种基地各项建设，推进杉木种子园和林木种质资源库建设，并开展柳州市地方茶树新品种选育。不断完善全市林业科技推广服务体系建设，由 194 名林业科技人员组成市、县、乡林业科技指导员团队，其中林业科技特派员 31 名，深入全市各乡镇、村和山头地块实地开展技术指导和服务；全市共举办了 50 多期各种技术培训班，培训人员 2530 多人次，发放各种技术资料 7200 多份。

【林业种苗】 2020 年，柳州市种子采收量为 2428 千克，全部为杉木种子（其中良种 2378 千克），油茶良种穗条采收量为 178 万条；全市育苗苗圃 82 处，其中国有 3 处；全市育苗面积 347 公顷，其中新育 74.2 公顷；年度苗木产量为 4111 万株，其中主要造林树种苗木产量为杉木 2773 万株、桉树 575 万株、油茶 389 万株、闽楠 23 万株、麻竹 18 万株、马尾松 15 万株。全市现有国家级重点良种基地 2 处，即融水苗族自治县国有贝江河林场国家杉木、楠木良种基地和融安县西山林场国家杉木良种基地，全市良种基地总面积 795 公顷；全市采种基地 1 处，即融江河流域杉木采种基地，保存总面积 377.66 公顷。全市种苗项目建设完成投资合计 1074 万元，其中国家补助资金 253 万元，自治区财政投资 372.97 万元，市财政投资 132.48 万元，其他投资 315.55 万元。

【林地回收】 2020 年，柳州市进一步巩固和提升国有林场改革成效，全力推进国有林场被侵占林地综合整治工作。柳州市 2018—2020 年回收国有林场被侵占林地总面积任务为 4836.73 公顷。截至 2020 年底，柳州市累计完成回收面积 6277.85 公顷，完成任务指标的 129.80%，全市国有林场林地回收工作总体成效明显。

【林下经济发展】 2020 年，柳州市共完成林下经济产值 795500 万元，完成年产值任务的 100.7%。其中林下种植完成产值 344766.8 万元，林下养殖完成产值 234191.6 万元，林下产品采集加工完成产值 63435.5 万元，林下旅游完成产值 153106.1 万元。林下经济发展面积 249575 公顷，参与林下经济的林农实现人均增收 939 元。柳州市和融水苗族自治县两级林业主管部门共同扶持融水苗族自治县国营怀宝林场思英分场建设的 200 公顷林下中药材种植示范基地，项目已完工待验收。完成建设自治区级林下经济示范基地 1 个（广西鹿寨广泽天成农业科技有限公司林下种植牛大力示范项目），建设面积 15.86 公顷，项目已经完成并通过县、市两级验收检查。

【生态公益林管护工程】 2020 年，柳州市纳入中央和自治区财政森林生态效益补偿的公益林面积为 289213 公顷，其中国家级公益林面积 252040 公顷、自治区级公益林面积 37173 公顷；应兑现管护补助资金 6789.03 万元，其中国家级公益林管护补助资金 5882.86 万元、自治区级公益林管护补助资金 906.17 万元。年内，柳州市兑现管护补助支出 6434.32 万元，全市兑现率 94.78%，超额完成自治区兑现任务要求。

【酸笋用竹示范基地建设】 2020 年，柳州市完成螺蛳粉原材料（竹笋）基地项目建设面积 556.4 公顷，占任务的 104.2%，其中柳南区完成 331 公顷、鱼峰区完成 154 公顷、柳江区完成 38 公顷、柳城县完成 33.4 公顷，完成市级财政资金投资 442 万元。完成 1 个中央财政林业科技推广示范项目（柳州螺蛳粉原材料笋用竹示范基地）建设，示范基地位于柳南区龙汉岭林场，占地面积 33.33 公顷，完成中央财政建设投资 100 万元。完成林产品（竹笋）质量检验监测抽样工作任务，其中土壤采样 50 个批次，竹笋采样 20 个批次。完成广西团体标准《柳州螺蛳粉原料竹笋无公害生产技术规程》起草工作，由广西标准化协会于 2020 年 12 月 25 日发布。

【森林防火】 2020 年，柳州市共发生森林火灾 9 起，其中一般森林火灾 3 起，较大森林火灾 6 起，过火总面积 40.72 公顷，森林受害面积 28.97 公顷，森林受害率 0.024‰，未发生重大、特大森林火灾，无人员伤亡。全年市本级投入 60 万元，新购置油锯 30 把、高空油锯 10 把、风力灭火机 45 台、高空修枝锯 10 台、背负式风力灭火机 10 台、割灌机 20 台、森林消防服 250 套、探照灯 40 台、应急救援逃生器 40 台、安全微信报警器 40 台、无人机 2 台。年内，向全市手机用户群发森林防火短信 20 万条；挂宣传横幅 1020 条，张贴宣传标语 18566 张，印发宣传资料 20 万份，印发防火宣传袋、围裙共 14000 个，新做固定宣传牌（碑）63 余块；出动宣传车 531 车次，广播宣传森林防火知识 341 篇次，出墙报（板报）193 期，举办各级防火培训班 60 期，培训人员 2700 人次。全市森林火灾立案 6 起，查处 6 起。

【森林病虫害防治】 2020 年，柳州市发生森林病虫害面积 4113 公顷，成灾面积 713 公顷。其中松材线虫病发生面积 663 公顷、马尾松毛虫发生面积 101 公顷、油桐尺蛾发生面积 431 公顷、桉树叶斑病发生面积 47 公顷、黄脊竹蝗发生面积 283 公顷、桉扁蛾发生面积 148 公顷、茶毒蛾发生面积 20 公顷、刚竹毒蛾发生面积 2382 公顷、黛袋蛾发生面积 38 公顷。累计防治面积 3925 公顷，防治中使用白僵菌粉、森得保无公害药物的作业面积 3790 公顷，森林病虫害无公害防治率为 96.58%。在各县设立森林病虫害虫情调查监测点 362 个，监测面积 568.7 万公顷 / 次，森林病虫害监测率为 100%，苗木产地检疫面积 450 公顷，产地检疫率 100%。木材调运检疫 147 万立方米，检疫率为 100%。全年开展两次松材线虫病及微甘菊普查工作，未发现有微甘菊为害。年内持续开展全市森林植物检疫法规、防治技术宣传活动，共发放防治松材线虫病宣传资料 12560 份、公告 515 次、张贴标语 235 条。向广西林业有害生物信息网投稿 1 篇，获采用 1 篇。

【打击涉林违法犯罪】 2020 年，柳州市森林公安机关严格履行保护生态环境、守护柳州青山绿水职责使命，保持严打重处的工作态势，开展打击破坏野生动植物资源违法犯罪专项行动、昆仑行动、森林火灾、涉林图斑案件等专项行动，执行每周点评、每月通报、蹲点督导等工作机制，全市打击涉林违法犯罪工作位居全区前列。全市森林公安机关立各类森林刑事案件 596 起，破案 407 起，抓获违法犯罪嫌疑人 612 人，查处行政案件 75 起，收缴林木木材 10241.87 立方米，野生动物 2144 头（只），为国家挽回经济损失 1912.86 万元。其中柳江区森林公安局侦破国家林业和草原局广州专员办督办案件 6 起，融水苗族自治县森林公安局侦破苏某宏非法狩猎案、韦某谋等人非法狩猎案、三江侗族自治县森林公安局侦破郑某林非法收购案、运输国家重点保护植物案等重大案件。

【野生动植物保护】 2020 年，柳州市重点对 15 个自然保护地野生动物进行实时监测，同时将九万山、元宝山、泗涧山、拉沟、三锁等野生植物及栖息地（生境）监测保护工作纳入林业和园林绿化发展"十四五"规划之中，努力为柳州市野生动植物提供良好的生存环境。积极开展非法交易野生动物的查处工作，全市共出动警力 4802 人次、车辆 1046 台次，开展清查工作 1028 次，清查市场及饭店、摊点 8223 个，整治花鸟市场、餐饮等场所 4364 家；共立野生动物刑事案件 17 起（含重特大案件 3 起），破获野生动物刑事案件 13 起（含重特大案件 3 起），查处野生动物行政案件 2 起。共处理违法人员 20 人，收缴野生动物 927 只（国家二级保护动物 62 只），收缴猎具 25 件，有效打击了各类破坏野生动植物资源违法犯罪行为。结合 2 月"湿地日"、3 月"爱鸟周"、9 月"野生动植物保护宣传月"开展一系列宣传活动。全市共出动宣传车 25 台次，悬挂横幅 198 条，展示宣传展板 86 块，张贴宣传海报 62 张，发放宣传购物袋 3500 个，发放宣传资料 4 万份，投放微信朋友圈广告 20 万次，发送手机短信 10 万条，宣传对象达 30 多万人次。

【人工繁育陆生野生动物补偿处置】 根据国务院《关于全面禁止非法野生动物交易、革除滥食野生动物陋习，切实保障人民群众生命健康安全的决定》，柳州市于 2020 年 7 月 13 日出台《柳州市人工繁育陆生野生动物处置方案》，部署人工繁育陆生野生动物处置工作。截至 12 月底，柳州市共计完成处置存栏动物 985281 只（头、条），涉及养殖户 2522 家，综合处置率为 100%，其中竹鼠已处置 622342 只，处置率为 100%；完成蛇类处置 358938 条（其中约 68070 条转为药用），处置率 100%；其他物种处置 4001 只（头、条），处置率 100%。全市已兑现补偿处置资金共计 14620.82 万元，兑现率 100%，其中蛇类兑现 2848.86 万元，兑现率 100%；其他种类兑现

11771.96 万元，兑现率 100%。存栏野生动物已全部处置完毕，补偿处置资金已全部兑现到位，处置补偿工作已全面完成。

【林业旅游与休闲产业】 2020 年，柳州市有森林公园 4 个，其中国家级森林公园 3 个，包括三门江国家森林公园（面积 13106.6 公顷）、元宝山国家森林公园（面积 25000 公顷）、融安红茶沟国家森林公园（面积 1896.4 公顷）；自治区级森林公园 1 个，为柳州君武森林公园（面积 120 公顷）；全市自治区级以上森林公园总面积为 4.01 万公顷，占国土面积的 2.47%。完成全市森林旅游、森林康养、森林人家等森林休闲服务收入总额 130 亿元，其中森林公园收入约 26 亿元，接待游客近 600 万人次。社会旅游从业人员 10000 多人。

（柳州市林业和园林局）

桂林市林业

【概况】 桂林市林业和园林局是桂林市人民政府工作部门，办公地址在桂林市临桂区青莲路建设大厦北楼 9 ～ 13 楼。局机关内设办公室、财务科、人事教育科、生态保护修复科、森林资源管理科、公园管理科、野生动植物保护管理科、自然保护地和湿地管理科、改革发展科、产业科、国有林场和种苗管理科、科学技术与推广科、规划建设科、政策法规科、绿化管理科（市绿化委员会办公室）、机关党组织、离退休人员工作科。局下属单位 25 个，分别是广西桂林猫儿山国家级自然保护区管理处、广西桂林花坪国家级自然保护区管理处、广西桂林千家洞国家级自然保护区管理处、广西桂林银竹老山资源冷杉国家级自然保护区管理处、桂林市龙泉生态林区管理处（桂林国家森林公园）、桂林市林业技术推广站、桂林市野生动物保护站、桂林市湿地保护中心、桂林市林业综合发展中心、桂林市林业和园林综合服务中心、桂林市林业科学研究所、桂林市林业设计院、桂林市木材产品质量检验站、桂林市绿化工程处、桂林市第二绿化工程处、桂林市穿山公园管理处、桂林市虞山公园管理处、桂林市西山公园管理处、桂林市南溪山公园管理处、桂林园林植物园、桂林市花木研究所、桂林市东江苗圃、桂林市园林建设工程管理处、桂林市石山绿化试验站、桂林市园林规划建筑设计研究院。

2020 年，桂林市林业工作紧紧围绕"绿水青山就是金山银山"的发展理念，有序推进林业事业各项工作开展。全年完成植树造林面积 0.85 万公顷，政策性森林保险投保 182.13 万公顷；完成林业第一产业产值 37.77 亿元，林业工业总产值 198 亿元。全市林地面积 209.29 万公顷，森林面积 189.07 万公顷，森林覆盖率 71.87%。

【林业产业】 全面实施油茶"双千"计划。把发展油茶产业作为调整林业结构、发展经济、推动脱贫攻坚、促进乡村振兴、增加农民收入的重大举措来抓，抓好集中连片油茶林基地建设，扩大产业影响。截至 2020 年底，新造林油茶面积 1940 公顷，共有 9 个基地获得"广西油茶高产高效示范园（点）"，实现油茶年产值 5.78 亿元。全年完成林业第一产业产值 37.77 亿元，增幅 7.57%。林业工业总产值 198 亿元，完成人造板产量 140 万立方米。全市林业产业发展打造以竹木种植、经济林培育、花卉苗木、野生动植物繁殖利用、竹木加工、人造板、林产化工、木浆造纸、森林旅游为主的林业产业体系，全力服务"六稳""六保"。帮扶指导全市 60 多家林产工业企业和 10 多家重点林产工业企业，截至 12 月底，全市林产工业企业全部复工，为稳就业、保民生创造了条件。落实新冠疫情减租政策，为

169 租户减免租金 885.97 万元。

【第一届广西花卉苗木交易会】 2020 年 10 月，第一届广西花卉苗木交易会在桂林市举行。交易会共吸引参展企业 109 家，参展花卉苗木超 1000 个品类，总量 30 万盆，现场成交或签订采购协议金额 2.1 亿元，意向投资项目金额 9.3 亿元。交易会期间，作为主会场的叠彩区"缤纷叠彩"田园综合体旅游人数暴增，吸引游客近 4 万人次，直接拉动经济增长 0.2 亿元，间接拉动经济增长 0.3 亿元。

【造林绿化】 2020 年，桂林市全年完成植树造林面积 8540 公顷，义务植树 700 万株。抓好森林质量提升，有力推进林业项目。龙胜各族自治县实施珠防林项目，完成造林面积 2666.67 公顷；恭城、全州、灌阳、龙胜、资源等地实施中央财政造林补贴项目，完成造林面积 726.67 公顷；阳朔、灵川、全州、平乐、永福等地实施石漠化治理工程项目，完成人工造林面积 6 公顷、封山育林面积 262.2 公顷；阳朔、兴安和雁山实施金山银山项目，项目资金 100 万元，森林景观改造项目已经全部完成；全州实施特殊及珍稀林木培育项目，完成培育面积 233.33 公顷。

【创建国家森林城市】《中共桂林市委委员会关于制定国民经济和社会发展第十四个五年规划和二〇三五年远景目标的建议》中提出了建设国家森林城市要求，桂林市人民政府在政府工作报告中提出了创建国家森林城市目标。2020 年 3 月，桂林市创建国家森林城市工作获国家林业和草原局备案。年内，委托国家林业和草原局林产工业设计院编制的《桂林市国家森林城市建设总体规划（2020—2029 年》通过了自治区林业局预审，并报送到国家林业和草原局待评审。2020 年，桂林市宛田瑶族乡平水村、高田镇凤楼村、阳朔镇骥马村、高尚乡东河村、阳安乡平口村、二塘镇谢家村龙、龙脊镇大柳村等 57 个村庄获得"国家森林乡村"称号。

【森林资源保护管理】 2020 年，桂林市严格执行林地使用管理规定，加强采伐源头管理，规范采伐设计，落实森林采伐限额管理和凭证采伐运输制度，严禁无证采伐、超范围采伐，森林资源消耗量始终控制在生长量以下；优先保障自治区统筹推进重大项目和民生工程的林地定额使用，加大项目建设林地征占用的监管力度，严禁项目建设未批先用、批少用多、批东用西等违法行为发生；积极指导重大项目业主做好先行使用林地报备的申报工作，先后有灌阳至平乐高速公路项目等 16 个重大项目获得先行使用林地报备批复，确保了重大项目的顺利实施，并积极争取国家备用林地定额，加强建设项目使用林地指导服务，加大力度督促指导和协调项目业主做好报批工作。截至 12 月底，全市共完成 340 个建设项目使用林地的审核（审批）工作，共涉及林地面积 1429.1246 公顷，森林植被恢复费 14750.7183 万元，为桂林市项目建设发展提供重要保障。

【森林督查】 2020 年，桂林市根据国家林业和草原局、自治区林业局有关部署，加大对违法破坏森林资源行为的发现、查处和整改力度，以林地"一张图"为基础，采用卫星遥感数据，对森林督查案件进行查处整改。全年对 561 个疑似违法图斑进行了排查和立案查处，立行政案件 205 起，立刑事案件 146 起，森林督查行政案件查处率达 91%，刑事案件移交率为 100%，同时排查出 210 个非违法图斑，全力打击违法侵占林地的行为。

【林业生态环境保护】 截至 2020 年底，桂林市有国家级自然保护区 4 个、自治区级自然保护区 8 个、国家级森林公园 5 个、国家湿地公园 5 个。2020 年，桂林市林业和园林部门认真抓好中央生态环境保护督察及"回头看"反馈意见问题整改，完成自然保护区功能区划工作。结合"绿盾 2020"自然保护地强化监督工作暨广西自然保护地大检查专项行动，组织各县（市、区）全面排查自然保护地内存在的未批先建、未批先占以及私搭乱建、乱占林地、滥伐林木、滥捕乱猎等违法违规问题。认真开展自然保护地人类活动遥感监测图斑核查工作。对1094个图斑全面进行实地核查，发现疑似违法违规图斑66个，对核查发现的违法违规问题及时查处，立行政案件30宗，已结案30宗；立刑事案件13宗，已结案13宗；移交正在查处23宗。桂林市有序开展自然保护地整合优化工作，全市自然保护地36个，面积62.53万公顷，占桂林市总面积比例22.60%。

【野生动植物保护】 为加强新冠疫情防控，严防疫情在野生动物领域发生，桂林市印发《桂林市林业和园林局关于做好新型冠状病毒感染肺炎疫情防控工作的通知》和《桂林市林业和园林局新型冠状病毒感染肺炎疫情防控工作应急预案》，组织开展打击非法野生动物交易行为，暂停陆生野生动物交易、调运，严禁非法养殖、加工、经营各类野生动物，严厉打击非法猎捕、转运、贩卖野生动物。全面贯彻落实全国人大禁食野生动物决定，积极开展人工繁育野生动物处置补偿工作，截至2020年底，全市处置蛇类22.68万千克，竹鼠等动物133.73万只，7家蛇类养殖场转型药用，转型蛇类2.13万千克，综合处置率100%。兑现补偿资金2.82亿元，兑现率100%，完成处置补偿任务。2020年9月，组织开展以"保护生态环境　促进人与自然和谐共生"为主题的第30个"野生动植物保护宣传月"系列宣传活动。全年共开展各类宣传活动191次，出动人员1291人次，张贴各类海报、横幅1088张（条），制作展板57个，发放各类宣传资料6.7万份。

【湿地资源保护】 截至2020年底，全市各重要湿地资源均得到有效保护，湿地面积4.78万公顷，湿地保护率54.13%。其中临桂会仙喀斯特国家湿地公园、荔浦荔江国家湿地公园、龙胜龙脊梯田国家湿地公园均已顺利完成试点建设验收，荔浦荔江国家湿地公园被列入全国21个重点建设的国家湿地公园。2020年9月公布的第一批34个自治区重要湿地名录中，桂林市有7个湿地入选，列全区首位。

【林业病虫害防治】 加强林业有害生物监测预警、检疫预灾、防治减灾体系建设，做好松材线虫病、马尾松毛虫、黄脊竹蝗等林业有害生物防控工作。2020年，全市发生林业有害生物面积4.95万公顷，防治面积1.55万公顷，全部为无公害防治，无公害防治率100%；成灾面积3040公顷，成灾率1.65‰；测报准确率为99.85%；种苗产地和木材调运检疫率均为100%，高质量完成了"四率"指标任务。

（桂林市林业和园林局）

梧州市林业

【概况】 2020年，梧州市在抓好新冠疫情防控的同时，全力推进复工复产，重点开展森林资源培育、森林资源管理和保护、林业生态扶贫、林产高质量发展等工作，发展林业生态经济，助推乡村振兴，各项主要任务顺利完成。全市完成林业总产值704.58亿元，比2019年增加31.21亿元，增幅为4.6%。其中，第一产业产值159.27亿元，比2019年增加3.72亿元，增幅为2.4%；第二产业产值490.82亿元，比2019年增加17.59亿元，增幅为3.7%；第三产业产值54.49亿元，比2019年增加8.9亿元，增幅为20%。《国土绿化》杂志刊登《践行"两山论"建设美丽梧州——访中共广西梧州市委书记全桂寿》，向全国推广梧州市国土绿化经验。广西梧州苍海国家湿地公园试点建设通过国家林业和草原局验收。梧州市林业局被自治区林业局评为2020年林业行业扶贫先进单位。

【资源概况】 梧州市林业用地面积96.0095万公顷，占全市土地总面积的76.36%。其中公益林（地）17.2204万公顷，商品林（地）78.7891万公顷。梧州市林业用地中，有林地面积82.4768万公顷，国家特别规定灌木林地2.7938万公顷，未成林造林地面积2.1906万公顷，无立木林地面积7.4165万公顷，宜林地面积1.0263万公顷。森林面积94.6416万公顷，森林覆盖率为75.27%。

【资源管理】 持续实行建设项目使用林地行政许可事后监督管理制度，运用"人巡＋机巡"的模式巡查监管林地资源。经自治区林业局审批同意使用林地的项目146宗共2136.4571公顷（含临时用地项目），其中自治区重大项目40宗，生猪项目28宗，新冠疫情防控项目1宗。

林木采伐管理 2020年，梧州市林木采伐限额311.4390万立方米，实际使用273.5672万立方米，占限额的87.84%；签发林木采伐许可证3.8984万份，采伐面积3.7163万公顷，采伐蓄积284.4783万立方米。

森林督查暨森林资源管理"一张图"年度更新 通过对2019年国家森林督查的528个涉林违法图斑进行核查，立行政案件图斑372个，查结图斑368个，查结率98.92%；刑事案件图斑156个，全部移交森林公安机关，移交率100%。528个违法图斑中，涉及违法违规改变林地用途图斑74个（立行政案件的图斑56个，行政处罚64人，罚款380.19万元；立刑事案件的图斑12个，已移送起诉8人；不予立案6件）；涉及违法违规采伐林木案的图斑454个（立行政案件的图斑157个，行政处罚267人，罚款36.06万元；

立刑事案件的图斑140件，已移送起诉59人；不予立案的图斑157个）。完成2020年度森林资源管理"一张图"更新工作并将成果上报自治区林业局。

生态公益林管护和天然商品林停伐管理工作 经自治区人民政府批复，2020年梧州市国家级生态公益林调出面积635.83公顷，补进面积183.17公顷。现有国家级公益林面积16.4654万公顷，自治区级公益林面积0.755万公顷。发放生态公益林补偿资金4057.84万元。天然林停伐管护面积6045.62公顷，签订管护协议面积6017.24公顷，兑付管护资金127.44万元。

森林资源监测调查工作 2020年，梧州市完成新一轮森林资源规划设计调查工作，完成42个编限单位的"十四五"时期年森林采伐限额编制及7个国有林场的森林经营方案编修工作，完成公益林动态调整和天然商品林核实落界、森林资源管理"一张图"年度更新工作。

建档立卡贫困人口生态护林员选聘续聘工作 2020年，梧州市选聘续聘建档立卡贫困人口生态护林员1190人，生态护林员人均年收入8067元，带动4000多人脱贫，管护林地面积27.16万公顷。

政策性森林保险工作 2020年，梧州市政策性森林保险覆盖率近50%，投保林地面积达到479384.27公顷，其中公益林投保面积170660公顷，商品林投保面积308724.26公顷。

国有林场被侵占林地回收 2020年，梧州市完成国有林场被侵占林地回收面积7.92公顷，累计回收林地面积33.33公顷，占任务的153.8%（2020年目标任务为累计完成回收被侵占林地面积的65%）。

【林业产业】

林产林化产业 2020年，梧州市林产化学产品制造产值45.0484亿元；木材加工造纸产值278.4亿元，比2019年增长11.6%；人造板产量307.58万立方米，比2019年增加14.05万立方米，增幅为4.8%；松脂产量14.2万吨，比2019年增长5.6%；干八角产量3.4669万吨，比2019年增长3.9%；桂皮产量1.4742万吨，比2019年增长3.07%；油茶籽产量8528.89吨，比2019年增加3.23%；松香加工7.32万吨，比2019年减少31.6%。签约林产工业项目15个，比2019年增长36%；签约金额350多亿元，是2019年的23倍。

木材加工产业高质量发展　成立梧州市木材加工产业高质量发展工作领导小组，市委、市政府主要领导任组长；印发《梧州市促进林产工业高质量发展措施》。

现代特色林业示范区建设　2020年，梧州市获得现代特色林业示范区（园、点）55家，其中县级2家（苍梧县福森油茶产业示范区、蒙山县那巢蜂蜜产业示范区）、乡级6家、村级47家。

乡村振兴林业示范村屯建设　2020年，全市有长洲区倒水镇富万村、龙圩区新地镇都梅村都梅自然村、苍梧县狮寨镇古东村森木组、蒙山县陈塘镇罗应村增八组共4个村屯列入第二批广西乡村振兴林业示范村屯。自治区林业局在梧州市召开2020年全区林业服务乡村振兴现场推进会，梧州市林业局在会上作典型发言。

培育林业产业龙头企业　新增1家自治区级林业产业重点龙头企业——梧州黄埔化工药业有限公司。截至2020年底，全市拥有国家级林业龙头企业2家，自治区级林业龙头企业9家。

林下经济发展　开展"兴农富民"行动，创立示范基地带动发展林下经济。2020年，全市林下经济实现总产值141.84亿元，发展林下经济面积49.22公顷，分别占年度任务的101.31%、101.13%。惠及林农156.05万人。

花卉产业发展　在第一届广西花卉苗木交易会上，梧州市林业局获得优秀组织奖，其中3件作品在盆景类评比中获得2个银奖和1个铜奖。全市花卉产业产值12.9亿元。

森林旅游　2020年，梧州市林业旅游与休闲服务业产值35.3亿元。新增2个广西森林旅游系列等级单位，即梧州白云山森林体验基地、梧州思良江宝巾花卉苗木观光基地。

【林业生态建设】　2020年，梧州市完成植树造林15320公顷，其中植苗造林面积5876公顷，速生丰产林造林面积2938.7公顷。完成森林抚育面积5.08万公顷。完成义务植树676.1万株。

"美丽梧州"国土绿化提质三年行动　根据梧州市绿化委员会印发的《"美丽梧州"国土绿化提质三年行动2020年实施方案》，重点开展乡村振兴绿色产业、城乡绿化提升、生态文化建设、主要通道林相改造、重要道路和节点美化、水岸绿化美化"六大行动"13类工程，完成项目172个，投资4.15亿元，种植各类绿化苗木380.15万株，折合绿化面积980公顷，其中统筹市本级和3个城区森林植被恢复费2861.73万元；完成城区环城周边裸露山体、主要街道、城市出入口、高速公路出入口及互通等51个重要节点的绿化美化。

油茶"双千"计划　2020年，梧州市完成油茶新造林面积1405.9公顷。创建油茶高产高效示范园（示范点）8个，组建油茶专业合作社56家，争取金融贷款投入800多万元。全市油茶林面积11000公顷。

重点营造林项目　2020年，梧州市完成2019年度下达中央财政造林补贴项目面积233.3公顷，其中苍梧县133.3公顷、长洲区100公顷。完成2019年度下达广西重点防护林项目（珠江防护林），项目面积200公顷（藤县）。完成2019年下达森林景观改造项目，造林面积33.3公顷（蒙山县）。

国家储备林基地项目　藤县获得国家开发银行和农业发展银行国家储备林基地项目二期工程建设融资贷款，到位资金4.511亿元。2020年，藤县利用贷款完成国家储备林基地项目造林面积267.79公顷，其中珍贵树种黑木相思212.84公顷，马尾松林55.95公顷；实施中幼龄林森林抚育面积553公顷，其中桉树339公顷，杉木214

公顷；完成项目投资 38244 万元，其中国开行贷款 7934 万元，农发行贷款 30310 万元，中央财政资金 150 万元。

乡村绿化 2020 年，梧州市 25 个村屯完成"绿美乡村"建设村屯绿化美化景观提升项目。

林木种苗生产和管理 2020 年，梧州市生产林木种苗约 4093.46 万株，其中马尾松苗 236 万株，杉木苗 210 万株，桉树苗 362 万株，油茶 1634.16 万株，荷木 45 万株，坚果 508 万株，大叶栎 38 万株，八角 311 万株，楠木 68 万株，其他树种 681.3 万株。实际出圃 2139.54 万株（容器苗 2119.54 万株，良种 1253.5 万株），其中马尾松苗 30.9 万株，杉木苗 269 万株，桉树苗 395 万株，油茶 423.1 万株，八角 308 万株，荷木 35 万株，大叶栎 5.1 万株，坚果 135.5 万株，楠木 48 万株，其他 489.94 万株。良种使用率为 58.6%。良种油茶育苗面积 73.13 公顷，生产培育良种油茶苗木 1441.01 万株，出圃 407.94 万株，预计可供应 2021 年造林的油茶大苗为 323.41 万株。新发（含延续）林木种子生产经营许可证 18 个，累计持证苗圃达 104 个。

中央财政和自治区财政林木良种补贴项目 2020 年，梧州市实施林木良种补助项目 9 个，其中中央林木良种补助项目 4 个，中央财政补助资金 161 万元；自治区林木良种补助项目 5 个，自治区财政专项建设补助资金 168 万元。建设内容涉及良种基地基础设施建设、良种油茶、马尾松苗木培育、红锥种子园及种质资源基因库建设、大叶栎种子园建设等。

梧州市市树园及市树科普馆建设 2020 年，梧州市实施市树园建设项目，采用树形各异的六旺树组合种植的方式，结合梧州白云山景区地形地貌，铺设草皮、园路，种植时花，营造市树景观园，宣传、展示市树的特色和知识。6 月 3 日，举行梧州市市树园揭幕仪式。市树科普馆于 10 月 25 日开馆，向市民科普市树文化知识。

【**森林防火**】 2020 年 1 月，梧州市森林防火中心成立，核定编制 5 人。4 月，梧州市林业局增加内设机构森林防火和安全生产科。10 月，梧州市林业局成立森林防火大队。梧州市林业局印发《安全生产专项整治三年行动实施方案》《安全生产事故应急处置预案》及林业行业涉电公共安全隐患、涉粉尘爆炸企业安全生产等专项整治方案。通过在高火险期组织人员到市区周边和重点林区镇巡回宣传，开展多部门联合打击森林草地违法违规用火行为专项行动，推广应用防火码等措施，使森林火灾发生次数同比下降 47%。年内，全市发生森林火灾 22 起，其中一般火灾 17 起、较大火灾 5 起，未发生重大、特大森林火灾。过火面积 109.33 公顷，受害面积 26.43 公顷，森林火灾受害率 0.03‰，损失林木 488 立方米、幼树 0.79 万株。林草行业没有因森林火灾造成人员伤亡，也没有发生安全生产事故。

【**野生动植物保护**】

人工繁育陆生野生动物处置补偿工作 经摸底排查，梧州市有陆生野生动物养殖户 651 家（户），其中办理了野生动物驯养繁殖许可证的养殖户 61 家，无证养殖户 590 户，人工养殖陆生野生动物共 195.7 万条（只）。6 月制定《梧州市人工繁育野生动物处置和补偿工作方案》，8 月底完成处置工作。11 月底完成兑现人工繁育野生动物处置补偿款 2770 万元，兑现率 100%。

野生动物保护和执法 加强野生动物收容救助，按规定处置非正常来源野生动物。全年救助野生动物 1624 只（条），其中属国家一级保护动物蟒蛇 10 条，国家二级保护动物 56 只（条），自治区重点保护动物 640 只（条），"三有"保护动物 726 只（条），其他鸟类 191 只。组织鸟类等野生动物放归自然活动 5 次，放归野生动物共 1464 只。开展非正常来源陆生野生动物及其制品的接收、移交、登记、报批等管理工作，依法处置非法象牙制品 667 件。梧州市林业局联合多部门在全市范围内开展野生动物繁殖经营场所大清查行动，对野生动物集中分布区域、集群活动等重点区域巡护累计530多人次；清查整治花鸟市场、餐饮企业等1800多处，累计出动1875人次，车辆756台次，森林公安机关立刑事案件4起，破案3起，收缴野生动物1693只（其中国家重点保护野生动物77只）。

【自然保护地管理】

白云山景区景观提升项目建设　对白云山景区绿化设施、云峰亭进行景观提升，对景区全线护栏及防撞墩进行环境协调性改造，对景区大门牌坊、道路、植物景点进行优化提升，对山顶平台闲置楼房进行修缮建设。10月，白云山景区获评2020年第一批广西森林旅游系列等级名称——梧州白云山森林体验基地；白云山生态旅游区获评为广西生态旅游示范区，白云山作为主阵地助力万秀区获评广西全域旅游示范区。

自然保护区监督管理　3月26日，梧州市召开自然保护地整合优化工作会议，部署整合优化工作。编制自然保护地整合优化预案，7月31日将该预案以政府名义上报自治区自然资源厅和自治区林业局。梧州市辖区范围内共有自然保护地10个，包括自然保护区1个、风景名胜区2个，森林公园6个，湿地公园1个。

湿地保护修复　12月，广西梧州苍海国家湿地公园试点通过国家林业和草原局验收。该湿地公园总面积722.87公顷，其中湿地面积455.53公顷，湿地率为61.64%。广西梧州苍海国家湿地公园是梧州市第一个国家级湿地公园，于2015年12月获得国家林业局批准开展试点建设。经过5年试点建设，采取新建30千米污水管网等措施治污，建设6.2千米环城水系补水，开展退耕还湿、退塘还湿等措施，恢复湿地生态面积266.67公顷，形成10千米环湖生态驳岸，营造6个总面积约4公顷的生境小岛，建成面积33.33公顷的湿地科普宣教区。

【林业改革】

林长制试点工作　梧州市通过林长制试点实施，林长参与指导和协调重点工程项目建设单位办理使用林地审批手续，推进摩天岭茶海示范区、藤县古龙大红八角产业核心示范区等一批重点示范区建设，油茶"双千"计划、国土绿化提质工程等一批项目建设。以林长职责为出发点进行执法监管，多部门形成合力进行整治和严厉打击破坏森林资源的违法行为，实现试点镇森林资源网格化管理。通过林长制成员单位协调合作，处理群众涉林问题18起。

速丰桉和大叶栎采伐管理改革试点　2020年，梧州市将林木采伐许可证签发下延到17个乡镇，惠及周边5个乡镇，全市申请采伐林木的林农中，有47.29%的林农可在当地乡镇办理采伐证。签发速丰桉和大叶栎林木采伐许可证1.7443万份，采伐蓄积173.4304万立方米，分别比2019年增长23.56%、5.95%。

集体林地"三权分置"工作　苍梧县列入广西第二批"三权分置"改革试点，以促进林地流转作为改革首要解决的问题，进一步完善林地承包制度，结合六堡茶产业、油茶产业"双千计划"、乡村旅游，探索各类经营模式，放活林地经营权，推动一二三产业融合，激发林地活力，壮大村组集体经济。

【重大项目建设】

梧州市广信森林公园项目　建设完成允升塔与炳蔚塔间森林防火应急通道10千米；在公园内建立义务植树基地，种植黄花风铃木840株；完成允升塔登山道景观提升项目，年度完成投资约8000万元。

森林防火重点项目　2020年，梧州市继续推进西江流域森林火灾高风险区综合治理工程项目建设。7月底项目营房大楼封顶，至年底项目营房大楼基本完成内部地板瓷砖的铺设。项目完成采购森林防火运兵车3辆并交付使用。

广西林业年鉴 2020

【林业有害生物防控】 梧州市林业有害生物发生总面积 67000 公顷，比 2019 年上升 3.8%。成灾面积 1666.7 公顷，比 2019 年上升 49.7%，成灾率为 1.903‰。总防治作业面积 15520 公顷，无公害防治率为 100%。预测林业有害生物发生面积 68860 公顷，测报准确率为 98%。种苗产地检疫面积 113.5 公顷，种苗产地检疫为 100%。

重大林业有害生物防控工作 梧州市松材线虫病普查面积累计 776000 公顷。松材线虫病发生面积 12217.5 公顷，比 2019 年上升 210%。利用全市 1190 名生态护林员开展日常监测工作，利用微信进行测报信息交流报送。挂设昆虫诱捕器 780 套，监测防治面积 2600 公顷。清理枯死松树 35000 株以上。

植物检疫和执法 实施产地检疫苗圃面积 113.5 公顷，花卉 20900 株；调运检疫苗木 6184490 株，木材 35.1 万立方米；复检苗木 10028 株，木材 2475 立方米，包装箱 657 只，缆盘 814 只。制订松材线虫病疫木检疫执法行动实施方案，成立工作领导小组，以森防检疫、林业综合执法人员组成执法队伍，11—12 月组织开展检疫执法行动。行动出动 288 人次，发放资料 11545 份，检查涉木企业及木材交易市场 258 家，查处松木及其制品 26907.89 立方米，立行政处罚案件 11 起，没收木材 81.02 立方米，罚款 5600 元。

(梧州市林业局)

北海市林业

【概况】 2020 年，北海市自然资源局深入学习贯彻习近平新时代中国特色社会主义思想、党的十九大和十九届二中、三中、四中、五中全会精神、习近平总书记视察广西及北海重要讲话精神，聚焦高质量发展要求和自然资源要素保障，加快构建自然资源管理新机制，统筹推进新冠疫情防控和经济社会发展，集中精力做好"六稳"工作、落实"六保"任务，稳步推进自然资源工作各项目标任务，全力服务保障北海市"十大工程""十大行动"。全年完成建设项目农转用及土地征收报批 16 宗，完成重点项目征地 1780 公顷，经营性用地收储入库 418.333 公顷，盘活存量建设用地 815.92 公顷，办理土地出让手续 36 宗，实现土地出让收入 96.0273 亿元（已入库 76.5918 亿元）。通过召开新闻发布会，与媒体就北海市"珠城 e 登"不动产登记综合服务平台上线使用、北海市林业产业发展、北海市人工繁育陆生野生动物处置补偿、北海市农房建设规划管控等工作进行面对面交流。配合完成中央主流新闻媒体采访团到广西开展"以习近平生态文明思想为指引——人与自然和谐共生"主题采访活动，将滨海国家湿地公园（冯家江流域）生态修复工程治理项目作为生态修复典型在全国推广。

2020 年，北海市自然资源局核定行政编制 64 名，后勤服务控制数 7 名，局领导职数 1 正 5 副，总工程师和总规划师各 1 名；核定局办公室、综合科（科技管理科）、政策法规科、行政审批办公室、自然资源调查监测科、自然资源确权登记局、自然资源开发利用科、国土空间生态修复科、耕地和森林保护监督科、地质矿产管理科、国土测绘地理信息管理科、国土空间规划科、国土空间用途管制科、市政工程规划管理科、建筑工程规划管理科（名城保护管理科）、自然保护地管理科、林业改革与产业发展科、防灾减灾工作科、执法监督科、财务与资金运用科、人事科等内设职能科室 21 个；另组建成立市自然资源局机关党委，核定正科长级专职副书记 1 名。实有行政编制人员 60 人，工勤人员 2 人；局领导实配正职 1 名，副职 5 名，总规划师 1 名。

2020 年，北海市自然资源局局下辖直属事

176

业单位 19 个，分别是市土地储备中心、市林业工作站、市农村能源站、市城市建设档案（馆）管理处、市不动产登记中心、市土地整理中心、市国土资源档案馆、市森林病虫害防治检疫站、市林业技术推广站、市林业科学研究所、市地产交易中心、广西北海滨海国家湿地公园管理处、市营盘林场、市防护林场、市苗圃、市国土资源信息中心、市城市信息中心、市村镇规划建筑设计室、市勘测管理处，共核定事业编制 334 名，后勤服务控制数（聘用控制数）35 名，实有事业编制在编人员 264 人，后勤服务控制数（聘用控制数）34 人。北海市森林公安局于 2020 年 6 月已划转至北海市公安局。北海城市规划设计研究院于 2020 年 8 月经北海市政府批准转企转制。

【资源概况】

林业资源 2020 年，北海市森林覆盖率为 32.64%，林地面积 10.18 万公顷，其中合浦县 8.76 万公顷、海城区（含涠洲岛）0.07 万公顷、银海区 0.61 万公顷、铁山港区 0.74 万公顷。北海市林地保有量（林地面积）下降 0.036 万公顷，主要是减少了 2019 年度项目依法征占用的林地面积及部分调查调整。2020 年，全市林地范围内的活立木蓄积量 505.94 万立方米，其中合浦县 420.59 万立方米、海城区 6.16 万立方米，银海区 33.72 万立方米、铁山港区 45.47 万立方米。

北海市林业资源呈现以下特点：林地资源总量少，森林资源分布不均；森林结构较为单一，速生桉独占优势；用材林占绝对优势，其他林种比重小。森林植被以人工林为主，主要树种有速生桉、窿缘桉、马尾松、湿地松、木麻黄、台湾相思、柑橙、龙眼、荔枝等，其中速生桉共有 6.63 万公顷。沿海滩涂地带分布有红树林群落，主要树种有白骨壤、秋茄等。

野生动物植物资源 北海市位于亚洲东北部与东南亚、马来群岛和澳大利亚之间的候鸟迁徙通道上，是沿太平洋西海岸迁飞候鸟的重要中途停歇地。北海市野生动物以鸟类为主，记录到鸟类 455 种，隶属于 21 目 71 科。广西涠洲岛自然保护区是以保护鸟类为主的自治区自然保护区，保护区内有鸟类 179 种，隶属于 15 目 50 科。

北海市共记载有维管束植物 858 种（含栽培及逸生植物），隶属于 157 科 594 属，其中蕨类植物 8 科 10 属 13 种，裸子植物 7 科 13 属 16 种，被子植物 142 科 571 属 829 种。

北海市毗邻的北部湾渔场拥有丰富的海洋鱼类资源，包括滨海水库河流在内有鱼类 500 多种（其中淡水鱼类 50 多种）、虾类 200 多种、蟹类 190 多种、贝类 300 多种、头足类 50 多种、其他动物门类 20 多种。北海市涠洲岛的珊瑚礁有腔肠动物门珊瑚虫纲 5 目 18 科 66 种。

湿地资源 北海市湿地面积 176788.26 公顷，占广西湿地面积的 23.4%，是广西湿地面积最大的市。其中天然湿地 151013.93 公顷，包括近海与海岸湿地 145925.73 公顷、河流湿地 4837.51 公顷、湖泊湿地 75.1 公顷和沼泽湿地 175.59 公顷；人工湿地 25774.33 公顷，包括水库、养殖池塘、水田、盐田 4 种湿地类型。

北海市近海与海岸湿地 145925.73 公顷，占全区海岸湿地面积的 56.35%，其中红树林面积 4192.78 公顷、珊瑚礁面积 240 公顷、海草面积 860 公顷，红树林、珊瑚礁和海草的面积是广西 14 个市中最大的。北海市共有红树林种类 19 种，其中真红树植物 11 种，包括木榄、秋茄、红海榄、桐花树、白骨壤等；半红树植物 9 种，包括海芒果、黄槿、杨叶肖槿、水黄皮、阔苞菊等。北海市的红树林主要分布在铁山港湾和廉州湾，其中广西山口红树林生态国家级自然保护区内的红树林主要位于铁山港湾的丹兜海。

【资源管理】

野生动物保护管理 2020 年，北海市积极开展宣传救助，联合开展清网行动，加强新冠疫情防控期间野生动物管控，依法打击涉及野生动物的违法犯罪行为，全年清除捕鸟网 8800 多米，救护野生动物 234 只。成立工作专班，对全市 124 家人工繁育陆生野生动物合法养殖场（户）的存栏野生动物进行处置及补偿。截至 8 月 30 日，各县区登记在册合法养殖户的存栏动物综合处置率 100%；已兑付补偿处置资金 2927.3 万元，兑现率 100%。

森林采伐 北海市自然资源局高度重视"十四五"森林采伐限额编制工作，做到早开展早部署，组织县区局和斯道拉恩索公司全面开展方案编制工作，方案全部通过自治区人民政府审定并批复实施。全年通过指导企业加大生产力度，刺激木材需求量、提高木材产量，将自治区下达的 65 万立方米林木采伐量总目标分解到各县区全力推进，全年林木采伐量达 65.85 万立方米，圆满完成自治区下达任务。

【**林业产业**】 2020 年，北海市林业产业总产值 117.4 亿元，木材加工和造纸产值 73.21 亿元，花卉产值 12.8 亿元，人造板产量 131.97 万立方米。

林下经济 2020 年全市林下经济产值 28.05 亿元，面积 3.536 万公顷；林下种植面积 9420 公顷，林下养殖面积 1.73 万公顷，林下产品采集加工 3333.33 公顷，林下旅游面积 5333.33 公顷，惠及林农人数 28.69 万人。

【**林业生态建设**】

植树造林 2020 年，北海市造林 1536.5 公顷，包括萌芽更新 1025.8 公顷，人工更新 461.3 公顷，荒山荒地造林 49.4 公顷。其中合浦县造林 1247 公顷，银海区造林 147.7 公顷，铁山港区造林 141.8 公顷。2020 年，北海市全民义务植树 350 万株。

村屯绿化景观提升 2020 年，北海市林业局获得自治区、北海市财政资金 404 万元（其中自治区财政资金 44 万元，北海市财政资金 360 万元），在 36 个自然村屯实施村屯绿化景观提升工程，在绿化过程中不推山、不填塘、不砍树，保留农村田园风光。项目累计种植各类苗木 7100 株，累计绿化面积 3.923 公顷。

森林资源保护 2020 年，北海市自然资源局制定印发《建设项目使用林地事中事后监督检查办法》，并认真梳理了全市近 3 年内建设项目使用林地项目清单并组织县区自然资源局开展事中事后检查工作，通过建立健全常态化检查管理制度，规范用林项目建设管理，有效遏制项目建设过程中破坏森林资源行为的发生。北海市率先在全区完成了 2020—2021 年森林资源"一张图"年度更新检查，各县区 2019 年度森林资源"一张图"年度更新成果均已获国家林业和草原局批复实施。在 2020 年度全区森林资源变化图斑核实工作中，北海市排名前列。

红树林保护 2020 年，为进一步做好北海市红树林生态保护工作，北海市自然资源局通过制定《北海市红树林巡护检查制度》《北海市破坏红树林资源行为举报制度》，完善红树林保护制度建设。通过安排专人到红树林巡护点开展巡护巡查，不断加大对红树林的监管力度。在合浦县沙田、山口、白沙、公馆、闸口、廉州、党江、沙岗、西场等 9 个沿海乡镇分别挂牌成立红树林保护站，进一步强化合浦县红树林保护机构编制保障。全年对分布红树林的 16 个乡镇（街道办）进行全面调查摸底，绘制了《北海市红树林资源分布图》，记录了红树林所在地（具体到村委）、面积、树种、地类及土地权属。

湿地保护 健全红树林巡护检查、破坏行为举报等制度；配合住建、海洋部门推进北海滨海国家湿地公园（冯家江流域）水环境治理工程 PPP 项目和"蓝色海湾"项目建设，湿地生态环境大幅改善，区域生物多样性日趋丰富。滨海国家湿地公园（冯家江流域）生态修复工程治理成效得到自然资源部肯定，拟作为生态整治样本在全国推广。

【**森林防火**】 2020 年，北海市加强森林防火宣传，持续提升森林火灾科学防控能力，强化清明节等重要时间节点对林区的巡查检查。全年共发生森林火灾 4 起，过火总面积 62.82 公顷，受害面积 33.02 公顷，森林火灾受害率为 0.25‰，无人员伤亡，有效保障了森林生态和人民群众生命财产安全。

【重大项目建设】 北海市滨海国家湿地公园（冯家江流域）水环境治理工程项目是北海生态高质量发展的标志性项目，用地面积 445.87 公顷，采用 PPP 模式推进，建设投资约 22.5 亿元。项目以"治污、生态、为民"为目标，通过引入实力雄厚、专业技术过硬、管理体制完备的社会资本实施建设，按照自然修复为主、人工修复为辅的思路修复生态系统，对冯家江流域两渠一库一江进行污染治理和生态修复，建设集市民休闲、运动、文化、教育、科普、环保宣传为一体的城市中央绿色长廊。该项目把治理污染、生态修复、为民惠民结合起来，协调生态保护与城市发展和谐统一，努力打造北海市绿色发展先行示范区，成为"绿水青山就是金山银山"综合示范项目，是落实习近平生态文明思想的生动实践。

【林业有害生物防控】 2020 年全市林业有害生物应施监测面积 116.19 万公顷次，实际监测面积 116.19 万公顷次，监测覆盖率 100%。全市林业有害生物累计发生面积 535.67 公顷，其中广州小斑螟发生面积 79.27 公顷，油桐尺蛾发生面积 217 公顷，马尾松毛虫发生面积 36.73 公顷，柚木肖弄蝶夜蛾发生面积 139.6 公顷，微甘菊发生面积 63.07 公顷。全市林业有害生物防治作业面积 535.67 公顷，防治效果良好。

2020 年，北海市林业有害生物实际成灾面积 45.33 公顷，成灾率 0.519‰，远低于自治区下达的 4.1‰ 的控制指标；北海市林业有害生物实际发生面积 535.67 公顷，累计防治作业面积 535.67 公顷，累计无公害防治面积 492.93 公顷，无公害防治率为 92.02%（控制指标为 85% 以上）；北海市林业有害生物预报准确率 96.08%，测报准确率 98.82%（控制指标为 90% 以上）。2020 年，种苗产地检疫率 100%（指标控制为 100% 以上），全市木材调运检疫率 100%（指标控制为 100% 以上）。2020 年，全市种苗生产面积 346.32 公顷，检疫面积 346.32 公顷，种苗产地检疫率 100%（指标控制为 100%）；全市木材调运 360232.48 立方米，调运检疫 360232.48 立方米，木材调运检疫率 100%（指标控制为 100%）。

（北海市自然资源局）

防城港市林业

【概况】 2020 年，防城港市林业系统全面贯彻落实习近平总书记对广西工作的重要指示和"建设壮美广西，共圆复兴梦想"题词精神，坚定不移贯彻新发展理念，持续深化林业生态建设和资源管理，全市林业继续保持平稳较快发展的良好态势。全市共完成营造林 11314.2 公顷，占年度计划任务数的 132.5%；森林覆盖率 61.85%；森林面积保有量 374306.67 公顷；林业总产值 267.52 亿元。顺利完成禁食野生动物的补偿处置工作。扎实推进中央生态环境保护督察"回头看"整改、森林督查、自然保护地优化整合、松材线虫病防治、自然保护区基础设施建设和确界、国有林场被侵占林地回收等重点工作，获评自治区人民政府保护发展森林资源目标责任制考核优秀等次。积极争取自治区林地指标支持，主动下沉服务自治区统筹"双百双新"等重大项目，在全市重大项目建设推进电视电话会议上作服务重大项目经验介绍。先后组织全市 20 多家林业企业积极参加第 19 届广西名特优农产品（桂林）交易会等大型展会，获第一届广西家具家居博览会优秀组织奖和多个林展品奖项。围绕助力脱贫攻坚发展林业产业，完成油茶新造林3335.02公顷（占任务数的100.1%），在全区油茶现场会上，防城港市作油茶发展经验发言。防城港市林业局获防城港新时代发展贡献奖先进集体表彰，局主要领导获全市"三个攻坚突破年"先进个人等表彰。

【资源概况】 2020年，防城港市森林面积36.14万公顷，有林地面积34.15万公顷，森林覆盖率61.85%，活立木蓄积量2700万立方米；红树林面积2393公顷，湿地面积82247.48公顷。

2020年，防城港市有国家级自然保护区3个，其中防城港市林业局管理的自然保护区2个（广西十万大山国家级自然保护区、北仑河口国家级自然保护区），有鲤鱼江万鹤山鸟类自然保护区、海南虎斑鸦、江平巫头万鹤山、红沙湾万鹭园、企沙镇铜鼓潭万鹭山、谭汉肚金花茶等6个自然保护小区。

防城港市有防城区的华石林场、峒中林场、潭汉林场、白石牙林场、平龙山林场、十万山华侨林场及上思县的平广林场、十万山林场、红旗林场等9个林场，防城港市林业局管辖的苗圃1个（防城港市林木良种繁育中心苗圃），森林公园1个（十万大山国家级森林公园）。

防城港市共有陆栖脊椎动物397种，其中属国家一级保护动物有云豹、金钱豹、巨蜥、蟒蛇和穿山甲等5种，属国家二级保护动物有猕猴等57种；属广西重点保护鸟类29种。有野生维管束植物2500多种，其中属国家一级保护植物有狭叶坡垒、十万大山苏铁、膝柄木等3种，属国家二级保护植物有金毛狗、苏铁蕨等20种。还有被誉为"植物界大熊猫""茶族皇后"的金花茶，珍稀濒危植物有如鸡毛松、脉叶罗汉松等，有古树名木2744株。

【资源管理】

林政管理 积极争取自治区林地定额支持，获批102个建设项目1085公顷使用林地，有力

地服务并保障了全市重点项目用林需要。认真谋划"十四五"红树林保护与修复，编制《防城港市红树林保护修复专项行动方案》，明确目标、任务及措施。主动参与生态保护红线评估及勘界定标工作，构建全市林业生态环境损害评估体系。完善森林资源监管平台建设，森林资源监管信息化水平逐步提高。完成全市森林资源二类调查、公益林动态调整等工作，及时衔接第三次国土调查成果和生态红线。扎实开展森林督查工作，查核疑似违法图斑194个，涉及刑事案件图斑34个，涉及行政案件图斑138个，不涉违规图斑22个，均按要求进行妥善处置。严格落实全国人大常委会《关于全面禁止非法野生动物交易、革除滥食野生动物陋习、切实保障人民群众生命健康安全的决定》，稳妥有序开展人工繁育陆生野生动物补偿处置工作，处置完成蛇类等野生动物8.16万条（只/头）103.3万千克，兑现陆生野生动物补偿资金1525.8万元，并积极引导11家养殖户转产转型。积极参与防城港国际医学开放试验区建设，向上争取政策支持，经市人民政府同意出台《防城港市非人灵长类实验动物培育利用扶持办法》。强化陆生野生动物疫源疫病防控，开展新冠疫情、野猪非洲猪瘟、候鸟禽流感及灵长类疫病监测防控工作。深入开展林业扫黑除恶专项斗争，2020年回收被侵占林地93公顷，全市2018—2020年共回收被侵占林地1133.33公顷，占被侵占面积的77.23%，超额完成自治区下达的任务（自治区下达的任务为65%）。

林业生态保护和建设 2020年，结合生态红线划定，全力推进自然保护地优化整合，3个国家级自然保护区的分述报告上报自治区，北仑河口国家级自然保护区确界报告已上报国家。扎实推进自然保护区建设，积极做好中央生态环境保护督察"回头看"问题整改，加强自然保护区保护管理基础建设和自然保护地自身能力建设。配合推进自然保护地范围自然资源统一确权登记。开展自然保护地监督检查专项行动，推进自

然保护地内违建别墅清查整治。加强红树林湿地保护修复，以 PPP 模式（政府和社会资本合作模式）推进总投资达 5.4 亿元的防城港东湾湿地公园规划、申报、筹建等各项工作。

【林业产业】

林业产业概况 防城港市林业产业主要有木材加工业、林下产品采集加工业、林下种植业、林下养殖业、森林旅游业等。2020 年，全市林业产值 267.52 亿元（第一产业 64.71 亿元，第二产业 16.99 亿元，第三产业 32.83 亿元）。其中木材加工和造纸产业产值 113.12 亿元，人造板产量 56.31 万立方米，森林旅游业产值 19 亿元，花卉产业产值 6.82 亿元，林下经济产值 49 亿元（同比增长 10.2%）。

林下经济 2020 年，防城港市林下经济发展面积 14.7 万公顷，产值 49 亿元。主动融入防城港国际医学开放试验区（中国）建设，争取自治区级林下经济项目资金 80 万元发展益智种植超过 133.33 公顷。

造纸和木材加工 依托丰富资源优势，从规划引领、政策扶持、招商引资、原料保障等方面服务全市木材加工产业发展。一是规划新建上思县木材产业园。2020 年 12 月，防城港市人民政府主要领导带队到上思县座谈研究木材产业园区规划，规划新建上思县木材产业园区，落实土地 200 公顷。二是通过招商引资建成上思县板材家具产业园。园区规划面积 100 公顷，是集旋切单板加工和胶合板、家具板、装饰木工板、木芯、环保木炭等林产品综合利用于一体的加工园区，总投资 3 亿元人民币，分三期建设。已完成投资 9000 万元，占地 33.33 公顷，36 家旋切单板厂入园并投入生产，提供就业岗位 500 多个。三是打造品牌产品。积极引导资金雄厚的企业开展技术改造，广西上思华林林产工业有限公司生产的"桂华"牌中（高）密度纤维板通过了 ISO 9001：2015 质量管理体系认证，获得市场和社会的高度认可。纳入自治区"双百双新"重点

项目推进的广西上思华林林产工业有限公司年产 25 万立方米超薄型高密度纤维板生产线技改升级项目完成设备安装，2021 年 10 月投产，项目采用新技术新工艺生产的低密度高强度的产品为新产品，可填补市场空白。

森林生态旅游 2020 年，以十万大山国家森林公园、南山生态旅游区、布透温泉等景区、景点为重点，大力发展生态康养度假等产品，依托金花茶小镇建设，发挥金花茶的特色优势，推进金花茶文化旅游创建；策划大南山金花茶长寿康养生态休闲农业示范区项目、防城区潭汉林场森林康养基地建设项目及金花茶小镇金花茶民宿等项目，参加"湾企入桂"精准特色农业招商活动。

花卉产业 防城港市拥有花卉企业、花店共 83 个，花卉专业合作社 18 个，花卉专业协会 2 个；花农户数 430 户，从业人员 2556 人。防城港市将继续推进金花茶花朵申报国家新食品原料认定工作，解决金花茶企业发展瓶颈难题。

肉桂八角林产业 指导成立防城港市香料行业协会，争取自治区产业发展资金 40 万元支持东兴桂产业（核心）示范区产品加工基地建设，支持发展林产香料香精，推动提升原料种植、产品精深加工水平。全市共有肉桂八角约 93333 公顷，年产干八角 8664 吨、干桂皮 11090 吨、苗油 172 吨、桂油 450 吨，产品畅销国内外。

油茶产业 深入实施自治区油茶"双千"计划和市油茶发展三年行动计划，全力以赴抓好良种苗木供应和新造低改、"双高"示范建设，完成油茶新造林 3335.02 公顷。

【林业生态建设】 2020 年，防城港市深入实施森林质量精准提升工程，积极做好海防林、油茶造林、中央财政森林抚育补贴项目，完成油茶新造林面积 3338.53 公顷、海防林面积 540 公顷、中幼龄林抚育面积 1.79 万公顷。结合兴边富民行动，完成珍贵树种送边民任务村屯 53 个，共种植珍贵树种 5.06 万株。深入开展"绿美乡

村"建设，完成自治区下达的 4 个示范村屯绿化美化景观提升任务，共种植绿化苗木 7457 株，绿化面积达 1.2 公顷。开展"关注森林"生态文化宣传活动，获评"广西森林乡镇"称号 2 个、"广西森林村庄"称号 19 个、"广西森林单位园区" 2 个，正在创建广西森林县城 2 个；继续开展全民义务植树活动，全年完成义务植树 250 万株。实施总投资 580 万元的防城区道路绿化提升改造项目，绿化提升改造城区道路 12.9 千米，城区绿化覆盖得到显著提升，"国家森林城市"建设成果得到进一步巩固。

【森林防火】 2020 年，防城港市认真落实森林火灾防控责任，主动与应急管理部门对接开展冬春季、壮族三月三、清明节等重要节点打击森林火灾违法行为专项行动，没有发生较大森林火灾事故。全市共发生森林火灾 15 起，其中东兴市 4 起、港口区 3 起、防城区 5 起、上思县 3 起；一般森林火灾 10 起，较大森林火灾 5 起，火场总面积 36.86 公顷，受害森林面积 22.1 公顷，损失林木 648.8 立方米，森林火灾受害率为 0.06‰，低于自治区下达的控制指标 0.8‰以下。与 2019 年同期相比，火场总面积减少 2.67 公顷，受害森林面积增加 2.85 公顷。

【林业有害生物防控】 2020 年，防城港市切实加强微甘菊等重大林业有害生物防治，落实市级防治资金 25 万元，在上思县南屏乡开展八角病虫害防治工作。通过到百色靖西市学习防治先进经验、邀请自治区专家调研等方式及时研究防治对策和措施，及时妥善处置发生在防城区的 46.6 公顷松材线虫病疫情，没有发生病虫害大面积扩散事件。

防城港市林业有害生物发生面积 190.27 公顷，均不成灾。其中，红树林虫害（广州小斑螟）发生面积为 13.47 公顷，松材线虫病发生面积 46.6 公顷，马尾松毛虫发生面积 57.33 公顷，马尾松毒蛾发生面积 18.67 公顷，八角叶甲发生面积 13.33 公顷，八角炭疽病发生面积 5.33 公顷，桉树叶斑病发生面积 25.47 公顷，林地微甘菊发生面积为 10.07 公顷。2020 年防城港市林业有害生物防治目标管理指标全面达标，林业有害生物成灾率为 0.14‰，控制在自治区下达指标的 4.1‰以内。微甘菊覆盖度为 7%，低于自治区控制指标 15% 以下。实施防治面积 44.07 公顷，无公害防治作业面积 44.07 公顷，无公害防治率为 100%。全市应施产地检疫面积 189.47 公顷，实施苗木产地检疫 482036 立方米，林木种苗产地检疫率为 100%。

【林业改革发展】 2020 年，防城港市完成森林保险承保面积 16.13 万公顷（其中公益林 14.2 万公顷、商品林 1.93 万公顷），兑现保费 97 万元。移交集体林权 10.33 万公顷纸质版档案到自然资源部门。继续总结防城区集体林地"三权分置"试点的经验做法，开展上思县集体林地"三权分置"试点工作。成立了广西林权交易中心东兴市林权流转服务站暨东兴业务部，进一步规范林权交易行为，方便林农进行林权交易，有效保障交易双方利益。有序推进林长制试点，上思县、防城区扶隆镇、东兴市马路镇、港口区光坡镇等改革试点单位建立了林长制组织体系。

【林业生态扶贫】 2020 年，切实加大对贫困地区、贫困人口的服务力度，继续扶持结对帮扶贫困村上思县三英村发展集体经济。防城港市林业局领导深入三英村召开脱贫攻坚座谈会 5 次，制定村级集体经济发展、贫困户产业发展及安全饮水等帮扶措施 3 项，拨付资金 10.2 万元支持三英村村集体经济发展、新冠疫情防控等工作。制定中央脱贫攻坚专项巡视"回头看"、国家脱贫攻坚成效考核、2019 年"四合一"核查反馈意见整改方案，1 项牵头整改工作、20 项共性整改任务均已全部完成。宣传发动林业产业助力脱贫攻坚，大力发展肉桂、八角、金花茶及油茶等助力脱贫攻坚产业，获产业奖补助资金 61.99 万元，涉及贫困户 196 户。扎实做好建档立卡贫困人口生态护林员选聘工作，落实经费 810 万元，选聘生态护林员 887 名，其中新增选聘护林员 255 名，续聘 632 名。

（防城港市林业局）

钦州市林业

【概况】　钦州市林业局是钦州市人民政府工作部门，内设 4 个科室：办公室、生态保护修复科（市绿化委员会办公室）、森林资源管理科、林业产业和改革发展科。有人员编制 10 名，实有 12 人。下辖 11 个直属事业单位：钦州市林业技术推广站、钦州市森林病虫害防治检疫站、钦州市农村能源站、广西茅尾海红树林自治区级自然保护区管理处、钦州市林业种苗管理站、钦州市林业科学研究所、钦州市森林资源利用管理站、钦州市林业科技教育管理站和广西钦州茅尾海国家级海洋公园管理中心、钦州市三十六曲林场、钦州市陆生野生动植物保护管理工作站；1 个下属企业：钦州市林业汽车运输公司。2020 年 8 月，钦州市森林公安机关整体移交钦州市公安局，由钦州市公安局直接领导和管理。由此，2020 年市直林业系统共有人员编制数 224 名，实有 192 人。

2020 年，全市完成植树造林 7433 公顷，占计划任务 6666.7 公顷的 111.5%；完成森林抚育面积 30000 公顷，占计划任务 28666.7 公顷的 104.7%；木材产量 288 万立方米，占目标任务 210 万立方米的 137.1%；人造板产量 150 万立方米，完成目标任务 100%；林业投资累计完成 2.85 亿元，同比增长 23.5%。全市全年林业行业总产值 30.3 亿元，完成市全年的目标任务。

【林业生态建设】　抢抓时机，圆满完成造林绿化任务。统筹做好新冠疫情防控和抢抓春季造林有利时机，"一手抓防疫，一手促生产"。全市完成植树造林 7433 公顷，占计划任务 6666.7 公顷的 111.5%。完成速丰林造林 1600 公顷，占任务 866.7 公顷的 184%。完成森林抚育面积 30000 公顷，占计划任务 28666.7 公顷的 104.7%；完成义务植树 401 万株，占计划任务 400 万株的 100.3%；完成国家储备林建设 1233.3 公顷，占计划任务 793.3 公顷的 155.5%。坚持生态优先，实施绿美乡村建设。全市完成村屯绿化 21 个，其中示范村 4 个，管护提升村 17 个，占计划任务 100%。累计种植苗木 1270 株，其中彩化、美化、香化树种 1172 株，果树 36 株，灌木 62 株。发挥区域森林品牌效益，打造生态文化精品。深入开展广西森林城市等系列创建活动，组织创建一批"森林村庄""全国生态文化村"。灵山县佛子镇大芦村等 19 个村屯荣获"广西森林村庄"称号。灵山县三海街道双鹤社区金太阳村小区获"广西森林单位园区"荣誉称号。油茶产业持续健康发展。新建 2.4 公顷良种油茶苗圃，育有油茶良种苗木 157 万株；浦北县年产 150 吨油茶加工企业投产运行；全市完成油茶产业"双千"计划新造林面积 428.39 公顷，合格面积 426.51 公顷，占计划任务 400 公顷的 106.6%；举办专业技术培训班 3 期，现场培训油茶种植户、油茶专业合作社社员、林业站技术人员等 631 人次，发放资料 3000 余份；成立油茶专业合作社 9 家，累计带动贫困人口 2474 人脱贫；建有油茶良种苗圃 2 个，年产岑软 2 号、3 号油茶苗 25 万株。保护古树名木资源。全市完成古树名木挂牌保护 10913 株，对城区范围内 50 年以上的 76 株古树后备资源进行普查建档并挂牌保护。加快推进钦江流域饮用水水源保护区树种结构调整和更新改造。筹措资金在大风江饮用水水源二级保护区营建黑木相思混交示范林 73.3 公顷，为饮用水水源保护区树种结构调整提供示范样板及可推广可复制的造林模式。全市全年完成桉树纯林改造 246.7 公顷，占计划 266.7 公顷的 92.5%。扎实开展松材线虫病、微甘菊等重大林业有害生物防控。开展松材线虫病、微甘菊等重大林业有害生物专项普查和松材线虫病疫木检疫执法专项行动，加强森林植物及其产品的产地检疫、调运检疫和复检工作，重点做好松木及其制品的调运检疫和复检。督促指导灵山县、浦北县做好松材线虫病疫情防控工作。清理病死（枯死、濒死）松树 3.1116 万株（其中灵山县 0.643 万株，浦北县 2.4686 万株）。

【森林资源管理】 做好建设项目使用林地服务，保障重大建设项目使用林地需求。2020 年，钦州市审批林地 176 宗，面积 0.0726 万公顷，收取植被恢复费 1.05 亿元。主动作为、提前介入，全力保障钦州传泰公路港项目、兰州至海口高速公路广西钦州至北海段改扩建工程、国道 G228 丹东至东兴广西滨海公路龙门大桥和大风江大桥等重大项目按期建设及使用林地的需求。加强森林资源监管，全面落实整改破坏森林资源案件。建设完成钦州市森林资源管理平台，利用科技力量管理森林资源，监测和掌握钦州市林地资源变化动态，对违法占用林地现象早发现、早处置，及时打击非法使用林地行为。进一步做好山林权属纠纷案件稳控，为年内各项重大活动创造和谐稳定的社会环境。加大对重点违法违规行为的查处力度，对市级督办的 45 起破坏森林资源案件均已全面整改。其中，2018 年森林督查违法图斑查处整改基本完成，2019 年森林督查违法图斑查结率达到 92.58%。指导项目业主申办林地使用许可、林木采伐许可，建立项目林地使用特别是采矿、风电和公路等线性项目事中监测机制。做好"林长制"制度建设和建设项目使用林地政策修改调研，为新森林法实施的顺利接轨提供保障。科学区划生态保护红线，落实分类经营基础。积极配合自然资源部门开展生态红线区划，明确保护控制线。组织开展自治区级以上公益林、天然商品林动态调整工作，完善天然商品林、公益林核实落界整改，将成果与森林资源管理"一张图"衔接并加强保护管理。完成钦州市新一轮全区森林资源规划设计调查工作。编制完成"十四五"森林采伐限额工作，并报自治区林业局审查。筑牢森林防火防线，维护森林资源安全。严格贯彻落实习近平总书记关于森林草原防灭火工作重要指示精神，圆满完成 2020 年森林防灭火应急演练。全市共发生森林火灾 9 起，较去年同期相比下降 76.9%。出动扑火人员 413 人次，无人员伤亡事故。全市没有发生重大、特大及超过 24 小时的森林火灾，实现了火灾次数、受害面积、人员伤亡"三下降"。开展国有林场被侵占林地综合整治。2020 年全市已回收 1.014 万公顷，回收完成率 40.05%。

【红树林资源管护】 开展全市自然保护地整合优化。经过各项专业调查和资料收集，编制全市自然保护地整合优化预案。做好茅尾海红树林保护区内违法养殖整治和保护区勘界立标。严格按照上级主管部门部署要求，落实专题会议精神，全面开展自然保护区范围内违法违规问题的清理整治工作，多次联合有关部门开展保护区范围内非法养殖、非法采砂行为清理整治行动，拆除蚝排 425 张（面积约 32.91 公顷）、养殖场 3 个。持续扩大红树林人工种植面积。投入 90 万元开展红树林人工种植和生态修复工作，完成种植面积 31.24 公顷，并通过验收。组织编制红树林保护修复方案。《钦州市红树林保护修复专项行动实施方案（2020—2025）》已通过市政府专题会评审，并上报自治区林业局。

【林业产业】 紧盯发展目标，主动担当作为，确保涉林重大项目取得突破。钦州市林业局被评为"2019 年钦州市重大活动和重点工作先进集体"。多措并举招商，采取"云招商"模式，吸引了千年舟新材料科技集团股份有限公司等 30 多家企业参加林木产业招商活动，最大程度降低新冠疫情对招商工作的影响。坚持产业链招商、龙头招商，木材加工产业取得新突破，已有广西林业集团有限公司、广西森工集团股份有限公司、广西丰林木业集团股份有限公司等产业龙头落户钦州。推动政银企合作，促成3家林业企业获得1910万元银行贷款，解决融资难问题。借鉴先进经验，产业园区建设展现新气象。全市木材加工产业园区建设积极学习借鉴外地好的园区建设运营经验，探索采用"政府主导、政企合作建设、企业运营"模式加快推动园区建设，加速产业集聚和壮大。钦南区那丽产业园通过与贵港市业成投资集团合作建设200公顷的园中园项目，已引入企业35家。挖掘发展新动能，木材加工产业补链延链呈现好态势。着重在木材加工产业关键链条补链和深加工链条延长上下功夫。补齐在原料交易、胶合板饰面纸等产业环节短板，延伸在高档板材、家具等深加工环节发展链条，浦北佳昌木业饰面纸项目竣工投产，填补钦州市饰面板材关键产业环节的空白。木材加工产业服务体系不断完善，广西桂谷公司钦州保税港进口木材交易中心项目已落地自贸区钦州港片区。加强对接洽谈，力争促成有意向项目在中国 – 东盟进口木材深加工园落户。多位推进打造旅游品牌，森林旅游稳步发展。新培育八寨沟中国森林体验基地、浦北县五皇山森林康养基地、浦北县石祖禅茶园五星级森林人家等5个森林旅游品牌基地，累计打造全市森林旅游品牌基地20个，国家AAAA级森林旅游景区3个。争取补助资金70万元支持那雾山森林康养基地等森林旅游基地的建设。石祖禅茶园、那雾山等森林旅游景区已成为钦州旅游新名片。

【野生动物管控】 2020年2月，随着《全国人民代表大会常务委员会关于全面禁止非法野生动物交易、革除滥食野生动物陋习、切实保障人民群众生命健康安全的决定》的出台，钦州市林业局迅速行动，制订实施方案，对辖区内231个陆生野生动物养殖场全部实施隔离封控管理，关闭全部野生动物交易场所，逐一落实防疫消杀措施。加大防控宣传力度，发放宣传资料12780份，在主城区张贴宣传横幅12条。组织开展全市人工繁育陆生野生动物的基本情况调查，摸清养殖场数量、规模、从业人员等信息。平稳有序完成人工繁育陆生野生动物补偿处置。2020年全市应处置（除滑鼠蛇、眼镜蛇、王锦蛇外）动物数为138845只，已处置动物数为138845只，处置率为100%；王锦蛇应处置重量153097.12千克，已处置153097.12千克，处置率100%。"两蛇"（滑鼠蛇、眼镜蛇）应处置重量2915045千克，已处置1278142.48千克，签订转型药用协议养殖户366户，转型药用1636903千克，综合处置率100%。"两蛇"应补偿金额14156.92万元，已兑现14156.92万元，兑现率100%。"两蛇"以外应补偿金额4613.08万元，已兑现金额4613.08万元，兑现率100%。加快推动钦州市蛇产业转型。积极推动人工繁育陆生野生动物转产转型，帮助养殖户最大限度减少损失。在自治区林业局指导下，钦州市成功引进广西金圣堂健康产业投资有限公司投资建设蛇产业转型产业园项目，建成投产后将有效消化蛇类存栏量，解决广大养殖户的现实困难和后顾之忧。加大野生动植物保护和生物多样性宣传。利用"爱鸟周"、国际生物多样性日、野生动物保护月等宣传活动契机，大力宣传野生动植物保护知识，提高群众保护野生动植物的意识。

【决战脱贫攻坚】 强化产业发展带动提升扶贫成效。完成新组建5家脱贫攻坚造林合作社和林下经济专业合作社工作任务。推荐浦北县清华生态养鸡林业专业合作社申报2020年国家级农民专业合作社。积极推荐扶贫龙头企业申报国家林业重点龙头企业，为农村经济社会发展注入新活力，为实施乡村振兴战略提供有力支撑。指导和帮助广西玉蓝生物科技有限公司申报国家林业重点龙头企业，并完成自治区级龙头企业运行监测工作，进一步发展壮大产业龙头。充分发挥村级集体经济减贫带贫作用，有效带动贫困户稳定增收。钦州市林业局帮扶钦北区那蒙镇涩山村因地制宜、精准施策，充分发挥优质稻、鸡、猪和特色花卉苗木等产业优势，建成 2.466 公顷集果树苗木培育、竹荪种植和鱼苗、生猪养殖于一体的集体经济苗木基地，村委办公楼建成 30 千瓦太阳能光伏发电项目，打造村级集体经济示范亮点。2020 年涩山村集体经济持续稳定发展，集体经济收入约 10.6 万元，超额完成村级集体经济年度收入 5 万元的任务。助力脱贫攻坚。充分调动工会组织优势，搭建消费扶贫平台，促进贫困群众稳定增收。2020 年春节，钦州市林业局工会优先购买扶贫村涩山村的贡柑、花生油、农家鸡鸭等农产品，中秋节、国庆节组织网上采购广西扶贫产品，全年采购金额达 8.86 万元。加快林下经济产业高质量发展。注重林下经济示范项目持续发展，推进林下经济精品示范基地建设。争取林下经济示范项目补助资金 220 万元，鼓励项目业主进一步扩大林下经济产业规模和基础设施建设。组织推荐 2021 年自治区林下经济示范项目 8 家，完成 2020 年度 5 家示范项目验收工作。在自治区林下经济项目（基地）申报上向涉村级集体经济项目倾斜，推荐壮大村级集体经济企业广西浦北县钦凤牧业有限公司申报 2021 年度林下经济示范项目，支持鼓励示范项目带动村集体、农户增收。支持村级集体经济购买政策性森林保险，降低村级集体经济发展风险。2020 年，钦州市森林政策性保险完成 11.27 万公顷、商品林 8.56 万公顷、公益林 2.7 万公顷，保费 536 万元。

钦州市直林业系统 3 个帮扶贫困村已通过自治区"四合一"检查，脱贫摘帽 10 户 31 人，3 个帮扶村贫困户全部实现脱贫摘帽。截至 2020 年底，钦州市林业系统帮扶涩山村完成村级集体经济收入 10.6 万元，清湖村完成村级集体经济收入 10.63 万元，灵山县伯劳镇新禾村完成村级集体经济收入 9.39 万元，均超额完成 5 万元的目标任务。

（钦州市林业局）

贵港市林业

【概况】 2020 年，贵港市林业用地面积 51.3157 万公顷，占国土总面积 106.03 万公顷的 48.39%。森林面积 51.85 万公顷，其中有林地面积 40.94 万公顷，国家特别规定的灌木林地 4.01 万公顷、农地乔木林 3.67 万公顷、农地灌木经济林 1.43 万公顷、农地竹林 1.79 万公顷。活立木总蓄积量 2257.33 万立方米。森林覆盖率 46.85%，木材产量 237 万立方米。林业总产值 575.64 亿元，木材加工和木、竹、藤、棕、苇家具、造纸等制品制造产业产值 400 亿元。

【森林资源管护】 加强项目征占用林地审核审批及林木采伐管理，严格控制森林资源消耗。一是加强建设项目使用林地审核审批管理，严把审核审批关。2020 年，贵港市共审核（审批）工程建设项目长期使用林地 105 宗，面积 780.2015 公顷（其中包括自治区林业局委托贵港市林业局审批生猪养殖项目 26 宗，面积 31.0005 公顷），临时占用林地 2 宗，面积 19.5146 公顷，收取森林植被恢复费 9868.7 万元。二是加强林木采伐管理。严格执行森林采伐计划分配制度，严格按照申请顺序审核审批；坚持凭证采伐制度，对采伐审批、采伐监督严格把关；规范中介行为，把伐区设计不规范、存在严重错误的中介设计单位拉入黑名单并对其采取惩处措施，维护林农权益；结合森林督查严厉打击非法采伐行为，加大对疑似违法采伐图斑的核查力度，对发现的疑似违法采伐图斑认真检查，做到及时发现、及时查处、及时整改、及时恢复。

加大林业执法与案件查处力度，加大打击乱砍滥伐、乱征占等不法行为，切实保护森林资源。重点围绕森林督查违法违规图斑，大力打击涉林违法行为。贵港市森林督查违法图斑由2019年的790个下降至2020年的595个，违法破坏森林资源行为得到有效遏制。广西壮族自治区人民政府发文通报，在林地管理规范、森林资源保护成效方面，贵港市排名广西第二，给予贵港市120公顷的林地定额指标奖励；自治区林业局对贵港市回收国有林场被侵占林地激励奖励年度林地定额指标50公顷。

落实森林生态效益补偿工作。贵港市已兑现管护补助的公益林面积6.17万公顷，完成兑付管护补助1346.01万元，占目标任务1379.15万元的97.60%，兑付率排名广西第一。其中，国家级公益林补助兑付902.55万元，兑付率97.84%；自治区级公益林补助兑付462.99万元，兑付率97.14%。

组织开展严厉打击野生动物养殖交易违法行为。一是对陆生野生动物养殖（经营）场等重点场所开展地毯式巡查，累计出动执法人员7123人次，累计检查养殖场（包括持证和无证）846家，检查农贸市场、商场超市、酒店、大排档、海鲜店、肉禽店（摊点）等3654家，动物园（动物大世界）2家，布控高速路口9个，暂停开放旅游区、动物园、风景名胜区等9个。二是组织贵港市各级林业部门，会同森林公安、交通运输、市场监管等部门加大执法力度，严厉打击非法捕猎、运输和经营利用野生动物及其产品等违法行为。2020年，贵港市森林公安共立野生动物案件32起，通过严查各类野生动物及其制品案件，加大了对非法猎捕、收购、运输、出售、加工野生动物及其制品违法犯罪行为的打击力度。

落实森林防火措施，确保森林安全。开展以野外火源管理为重点的森林防火宣传教育活动，运用报纸刊登、广播电视播报、出动宣传车、书写大小标语、印发宣传资料、出版墙报、利用航护飞机散发传单、在林区中小学开设森林防火知识课等有效形式，广泛深入地开展森林防火宣传教育。加快推进浔江、郁江流域森林防火项目的建设，分别建设扑火专业队营房、训练场、瞭望塔、林火视频监控前端，采购运兵车、水罐车、摩托车、风力灭火机等。

组织开展松材线虫病防控工作。开展松材线虫病春、秋季普查和全面排查。通过政府购买社会服务方式开展综合治理，贵港市累计清理枯死松树10万多株，在桂平龙潭国家森林公园、桂平西山风景名胜区及景区周边区域开展飞机防治，累计飞防作业面积2万公顷。

【林业产业】 一是提升木材加工产业高质量发展。2020年，贵港市通过招商引资，引进高端木业企业12家，2020年木材加工产值400亿元，同比增长13.6%。2020年11月28日，贵港市成功举办2020年第五届广西（贵港）木材加工业发展高峰论坛，中国各地专家、学者与企业家400多人汇聚贵港，为助推林业产业高质量发展交流思想、建言献策，助力广西壮族自治区打造万亿元绿色林业产业。贵港市以旋切单板、胶合板为主的木材加工企业或个体户已累计发展到3500多家，其中单板2600多家，年生产能力达到1100多万立方米；胶合板576家，年生产能力达到1500多万立方米，中纤板2家、刨花板厂4家，年生产量达到97万立方米；其他为木家具厂、锯材厂、木片厂等。二是统筹森林旅游产业发展。指导平天山国家森林公园、桂平龙潭国家森林公园、大五顶自治区森林公园、亚计山自治区森林公园不断提高在开发建设过程中的整体防范意识和能力，确保不发生重大违纪行为。做好贵港市森林旅游示范市总体规划，规划已通过专家评审，并报国家林业和草原局备案。三是大力发展花卉产业。贵港市现有花卉绿化苗木种植面积5473.33公顷，花卉绿化企业450家，中大型企业72家，花农户数42300户，从业人员132000人，其中专业技术人员2900人，温室面积 8000 平方米。切花切叶产量 600 万支，盆栽植物产量 942 万盆，观赏苗木产量 812 万株，草坪产量 132.5 万平方米，花卉市场 8 个。四是持续推进林权配套改革，切实巩固林权改革成果。继续做好第二批集体林地"三权分置"改革试点工作，在首批"三权分置"试点的基础上新增条件比较成熟的覃塘区开展第二批"三权分置"改革试点工作，不断探索建立林地经营权流转交易市场和林权流转管理制度。五是推进农村能源项目建设。2020 年，贵港市共组织实施农村能源项目 23 个，总投资 666.4 万元，争取上级财政资金 512 万元。

【林业生态建设】 狠抓植树造林工作，加快资源培育。一是全面完成年度植树造林任务。贵港市完成营造林面积 7500 公顷，占计划任务 4800 公顷的 156%。全市油茶新造林完成 400 公顷，占任务 400 公顷的 100%。二是推进全民义务植树活动。贵港市全民义务植树完成 602 万株，占计划任务的 100.3%，其中桂平市 170 万株、平南县 160 万株、港北区 90 万株、港南区 92 万株、覃塘区 90 万株。2020 年 3 月 12 日，贵港市四家班子领导、创建国家森林城市成员单位干部职工到港南区东津镇石连村冲口屯（津口农业核心示范区）开展贵港党政军领导义务植树暨市树种植活动。全市各单位干部职工在单位大院、各挂点村义务植树，累计种植绿化苗木 2 万多株。三是巩固提升村屯绿化。2020 年，贵港市实施村屯绿化美化提升项目村屯 27 个，其中示范型村屯 7 个，管护型村屯 20 个，累计落实到位资金 120.6 万元；共种植绿化美化树种 2889 株、灌木 6520 株、草皮 1789 平方米，累计绿化面积 6.14 公顷。四是做好古树名木保护工作。贵港市经审核认定古树名木共 38 科 79 属 113 种 4555 株。积极做好古树名木"一树一策"管护复壮工作，在贵港市范围内挑选 10 株衰弱、濒危古树开展复壮工程。五是巩固提升国家森林城市工作。印发《广西贵港市国家森林城市建设总体规划（2014—2023

年）修编》《广西贵港市国家森林城市建设总体规划》《贵港市国家森林城市建设实施方案（2019—2021 年）》。大力推进市树推广种植工作，2020 年共种植玉桂树 11448 株。贵港市 26 个单位荣获 2020 年"广西森林城市"系列称号，其中桂平市获"广西森林县城"称号，4 个园区获"广西森林单位"称号、21 个村屯获"广西森林村庄"称号。

【林业行业扶贫】 选派一批优秀党员干部作为驻贫困村的第一书记、队员和林业科技特派员。贵港市林业系统选派林业科技特派员 15 名，按要求定期到贫困村推广油茶、澳洲坚果、板栗、肉桂、八角等名优经济林优良品种及高效栽培技术，松树、杉树、桉树、竹子、珍贵乡土树种等速生用材林高效培育技术，大力推广林下种植养殖、低产低效林改造、病虫害防治等实用技术，培训林农和基层技术人员 361 人次，帮助贫困人口掌握实用技术，促进贫困人口增产增收。

认真贯彻落实中央、自治区脱贫攻坚决策部署和贵港市有关决策部署，取得良好的成绩。一是建立责任体系。构建了"主要领导亲自抓，分管领导具体抓"的扶贫管理体制和责任体系，扶贫作为"一把手"工程的格局已经形成。二是建立政策体系。针对林业行业实际情况制定印发《贵港市林业行业扶贫工作方案》，并监督各县（市、区）按照方案做好贵港市的林业脱贫攻坚工作。三是建立监督体系。中央出台脱贫攻坚督查巡查工作办法，对各地各部门开展督查巡查，贵港市林业局根据林业工作情况，形成督查组到各县（市、区）抽查林业扶贫项目资金使用情况、林业扶贫公益性岗位任用考核情况。四是履行后盾单位职责。2020 年，贵港市林业局班子领导多次到挂点村调研村集体经济建设，深入挂点村集体基地实地调研，走访帮扶贫困户，了解他们的生产生活等情况。2020 年贵港市林业局为挂点村赠送 1500 株麻竹苗、22500 株杉木苗、585 羽鸡苗，支持挂点的 5 个贫困村工作经费 11.5 万元。发放脱贫攻坚工作队员及家属慰问金8000元；补助工作队员购买过冬生活用品经费20000多元，为工作队员工作生活提供保障；为驻村干部购买保险，每人450元；补助工作队员健康体检经费5600元。

【野生动物禁食处置补偿兑付】 贵港市按要求做好全市人工陆生野生动物处置及补偿资金兑付工作，处置蛇类1742892.9千克，非蛇类81707只，兑付补偿处置资金共20360.5万元，其中

桂平市8319万元、平南县6007.3万元、港北区1104.4万元、港南区4009.8万元，覃塘区920万元。广西壮族自治区财政厅两次下达资金7875万元，贵港市本级财政下达共5958.48万元，各县（市、区）财政承担6527.02万元。2020年11月18日，贵港市野生动物补偿兑付工作100%完成。

（贵港市林业局）

玉林市林业

【概况】 2020年，玉林市林业用地面积82.88万公顷，有林面积67.1万公顷。其中，以桉树为主的速丰林30.15万公顷，马尾松为主的松林19.25万公顷，两类树种合计面积占玉林市林业用地面积59.6%。森林覆盖率62.37%，森林蓄积量4849.82万立方米，可年产商品林蓄积量417万立方米；全市自治区级以上公益林保有量6.56万公顷，天然商品林面积36993.33公顷。有自治区级自然保护区4个、市级自然保护小区9个，总面积占玉林市总面积的2.9%。国有林场10个，经营面积7.8万公顷。

2020年，玉林市林业局秉持"绿水青山就是金山银山"的理念，牢牢把握"保、稳、进""三字经"，扎实做好"六稳"工作，坚定落实"六保"任务，在新冠疫情常态化防控中推进林业事业健康发展，全力稳住林业经济基本盘。林业经济逐月恢复、逐季回升，林业主要经济指标好于预期，保持平稳发展态势。全市林业总产值567.8亿元，比上年增长2%。落实中央、自治区林业部门预算及专项资金共1.91亿元，比上年增加1804万元。森林抚育面积5.21万公顷，比上年增长15.5%。年产木材284.66万立方米，人造板产量320万立方米。有林产品加工企业1588家。森林旅游与休闲服务业产值17.16亿

元，比上年增长32%。2016—2019年林业行业扶贫工作中，玉林市获自治区林业局通报表扬，被评为全区林业行业扶贫先进单位。

【资源概况】

动物资源 玉林市辖区内有两栖类动物3目10科38种，爬行类动物3目13科64种，鸟类动物19目63科347种，兽类动物8目25科67种，鱼类7目15科103种，昆虫类13目96科322种。其中，属国家一级重点保护陆生野生动物的有黄嘴白鹭、林麝、大灵猫、小灵猫和穿山甲5种；属国家二级重点保护陆生野生动物的有蟒蛇、短尾猴、猕猴、豹猫、栗树鸭、斑头鸺鹠、苍鹰、雀鹰、松雀鹰、日本松雀鹰、凤头鹰、褐耳鹰、普通鵟、灰脸鵟鹰、红隼、燕隼、小隼、黑鸢（老鹰）、黑翅鸢、蛇雕、白鹇、小鸦鹃、褐翅鸦鹃、草鸮、黄嘴角鸮、领角鸮、褐冠鹃隼、蓝喉蜂虎、白胸翡翠（鱼狗）、歌百灵、云雀、画眉（金画眉）、黑喉噪鹛（珊瑚鸟）、红嘴相思鸟（相思鸟）、鹩哥（了哥）、蓝喉歌鸲、眼镜王蛇（山万蛇）、版纳鱼螈、虎纹蛙、大壁虎、三线闭壳龟、山瑞鳖等42种；属广西重点保护陆生野生动物的有果子狸、水律蛇、眼镜蛇、金环蛇、银环蛇、沼蛙、华南兔（野兔）、红腹松

鼠（赤腹松鼠）、豹猫（野猫、抓鸡虎）、赤麂（黄猄）、苍鹭、池鹭（田螺鹭）、绿鹭、灰胸竹鸡（生鹧鸪、竹鸡）、环颈雉（雉鸡、野鸡）、黄脚三趾鹑（鹌子、三了）、苦恶鸟（白面鸟）、黑水鸡、董鸡、骨顶鸡、大杜鹃（布谷鸟）、小杜鹃、四声杜鹃、乌鹃、绿嘴地鹃、蓝翡翠、八声杜鹃、三宝鸟（海南了）、大拟啄木鸟、赤红山椒鸟、红耳鹎、白头鹎（白头翁）、白喉红臀鹎、绿翅短脚鹎、橙腹叶鹎、红尾伯劳、棕背伯劳、栗背伯劳、黑枕黄鹂（黄莺）、黑卷尾（黑支箭）、灰卷尾、发冠卷尾（卷尾燕）、丝光椋鸟、八哥（牛背鹩）、红嘴蓝鹊、喜鹊、白颈鸦、大嘴乌鸦、松鸦、橙头地鸫、乌鸫、黑脸噪鹛（土画眉）、白颊噪鹛、棕颈钩嘴鹛、黄眉柳莺、长尾缝叶莺（裁缝鸟）、大山雀（白脸山雀）、凤头鸦、变色树蜥（马鬃蛇）、三索锦蛇（广蛇）、乌梢蛇（青蛇、乌蛇）、尖吻蝮（五步蛇）、黑眶蟾蜍、棘腹蛙（山蚂拐）、棘胸蛙（石蛙）、黑斑蛙（田鸡）、泽蛙、大树蛙、斑腿树蛙、姬蛙（三角蚂拐）等71种。

植物资源 玉林市辖区内有维管束植物229科4343种，其中蕨类植物41科210种，裸子植物9科29种，双子叶被子植物151科3313种，单子叶被子植物28科791种。

【资源管理】

自然保护区管理 玉林市现有博白那林自然保护区、容县天堂山自然保护区和大容山自然保护区等林业自治区级、森林生态系统类型自然保护区，面积共3.70275万公顷，占全市总面积128.75677万公顷的2.87%，主要保护对象均为水源涵养林和季风常绿阔叶林。全市自然保护小区9个，总面积460.94公顷。2020年，玉林市有序推进了自然保护区"五化"管理和13处自然保护地优化整合工作。组织开展自然保护区违建别墅问题排查工作。排查出疑似涉林重点范围违建别墅问题8处（2处属贵港市辖区范围），建筑面积共10223平方米，占地面积共31807平方米，已经全部整改完成并复绿。同时加强自然保护区日常监管，全力遏制破坏林业自然保护区资源的违法犯罪行为。

人工繁育陆生野生动物处置 2020年，玉林市全面贯彻落实"一法一决定"，全力做好人工繁育野生动物转产转型处置工作，在自治区林业局要求的时间节点内全面完成人工繁育陆生野生动物处置工作。2020年8月20日全面完成了人工繁育陆生野生动物处置工作。共处置蛇类161万余千克、其他动物11万余头（只），转产转型158户；11月9日全面完成人工繁育陆生野生动物处置的资金补偿兑付工作，兑付资金2.17亿余元，其中优先兑付建档立卡贫困养殖户266户，兑付资金2136.27万元。

林业行政执法 2020年，玉林市坚持依法治林，推行整管并重、管查结合，筑牢森林生态安全底线。开展"昆仑2020"专项行动，全面查处各种非法开垦林地、非法占用使用林地、滥砍盗伐林木、非法捕猎和经营利用野生动物等破坏森林资源违法案件。2020年，798个森林督查图斑全部核实完成。其中涉嫌违法违规占用林地图斑358个，面积310.9795公顷；涉嫌违规采伐林木伐区440个，林木蓄积23324立方米。经核查属于破坏森林资源问题图斑665个，行政结案552起，行政罚款1085万余元，行政办结率76.09%；刑事结案113起，刑事移交率63.72%。国家林业和草原局驻广州专员办挂牌督办的28起案件全部破案，森林案件查处排在全区前列，在全区森林资源管理工作会上作典型发言。

【林业产业】

林下经济 2020年，玉林市林下经济通过种苗培育、林下种养殖、林产品深加工等多形式提质增效，通过林药展览、森林康养、科普教育等立体式扩面延链，通过科技创新、示范区带动、成果转化等加快产业提档升级。全市林下经济产值125亿元，发展面积22.8万公顷，惠农富农191万人。由玉林市人民政府、中国中药协会主办的"走进五彩玉林——2020年林源中药产业发展央视直播会议"在玉林市成功举办，"玉林八角"知名度得到极大提升，"一县一品"林源中药产业蓬勃发展。北流沉香示范区正在申报自治区级现代化林业示范区，玉林市林业局被评为2020年全区林业行业扶贫先进单位。

"一园三区"建设　玉林市通过园区建设优化土地、资金、技术、人才等方面"组合拳"，打造实木家具、异形胶合板、木地板三大产业集群。截至2020年12月，累计新增入园企业320家，完成投资30多亿元，年产值超过50亿元，带动就业5万多人。依托农地入市政策、广西综合金融服务平台等，为"一园三区"建设和企业发展拓宽融资渠道，为家具企业发放贷款4.86亿元。2020年成功举办"首届广西家具家居博览会暨高端绿色家具家居产业发展高峰论坛"，近万名家具经销商洽谈参展，超10万人参观选购家具，交易额超4.2亿元。北流市实木家具产业示范区被评定为自治区级现代特色林业核心示范区，并被授予"广西实木家具名城"称号，容县获中国轻工业协会、中国家具协会联合授予"中国弯曲胶合板（弯板）之都"称号。

森林旅游康养　围绕大健康，森林旅游和森林康养蓬勃发展。六万林场获全国首批"中国森林康养林场""森林养生国家重点建设基地"、广西首批"森林康养基地服务体系建设试点单位""广西职工疗休养基地""广西中小学生研学教育基地"等称号；大容山森林康养基地被列入2020年第一批广西森林旅游系列等级名单，并被评为自治区级森林康养基地，入选"全国森林康养基地试点单位"、广西首批"中医药健康旅游示范基地""玉林中小学生研学教育基地""玉林市职工疗休养基地"；陆川县龟岭谷森林康养基地获认定"广西森林康养基地"，玉林市牛塘人家获"五星级森林人家"称号，玉林市龙泉湖森林人家获"四星级森林人家"称号。自2019年开始创建"国家森林乡村"行动以来，玉林市共有29个乡村被国家林业和草原局认定为"国家森林乡村"。

【林业生态建设】

植树造林　坚持新冠疫情防控与春季复工复产"两手抓"，通过山上造林和山下增绿储备森林资源总量。同时通过森林质量提升、森林抚育及封山护林等措施，夯实绿色发展本底，实现森林资源"量质并举"。玉林市全年完成植树造林1.24万公顷，占自治区林业局下达目标任务的118.4%。同时加快树种结构调整，坚决打赢污染防治攻坚战。以南流江、九洲江、北流河等重点流域及饮用水源地保护区为重点，实施防护林工程及退化林修复，示范带动种植乡土珍贵树种，推进林种、树种结构优化。2020年全市完成桉树纯林改造1106.67公顷，占自治区下达任务的121%。

古树名木保护　在全国第二次古树名木普查中，玉林市共登记古树名木10044株，其中分布在远郊野外和乡村街道9563株，入选全区特级保护古树名木名录12株，一级保护古树名木名录52株，容县松山镇三合村树龄1750年的格木入选"全区十大最老古树"。2020年，玉林市完成打造9个古树名木主题景点，其中北流市新圩镇河村入选2020年中国美丽休闲乡村。8月，广西乡村风貌提升工作现场推进会在河村举行。9月，全区古树名木复壮工作现场会暨技术培训班在玉林市举办。

林业合作社组建　积极组建林业合作社，实现规模化生产替代"各自为政"的小农经济。2020年，全市完成组建林业合作社13个（其中完成脱贫攻坚造林专业合作社4个，林下经济专业发展合作社4个，油茶专业合作社5个），占自治区下达任务要求的130%。

【森林防火】

森林火灾　2020年，全市共发生森林火灾8起（其中一般森林火灾1起，较大森林火灾7起，火场总面积70.27公顷，没有发生重大、特大森林火灾和伤亡事故）。森林受害面积36.58公顷，森林火灾受害率0.04‰。与2019年同比，森林火灾次数下降 7 起，火场总面积下降 93.4%，受害森林面积下降 89.3%。

森林火灾综合治理 2020 年，玉林市环六万山森林火灾高风险区综合治理工程建设项目预警监控系统项目 13 套视频监控系统前端，4 套视频监控系统后端已建设完成；扑火设备物资已验收并调拨到县（市、区）；兴业县专业扑火队营房、物资储备库及附属设施建设项目已开标；5 辆森林防火车辆采购合同已签订。全年累计完成中央资金 850 多万元，累计支付中央资金 740 多万元，累计到位地方资金 154 万元，累计支付地方资金 140 多万元。玉林市环大容山森林火灾高风险区综合治理工程建设项目已委托国家林业和草原局中南林业调查规划设计院环发新技术公司进行编制和初步设计。

【**重大项目建设**】 全市完成油茶"双千"新造林面积 1014 公顷，按时完成自治区林业局下达的目标任务。国家林业和草原局林产品质量检验检测中心（南宁）桂东南中心项目建设已完成主体建设和人员培训等前期工作，正进行设备采购和安装。投资 6 亿元的自治区"双百双新"项目容县高林公司中（高）密度纤维板生产线整体搬迁技术改造项目有序推进。2020 年共审核上报建设项目使用林地申请 205 宗，上报面积 2317.02 公顷，获上级批复 133 宗，批复面积 1908.44 公顷，获批宗数和面积与去年同比分别增长 43%、154%，预缴森林植被恢复费 3 亿元，全力保障建设项目使用林地定额需求。陆川县因林地管理规范、森林资源保护成效好获自治区 50 公顷林地定额奖励。

【**林业有害生物防控**】 2020 年，全市林业有害生物发生总面积 19.18 万公顷（其中轻度 16.08 万公顷、中度 2.37 万公顷、重度 0.73 万公顷），同比下降 14.2%。造成较严重为害的林业有害生物 21 种（其中病害 5 种、虫害 15 种、有害植物 1 种），病害发生面积 0.62 万公顷，同比下降 29.7%；虫害发生面积 17.75 万公顷，同比下降 14.3%；有害植物发生面积 8126.67 公顷，同比上升 8.6%，林业有害生物成灾率 0.42‰。无公害防治作业面积 1.52 万公顷，无公害防治率为 97.2%。松材线虫病成灾面积 764.33 公顷。玉州区、玉东新区为松材线虫病疫情新发生区，涉及大塘镇、茂林镇 5 个村 8 个林班 77 个小班，发生面积 161.63 公顷。召开玉林市松材线虫病和微甘菊防控工作领导小组联席会，开展松材线虫病疫木检疫执法专项行动，健全市、县、乡、村四级联动覆盖全市的林业有害生物监测预警网络体系，组织贵港市、梧州市、钦州市 3 个市联合开展林业重大有害生物防治，签订四市林业重大有害生物防控合作协议，强化联防联控整体合力。

（玉林市林业局）

百色市林业

【**概况**】 百色市林业局是百色市人民政府的职能部门，主要负责林业的保护、发展、利用和管理执法等工作，机构级别为正处级行政单位，设立 8 个内设科室，分别是办公室、政策法规科（行政审批办公室）、生态保护修复科（市绿化委员会办公室）、森林资源管理科（森林草原防火和安全生产科）、自然资源保护管理科、林业改革发展科、规划财务科、人事科。行政编制 17 名、设局长 1 名、副局长 3 名、总工程师 1 名、科级领导职数 10 名。二层事业单位共 12 个，核定事业编制 80 名（其中参公编制 47 名、事业编制 33 名），在职在编事业编制人员共 63 名。局直属单位 7 个，其中副处级单位 4 个（岑王老山国家级自然保护区、老山林场、百林林场、林业科学研究所），核定编制 284 名。全市 12 个县（市、区）均设置林业局为政府工作部门。2020 年 5 月，原百色市农业农村局管理的市草地监理监测站划归百色市林业局管理，同时更名为百色市森林和草地监理监测站，属百色市林业局二级事业单位。

【资源概况】 百色是森林资源大市，全市林地面积 287.33 万公顷，占国土面积（362.56 万公顷）的 79%。森林面积 276.2 万公顷，其中用材林面积 112.01 万公顷、经济林面积 31 万公顷、生态公益林面积 108.8 万公顷。森林覆盖率 72.81%，位居广西第三，森林活立木蓄积量达 1.23 亿立方米，森林生态系统服务功能总价值达 2393 亿元。天然草地面积 3.33 万公顷，排全区前三，草地综合植被盖度 80.05%，是珠江流域中上游重要生态屏障之一。全市现有各类自然保护地 35 个，总面积 44.44 万公顷，其中自然保护区 19 个、国家湿地公园 4 个、森林公园 7 个、风景名胜区 1 个、地质公园 4 个。世界级地质公园（中国乐业—凤山世界地质公园）1 个，面积 4.46 万公顷，自然保护区面积及数量排全区首位。现有国有林场 18 个（区直 1 个、市级 2 个、县级 15 个），经营总面积 20.59 万公顷（雅长林场 3.87 万公顷）。百色市林地面积、森林面积、活立木蓄积量、自然保护区面积及数量均居广西第一。

【资源管理】 严格按照"依法、高效、便民、公开、公正"原则，简化内部审批程序，主动介入，优化服务，切实加强对建设项目使用林地审核审批管理和跟踪服务保障工作。2020 年，百色全市审核上报征占用林地项目 151 个、面积 2772.5 公顷，其中长期使用林地项目 131 个、面积 2671.94 公顷，临时占用林地项目 19 个、面积 100.35 公顷。自治区林业局已批复 89 个，面积 1844.77 公顷。市级审批长期使用林地生猪项目 5 个（自治区委托），面积 12.32 公顷，临时占

用林地项目 2 个、面积 16.31 公顷，修筑直接为林业生产经营服务设施项目 2 个、面积 0.22 公顷。县（市、区）级审批建设项目临时使用林地 60 个、面积 212.92 公顷；修筑直接为林业生产经营服务设施项目 20 个、面积 45.85 公顷。

林木采伐管理 2020 年，百色市森林采伐限额 510.2 万立方米，其中常规限额 398.7 万立方米、追加 11.5 万立方米、调剂 100 万立方米。全市使用森林采伐限额 439.8 万立方米，占总限额的 86.2%。按森林类别分，商品林使用 435.7 万立方米、生态公益林使用 4.1 万立方米；按权属分，国有 33 万立方米、集体 333 万立方米、其他 73.6 万立方米、非林 0.2 万立方米；按采伐类型分，主伐 410.3 万立方米、抚育采伐 8.3 万立方米、低改 12.6 万立方米、其他采伐 8.6 万立方米。各项森林采伐限额均没有突破限量，符合规定要求。

生态公益林管理 2020 年，百色市纳入财政森林生态效益补偿基金的公益林面积为 98.81 万公顷。其中，纳入中央财政补偿范围的公益林面积 82.37 万公顷、纳入自治区财政补偿范围的公益林面积 16.44 万公顷。全市森林生态效益补偿资金兑现 23511.93 万元，占全年兑现任务的 94.31%，超额完成绩效考核目标任务。

天然商品林管理 百色市认真按照自治区林业局的部署要求，积极督导全面停止天然林商业性采伐。强力推进协议停伐和补助资金兑付工作，在全面停止天然林采伐基础上，扎实落实天然林管护责任，加强资金管理，及时兑现补助资金。2020 年，全市应兑现天然商品林补助资金 4362.94 万元。

【林业产业】 2020 年，百色市完成林业部门总产值 416 亿元，同比增长 8%，完成林业行业产值 45.2 亿元，增速 10.1%。

油茶"双千"计划全面开展 加快推进全国油茶产业扶贫示范区建设，大力发展油茶产业。全年完成油茶新造林 6926.67 公顷，完成率

103.8%；完成油茶低产林改造 8960 公顷，完成率 103.4%，全市油茶面积达 13.42 万公顷，稳居全区第一、全国第三。年产油茶籽 9.97 万吨，产值 40.4 亿元。创建油茶"双高"示范园 10 个，面积 1046.67 公顷，创建油茶"双高"示范点 21 个，面积 626.67 公顷，新组建油茶专业合作社 17 家。

林下经济快速发展 2020 年，百色市林下经济面积达 53.47 万公顷，同比增加 6.9%，产值 120.9 亿元，惠及林农人数超 119 万人，从事林下经济农户超 36 万户。其中，林下种植面积 21.17 万公顷，产值 32.2 亿元（林药 6.61 万公顷，产值 6.8 亿元，同比增加 36%；林菌 1.98 万公顷，产值 1.3 亿元）；林下养殖面积 13.33 万公顷，产值 63 亿元（林禽 6.83 万公顷，产值 39.5 亿元；林畜 3.73 万公顷，产值 19.9 亿元）；林下产品采集加工面积 12.46 万公顷，产值 15.7 亿元；林下旅游面积 6.50 万公顷，产值 9.9 亿元。

创新推动国家储备林基地建设 积极与区直林场、直属企业展开合作，创新"平台公司＋基地＋合作社（市县国有林场）＋农户""林权收储＋基地""林地入股＋公司经营""林木托管＋公司经营"等多种经营模式，探索林权流转、合作分成、入股经营等形式，促进多主体参与国家储备林基地建设。通过收储、营造高效人工林，集约改培现有林，提高林分质量和林地生产力，培育多功能森林，有效安置农村剩余劳动力，拓宽农民就业增收渠道，加快农村经济繁荣发展，解决山区特别是贫困地区农民增收问题。截至 2020 年，广西国控林业投资有限公司、广西国有博白林场（简称"博白林场"）、钦廉林场、雅长林场、三门江林场、六万林场等 5 家区直林场已在百色市 11 个县（市、区）开展国家储备林基地建设，收储林地面积 52686.31 公顷，排名全区第一。

林业产业加工短板稳步改善 2020 年，百色市完成人造板产量 170 万立方米。"丰林""万家春""嘉华""康木匠"等人造板品牌享誉全国。广西国旭春天人造板有限公司年产 10 万立方米胶合板自动化生产线技改项目、广西百色现代林业产业园项目等先后列入自治区层面统筹推进重大项目。全区乃至全国首个实现生产自动化、智能化的田林县天成农业山茶油智能工厂建成投产，广西国旭春天人造板有限公司年产 10 万立方米国内装备技术水平最先进的优质环保型胶合板生产线技改项目竣工投产。2020 年新增规模以上木材加工企业 13 家，全市规模以上木材加工企业已达 52 家。

林业产业园建设取得突破 针对百色林业第二产业发展难题，布局建设百色现代林业产业园五大片区，着力推进右江区、田阳区现代林业产业园和西林、平果、田林等县级木材加工集中区建设，打造高端绿色家居产业特色聚集区。广西百色现代林业产业园（第一期）项目计划投资 40 亿元，已于 2020 年 9 月 28 日开工建设。重金循环经济（百色林业）产业园项目计划投资 103 亿元，已于 2020 年 12 月 20 日正式启动。广西西林－云南广南生态扶贫产业合作示范园已有 4 家签约企业入驻园区。

【**林业生态建设**】 全力推进退耕还林、珠防林、石漠化治理等林业重点生态工程建设，强化国土绿化。全年完成植树造林 3.4 万公顷，完成率 126.3%，其中完成珠江防护林工程造林面积 800 公顷，完成率 100%；完成石漠化综合治理工程面积 7486.67 公顷，完成率 100%；完成中幼龄林抚育面积 9.38 公顷，完成率 185.09%；完成桉树种植结构调整面积 566.67 公顷，完成率 107%。

实施村屯绿化美化景观提升示范村屯建设。全市落实绿化用地村屯数 11 个，占计划任务的 100%；开展作业设计村屯数 11 个，占计划任务的 100%；完成作业设计村屯 11 个，占计划任务的 100%；开工村屯数 11 个，占计划任务的 100%；竣工村屯数 11 个，占计划任务的 100%；落实管护长效机制村屯数 11 个，累计种植苗木 1.6 万株，新增绿化面积 4.6 公顷，累计投入资金 157.93 万元；落实绿化用地村屯 35 个，占计划任务的 100%；制订实施方案村屯 35 个，占计划任务的 100%；开工村屯数 35 个，占计划任务的 100%；竣工村屯数 35 个，占计划任务的 100%；落实绿化长效管护机制村屯数 35 个，累计种植苗木 4157 株，新增绿化面积 3.61 公顷，累计投入资金 79.146 万元。

【森林防火和安全生产】 坚持"预防为主、积极消灭"森林防火方针，认真以依法治火、科学管火、智慧防火为工作主线，有序推动各项工作开展。2020 年，全市共发生森林火灾 18 起（其中一般森林火灾 15 起，较大森林火灾 3 起）；受害森林面积 66.94 公顷，森林受害率 0.0032‰。森林防火各项指标均在责任目标内，特别是 0.0032‰ 的森林火灾受害率，远小于 0.8‰ 的责任目标，没有发生重大、特大森林火灾，没有发生火烧连营和群死群伤事故，全市森林防火总体态势稳定良好。

深入开展百色市林业行业重点领域安全生产"强监管严执法年"专项行动，2020 年全市组织执法工作组检查企事业单位及场所 42 家次，检查出隐患和问题 5 处，责令改正或限期整改 5 处，整改率达 100%。完成自治区对百色市人民政府 2020 年安全生产和消防工作的考核、百色市安全生产委员会对百色市林业局 2020 年安全生产和消防工作的考核共两次重要考核的迎检工作。

【重大项目建设】 抓好"一区三园"的建设，重点推进百色现代林业科技园区建设，统筹推进田林、西林、平果等三个县级林木产品加工园建设。百色现代林业科技园区建设项目选址在禄源工业园区，用地总面积 444.54 公顷，已完成总体规划。推进百色市森林资源保护研究中心项目建设。

抓好总投资 7005.49 万元（其中，中央预算内投资 5576 万元、地方配套 1429.46 万元）的森林重点火险区综合治理三期工程建设，分右江干

热河谷、革命老区、西南部、桂滇黔三省（区）交界四个片区实施，累计完成投资 6304.941 万元，占总投资量的 90%。

【林业有害生物防控】 2020 年，百色市森林面积 252.53 万公顷（含未成林面积），全市林业有害生物发生面积 11147.27 公顷。其中，病害发生面积 5582.93 公顷，虫害发生面积 5342.93 公顷，鼠害发生面积 221.4 公顷。成灾面积 171.27 公顷，其中八角炭疽病成灾面积 26.87 公顷、松材线虫病成灾面积 101.13 公顷、八角叶甲成灾面积 43.27 公顷，主要发生地点在凌云县、田林县和靖西市，全市成灾率为 0.068‰。

无公害防治情况 2020 年，百色市采取多种方法对林业有害生物实施防治，主要使用真菌类、细菌类、人工等无公害防治。全市林业有害生物防治作业面积 11373.33 公顷，无公害防治作业面积 11369.93 公顷，无公害防治率 99.97%。

预测预报情况 2020 年，百色市应监测面积 1079.7 万公顷，实际监测面积 1077.61 万公顷，监测覆盖率 99.8%。预测 2020 年全年林业有害生物发生面积 12465.8 公顷，实际发生面积 11147.27 公顷，预报准确率 88.2%，测报准确率 96.3%。

种苗产地检疫情况 2020 年，百色市应施产地检疫苗木数 302.33 公顷、花卉 200 株，实际检疫苗木数 302.33 公顷、花卉 200 株，种苗产地检疫率为 100%；调运检疫苗木 1102.9591 万株、果品 6000 千克、药材 97000 千克、木材 189.42 立方米。

春秋季松材线虫病及微甘菊普查情况 2020 年，百色市松林面积 17.88 万公顷，通过春秋两季普查实施监测面积 17.88 万公顷，监测覆盖率 100%。普查调查中，发现松树枯死木共 2197 株，主要分布在田阳、田东、靖西、凌云、田林、隆林和西林 7 个县（市、区）。已经清理的枯死木为 827 株，占枯死木总数的 37.6%。对在调查中发现的不明原因的枯死木 73 株，全部取样镜检，

镜检结果为松材线虫 7 例（其中靖西市 6 例、田林县 1 例）、其他线虫 47 例、无线虫 19 例。监测调查数据显示，全市松材线虫病疫情发生面积 101.17 公顷，除靖西市和田林县外，其余各县（区）暂未发现松材线虫病疫情。全市应施监测面积为 4446.59 万公顷，普查面积 4446.59 万公顷，监测率达 100%，在林地未发现微甘菊。

【林业扶贫】 2020 年，百色市稳步实施"林业十大产业扶贫"，累计投入林业扶持资金 8.08 亿元，实现林业带动贫困人口 37.51 万人，特色产业覆盖建档立卡贫困户 10.07 万户，占全市特色产业 50.1%，助力贫困户人均增收 1000 元以上。2020 年获得生态护林员中央补助资金 1.082 亿元，累计选聘续聘生态护林员 12922 名，有效管护森林面积 102.07 万公顷。全面实施林木采伐、造林补助等扶持政策，优先安排贫困户森林采伐和造林项目指标，全年安排建档立卡贫困户森林采伐限额 62.5 万立方米。积极主动推进林业扶贫项目建设，做好林业扶贫项目资金支付，2020 年全市涉林扶贫项目资金支付 2394.36 万元，支付率为 88.5%。

【基层林业建设】 全面落实"一岗双责"责任，做到各级单位主要领导负总责，分管领导具体抓，层层压实责任。深入开展"专项整治三年行动"，组织全市林业系统，针对林草行业安全生产事故主要特点和突出问题，全面排查隐患并整治，狠抓整改落实，强化风险防控，确保百色市林草行业安全持续稳定，坚决遏制重大、特事故发生。加大山林权属纠纷案件调解力度，重点调解化解跨县、跨市山林权属等"三大纠纷"重点积案。强化涉林信访依法依规处置，全年接收 26 件涉林信访事项，全部在法定期限内处置完毕，接访来访人员 9 批 57 人次，无因处置不当引发重复信访或群体性事件。

【草原监测管理】 开展草原资源类型和生态质量等级划分调查工作，摸清全市草地类型、优势种群、分布情况、生态等级等，监测综合植被盖度，全面掌握生态质量状况，为草地保护和合理利用提供依据。2020 年，全市共布设 76 个监测样地，草原综合覆盖度为 80.05%，草原生态质量日趋改善。积极开展草原有害生物普查工作，全面普查和掌握全市草原有害生物现状，明确草原有害生物空间分布及特征，提出综合防治措施，构建全市草原有害生物灾害预报信息数字化标本库，完善草原有害生物监测、预警、预报系统，研究制订百色市普查落实方案。

（百色市林业局）

贺州市林业

【概况】 2020 年，贺州市各级林业部门紧紧围绕自治区党委、政府，自治区林业局和市委、市人民政府的部署要求，牢固树立"绿水青山就是金山银山"的发展理念，大力发展生态林业、民生林业，积极推动林业改革发展、资源提质增效、产业转型升级，在现代特色林业示范区建设、森林旅游发展和打击涉林违法犯罪等方面取得显著成效，打响"生态贺州·长寿胜地"品牌。

【林业资源】 2020 年，贺州市行政区域土地总面积 117.5419 万公顷，林地面积 897507.37 公顷，占国土面积 76.36%。林地面积中，有林地 693454.13 公顷，疏林地 132.15 公顷，灌木林地 109121.87 公顷，未成林造林地 42900.05 公顷，苗圃地 82.82 公顷，无立木林地 41813.21 公顷，宜林地 9532.85 公顷，林业辅助生产用地 470.29 公顷，森林覆盖率为 72.95%。

【**林政管理**】 2020 年，贺州市林政资源管理坚定不移以生态建设为主、保护和利用并重的林业发展战略，着力推进依法治林，着力加强资源保护。

森林资源得到有效监管和监测 一是认真贯彻落实自治区稳增长政策措施，促进木材生产，2020 年贺州市采伐蓄积 193 万立方米，完成预定任务的 133.1%。二是完成 2020 年森林督查落实整改工作。2020 年发现疑似违法图斑 323 个，结案 129 起，结案率 40%。三是开展森林资源"一张图"年度变更工作。完成全市森林资源"一张图"年度更新任务，已启用年度森林督查暨森林资源管理"一张图"成果。四是完成公益林管护和天然商品林管护补助兑现工作。指导县（市、区）开展国家级公益林动态调整和天然商品林核实落界工作，推进生态公益林管护合同和天然商品林管护协议的签订，完成公益林管护补助兑现资金 4750.9 万元，兑现率 95%；完成集体和个人天然商品林停伐管护补助兑现资金 1719.49 万元，兑现率 97%。五是开展保护发展森林资源目标责任制考核，全市 2019 年度保护发展森林资源目标责任制考核被自治区考核并评为优秀，受到自治区林业局的表扬。六是组织协调和指导推进森林资源规划设计调查，完成小班区划、属性识别及外业补充调查、市级抽查等一系列工作，为"十四五"森林采伐限额编制提供依据。七是按时完成"十四五"森林采伐限额编制工作，确保科学合理地规划"十四五"期间采伐限额指标。八是开展 2020 年度森林覆盖率监测质量检查工作，森林覆盖率达 72.95% 并通过自治区级质量检查验收。

强化林地保护利用管理 一是按照有保有压及合理和节约集约利用林地的原则，科学统筹安排使用林地定额，充分合理利用好林地定额。二是按照"提前介入、加强协调、优化服务、提高效率"的工作要求，指导业主依法办理征占用林地报批手续。2020 年，全市审核审批建设项目使用林地共 91 宗，审核面积 907.4711 公顷，缴纳植被恢复费 13259.5067 万元。三是加强建设项目使用林地的监管，认真履行林地保护利用监督管理职责，对获得使用林地行政许可的项目进行不定期检查。

林产工业培育发展 2020 年，贺州市积极培植一批体现区域优势、独具地方特色的林业龙头企业和产业集群，鼓励企业创新技术，突破发展。推动木结构装配式产业发展，大力协调推进贺州市恒达板业股份有限公司年产装配式木屋 5000 套的生产基地建设，打造广西国有大桂山林场（简称"大桂山林场"）森林颐养木屋工程装配式建筑示范项目。推进八步区莲桂木材精深加工园区建设，完成一期路网工程建设。推进富川特色林化精深加工项目建设。推进广西东融产业园家居城项目建设，项目规划面积 666.67 公顷，建设木材集散中心、家居家具加工展示中心及路网等。

林业科技研究应用 依托贺州学院成立硅基非金属装配式建筑产业研究院和设计院两大研发平台，进一步推进贺州市建立市级装配式现代木结构建筑检测中心。通过市场化运行机制，开展装配式现代木结构建筑科研实验。对木材性能、胶结材料性能、连接件、装配式现代木结构建筑部品构件、装配式现代木结构建筑工程等进行检验检测，促进装配式现代木结构新技术、新材料、新工艺、新设备的推广和应用，助推装配式建筑结构试点城市建设工作。

林业产业建设 贺州市重点发展林浆纸、木材加工、油茶、花卉、森林旅游等优势产业项目，全市进入各工业园区的林产加工企业达 100 家，初步形成了产业原料种植业、种苗花卉业、木竹加工业及人造板制造业等产业门类，构建以"林板、林纸、林化"三大产业为主的贺州林产工业体系。2020 年全市林业总产值 237.55 亿元，实现木材加工与造纸产值 88.3 亿元，实现人造板产量 131.28 万立方米，实现花卉产值 4.03 亿元，林业已成为贺州市五大支柱产业之一。

森林旅游 贺州市森林旅游资源丰富，森林旅游景点众多，全市现有森林旅游地17处，其中国家级7处（姑婆山国家森林公园、大桂山国家森林公园、富川龟石国家湿地公园、昭平桂江国家湿地公园、贺州合面狮国家湿地公园、广西大桂山鳄蜥国家级自然保护区、广西七冲国家级自然保护区）、自治区级6处（姑婆山自治区级自然保护区、富川瑶族自治县西岭自治区级森林公园、昭平五叠泉自治区级森林公园、昭平五指山自治区级森林公园、富川西岭山自治区级自然保护区、八步滑水冲自治区级自然保护区）、国有林场4处（大桂山林场、姑婆山林场、大脑山林场、黄洞林场）。2020年，新增四星级"森林人家"共2家，分别是钟山县大坪森林人家、昭平县南山茶海森林人家；新增森林体验基地2家，分别是钟山县三台山森林体验基地、富川瑶族自治县秀峰森林体验基地；贺州西溪森林康养基地列入自治区第一批森林康养基地服务体系建设试点单位。贺州市依托森林旅游地大力开发生态旅游资源，以姑婆山国家森林公园为代表的森林生态旅游品牌在两广及东南亚地区已有较高知名度。为提高森林生态旅游品质，贺州市加大景区基础设施建设力度，通过争取资金扶持、招商引资、农发行贷款项目等方式，多元投入对森林旅游地进行改造扩建。以获得"全国森林旅游示范市"为契机，立足"生态贺州·长寿胜地"的发展战略，依托丰富的森林资源，通过"一镇一特"的主题化发展，打造姑婆山欧洲风情温泉小镇、黄姚文化旅游古镇、西溪森林温泉养生小镇和大桂山水森林颐养小镇四个特色小镇，辐射带动全市森林旅游发展，打造生态健康旅游产业集群。2016年12月，姑婆山国家森林公园被列入全国首批36个森林康养基地试点建设单位之一。2017年，西溪森林温泉、八步区林科所分别被列入第二批、第三批全国森林康养基地试点建设单位。2020年，森林旅游年收入约26.21亿元，对财政贡献率为6.3%，森林旅游业已成为贺州市重要经济支柱产业之一。

【现代特色林业示范区建设】 贺州市充分发挥丰富的森林生态资源优势和特色，积极创建符合本地发展的自治区级、市级、县级、乡级现代特色林业示范区建设项目。2016年，自治区级、市级、县乡级现代特色林业（核心）示范区实现全覆盖，全市5个示范区全部通过考评验收并取得授牌。其中，姑婆山森林生态文化旅游示范区被评为广西五星级现代特色农业（核心）示范区，是全区林业系统第一个五星级示范区。以大脑山林场为主体创建的昭平县南山茶海（核心）示范区获得自治区三星级示范区称号；以八步区林科所为主体创建的八步区森林仙草产业示范区、以西岭自治区级森林公园为主体创建的富川瑶族自治县柳家下湾生态休闲农业示范区、以黄洞月湾茶园休闲度假区为主体创建的八步区月湾生态休闲示范区获得广西县级示范区称号；以八步区炭冲村马鞍寨为主体创建的八步区莲塘镇炭冲生态乡村旅游示范区获得广西乡级示范区称号。2017年，八步西溪森林生态文化旅游示范区获得自治区三星级示范区称号，八步区森林仙草现代林业核心示范区和富川瑶族自治县秀水森林生态文化旅游示范区获得市级示范区称号。2018年，八步区森林仙草健康产业示范区升级为自治区四星级示范区。2019年，富川瑶族自治县秀水森林生态文化旅游示范区升级为自治区四星级示范区。贺州市林业示范区创建工作通过积极探索一二三产业结构调整，推进森林文化旅游、林下经济、乡村生态旅游项目建设，推动了农业种植业、畜牧业、休闲农业等配套产业发展，大大促进了产业融合发展，实现了景区收入大幅增长、产业集群作用凸显、农村经济快速发展、品牌效应显著提升的目标。昭平县南山茶海（核心）示范区采用"公司+基地+小型初加工厂+农户"的模式，带动5万～8万茶农年亩增收500元以上的社会效益和经济效益。八步区森林仙草产业示范区辐射带动3个乡镇4个村共计280多户林农发展林下经济。八步区月湾生态休闲示范区直接吸收贫困户就业39人，增加贫困户工资收入41万余元，协同黄洞瑶族乡政府引导贫困户参与村级合作社产业发展 104 户 433 人，帮扶贫困户发展林下经济 38 户 116 人，农民收入得到明显提高。

森林公园 2020 年，贺州市有各级森林公园 10 个，其中国家级森林公园 2 个、自治区级森林公园 3 个、县级森林公园 1 个、乡级森林公园 4 个。2020 年，全市森林公园总额收入约 955.86 万元，其中门票收入约 444.9 万元、食宿收入约 92.81 万元、其他收入约 155.67 万元。旅客总人次约 26.83 万人次，其中海外旅客约 0.2 万人次。全市森林公园共投入建设资金约 2730 万元，其中国家投入资金 2400 万元、自筹资金 130 万元、招商引资 200 万元。

森林康养产业 以打造健康产业为重点，发挥森林资源优势，推进林业与旅游文化、森林康养等产业深度融合；姑婆山国家森林公园、西溪森林温泉、八步区林业科学研究所成功申报为全国森林康养基地试点建设单位；姑婆山国家森林公园被认定为自治区级森林康养基地和森林体验基地，贺州西溪森林康养基地列入自治区第一批森林康养基地服务体系建设试点单位；森林康养产业即将进入高速发展期，成为林业产业发展的新模式、新业态。

【林业生态建设】

种苗生产 2020 年，贺州市有育苗企业 57 家，其中市辖区 10 家、八步区 19 家、昭平县 13 家、钟山县 4 家、富川瑶族自治县 11 家。有自治区级林木良种基地 4 个、油茶定点苗圃 6 个、油茶采穗圃 2 处。

苗木生产 2020 年，贺州市完成育苗面积 114.4 公顷，培育苗木 1445 万株，其中良种苗木 1150 万株。生产杉木 293 万株、桉树 26 万株、油茶 529 万株、茶树 270 万株、楠木 40 万株、刨花润楠 7 万株、罗汉松 1 万株、桂花 5 万株、秋枫 1 万株、紫薇 2 万株、红继木 26 万株、三角梅 6 万株、花叶良姜 2 万株、红叶石楠 6 万株、闽楠 3 万株、红花继木 2 万株、其他苗木

227 万株，为"美丽广西·生态乡村"村屯绿化专项活动及各项林业重点工程顺利开展提供了苗木保障。

种苗质量与执法 2020 年，贺州市林业系统对全市经营性苗圃进行检查，积极开展打击制售假劣林木种苗和保护植物新品种权工作。全市累计出动人员 304 人次，出动车辆 62 辆次，共抽查苗圃 56 家，检查种苗市场 40 个、检查苗木数量 264.3 万株，没有发现制售假劣种苗和侵犯植物新品种权的案例。

良种基地建设 2020 年，贺州市实施自治区财政林木良种补助基地建设项目 5 个：八步区黄洞林场 14.67 公顷马尾松、杉木种子园（繁育补助），补助资金 35 万元；昭平县东潭林科所 46.67 公顷杉木种子园（繁育补助），补助资金 42 万元；昭平县富罗林场 34.67 公顷马尾松二代种子（续建）、刨花润楠种子园 10 公顷（续建），补助资金 3 万元；钟山县国营花山林场 480 杉木二代种子园（续建），补助资金 1 万元；钟山县国营花山林场良种基地基础设施建设，补助资金 10 万元。

营造林任务完成情况 2020 年，贺州市完成植树造林 0.91 万公顷，经县（区）级自查、市级复查、自治区绩效考评核查，合格面积 0.91 万公顷，占全年计划任务 0.77 万公顷的 118.4%。完成义务植树 600.1 万株，占年度任务的 100%。

按造林方式完成情况 2020 年，贺州市完成荒山荒地造林 1060 公顷，退化林修复 1333.33 公顷，迹地更新 6686.67 万公顷。

重点林业工程 2020 年，贺州市珠防林工程完成 133.33 公顷，中央财政造林补贴项目完成 1666.67 公顷，中央财政森林抚育补贴项目完成 1100 公顷，石漠化综合治理工程完成 66.67 公顷。

自治区油茶"双千"计划 2020 年，贺州市油茶新造林完成 2266.67 公顷，油茶低产林改造完成 1933.33 公顷。

野生动植物保护管理 一是开展新冠疫情监测防控工作。在新冠疫情严峻形势期间，贺州市林业局根据市政府工作部署，抽调1名科室负责人到市疾控中心值班，留守一名科室常务负责人负责本局在新冠疫情防控期间维护野生动物防控工作。在新冠疫情防控期间，对全市范围内非法贩卖野生动物、禁食野生动物等行为进行清查，打击涉及野生动物违法犯罪活动，阻断非法狩猎、贩运、经营野生动物违法犯罪链，禁止一切人工繁育野生动物交易活动，同时对人工繁育场所、餐饮酒店、农贸市场、花鸟市场等重要场所开展专项检查，查处非法行为及落实疫病防控措施等。在新冠疫情防控期间，贺州市林业局会同各部门开展联动检查工作，共出动人员22837人次，出动警车1128辆次，检查出入贺州境内车辆25399车次，检查农贸市场15915家次，市场内经营者20732家次，商场超市3418家次，检查餐饮服务单位15193家次，野生动物驯养繁殖场568个（次）；对相关经营业主开展普法教育3120次，签订承诺书367份，发放（张贴）宣传资料7812份。收缴野生动物及其制品36头（只、条），其中疑似眼镜王蛇2条、蟒蛇1条、水律蛇2条、金环蛇2条、泥蛇尸体1条、娃娃鱼1条、斑鸠2只、竹鸡2只、画眉2只、果子狸1只、夜鹰1只、蛇制品2件、不明品种动物死体（已腊干）2只、不明品种动物尸体1只、猫头鹰死体1只、鸟类死体13只，对缴获野生动物进行了处置，有力地打击了野生动物非法交易活动，确保新冠疫情防控期间野生动物和人民群众的生命健康安全。

二是完成人工繁育陆生野生动物补偿处置工作。根据《全国人民代表大会常务委员会关于全面禁止非法野生动物交易、革除滥食野生动物陋习、切实保障人民群众生命健康安全的决定》（简称《决定》），提高政治站位，依法依规推进人工繁育野生动物处置各项工作。第一，全面摸底调查核实人工繁育野生动物情况。截至6月初，贺州市有人工繁育陆生野生动物养殖场共1080家，其中已办人工繁育许可证和经营利用许可证92家，未办证988家。第二，严厉打击任何形式的野生动物交易活动。坚决贯彻执行上述《决定》和野生动物保护法等法律规定，进一步加强执法监管，全面落实监测防控任务，强化执法监管，禁止一切形式的野生动物非法繁育、猎捕、交易、食用等活动。第三，积极做好人工繁育野生动物处置前期工作。积极与自治区林业局对接，及时向养殖户通报政策导向，引导养殖户耐心等候处置政策。第四，加大宣传引导和维稳信访工作力度。加大对养殖场（户）等重点人群的政策解释和思想引导力度，确保养殖场（户）思想稳定，能够通过合法途径传达合理诉求，避免出现过激行为。第五，积极推进野生动物处置补偿工作。根据自治区要求，贺州市圆满完成野生动物处置补偿兑现，全市处置处置蛇类31.0万千克，除蛇及观赏类以外的野生动物24.2万只（头）。其中，八步区处置蛇类120177千克，除蛇及观赏类以外的野生动物16339只（头）；平桂区处置蛇类87808千克，除蛇及观赏类以外的野生动物23490只（头）；昭平县处置蛇类34906千克，除蛇及观赏类以外的野生动物92015只（头）；钟山县处置蛇类54939千克，除蛇及观赏类以外的野生动物57866只（头）；富川瑶族自治县处置蛇类12523千克，除蛇及观赏类以外的野生动物52840只（头）。全市兑现处置和补偿资金8168.9万元。其中，八步区兑现1696.0万元；平桂区兑现1665.2万元；昭平县兑现2096.8万元；钟山县兑现1656.0万元；富川瑶族自治县兑现1054.9万元。第六，推进蛇类转产转型。根据《广西人工繁育陆生野生动物处置指导意见》，符合野生动物药用转型的品种只有眼镜蛇和滑鼠蛇，对接自治区指定有资质转型的企业广西金圣堂健康产业投资有限公司，与其签订了转型的养殖场9户。第七，推进野生动物养殖户向其他产业转型。引导养殖户发展绿色生态渔业养殖，通过粤桂扶贫协作引进广州观星农业科技公司，建设占地面积2.67公顷共100套集装箱式循环水养殖系统，带动养殖户及周边群众参与养殖，成为养殖户转产转型的好项目。同时，引进广东甘氏农业发展有限公司，在昭平县黄姚镇、文竹镇、樟木林镇、凤凰乡等乡镇，利用原有竹鼠养殖场地，转型升级发展鹧鸪养殖，养殖鹧鸪 15 万只，预计年出栏商品鹧鸪超过 100 万只，成为竹鼠禁养后的转产好项目。第八，加大对建档立卡贫困养殖户的帮扶。贺州市养殖野生动物的建档立卡贫困户 465 户，涉及贫困人员 1843 人，通过帮扶转产转型 266 户，其中 171 户获得转产转型补助，落实补助资金 99.7 万元；就业帮扶 45 户；纳入低保 42 户。

三是野生动植物保护宣传工作。2020 年，贺州市林业局投入 6.8 万元印制铜版彩色宣传单页 60000 张，印制禁止食野生动物标语宣传衫 400 件、围裙 600 件、布袋 400 个、抽纸盒 2000 个。开展联合举办的广场宣传活动 5 次，印制宣传展板 3 版、横幅 15 条，举办专题知识讲座 5 次。同时，市、县两级在野外张贴标语 82 张，发放宣传单 2520 张、宣传袋 2500 个、拉横幅 60 条，安装宣传版 10 块。2020 年，接到 12315 平台和 110 平台群众举报的野生动物案件 4 起，直接放生 4 起；昭平县违法案件查处 2 起，移送野生动物到自治区救护中心 1 起，作无害化处理 1 起。姑婆山疫源疫病监测站共上报野生动物疫源疫病监测信息 302 次，巡查总时长 51748.8 分钟，巡查总路程 4239.42 千米。

四是野生植物行政许可审批工作。2020 年度，审批国家二级保护野生植物樟树采集许可 19 件，采集樟树 35 株，其中为排除安全隐患，审批采集许可 17 件，采集枯死樟树 33 株；审批延续采集樟树许可 2 件，审批采集樟树 2 株。

五是积极做好野生动植物疫源疫病监测工作。按照自治区林业局野生动物疫源疫病监测总站要求，贺州市辖区内共设有监测站 5 个，其中属于国家级监测站的有市本级、广西大桂山鳄蜥国家级自然保护区（简称"大桂山保护区"）、七冲国家级自然保护区 3 个，巡护路线 13 条；属

于自治区级监测站的有西岭山自然保护区、姑婆山自然保护区 2 个，巡护线路 5 条。布设 80 台红外线照相机，取得 26 种动物的照片和影像，收集植物标本 1309 份，设置松材线虫病诱木堆 30 个，安装花绒寄甲卵卡 4000 张。

自然保护区管理 一是开展自然保护地大检查工作。根据《贺州市林业局、贺州市生态环境局关于印发贺州市自然保护地大检查专项行动工作方案的通知》《贺州市林业局、贺州市生态环境局关于开展"绿盾 2020"自然保护地大检查专项行动的通知》要求，贺州市林业局会同贺州市生态环境局自然生态环境与固废科组成 2 个联合检查组，抽取辖区内的 5 个自然保护区和 3 个湿地公园，对环保督察"回头看"、"绿盾"行动、人类活动遥感监测变化图斑、群众举报等事项进行大检查，共检查出 29 项违法或疑似违法问题，其中属于环保督察"回头看"和历年"绿盾"行动未销号的问题 5 项，2020 年人类活动遥感监测图斑疑似违法图斑 11 个，各保护地自查自纠问题 11 项，群众举报问题 1 项，部门移交问题 1 项。为确保检查出的 29 项问题得到一事一整改，贺州市林业局与贺州市生态环境局及时印发《贺州市"绿盾 2020"自然保护地大检问题整改清单》，对各涉及问题的林业主管部门和保护地，落实主体责任，一事一措施，限期完成问题整改任务。截至 12 月底，各相关县区按照整改清单要求对存在问题已逐步完成整改。

二是自然保护地整合优化工作。贺州市境内有自然保护地 16 个，其中自然保护区 5 个、森林公园 5 个、国家湿地公园 3 个、风景名胜区 3 个。16 个自然保护地整合优化前面积是 80395.24 公顷，占贺州市面积的 6.62%。贺州市林业局编制了《贺州市自然保护地整合优化预案》，于 5 月 13 日通过市人民政府审核，并于 5 月 30 日上报自治区林业局。自治区林业局于 6 月 16 日召开该预案的审核会。6 月 25 日接到自治区林业局专家反馈意见并进行修改完善。11 月 23 日接到国家反馈意见并进行修改完善。贺州市自然保护

地通过整合优化，自然保护地面积达到 85401.23 公顷，占贺州市面积的 7.20%，提升了 0.58%。

三是保护区人类活动遥感监测工作。2020 年，自治区下发贺州市自然保护区涉及人类活动遥感监测图斑 48 个，其中七冲国家级自然保护区 13 个、滑水冲自治区级自然保护区 13 个、姑婆山自治区级自然保护区 5 个、西岭山自治区自然保护区 17 个。根据《广西壮族自治区林业局、广西壮族自治区生态环境厅关于印发广西自然保护地大检查专项行动工作方案的通知》（桂林保发〔2020〕4 号）要求，贺州市林业局会同贺州市生态环境局印发了《贺州市自然保护地大检查专项行动工作方案》，督促各自然保护区及时开展实地核查工作。通过实地核查，核查出 2020 年人类活动遥感监测图斑疑似违法图斑 11 个，为明确涉及问题的各林业主管部门和自然保护地管理机构责任，贺州市林业局会同贺州市生态环境局印发《贺州市林业局、贺州市生态环境局关于贺州市自然保护地大检查存在问题情况通报》，要求各县区将大检查存在问题限期整改销号完成。截至 12 月底，11 起存在问题已移交执法部门进行查处。

四是项目资金投资完成情况。2020 年，为维护自然保护区生态环境，提升自然保护区管护能力，各级地方政府相应投入一定财政资金用于自然保护区建设，主要投入自然保护地整合优化工作 200 万元，用于贺州市自然保护地整合优化预案及大纲编制；自然保护区道路维修建设 275 万元，用于七冲国家级自然保护区和西岭山自治区级自然保护区林区道路维修；陆生野生动物植物疫源疫病监测经费 64 万元，用于林业外来植物监测调查及防治工作建设，支付调查检测费用、清除费用、生物防治费用、化学防治费用等；科研宣教经费 17 万元，用于药用植物专项调查、成果编辑出版等；森林防火经费 46.75 万元，用于森林防火宣传横幅、宣传折页手册、宣传海报的印制以及森林防火林带、防火线铲修及护林步道维修建设。

五是继续推进保护区人工成熟林赎买工作。在确保自然保护区面积不减少、保护强度不降低、保护性质不改变的前提下，贺州市继续推进自然保护区人工成熟林赎买工作。2020 年度，滑水冲自治区级自然保护区开展第二期人工成熟林赎买工作，已审查符合赎买条件的有 25 份（14 户），经统计成熟林测算赎买面积 20.43 公顷，出材总量 6784 立方米；测算林木评估总价 407.371 万元，正向地方政府申请资金进行兑现。

六是续推进生态公益林补偿兑现工作。2020 保护区公益林面积 39756.41 公顷，其中国家级公益林面积 30905.59 公顷、自治区级公益林面积 8850.82 公顷；已兑现公益林补偿资金 1709.78 万元，其中国家级公益林兑现资金 1482.38 万元、自治区级公益林兑现资金 227.4 万元。做好西岭山自治区级自然保护区生态公益民生资金补助工作。2020 年，西岭山自然保护区内居民的公益民生资金补助按每人每年 1600 元标准发放，保护区内总人口 5773 人，发放资金 923.68 万元。

七是继续协调保护区跨市县管理问题。经调查核实，七冲国家级自然保护区生态红线落在桂林市平乐县行政区内，涉及面积约 1773.33 公顷，主要以天然林和人工商品林为主，平乐县每年都会下发一定的采伐指标进行砍伐。

八是继续提升保护区综合治理能力建设。为进一步加强自然保护区综合治理能力，各保护区配备巡护手持终端 GPS，通过定位功能，采集上报坐标、属性、图片等轨迹记录，将巡护人员的巡护位置信息实时显示到信息中心的地图上，方便实时了解林区动态，全方位不留死角进行监控，及时发现森林火情、滥伐林木、捕猎野生动物、森林病虫害等情况，全面掌握森林资源管护状况，提高巡护效率，大大提升保护区智能化管护水平。

九是继续深入开展扫黑除恶专项斗争。2020 年，通过"林业行业领域专项整治"及林业行业"抓系统、系统抓"专项行动，聚焦林业领域八类涉黑涉恶重点部位，加大对破坏野生动植物行为等重点领域的监管力度，推动保护区"行业清源"，利用微信等新媒体平台，广泛宣传林区扫黑除恶专项斗争，加强正面宣传报道，通报涉黑涉恶典型案件。

湿地保护工作　广西富川龟石国家湿地公园于2018年12月通过国家林业和草原局验收成为国家级保护湿地。2020年，贺州市积极推进于2016年由国家林业局批准的广西贺州合面狮湖国家湿地公园和广西昭平桂江国家湿地公园的试点建设。

天然林保护情况　一是加强管理部门与执法部门之间的信息沟通，严厉打击破坏天然林行为，在林农牢固树立天然林范围就是高压线的意识，逐步杜绝偷伐、盗伐天然商品林的侥幸思想。二是充分利用电视、报纸、网络等媒体，广泛宣传"绿水青山就是金山银山""森林是水库、钱库、粮库""山水林田湖是一个生命共同体"的发展理念，营造全社会关注、支持天然商品林停伐管护工作的社会氛围。三是把停伐管护的天然商品林列入林下经济发展种植，切实提高林农收入，有效缓解天然商品林保护和林农增收之间的矛盾，进一步推进天然商品林停伐补助资金兑现工作。四是做好基础设施项目建设工作。为迎接国家对合面狮湖国家湿地公园、桂江国家湿地公园的验收，2020年初，贺州市林业局组织专家组对两个湿地公园基础设施建设项目资金实施方案进行审核，并及时批复资金实施方案给各湿地公园。2020年，合面狮湖湿地公园用于聘请国家湿地公园专业知识服务支出76.5万元、宣教中心建设378元、管护用房建设及监测设备采购100万元、科普宣教体系的建设100万元；桂江国家湿地公园用于生态环境体验设施建设857万元。

风景名胜区工作　一是风景名胜区转隶情况。2020年年初，贺州市林业局根据政府"三定"方案，向发改、财政、住建、城建、自然资源等部门发函，要求将贺州市辖区内风景名胜区自成立以来的相关档案资料移交给贺州市林业局。二是风景名胜区职能管理。各风景名胜区由于在转隶前没有设立专门机构进行专项管理，转隶后因多种因素无法马上成立管理机构，导致景区监管难度加大，核心景区外的周边范围管理基本不到位。三是风景名胜区监督管理。根据《国家林业和草原局自然保护地司关于切实加强风景名胜区监督管理工作的通知》要求，贺州市林业局积极全面开展风景名胜区内存在的违法违规问题大排查，对私搭乱建、未批先建项目、开山采石矿等破坏自然生态环境的活动进行查处。通过大检查专项行动，查处了1起违法违规问题，并及时移交执法部门进行立案处罚。

【森林防火】

发生森林火灾状况　2020年，贺州市共发生森林火灾11起，过火面积198.59公顷，受害面积47.05公顷，没有发生重大、特大森林火灾，森林防火工作成效明显。

基础设施建设　贺州市配备森林防火运车13辆、指挥车15辆；现有瞭望台24座，瞭望覆盖率80%以上；配备移动电话、对讲机、固定电话等通信设备1100多部，通信覆盖率90%；修建防火线4455.7千米，其中防火林带2909千米。贺州市有森林消防专业队5支192人，各乡镇有森林消防半专业队共62支1240人。已形成市、县、乡三级扑火体系，增强了对森林火灾的预防、控制和扑救能力，最大限度地减少了森林火灾的发生。

【集体林权制度改革】　2020年，贺州市集体林权制度改革紧紧围绕林下经济示范项目建设、政策性森林保险、林权抵押贷款等工作展开。全市林下经济产值实现66.08亿元，比去年同期增加9.83亿元。其中，林下种植产值23.49亿元、林下养殖产值30.25亿元、林下产品采集加工产值6.87亿元、林下旅游产值5.47亿元。全市林下经济发展累计面积达31.44万公顷。林下经济惠及林农人数 58.05 万人。

2020 年，贺州市建设林下经济示范项目 8 个：一是昭平鲜盛蜜蜂养殖专业合作社林下养蜂扶贫项目，养殖中华蜜蜂 372 箱，项目总投资为 63.8 万元；二是昭平县黄姚镇界塘村峰门林下养蜂示范项目，养殖中华蜜蜂 450 箱，项目总投资为 89 万元；三是昭平县富罗镇富强村林下养蜂项目，养殖中华蜜蜂 100 箱，项目总投资为 22 万元；四是八步区大宁镇三合村林下种植草珊瑚项目，种植草珊瑚 1.33 公顷，项目总投资为 5 万元；五是八步区大宁镇公保村林下养蜂项目，养殖中华蜜蜂 116 箱，项目总投资为 23.37 万元；六是富川瑶族自治县柳家乡大湾村林下养蜂扶贫项目，养殖中华蜜蜂 500 箱，项目总投资为 120 万元；七是贺州市兴蜂种养专业合作社扩大林下养蜂规模项目，扩大养殖中华蜜蜂 500 箱，项目总投资为 34 万元；八是平桂区大平瑶族乡古那村林下养蜂项目，养殖中华蜜蜂 100 箱，项目总投资为 22 万元。以上 8 个示范项目建设基本完成，共带动群众 584 人（其中已建档立卡贫困人口 222 人）参与项目建设。

2020 年，自治区下达贺州市政策性森林保险任务 67.33 万公顷，其中公益林 20.8 万公顷，包括八步区 7.3 万公顷（含大桂山林场及大桂山保护区）、昭平县 6 万公顷、富川瑶族自治县 3.67 万公顷、平桂区 2.168 万公顷、钟山县 1.67 万公顷；商品林 46.53 万公顷，包括八步区 19.75 万公顷（含大桂山林场）、昭平县 16.53 万公顷、富川瑶族自治县 1.33 万公顷、平桂区 0.25 万公顷、钟山县 8.67 万公顷。全市完成政策性森林保险面积 69.12 万公顷，占全年目标任务的 116.51%，其中公益林 20.35 万公顷，包括八步区 7 万公顷（含大桂山林场及大桂山保护区）、平桂区 2.08 万公顷、富川瑶族自治县 3.61 万公顷、钟山县 1.63 万公顷、昭平县 6.02 万公顷，占公益林全年目标任务的 97.81%；商品林 45.78 万公顷，包括八步区 22.85 万公顷（含大桂山林场）、昭平县 21.08 万公顷、富川瑶族自治县

68.67 公顷、平桂区 3489.8 公顷、钟山县 4.50 万公顷，占商品林全年目标任务的 104.83%。全市林权抵押贷款余额总量为 6.76 亿元，贷款的主体为大户或公司，大部分普通农民没有进行林权抵押贷款。

【深化行政审批制度改革】

建立规范行政审批的管理制度　深化行政审批改革，行政审批事项实现目录化、编码化管理，并将其全部纳入政务服务平台。2020 年贺州市本级政务窗口共办理行政审批业务 129 件，其中采集国家二级动植物共 25 件，建设项目使用林地申请共 104 件（含长期用地 100 件、临时用地 4 件）。

严格控制新设行政许可　对没有法律法规及规范性文件为依据的禁止设定行政许可，严禁以备案、登记、注册、年检、认证等形式变相设定行政许可，贺州市林业局无新设行政许可。

实行权力清单、责任清单、负面清单的动态管理　严格执行权力清单、责任清单制度，继续完成权力清单、责任清单编制工作。2020 年，梳理出贺州市林业局权责清单 196 项，其中行政许可 15 项、行政处罚 146 项、行政强制 12 项、行政征收 2 项、行政检查 10 项、行政确认 1 项、行政奖励 6 项、其他行政权力 4 项。

【重大项目建设】

生态保护建设、生态旅游项目　为做好森林旅游顶层设计，加速全域旅游发展，贺州市林业局委托有资质的规划设计单位开展森林旅游发展规划编制工作，已形成最终稿，为全市森林旅游发展提供科学支撑。

统筹推进重大项目建设　2020 年，贺州市重点开展了大桂山、姑婆山森林公园项目建设工作，共投资 2730 万元。一是大桂山按照国家 AAAA 级景区标准投入游客中心、旅游厕所、观光车等完整配套设施建设，投入管理及宣传经费经 130 万元。二是姑婆山按照国家 AAAAA 级景

区标准投入建设，投入经费2600万元。

【林业有害生物防控】

林业有害生物成灾率 贺州市2020年度森林面积83.41万公顷，林业有害生物发生面积为8866.07公顷，成灾面积420公顷，成灾率为1.88‰，远低于4.2‰的指标。

林业有害生物无公害防治率 2020年，贺州市累计防治作业面积为1.13万公顷，其中无公害防治作业面积11.26万公顷，林业有害生物无公害防治率为100%，高于自治区下达80%的年度目标要求。

林业有害生物测报准确率 2020年，贺州市应施监测覆盖面积495.57万公顷，实际监测覆盖面积495.57万公顷，监测覆盖率100%。预测2020年发生面积为6057.33万公顷，实际发生面积为8866.07万公顷，预报准确率为90.5%，高于自治区下达85%的年度目标要求。

种苗产地检疫率 2020年，贺州市产地检疫应检种子175千克、苗木126.93公顷，实检种子175千克、苗木126.93公顷，种苗产地检疫率100%，高于自治区下达97%的指标；调运检疫中应检种子31千克、苗木33039株、木材531669立方米、实检种子31千克、苗木33039株、木材531669立方米，检疫率为100%。复检苗木1332318株、木材12010立方米。

【松材线虫病除治】 2020年，贺州市松林面积17.48万公顷，应施监测面积17.48万公顷，实际总监测面积34.97万公顷，监测覆盖率达100%。认真开展春秋两季松材线虫病普查工作，根据实际情况规划纵向到底、横向到边的踏查路线，及时汇总上报踏查情况。最新普查数据显示，八步区、平桂区、钟山县松材线虫病疫情涉及小班面积共2717.42公顷，疫点乡镇26个。其中，八步区疫情发生面积1286.87公顷，疫点乡镇13个；平桂区疫情发生面积1237.89公顷，疫点乡镇9个；钟山县疫情发生面积12.84公顷，疫点乡镇4个。

全市共挂设诱捕器400套，2020年全年共诱捕松墨天牛23143只。其中，八步区共设松墨天牛监测点19个，挂设诱捕器57个，共诱捕松墨天牛6416只，分离镜检天牛13次，未发现有松材线虫；平桂区共悬挂诱捕器243个，诱捕天牛11207只，分离镜检天牛20只，未发现有松材线虫；钟山县挂设松褐天牛诱捕器100个，诱捕天牛成虫5520只，采样分离鉴定108个，分离镜检无线虫70只、其他线虫35只、有松材线虫3只。

【森林公安工作】 2020年，贺州市森林公安局在自治区森林公安局的正确指导和贺州市公安局党委的坚强领导下，队伍总体稳定，较好地完成了新冠疫情防控任务，打击破案战果显著，林区社会治安大局稳定。

牢固树立"四个意识"，完成森林公安管理体制调整工作 贺州市委办公室、市人民政府办公室于2020年6月印发了《贺州市森林公安机关管理体制调整实施方案》，8月20日举行了全市森林公安机关管理体制调整移交仪式，将贺州市森林公安局、贺州市森林公安局八步区分局、贺州市森林公安局平桂区分局划转市公安局直接领导管理，富川瑶族自治县、钟山县、昭平县森林公安局划转当地县公安局直接领导管理各项工作。转隶期间，森林公安队伍稳定。

以高度的政治责任感和使命感，打好新冠疫情防控阻击战 提前取消春节休假，投入宣传经费12万元，广泛、深入宣传贯彻"一法一决定"。联合相关部门开展野生动物及其制品交易行为清查行动，检查车辆25399车次、市场（饭店、养殖场、中药材店）3156个（次）。配合各级政府顺利完成了人工繁育陆生野生动物处置工作。

提升林区治理水平，林区社会治安秩序大局稳定 发挥林区警民"桥头堡"联系作用，重点开展林区"三非"人员排查、涉林矛盾纠纷排查、人工繁育野生动物养殖户不稳定因素排查、林区缉枪治爆、森林防火宣传和火灾隐患排查等。组建了一支应急处突队伍，严格落实值班备勤制度，实现了重点敏感时期辖区不发生重大恶性涉林案件、不发生影响稳定的涉林群体性事件、不发生重大森林火灾的工作目标。

坚持打击破案主业不放松，严打涉林违法犯罪 组织开展了扫黑除恶专项斗争"六清"行动暨森林督查案件查处专项行动、"昆仑2020"专项行动等，始终保持对涉林违法犯罪打击的高压态势。2020年，全市立涉林刑事案件318起、破案257起、逮捕（含直诉）263人、起诉293人，分别同比增长38.26%、72.48%、34.87%、48.73%，人均破案数、人均起诉数在全区排名分别为第五名和第四名。办理林业行政案件65起，依法收缴涉案木材97.67立方米，收缴野生动物540（头、只），野生动物制品36.36千克，罚款64.48万元，为国家挽回经济损失2206万多元。

"昆仑2020"专项行动侦办破坏生态环境资源犯罪案件161起（含刑事案件立案144起），破案151起，抓获犯罪嫌疑人184人，起诉149人；查处行政治安案件12起，行政拘留3人，行政处罚9人；全部涉案价值共计1254.9691万元。战果排在全区前列。

坚持执法规范化建设，提高执法办案质量 开展涉案财物管理处置突出问题集中整治，排查2019年以前案件62起、年内案件37起，整改问题77个，整改完成率100%。开展受案立案突出问题专项整治，整改2019年以前案件135起、年内案件46起，整改完成率100%。推进落实认罪认罚从宽制度，共移送起诉案件175起226人，其中适用认罪认罚的案件167起219人，认罪认罚率96.9%。

（贺州市林业局）

河池市林业

【概况】 2020年，河池市林业系统深入学习贯彻落实习近平生态文明思想，克服新冠疫情影响，全市林业继续保持稳中有进、进中向好、好中趋优的发展态势。全年完成植树造林2.2549万公顷，占计划任务的146.1%；全市森林覆盖率71.32%，较2019年增长0.3%；新增自治区乡村振兴示范村屯8个；35个单位荣获"广西森林城市"系列称号。完成油茶新造林1.174万公顷，油茶新增面积连续3年排在全区第一位，总面积达11.267万公顷，排在全区第二位。凤山核桃被农业农村部认定为广西2020年第一批国家地理标志农产品。新增6家自治区级林业产业龙头企业，获批建立1处国家森林康养基地、4处五星级森林人家、9处四星级森林人家、2处广西森林体验基地。都安澄江、东兰坡豪湖、南丹拉希3处国家湿地公园被列入第一批自治区重要湿地名录。河池市在首次花卉苗木和家具家居交易会上获自治区林业局颁发"优秀组织奖"。河池市林业局获评2016—2019年全区林业行业扶贫先进单位称号。

【林业资源】 2020年，河池市森林面积238.93万公顷，森林覆盖率71.32%。2020年末，全市实有自然保护区、湿地公园、森林公园、地质公园、风景名胜区、石漠公园、自然遗产地、自然保护小区等自然保护地44处，总面积36.538万公顷，扣除交叉重叠部分后，全市自然保护地面积31.5666万公顷，占全市面积的9.42%。其中，自然保护区6处，总面积69757.72公顷，包括国家级2处、自治区级3处、县级1处；森林公园6处，总面积10996.62公顷，包括国家级2处、自治区级4处；湿地公园3处，总面积

1974.88 公顷，均为国家级；地质公园 7 处，总面积 193306 公顷，包括世界级 1 处、国家级 5 处、自治区级 1 处；风景名胜区 3 处，总面积 59050.18 公顷，均为自治区级；世界自然遗产地 1 处，总面积 11559 公顷；国家石漠公园 1 处，总面积 16013.6 公顷；自然保护小区 17 处，总面积 2722.55 公顷，包括木论保护区外围保护小区 1 处和罗城仫佬族自治县 16 处。全市湿地总面积 47685.14 公顷，包括河流湿地 26535.96 公顷、湖泊湿地 1509.46 公顷、沼泽湿地 35.22 公顷、人工湿地 19604.5 公顷。

【林政管理】 2020 年，河池市经审核批复使用林地建设项目 408 宗，面积 2319.9166 公顷。其中，国家、自治区批复长期用地 117 宗 1565.0769 公顷，临时用地 16 宗 323.8071 公顷；县（区）批复临时用地 41 宗 73.9588 公顷，直接为林业生产服务设施 234 宗 357.0738 公顷。全年共收取森林植被恢复费 2.22 亿元。推行林木采伐限额公开公示制度，出台《河池市森林采伐限额"阳光分配"八项措施》，使用采伐限额 321.1269 万立方米，低于自治区下达的采伐限额 334.1720 万立方米。

【林业产业】 2020 年，河池市建成 105 个各级林业示范区（园、点），其中县级 7 个、乡级 12 个、村级 86 个。2017 年以来，累计建成各级示范区 361 个；建成千亩油茶高产高效示范基地 28 个，建设示范基地面积 6886.7 公顷，其中，市级重点推进示范园项目 4 个，分别是环江毛南族自治县现代特色农林扶贫（油茶）产业园项目、罗城仫佬族自治县明亿万亩油茶高效示范区项目、罗城仫佬族自治县燕山油茶核心示范区项目、东兰县江洞油茶产业核心示范区项目，年内共完成投资 7505 万元。推动林下经济高质量发展，扶持发展林业专业合作社 166 家，建设林下经济示范基地 6 个，有效林下经济发展面积 78.14 万公顷，实现林下经济产值 92.61 亿元。

【林业总产值】 2020 年，河池市实现林业总产值 272.03 亿元。其中，第一产业产值 145.17 亿元，与 2019 年同比增长 2.57%；第二产业产值 88.35 亿元，与 2019 年同比增长 1.33%；第三产业产值 38.50 亿元，与 2019 年同比下降 4.73%。

【核桃产业】 2020 年，河池市完成核桃新品种种植 1466.7 公顷，全市核桃种植面积达 17.4 万公顷，其中覆盖石漠化面积 11.7 万公顷，覆盖贫困户 24 万多户，占核桃种植农户的 60%。经过强化管护，历年种植的核桃陆续开花结果，2020 年核桃产量达到 640 万千克，产值 1.92 亿元，部分核桃产区人均核桃收入 2000 元以上，1 万多户贫困户因种植核桃脱贫摘帽。

【油茶产业】 2020 年，河池市完成油茶新造林 1.174 万公顷、低产林改造 5693.3 公顷，全市油茶种植面积达到 11.267 万公顷；2020 年油茶籽产量 5888.5 万千克，比 2019 年产量增加 1712.3 万千克，油茶产业产值 19.95 亿元，较 2019 年产值增加 3.64 亿元。

【森林生态休闲旅游产业】 2020 年，河池市新增广西森林旅游系列品牌 15 处，其中森林人家 13 处、森林体验基地 2 处。全市现有森林生态休闲旅游点 60 余处，2020 年林业旅游与休闲产业产值约 26 亿元，直接带动其他产业产值 14.6 亿元，接待旅游与休闲人数 433.6944 万人次。

【种苗生产】 2020 年，河池市落实种苗项目资金 649 万元，其中中央财政补助资金 10 万元（环江毛南族自治县华山林场），自治区财政补助 639 万元（自治区财政林木良种繁育补助项目 281 万元，涉及 4 家育苗单位；基础设施建设项目 100 万元，涉及 4 家育苗单位；油茶大苗培育项目 258 万元，涉及 4 家育苗单位）。截至 2020 年底，全市林木生产经营持证苗圃 224 家，其中自治区发证的油茶苗圃 38 家；全市林木育苗总面积 602 公顷，繁育苗木 11345 万株，出圃用苗 3273 万株。主要繁育品种及产量为油茶 155.3 公顷 6949

万株，杉木 42.9 公顷 2192 万株，松树 9.7 公顷 415 万株，以桂花、紫薇、秋枫、宫粉紫荆、羊蹄甲为主的绿化树 276.9 公顷 421 万株。

【林业生态建设】 2020 年，河池市完成植树造林 2.2549 万公顷，占计划任务的 146.1%。其中，荒山造林 4236.7 公顷，退化林修复 1017.6 公顷，迹地人工更新 11062.1 公顷，萌芽更新 5759.3 公顷，无林地和有林地封山育林 474.2 公顷；完成全民义务植树 515 万株，占计划任务 500 万株的 103%。完成面上森林抚育 60145 公顷，其中中幼林抚育 14075.2 公顷，占计划任务 8666.7 公顷的 162.4%。推进国家森林城市创建工作，促进城乡绿化一体化。实施"绿美乡村"村屯绿化美化景观提升项目 55 个，农村人居生活环境得到改善。

【生态扶贫】 2020 年，河池市落实生态护林员补助资金 15580 万元，选聘续聘生态护林员 1.94 万名，资金量及选聘人数均排全区首位，可带动 7.69 万贫困人口脱贫，同比增长 63%。全市生态护林员选聘工作获自治区林业局通报表扬，罗城仫佬族自治县生态护林员选聘管理工作经验在全区和全国推广。建立脱贫攻坚造林合作社 11 家，选聘林业科技特派员 47 名，培训乡土技术人才 1.2 万人次，续建林业科技扶贫示范点 38 个共 5060 公顷，促进 2569 户贫困户脱贫；通过银行一卡通兑现森林生态效益补偿资金 3.26 亿元、退耕还林补助资金 2385.2 万元，有 1.68 万贫困户受益。2020 年，全市油茶"双千"项目完成新造林 1.174 万公顷，油茶产业覆盖农户 16.35 万户，其中贫困户 3.65 万户。

【森林资源保护】

野生动植物保护和利用 2020 年，河池市广泛开展野生动植物保护宣传工作，撰写宣传报道 10 篇，制作宣传板报 24 块，发放宣传资料 7700 多份，科普宣传 10 次，LED 显示屏滚动播放宣传标语 280 余条（次）。采取综合利用、转

产转型、科学放生等方式在全区率先完成了应处置人工繁育陆生野生动物补偿处置工作，共处置蛇类以外人工繁育陆生野生动物 182206 只、蛇类 82403 千克，兑付处置补偿资金 4943.1298 万元。抓好陆生野生动物疫源疫病监测工作，尤其是野猪非洲猪瘟防控监测相关工作，全市范围没有发生陆生野生动物疫情疫病。多次联合开展打击乱捕滥猎和非法交易野生动物等行为的专项执法行动，侦破野生动物刑事案件 17 起，抓获犯罪嫌疑人 22 人，已全部采取刑事强制措施；查处野生动物行政案件 26 起，处罚违法人员 36 人，收缴野生动物 2590 头（只）、野生动物皮毛 44 张。

森林防火工作 2020 年，河池市森林重点火险区综合治理三期工程项目已完成工程量的 92%，森林防火队伍建设、基础设施建设进一步增强。严格落实各级各部门森林防火责任，全年发生森林火灾 28 起，过火面积 324.49 公顷，受害森林面积 153.39 公顷，森林火灾受害率 0.065‰，受害率低于自治区下达 0.8‰的控制指标。全市连续 12 年未发生重大、特大森林火灾。

林业有害生物防控 抓好林业有害生物的监测和防治工作，林业有害生物防控目标管理年度指标全面完成。2020 年，河池市林业有害生物发生面积 9527 公顷，成灾面积 288 公顷，成灾率 0.162‰，低于 4.0‰的国家控制目标。

以国家公园为主体自然保护地体系建设 2020 年，河池市完成 11 处自然保护地管理职能与档案材料移交，全市自然保护地统归林业部门管理。完成《河池市自然保护地整合优化预案》编制与上报。

自然保护地监督管理 2020 年，河池市加强自然保护地监督管理工作，组织开展涉林违建别墅清查整治、自然保护地大检查、"绿盾 2020"自然保护地强化监督等专项行动，涉林违建别墅清查整治发现问题 2 个，完成整改 2 个；自然保护地大检查发现问题 20 个，已完成整改 14 个，尚有 6 个正在整改中。

自然保护区建设 广西木论国家级自然保护区基础设施三期工程项目经三年建设，完成了以保护站、点、卡的基础设施工程和标志牌、巡步道路为主要内容的保护工程，以自动气象、信息管理、野外宣教设施设备为重点的科研宣教工程及管理局挡墙、围墙、护坡、绿化、电改和管理站扩建的基础设施工程建设。

【林业改革发展】

国有林场改革 2020年，河池市深化国有林场改革，进一步巩固和提升国有林场改革成果。一是促进产业发展。全力配合自治区助推高质量商品林"双千"基地建设"大场联小场"合作进程，组织指导金城江区与区直七坡林场签订全区首个以"大场联小场、场场合作"发展模式建设的"双千"基地建设项目，全年全市共有2家林场与自治区区直林场签订高质量商品林"双千"基地建设合作项目；转变发展思路，调整林种结构，累计完成油茶种植面积0.19万公顷，建立千亩高产高效油茶基地9个。二是提升生态建设。开展国有林场被侵占林地综合整治工作，全面整治林区乱象，充分整合林地林木资源，切实维护好国有资产，全市累计收回林地6508.85公顷，累计任务完成率125.57%，其中2020年收回2331.37公顷，年度任务完成率231.73%；全面规范国有林场林地租赁行为，规范336.73公顷租赁期限过长林地租赁合同。三是加强民生建设。建设林区道路30千米、输电线路105.2千米、通信线路50.6千米、管护用房11套；国有凤山林场通过脱贫验收，实现全市18个国有林场全部脱贫。

集体林权制度改革 统筹推进新型农业经营主体"建档立卡"工作，深入了解林业经营主体的贷款需求，充分发挥农业信贷担保体系作用，不断提高政策性农业信贷融资服务的覆盖率、可得性和满意度，促进林业持续增效，实现农民持续增收、脱贫持续见效、乡村稳步振兴。有序推进政策性森林保险工作，完成投保面积199.53

万公顷，参保率84.79%。年内理赔森林灾害162起共1804.47公顷，已决赔款649.98万元。

集体林业综合改革试验区 在南丹县启动新一轮"三权分置"试点工作，争取通过2年左右的时间，逐步形成集体林地所有权、承包权、经营权"三权分置"运行格局。规范林权交易市场建设，在天峨县成立全市首个林权交易服务站，充分发挥市场配置资源功能，进一步实现资源变资产、资产变资本；服务站共完成3笔活立木交易项目，挂牌总金额185.3万元，成交总金额257.9万元，溢价总金额72.6万元，溢价率39.18%。深化集体林权股权化，引导群众调整产业结构，采取"公司+基地+农户"模式，鼓励公司、种植大户采取土地流转、股份合作等形式，推动"资源变资产、资金变股金、农民变股东"的改革，大力发展油茶产业。

林长制改革 2020年，河池市积极探索创新，做深做细做实林长制。强化市、县、乡党委政府保护发展林业资源的主体责任和主导作用。坚持突出重点、清单管理，确保林长体系有效运行。全市初步构建起市、县、乡、村四级林长制体系，各级林长共2589名，树立林长公示牌1488块，推动林长制全面落地见效，让山有人管、林有人造、树有人护、责有人担。建立林长制年度重点任务清单制度，建立"1+N"林长清单，把处置人工繁育陆生野生动物、被侵占国有林场林地回收、推进自然保护地整合优化工作、妥善推进生态扶贫、创建国家森林城市、加强森林资源管理等重点任务列入林长清单并整体推进。

【林业科技推广】 2020年，河池市验收到期林业科技推广示范项目4个，实施历年在建项目15个，申报获得8个新项目，年引入项目建设资金740万元，新建示范林面积133.3多公顷。申请专利5项，其中发明专利1项，实用新型专利4项。组织开展技术培训345期，培训林业技术员达16821人次，发放技术宣传资料40771份。推动科技服务团队建设，组建林业科技推广服务体系人员377名，同时选派广西林业科技特派员76名，分赴全市各地为林业产业发展提供技术支撑。

【重大项目建设】 2020年，河池市林业系统实施重点项目34个，总投资7908.93万元，完成年度投资4140.8万元。市人民政府领导牵头推进重点项目4个，总投资5.914亿元，年度计划投资7811万元，累计完成投资8358.5万元，完成率107%。市本级谋划了3个重大项目，总投资1.475亿元，其中投资5000万元以上的项目2个，投资500百万以上的项目1个。

（河池市林业局）

来宾市林业

【概况】 2020年，来宾市林业局设9个内设机构，即办公室、政策法规科（行政审批办公室）、生态保护修复科（市绿化委员会办公室）、森林资源管理科、野生动植物保护科（自然保护地和湿地管理办公室）、产业科、森林防火和安全生产科、财务科、人事教育科。1个政府议事协调机构即市绿化委员会的常设机构设在林业局。有7个直属二层事业单位，即来宾市农村能源办公室、来宾市林业基金管理站、来宾市林业行政执法稽查队（来宾市木材流动检查站）、来宾市森林病虫害防治检疫站、来宾市乡镇林业工作总站（来宾市林业种苗管理站）、来宾市林业技术推广站、来宾市森林资源监测中心。代自治区林业局管理广西大瑶山国家级自然保护区管理局。来宾市林业局及所属单位的干部职工共221人，其中在职109人，离退休112人。

2020年，来宾市土地总面积133.95万公顷，其中林地75.09万公顷，占来宾市土地总面积的56.06%。森林覆盖率为53.2%。

全市森林资源分布情况：东部以中低山地貌类型为主，中西部以丘陵平原和岩溶地貌类型为主，由东往西森林覆盖率呈逐步递减的趋势。其中金秀瑶族自治县分布有广西最大的水源林保护区——广西大瑶山国家级自然保护区。来宾市野生动植物种类繁多，是生物多样性最丰富的区域之一，拥有国家一级保护动物瑶山鳄蜥、金斑喙凤蝶和国家一级保护植物银杉。盛产八角、灵香草、绞股蓝、金银花、茶叶等名优土特产品。金秀瑶族自治县被誉为"中国八角之乡"。忻城县的古蓬松是全国闻名的优良林木种源。

【林业资源】

植物资源 据2008年大瑶山自然资源综合考察以及金秀、武宣、忻城等县重点林区调查粗略统计，全市高等植物（包括苔藓、蕨类）有327科1388属5400余种，占广西现有维管束植物8354种的65.5%，其中主要乡土树种有106科326属1047种。资源植物门类主要有用材、纤维、鞣料、芳香、油脂、树脂、胶用、淀粉、食用、色素、甜味、饲料、药用、观赏等。来宾市资源植物如下。

一是材用植物。主要有杉树、马尾松、湿地松、油杉、楠木、檫木、香樟、黄樟、闽楠、荷木、柠檬桉、窿缘桉、柳桉、尾叶桉、粗皮桉、邓恩桉、巨桉、大花序桉、圆角桉、蓝桉、任木、小叶红豆、马蹄荷、枫香、阿丁枫、光皮桦、华南桦、甜槠、青钩栲、南岭栲、罗浮栲、栲树、红锥、水青冈、金毛柯、麻栎、白栎、榔榆、苦楝、香椿、罗浮槭、酸枣、木腊、拟赤杨、泡桐、菜豆树、黄杞、香港四照花、毛八角枫、云贵山茉莉、金毛木周、多穗木周、小果冬青、山核桃、鸭脚木、陀螺果、山牡荆、广西槭等 417 种，占广西 630 种材用植物的 66.2%。

二是纤维植物。主要有黄竹、粉丹竹、吊丝竹、绿竹、刚竹、毛竹、撑篙竹、撑（篙竹）绿（竹）杂交竹、清甜竹、麻竹、吊丝球竹、马尾松、柠檬桉、尾叶桉、假萍婆、杨柳、脉柳、糙叶树、朴树、光叶山黄麻、山黄麻、青檀、苎麻、大叶苎麻、青钱柳、萱草、白藤、棕榈、芦竹、芒、棕叶芦等 283 种，占广西 416 种纤维植物的 68%。

三是鞣料植物。主要有桃金娘、余甘子、黑荆树、合欢、杨柳、脉柳、杨梅、肖杨梅、毛杨梅、黄杞、化香树、枫杨、君迁子、菝葜、薯莨等 180 种。

四是树脂植物。主要有马尾松、湿地松、广东松、漆树、光漆树、毛漆树等 80 余种。

五是胶用植物。主要有杜仲、杜仲藤、凉粉果、花皮胶藤、白叶藤等 50 种。

六是淀粉植物。主要有金狗毛、蕨、狗脊、槲蕨、倒卵叶山龙眼、网脉山龙眼、小叶山龙眼、木鳖、锥栗、水椎栲、罗浮栲、川鄂栲、大叶栎、南岭栲、硬叶栲、水青冈、金毛柯、烟斗柯、大鳞柯、木周木、光叶柯、多穗木周、麻栎、白栎、饭甄木周、青木周、慈姑、淡紫百合、土茯苓、魔芋、石蒜、薯莨、山薯、鱼尾葵等 92 种，占广西 112 种淀粉植物的 82%。

七是油脂植物。主要有黄樟、山胡椒、山钓樟、油茶、假萍婆、乌桕、油桐、千年桐、蝴蝶果、柠檬桉、橄榄、乌榄、油橄榄等 240 种，占广西 381 种油脂植物的 63%。

八是芳香植物。主要有红花八角、大八角、厚叶八角、八角、肉桂、黄樟、平阳厚光桂、香叶树、山胡椒、山苍子、瑶山金耳环、枫香、柠檬、野花椒、柑、宜昌橙、香椿、刺芫荽、密蒙花、桂花、月桂、茉莉、灵香草、野薄荷、薄荷、紫苏、山姜、野姜、华山姜、青香茅等 106 种，占广西 220 种芳香植物的 48.2%。

九是甜味植物。主要有罗汉果、甜茶、野甘草、天门冬、多花黄精、白茅等 14 种。

十是色素植物。食用色素植物有苋、血苋、枫香、杞子、胡萝卜、密蒙花、红兰、六角杜鹃、米饭花、南瓜、金樱子、火辣、鸡矢藤、落葵等 18 种。纺织品染料有小叶红豆、野青树、紫茉莉、冻绿、紫草、薯莨等 12 种。

十一是食用植物。来宾市共有食用植物 130 种，其中野果有中华猕猴桃、番石榴、桃金娘、赤楠蒲桃、蒲桃、地稔、佛手瓜、假萍婆、余甘子、蛇梅、野枇杷、金樱子、粗叶悬钩子、青杨梅、毛杨梅、野葡萄、柠檬、橄榄、乌榄、酸枣、南酸枣、香港四照花、冬桃等。野菜有蕨、鱼腥草、荠菜、香椿、水芹、狗肝菜、野百合、毛竹笋、金竹笋、桂竹笋、麻竹笋、吊丝球竹笋、清甜竹笋等。代茶饮料有甜茶、绞股蓝、草珊瑚、锯叶竹节树、尖嘴林擒、积雪草等。

十二是药用植物。主要有黄柏、银杏、马尾千金草、密枝木贼、厚朴、木莲、小钻、肉桂、威灵仙、阔叶十大功劳、北江十大功劳、大血藤、金果榄、防己、马兜铃、园叶细辛、瑶山金耳环、鱼腥草、九节风、黄花远志、大金不换、黄花倒水莲、远志、土人参、商陆、土荆芥、牛膝、紫茉莉、绞股蓝、罗汉果、假瓜蒌、天花公、天花粉、使君子、地挑花、巴豆、飞扬草、大戟、常山、瑶山常山、甜茶、野百合、大叶千斤拔、鸡血藤、杜仲、假玉桂、枫寄生、桑寄生、吴茱萸、八角枫、喜树、香白芷、当归、柴胡、川芎、前胡、蛇床子、茴香、女贞、杜仲藤、杞子、巴戟天、川续断、灵香草、桔梗、枸杞、藿香、益母草、薄荷、天门冬、麦冬、土茯苓、石菖蒲、天南星、千年健、天麻、灯心草、白茅、淡竹叶等 2396 种，占广西 3623 种药用植物的 66.1%。

十三是观赏植物。主要有苏铁、银杏、油杉、华南五针松、海南五针松、柳杉、圆柏、龙柏、侧柏、短叶罗汉松、小叶罗汉松、脉叶罗汉松、罗汉松、鸡毛松、竹柏、三尖杉、广西木莲、含笑花、深山含笑、白花含笑、野含笑、荷花玉兰、紫花含笑、金叶含笑、醉香含笑、黄心含笑、阔瓣含笑、阴香、秋海棠、木槿、圆锥绣球、黄杨、木榕、榕树、血色杜鹃、女贞、桂花、月桂、玉叶金花、垂柳、鱼尾葵、棕榈、紫竹、佛肚竹、四方竹、人面竹、花竹、金竹、粉丹竹、刚竹、瑶山山槟榔、棕竹、假槟榔等748种。

动物资源　据2008年大瑶山自然资源综合考察以及金秀、武宣、忻城等县重点林区调查粗略统计，大瑶山自然保护区区系中，已知陆栖脊椎野生动物共481种，分属4纲27目97科285属，其中两栖纲55种、爬行纲86种、鸟纲287种、哺乳纲53种。

一是两栖动物。大瑶山自然保护区目前可以确定的两栖动物共有55种。其中，国家二级保护动物有细痣疣螈、大鲵、虎纹蛙；广西重点保护动物有黑眶蟾蜍、沼蛙、棘腹蛙、棘胸蛙、泽蛙、斑腿树蛙、小孤斑姬蛙、饰纹姬蛙、花姬蛙。

二是爬行动物。大瑶山自然保护区可以确定的爬行动物共有86种。其中，国家一级保护动物有鼋、鳄蜥、蟒蛇；国家二级保护动物有地龟；广西重点保护动物有大头平胸龟、变色树蜥、百花锦蛇、三索锦蛇、灰鼠蛇、滑鼠蛇、金环蛇、银环蛇、眼镜蛇、眼镜王蛇。

三是鸟兽类动物。大瑶山自然保护区迄今已知鸟类287种，占广西鸟类总数538种的53.3%；兽类53种；占广西兽类总数160种的33.1%。其中，国家一级保护动物有云豹和林麝；国家二级保护动物有海南鳽、黑冠鹃隼、凤头蜂鹰、黑翅鸢、蛇雕、凤头鹰、褐耳鹰、赤腹鹰、松雀鹰、红角鸮、猕猴、藏酋猴、穿山甲、大灵猫、斑林狸、苏门羚等；广西重点保护动物有华南兔、赤腹松鼠、豪猪、青鼬、黄鼬、果子狸、赤麂、小杜鹃、八声杜鹃、蓝鹊、喜鹊、环颈雉、画眉、红嘴相思鸟、长尾缝叶莺、大山雀、凤头鸦等；受威胁物种有白额山鹧鸪、小灰山椒鸟、鹊色鹂和金额雀鹛。

【植树造林】　2020年，来宾市完成生态修复植树造林2.16万公顷，占计划任务的162.3%，其中荒山荒地造林280公顷，迹地萌芽和人工更新1.87万公顷，石漠化综合治理封山育林2650公顷，速丰林建设1226.67公顷，森林抚育64173.33公顷，义务植树473.7万株，种苗培育2004万株。全年完成油茶产业"双千"计划新造林面积1340公顷，完成油茶低产林改造280公顷，兑现油茶补助资金1058.59万元。全市完成自治区下达国家储备林任务2673.33公顷，其中集约人工造林1360公顷，抚育林313.33公顷。

【林业产业】　2020年，来宾市实现木材加工与造纸业产值131亿元，占全年目标任务130亿元的100.8%。其中，规模以上产业产值43亿元，同比增长48.1%。人造板加工产量233万立方米，占全年目标任务230万立方米的101%。花卉总产值（含园林绿化工程和花卉服务业）4.1亿元，占全年任务4亿元的103%。共接待森林旅游人数198万人次，森林旅游收入35.1亿元，占全年任务35亿元的100.3%。

成功创建各级现代特色林业示范区17个，其中县级1个、乡级3个、村级10个。全面超额完成来宾市现代特色林业示范区建设增点扩面提质升级三年（2018—2020年）行动方案工作任务。培育自治区林业产业重点龙头企业1个。创建国家级康养基地单位2个、自治区级康养基地1个。年度引进林产品加工企业10家，总投资156亿元。培育规模以上木材加工企业27家。

林下经济　2020年，来宾市共完成林下经济发展面积17.72万公顷，总产值达56.73亿元，比去年增加5.44亿元，涨幅10.6%。积极向上级申报2021年林下经济示范项目2个，申报2020年自治区级林下经济精品示范基地3个。顺利完成2020年林下经济示范项目——象州县妙皇乡古朴村林下旅游项目验收工作。

【资源管理】 2020 年，来宾市获自治区林业局依法审批用地项目 133 个，审批面积 1374 公顷。2020 年度审批林木采伐 3.3 万宗，采伐林木蓄积量 314.13 万立方米，采伐面积 2.48 万公顷，其中使用林木采伐限额 270.07 万立方米。

【森林防火】 2020 年，来宾市加强森林防火宣传，制定《来宾市林业局 2020 年森林防火宣传活动实施方案》，明确宣传的指导思想、宣传重点、内容和目标要求。投入 5 万元经费，通过服务采购，印制附有森林防火相关知识的作业本、笔记本、宣传手册、横幅标语等一批森林防火宣传用品。

据不完全统计，2020 年，全市以各种方式广泛开展森林防火宣传，在街道、村庄悬挂了宣传标语横幅 300 条，张贴标语 500 条，制作宣传板报 2 块，发放宣传手册 12000 本、作业本 32000 本、笔记本 13000 本、手提袋 2200 个、传单 12000 份，发送短信 225 万条，租用车辆广播宣传 38 次，在电视台、广场 LED 大屏幕播放森林防火宣传警示标语和森林防火宣传片，在林区、景区入口安置两个监控摄像头并利用语音提醒进入林区的人员注意森林防火。

【森林病虫害防治与检疫】

发生情况 2020 年，来宾市林业有害生物发生面积共 3743.8 公顷，发生率为 0.82%；成灾面积 105.73 公顷，成灾率为 0.23‰。发生种类共计 9 种（病害 4 种，虫害 5 种），其中用材林病虫害 7 种，即松材线虫病、桉树叶斑病、桉青枯病、马尾松毛虫、松墨天牛、油桐尺蛾、桉大蝙蛾；经济林病虫害 2 种，即八角炭疽病、黄脊竹蝗。

防治情况 2020 年，来宾市森林病虫害防治面积 2736.87 公顷，其中无公害防治面积 2621.73 公顷，无公害防治率为 95.79%。共施放农药 2297 千克，其中生物农药 2295 千克（白僵菌 350 千克、苏云金杆菌 1945 千克）、化学农药（有机磷/菊酯类）2 千克。投入防治经费 219.79 万元。

【自然保护区建设】 2020 年，来宾市完成广西大瑶山国家森林公园保护利用设施建设项目。该项目是广西纳入国家"十三五"规划建设项目之一，总投资 1249.3 万元，建设地点为大瑶山保护区银杉景区。主要建设内容包括生态解说步道、休憩平台、公共厕所、各类标识标牌、指引牌、解说牌等。

2020 年，来宾市完成大瑶山智慧保护区系统建设项目。该项目是大瑶山保护区 2019 年第二批中央财政国家级自然保护区补助资金项目的重要内容，总投资 139 万元，主要目标是搭建智慧管理平台，实现保护区信息资源的全面共享。项目已完成远程视频监控点和监控中心建设、智能巡护手持终端采购及培训使用等工作。

（来宾市林业局）

崇左市林业

【概况】 2020 年，崇左市土地总面积 173.36 万公顷，森林面积 96.21 万公顷，森林覆盖率 55.50%。林业用地面积 100.84 万公顷，占国土总面积的 58.17%。按森林类别划分，商品林地面积 52.08 万公顷，占 51.65%；生态公益林地面积 48.76 万公顷，占 48.35%。按所有权划分，国有林地面积 16.47 万公顷，占 16.33%；集体林地面积 84.37 万公顷，占 83.67%。按地类划分，有林地 59.58 万公顷，占 59.08%；疏林地 0.028 万公顷，占 0.03%；灌木林地 31.57 万公顷，占 31.31%；未成林造林地 0.66 万公顷，占 0.65%；苗圃地 0.02 万公顷，占 0.02%；无立木林地 8.02 万公顷，占 7.95%；宜林地 0.85 万立方米，占 0.84%；辅助林地用地 0.09 万公顷，占 0.09%。森林活立木蓄积量为 4917.81 万立方米，其中乔木林蓄积量 4383.84 万立方米（不含农地森林蓄积）。

2020 年，崇左市林业系统按照市委、市政府加快实施"两篇大文章"、打好"四大攻坚战"新三年行动计划的部署要求，扎实推动林业各项指标任务落实，取得了显著成效。崇左市在 2019 年度保护发展森林资源目标责任制考核中被自治区评为优秀等次。崇左市林业局被评为"2016—2019 年度全区林业行业扶贫先进集体""2020 年度全区林业行业扶贫先进集体"。《崇左市龙峡山保护条例》颁布并于 2021 年 1 月 1 日起施行，广西弄岗国家级自然保护区获评全国生态科普基地，广西崇左白头叶猴国家级自然保护区获评第七届野生动植物卫士奖、国家生态环境科普基地、广西生态环境宣传教育实践基地，保护白头叶猴志愿服务项目获评"全国最佳志愿服务项目"。

【资源概况】

动物资源 2020 年，崇左市已知的陆栖脊椎野生动物共 4 纲 34 目 696 种，其中国家一级保护动物 14 种，有白头叶猴、黑叶猴、蟒等；国家二级保护动物 89 种，有猕猴、穿山甲、冠斑犀鸟等。广西重点保护动物 115 种，有扫尾豪猪、红耳鹎、花姬蛙等。白头叶猴分布于崇左市江州区、扶绥县、宁明县、龙州县境内，约 149 群 1250 只，其中崇左白头叶猴自然保护区有 131 群 1128 只（岜盆片 87 群 678 只、板利片 44 群 450 只）；弄岗自然保护区有 18 群 122 只。

植物资源 2020 年，崇左市已知的野生维管束植物共 234 科 1123 属 3071 种。其中国家一级保护植物 7 种，有望天树、叉叶苏铁、苏铁等；国家二级保护植物 35 种，有蚬木、海

南风吹楠、桫椤等。广西重点保护植物 183 种，有观光木、金丝李、凹脉金花茶、海伦兜兰等。古树名木共 17724 株，其中特级（1000 年以上）29 株、一级（500～999 年）125 株、二级（300～499 年）545 株、三级（100～299 年）14920 株、准古树（80～99 年）2082 株、名木 7 株，主要树种有蚬木、油茶、龙眼、高山榕、姑辽茶、榕树、扁桃、木棉、枫香、黄葛榕、乌墨、樟、秋枫、乌榄、金丝李、荔枝、人面子等。

【资源管理】

林地审批 2020 年，崇左市获得自治区审批项目 112 个，批准使用林地面积 1424.5229 公顷，缴纳森林植被恢复费 2.05 亿元，同比增长 2.5%，有力保障了省道 S213 宁明北江至板烂公路项目、水口—崇左—爱店公路项目、扶绥恒大文化旅游康养城项目、崇左江州温氏养猪项目等重大项目的顺利推进。

林业执法 2020 年，崇左市林业局与边境管理、森林公安等部门密切联系，加强对边境口岸和边贸互市点进行全面、不间断的排查和执法，共缴获各类野生动物制品 6000 余件，以及蛇类、猴类、鸟类、小型兽类等 1200 多条（只）。加大非法人工繁育交易运输执法力度，查获 6 起非法收购运输人工繁育陆生野生动物案件，查获蛇类 3300 多条、蛇蛋 1.1 万个、果子狸 120 只。全市各级森林公安机关共立刑事案件 346 起，破案 234 起，查处林业行政案件 4 起。共收缴野生动物及制品 2405 余头（只、件），其中国家一级保护野生动物及其制品 2 件，国家二级保护野生动物及其制品 2093 件。

野生动物保护管理 2020 年，崇左市认真执行《中华人民共和国野生动物保护法》、全国人大常委会《关于全面禁止非法野生动物交易、革除滥食野生动物陋习、切实保障人民群众生命健康安全的决定》，深入贯彻中共中央政治局常委、全国人大常委会委员长栗战书到崇左的指示

精神，组织检查、排查市场内经营者 4.09 万家（次）、商场超市 0.46 万家（次）、餐饮店 2.39 万家（次）。全面完成人工繁育野生动物处置工作，推动全市 270 家蛇类养殖户转产转型，与相关制药企业签订合作合同，累计兑现补偿资金 8068.5 万元，兑现率 100%。全力开展监测防控工作，充分利用 3 个国家级监测站，4 个自治区级监测站 12 个监测分站（点、区域）开展陆生野生动物监测、采样、信息报送和宣传防疫等工作。组织崇左市各县（市、区）、各自然保护地通过线上宣传的形式，开展"世界湿地日""世界野生动植物日""爱鸟周"等系列主题宣传活动。2020 年，崇左市白头叶猴及弄岗穗鹛、蓝背八色鸫等弄岗鸟类通过央视频 APP、中央电视台一套《秘境之眼》栏目的介绍引起强烈反响，其中央视频 APP 介绍的白头叶猴第一季度点击率高达 92 万次。发送宣传短信 5 万条，制作微信科普宣传 10 版，电视滚动播放宣传标语 180 条次。

自然保护区建设 2020 年，崇左市认真贯彻落实自然保护地相关法律制度，依法依规统筹管理各类自然保护地，抓好自然保护地的日常监管工作，在广西率先完成自然保护地整合优化预案编制并通过自治区层面审查，积极协调巴马至凭祥高速公路等 6 个涉自然保护地的项目获自治区批复同意。严格各类保护地内设施建设审批手续和资源管理，开展自然保护地大检查活动，做好历年中央生态环境保护督察、绿盾行动涉及自然保护区内的问题整改和自然保护地内违建别墅清查整治工作，共排查疑似违建别墅项目线索点 13 处，甄别确认涉嫌违建别墅问题 3 处，并全面完成整改。核查涉及保护地遥感监测问题图斑 354 个，发现问题 40 个，移交相关主管部门处理 40 个。

湿地保护 2020 年，崇左市抓好国家湿地公园建设管理工作，协调大新黑水河国家湿地公园、龙州左江国家湿地公园加快推进山水林田湖生态保护与修复项目建设工作，指导各县（市、区）做好湿地保有量项目创建工作，确保湿地保有量不减少。配合自治区开展第一批、第二批自治区重要湿地名录认证工作，大新黑水河、龙州左江被自治区人民政府认定为第一批自治区重要湿地。

国有林地管理 2020 年，崇左市继续加强国有林地管理，推进国有林场被侵占林地回收工作，组织开展规范国有林地租赁行为专项活动。全市累计完成回收被侵占林地 20082.2 公顷，全面完成回收总任务。

信访维稳 2020 年，崇左市林业局认真抓好人工繁育野生动物管控处置、信访维稳工作，妥善处理广西西大明山自治区级自然保护区周边群众信访问题，年内接待处理 12 起群众来信来访，均依法依规进行了处理，未收到群众对处理结果的异议。

【林业产业】

木材加工 2020 年，崇左市委、市政府把林木产业作为全市三大传统优势产业（糖、锰、木）的重中之重来培育发展，把泛家居产业集群列入全市四大集群之一重点培育打造，推动现代化林业经济高质量发展和木材加工业转型升级。积极培育和引进国内外知名家居龙头企业，引领木制品产业向更高层次、更广领域发展。崇左市木材加工企业由 2015 年的 920 家增加到 2020 年的 1100 家，2020 年全市木材加工产值达 200.08 亿元；全市规模以上木材加工企业 108 家，完成产值 108.07 亿元，同比增长 12.1%；新增规模以上木材加工企业 13 家，成为崇左市第三个工业产值超百亿的产业；完成人造板产量 495.27 万立方米，居广西第四位。共签约入驻企业 61 家，新开工木材加工企业 45 家，投产 21 家。

林下经济 2020 年，崇左市累计发展林下经济面积达 29.204 万公顷，完成林下经济产值 73 亿元。

特色经济林 2020 年，崇左市继续推进以澳洲坚果为主的特色经济林建设，完成新种植澳洲坚果 3417.1 公顷 119.23 万株，累计种植澳洲坚果面积达 13892.9 公顷；完成油茶新造林 200.6 公顷，油茶低改林 66.67 公顷；巩固八角经济林 61133.33 公顷，特色经济林面积累计达 82460 公顷。

森林旅游 2020 年，崇左市加快森林公园集群建设，依托国家森林城市、中国木棉之乡、国家珍贵树种培育示范市、国家湿地公园等生态品牌和平台，围绕广西龙峡山国家级森林公园、广西派阳山森林公园、白头叶猴自然保护区、"发现·弄岗"等资源，着力打造形成一批生态旅游特色重点精品线路，并初步显现了良好的经济效益。据统计，2020 年全市森林旅游收入达 9.7 亿元。

【林业生态建设】

林木种苗培育 2020 年，崇左市育苗面积 605 公顷，苗木产量 4497 万株，其中容器苗 3291 万株、良种苗 1399 万株。2020 年实际用苗量 1196 万株，其中防护林 26 万株、用材林 696 万株、经济林 274 万株、其他苗木 198 万株。

植树造林 2020 年，崇左市完成植树造林 8554.53 公顷，占自治区下达任务的 107.5%。其中，荒山造林 918.4 公顷，退化林修复 13.3 公顷，迹地人工更新 744.7 公顷，迹地萌芽更新 4933.53 公顷，封山育林 1944.6 公顷。完成森林抚育 11651 公顷，占计划任务的 102.8%。完成义务植树 354.3 万株，占计划任务的 101.2%。在植树造林面积中，完成林业重点工程项目实施 2184.67 公顷，其中石漠化综合治理封山育林面积 1944.67 公顷，珠防林退化修复 13.33 公顷，特殊及珍稀林木培育项目 226.67 公顷（新造 53.33 公顷，改培 173.33 公顷）。

林长制建设 2020 年，崇左市按照属地管理与权属管理相结合、分级分类负责的原则，进一步深化巩固市、县、乡、村四级林长体系，全市各级林长共 2793 人，其中市级林长 26 人、县级林长 92 人、乡级林长 133 人、村级林长 2542 人。新增设立公告牌 195 块，其中示范点公示牌

8 块，聘用林长制护林员 5424 人。利用林长制解决林业重点和难点工作 24 项。

森林系列创建 2020 年，崇左市扶绥县东门镇、大新县恩城乡 2 个乡镇被广西壮族自治区绿化委员会授予"广西森林乡镇"称号；江州区江州镇板备村岜牟屯等 27 个村屯获"广西森林村庄"称号。

【森林防火】 2020 年，崇左市认真落实森林火灾防控责任，组织开展森林防火"宣传月""文明祭扫""防灾减灾日"等宣传活动，强化火源管理，做好隐患排查工作，开展打击森林火灾违法行为专项行动。完成全市森林防火"防火码"应用场景收集和推广使用共计 108 个。崇左市珠江水源地森林火灾高风险区综合治理项目基本完成，市本级森林消防队伍营房项目通过联合验收。2020 年，全市共发生森林火灾 40 起，火场总面积 212.05 公顷，森林受害面积 160.42 公顷，受害面积比 2019 年同期减少 17.54 公顷，森林受害率降低了 9.86%；森林火灾受害率 0.159‰，比自治区要求的 0.8‰低 0.641‰。全年无重大、特大森林火灾，无人员伤亡事故。

【重大项目建设】

白头叶猴保护区基础设施项目建设 2020 年，广西崇左白头叶猴国家级自然保护区实施中央山水林田湖草生态修复工程，建成全国首个叶猴类专业馆——白头叶猴馆，已开放并接待公众 20000 人次；建成全国首条叶猴类生态廊道，为解决公路两边群山猴群安全通行和交流问题做了有益探索。建成 5 个白头叶猴饮水点，恢复种植 46.67 公顷，进一步改善白头叶猴生境质量。

竹子产业发展 2020 年，崇左市大力发展竹子产业，出台《关于加快竹子产业发展的决定》《崇左市 100 万亩竹子原料林基地建设方案（2020—2024 年）》等政策文件，利用第三批山水林田湖专项奖补资金 5000 万元发展竹子育苗和建立种植示范区，完成竹子育苗 722 万株，新

建示范种植 52 公顷，落实种植土地面积 3386.67 公顷，推动华劲集团股份有限公司等竹子加工企业入驻崇左市。

森林防火综合治理项目建设　2020 年，广西崇左市珠江水源地森林火灾高风险区综合治理建设项目顺利推进，其中崇左市本级营房、机具库、值班室、消防水池泵房通过联合验收；扶绥县本级和东门林场营房、机具房及车库完成全部建设；天等县完成项目前期工作变更手续，并在年底开工建设。年内项目完成投资 230 万元。

防火林带建设　2020 年，崇左市累计完成边境生物防火隔离林带建设项目 4000 米，主要在宁明县桐棉镇完成建设，累计完成投资 68 万元。

【**林业有害生物防控**】　2020 年，崇左市严格落实年度林业有害生物防治目标管理责任制，切实抓好松材线虫病、微甘菊等重大林业有害生物防控工作。全年林业有害生物成灾率 0.19‰，林业有害生物测报准确率 97.13%；无公害防治率 88.68%，种苗产地检疫率 100%，各项指标均控制在自治区要求以内。

（崇左市林业局）

自治区林业局直属单位

南宁树木园

（南宁良凤江国家森林公园）

【概况】 南宁树木园位于南宁经济技术开发区，始建于1979年。1992年，林业部批准成立南宁良凤江国家森林公园，实行"两块牌子、一套人马"管理体制。作为自治区林业局直属管理的正处级公益二类事业单位、自治区大一型国有林场，南宁良凤江国家森林公园荣获国家AAAA级旅游景区称号。多年来，南宁树木园先后获全国文明单位、全国绿化模范单位、全国科普教育基地、全国十佳林场、中国最美林场、国家林业重点龙头企业等荣誉称号。南宁树木园有内设机构11个、二层单位16个，拥有全资及参股公司16个。在职职工453人，退休人员396人；资产总额达22亿元。南宁树木园秉承"一产兴园、三产富园"的发展方向，形成了以森林资源培育为主，涵盖森林旅游、种苗绿化、土地开发等多元化、多层次的发展格局。

【经济发展】 2020年，南宁树木园实现经营收入41874万元，同比增长60%；营业利润4040万元，同比增长20%；资产总额22亿元，同比增长2.3%；资产负债率28%，较2019年降低2个百分点。

【森林培育】 2020年，南宁树木园新收购林地林木7466.7公顷，经营林地总面积达35266.7公顷，森林活立木蓄积量达232万立方米。2020年，南宁树木园完成植树造林1420公顷，除萌3870.1公顷，除草10378.9公顷，追肥8377.7公顷。

【木材生产】 2020年，南宁树木园完成木材交易59.4万立方米，涉及面积3762.5公顷，平均出材量157.9米³/公顷。其中，电子平台交易的林木总出材28.3万立方米，涉及面积1924.7公顷，实现木材销售收入13489.4万元，溢价846万元，平均出材量147.0米³/公顷，同比增长6.1%；评估转让给雅长林场的速丰桉成熟林调查设计总出材31.1万立方米，涉及面积1837.8公顷，平均出材量169.2米³/公顷。

【项目建设】 2020年，南宁树木园持续推进良凤江现代科技工业园、南宁沉香苗木科技生态示范基地、广西东盟花卉苗木培育生产示范基地等一批在建项目的建设。同时，广西（中国－东盟）森林康养园项目已获得政府相关部门备案审批，目前正积极开展招商引资工作。此外，斯道拉恩索公司的林地159公顷已返租，万泰隆公司存续分立事项也获得批复，并依法依规稳步推进分立工作。全年累计收取项目租金4025万元，招商引资到位资金6931万元。

【森林旅游】 2020年4月14日，与中国林场集团、银谷置地公司正式签订良凤江景区合作协议；8月18日，广西中林生态城项目一期开工现场会在良凤江景区举行；12月1日，良凤江景区正式移交合作公司运营；完成中林生态城一期项目和菩提山庄升级改造总体设计编制工作；全年实现旅游经营收入786万元，接待游客9.5万人次。

【林下经济】 2020年，南宁树木园完成林下经济总投入664.14万元，其中林下种植168.73万元，林下养殖109.17万元，林下旅游278.7万元，林产品采集加工107.54万元；实现林下经济总产值 2195.87 万元，其中林下种植 248 万元，林下养殖 583.33 万元，林产品采集加工（采集鹿茸、生产鹿酒系列产品）60.54 万元，林下旅游 1304 万元。新种植 3.33 公顷木本蔬菜，开展了木本蔬菜种质资源收集，对木本蔬菜进行了食品安全检测和育苗试验研究。

【资源管护】 2020 年，南宁树木园回收被侵占林地 112.33 公顷，占全年林地回收任务 83.67 公顷的 134.25%。全面完成国家林业和草原局驻广州专员办对森林资源管理的专项检查，解决了 144 个问题。完成 9 处场站用地的不动产登记，确权发证面积 57.89 公顷。与征地部门签订了南宁新扶一级公路征用土地补差补偿款的协议，金额达 813 万元。成功调解了 3 起林地权属纠纷并与周边村屯达成了定点落界 10000 多米。此外，南宁树木园还积极推进连山植物博览园的建设工作，全年植树造林面积达 18.67 公顷，收集植物种苗 867 种。

【保障能力】 2020 年，南宁树木园开展业务培训 17 次，培训干部职工 1800 人次。公开选拔正科级干部 1 人，副科级干部 3 人；全园职称晋升高级工程师 3 人、高级经济师 2 人、工程师 15 人、助理工程师 4 人；表彰嘉奖 71 人。完成事业单位公开招聘笔试、面试、考核工作。完成 30 名职工轮岗交流学习，并在区内外引进高校大学毕业生 12 名。此外，南宁树木园还新修订完善有关管理制度 19 项，建设文书档案信息化系统和会议无纸化系统，审核各类合同 547 份。全年开展林业科研项目 27 个，申请并获得 2021 年中央、自治区财政资金 160 万元。擎天树和金花茶相关研究取得自治区科学技术成果登记证书 3 项。全年实现安全生产零事故。

【文化建设】 2020 年，南宁树木园持续开展机关办公区明星职工评选，全年共评选出明星职工 54 人次。常态化组织开展职工运动会、劳动技能竞赛、"书香凤江"读书沙龙、道德讲堂、"我们的节日"等活动。深入开展诚信树木园建设活动。积极参加中国林业职工思想政治工作研究会课题成果申报活动，其中 1 篇论文获评一等奖，3 篇论文获评二等奖。南宁树木园牵头撰写的 1 篇论文获评自治区党委区直机关 2020 年度机关党建优秀研究成果一等奖。此外，南宁树木园扎实开展全国文明单位复核迎检工作，按测评体系要求收集整理 13 大板块资料，并顺利通过了全国文明单位的复核。

【党建及党风廉政建设】 2020 年，南宁树木园组织召开党建暨党风廉政建设工作会议 1 次，常态化开展党支部"三会一课"、党日活动、"一支部一品牌"等活动。2020 年新发展党员 22 名。全年组织观看警示教育片 8 部，举办党风廉政建设专题培训班 1 期，组织集体约谈 3 次近 200 人次，"一对一"日常谈话提醒 66 人次；运用第一种形态开展告诫约谈 19 人次，警示提醒 25 人次，诫勉谈话 1 人次；立案 1 起，党内警告处分 1 人。

【民生改善】 2020 年，南宁树木园完成"凤江绿缘"拆迁安置房项目的 3 个标段竣工结算工作，并已进入正常的不动产权证书办理程序。组织开展年度健康体检。在春节和中秋节期间，向全园工会会员发放了价值 87 万元的米、油等日用生活物资和电影券。全年走访慰问、为退休人员祝寿 119 人次，为退休人员发放价值 31 万元的春节和重阳节慰问金或慰问品。

【疫情防控】 2020 年，南宁树木园为支持新冠疫情防控工作捐款 35423 元。森旅服务部圆满完成湖北籍来邕人员等 3 批 392 人次的接待服务工作，无一人被感染，并获评区直机关 2020 年度优秀基层党支部荣誉称号。

【获得荣誉】 2020 年，南宁良凤江国家森林公园被评为广西首批自治区级中小学生研学实践教育基（营）地，而南宁树木园则荣获 2019 年全区林业统计先进单位称号。南宁树木园一人获评 2020 年全国林业和草原科普讲解大赛优秀奖，一人获评 2017 年至 2019 年全区内部审计工作成绩突出个人，一人获评 2019 年全区林业统计先进个人，一人获评广西壮族自治区总工会 2020 年"中国梦 劳动美"全区职工读书征文活动优秀奖。

（南宁树木园）

广西国有高峰林场

【概况】 该林场成立于 1953 年，是自治区林业局直属的国有林场。主营业务包括森林资源培育、人造板加工、森林旅游、土地开发利用等产业，是一家集一二三产业融合发展的综合性大型国有林场。林场经营面积 9 万公顷，造林范围覆盖广西 12 个市 49 个县（市、区）。场部位于南宁市兴宁区，旗下拥有 1 个控股 72.478% 的广西森工集团，以及 7 个对外造林部、13 个营林分场，机关科室和其他下属单位共 50 多个。拥有员工 4150 人。

【经济运行情况】 2020 年，该林场实现营业收入 16.97 亿元，净利润 1.05 亿元，整体效益持续稳定发展。

【营林生产】 2020 年，该林场共完成造林 5621.40 公顷，其中迹地更新造林 4307.93 公顷，萌芽更新 1313.47 公顷；按造林区域划分，场内完成造林 2181.83 公顷，场外完成造林 3439.57 公顷。

2020 年，营造速丰林 5312.15 公顷，其中桉树 4547.25 公顷，杉树 764.9 公顷；营造油茶等经济林 50.58 公顷；营造珍贵乡土树种 258.67 公顷；销售木材 65 万立方米；出圃合格苗木 904.95 万株，销售总收入 1471.72 万元。

【人造板生产】 该林场控股的广西森工集团全年实现人造板销售 98.74 万立方米，实现销售收入 10.2 亿元，净利润 668 万元。

【第三产业发展】 该林场出台了土地利用工作规范试行办法，以进一步加强项目管理。同时加快推进项目储备和建设，全年林场已成功签约招商引资项目 9 个，到位资金 2.2 亿元。其中，广西民营经济创业产业园项目已纳入 2020 年第三批广西"双百双新"产业项目；高峰城 – 大型智慧物流仓储中心项目一期用地已开展土地平整。着力抓好零星土地、场地及经营性物业的出租管理工作，全年租金收入 8000 多万元。

【森林旅游】 高峰森林公园全年累计完成投资 2.37 亿元，建成精灵王国、玻璃桥等一批项目并投入使用，一期 EPC 工程项目于 2020 年 5 月顺利通过验收。林场成立公园管理中心，完善人员、财务等管理制度 10 余项。2020 年底被评为国家 AAAA 级旅游景区，入选南宁市文化旅游品牌名录。2020 年公园累计实现经营收入 640 万元。

【林下经济】 继续开展低产竹笋林提质增效行动，全年收获竹笋 220 吨；积极探索以灵芝为主的"林菌"模式，在高峰森林公园建设灵芝仿野生种植示范基地、林下经济展示馆，全年收获干灵芝 700 多千克、虎奶菇等新鲜食用菌 2000 多千克。申请注册"八桂秀美高峰"商标，已通过国家知识产权局初步审定。与广西农业科学院联合申报红托竹荪栽培技术项目，已通过自治区科学技术厅评审。

【科技创新】 2020 年，开展科研项目 18 个。其中中央财政推广示范项目 3 个，国家"十三五"重点研发计划项目子课题 1 项，广西科技重大专项项目 2 个，广西林业科技项目 1 个，广西林业科技推广示范项目 6 个，自治区党委年度绩效考评项目 1 个，林场自立项目 4 个。

【森林资源保护】 全力推进森林督查整改工作，全年完成问题整改 23 项，拆除违建别墅 24 栋、各类活动板房 40 栋；回收被占林地 228.27 公顷，超额完成年度目标任务；配合办理土地征占用面积 34.27 公顷，获得征地补偿款 5228 万元；收取斯道公司经营林地管护费 109 万元。开展打击森林违法违规用火行为专项行动，全年无重大森林火灾。积极开展林业有害生物防治工作，全年未发生大面积森林病虫灾害。组织开展安全生产大检查大排查，排查整治各类安全隐患 76 项，安全生产形势持续稳定。

【队伍建设】 该林场事业单位公开招聘专业人才，有 69 人通过考核。根据工作需要，考核提拔中层干部 29 人，其中提拔为正科级干部 12 人，副科级干部 17 人，配合自治区林业局完成 1 名副处级干部的提拔考核工作。办理科级干部调动 33 人次，管理（技术）及以下人员内部调动 32 人次，办理 1 人辞职手续。

【民生建设】 抓好基础设施建设，全面完成林场公租房项目建设任务，在长客、东升等分场硬化林区道路约 20 千米，完成危旧房项目三期迁坟、报建和场地平整等工作。为盘龙居住宅小区 1686 户业主办理房屋不动产权证登记，占小区总住户的 78%；完成厢竹小区合法合规性审计整改，12 个建筑单体工程全部通过验收；解决霖峰壹号项目租房职工子女就近入学问题。职工福利待遇得到有效保障，组织 2566 名职工进行健康体检，足额发放离退休生活补助 1896 万元，慰问离退休职工等 2400 多人次，发放慰问品价值 134 万元。做好职工互助保障服务工作，办理互助保障理赔手续 63 人次。

【扶贫工作】 扶持隆林各族自治县忠义村发展香菇、吴茱萸、玉米种植，帮助村民拓展金银花销售渠道，有效提高忠义村贫困户收入。2020 年，忠义村实现总收入近 2000 万元，人均收入 6788 元，实现了贫困人口清零。

【专项活动】 全年开展专项监督检查 5 次，发出监察提醒单 15 份，新建或修订制度 12 项，对 9 个单位开展内部审计，重要经营事项及合同签订法务部门参与把关，有效防范经营风险。

【获得荣誉】 该林场获自治区文明委颁发的第十七批"自治区文明单位"称号，获第六届"全国文明单位""全国林草产业 AAAAA 级诚信企业"等荣誉。此外，再次荣获"全国十佳林场"，并通过"农业产业化国家重点龙头企业"的监测。

（广西国有高峰林场）

广西国有七坡林场

【概况】 该林场成立于 1952 年，是广西区内历史最悠久的林场之一，也是自治区林业局直属的大一型林场，属正处级差额拨款公益二类事业单位。总场部位于南宁临空经济示范区核心区域，交通便利，毗邻南宁市友谊大道，距南宁吴圩国际机场 8 千米，距南宁市区 14 千米，多条交通枢纽贯穿林区，交通位置优越。林场经营林地面积 4.54 万公顷，其中场内经营面积 1.82 万公顷（含斯道公司经营该林场林地 0.37 万公顷）、场外合作造林 2.72 万公顷，通过 FSC 森林认证 2.89 万公顷，森林总蓄积 381.5 万立方米，森林覆盖率 82.1%。单位内设机构 10 个、二层单位 17 个，有全资及控股参股企业 20 个，职工总数 1522 人。各类专业技术人员 344 人，中、高级职称 205 人，研究生及以上学历 66 人。有人造板厂、中密度纤维板厂、肥料厂、旅游开发公司等林产企业以及花卉产业园、林下经济科技示范基地、现代林业产业加工基地等产业园区。该林场是全国森林经营试点单位，是全国唯一以"森林经营"为主题的国家级广西东盟（南宁）林业科技示范园区、全国首批广西首个林业 PPP 试点项目、广西最大的农业综合开发国家储备林建设示范项目的建设单位，是广西重点建设环绿城南宁森林旅游圈项目的重要组成部分（其龙头项目拟投资 300 亿元的七彩世界森林旅游项目落户林场）。先后被评为全国十佳林场、国家林业重点龙头企业、全国绿化模范单位、全国林业信息化示范基地、广西五一劳动奖、广西森林经营示范林场等。

【经济运行情况】 2020 年实现营业收入 6.77 亿元，完成自治区林业局考核任务的 117.13%；实现利润 1058 万元，完成自治区林业局考核任务的 112.67%；资产负债率 44.2%，控制在预算指标 46.78% 之内。

【森林经营】 扎实推进高质量商品林"双千"基地建设，2019—2020 年完成林地林木收购 3666.67 公顷，林地经营面积由 2015 年的 3.81 万公顷增加到 2020 年的 4.54 万公顷。推进桉树提质增效"533225"工程，不断创新森林经营模式，通过修枝无节材、大径材定向培育、精准施肥、林相改造等举措，营建精品达标林近 2 万公顷，累计进行近自然林改造培育多功能森林 3333.33 公顷，经营效益稳步提升，森林蓄积总量由 2015 年的 257.8 万立方米增加到 2020 年的 381.5 万立方米，

净增长 123.7 万立方米，桉树采伐每亩平均出材由 8 立方米增长到 9.9 立方米。2019—2020 年实施油茶"双千"计划，高质量高标准建设油茶示范基地 102.99 公顷。建成以"林药"模式为主的七彩七坡林下经济产业核心示范区 133.33 公顷，探索总结出以"鸡血藤+"为核心内容的"林+林+藤（草）""林+林+藤+草""林+林+藤+草+菌"等三元、四元、五元林下多元立体栽培模式，促进生态公益林提质增效。智慧化、机械化水平不断提升，与广西玉柴重工、广西人工林种植行业协会共同探索建设"广西信息智能机械化创新基地"示范点，已在分场开展试验。林场连续 8 年通过 FSC 森林认证。

【资源管护】 林场超额完成被侵占林地综合整治任务，未出现新增被侵占林地现象，林地面积保有率 100%；自 2018 年深入推进"全国林业系统扫黑除恶专项斗争"至今，累计参与排查 1500 多人次，排查出涉黑涉恶线索 5 条并及时移交，未发生因涉林纠纷而引起的群体性上访事件；49 个森林资源管理问题全部完成整改，完成率 100%，依法拆除违章建筑 2.9 万平方米；及时成立七坡林场执法工作组，协同森林公安等累计办理各类案件 801 起，查处、侦破 563 起，打击处理各类违法人员 275 人，收缴、扣押木材 2000 多立方米，林场执法率先在区直林场实现专业化和规范化；强化征占用林地事中事后监管，未发生项目违规使用林地现象。扎实做好森林防火、林业有害生物防治和安全生产工作，未出现重大森林火灾、重大林业灾害和重大安全生产事故。

【企业经营】 通过关停并转、市场优胜劣汰对场管企业全面清理整顿，共清理僵尸、长期亏损、停业多年、高风险低效企业 16 家，场管企业由 36 家减少至 20 家；13 家企业已完成或即将注销或退股，共收回注册资金 1300 多万元；啃下威林木业、华威木业、特艺达等 3 家企业历史遗留问题"硬骨头"，共收回历史债务约 1500 万元，

减少林场投资损失约 4300 万元,化解林场潜在和连带财务风险约 1.8 亿元。以国有林场改革为契机,不断健全完善企业管理机制,严格执行《七坡林场场管企业管理办法》《七坡林场场管企业考核细则》。经营类企业内部治理更加规范,华沃特肥业公司逐步发展成为广西林业系统技术最先进、规模最大的生态复合肥企业,林产化工、花卉苗木等产业加快推进转型升级;"十三五"期间累计获得参股企业分红约 2400 万元。

【资源盘活】 争取到自治区本级土地收储面积 10% 的产业用地返还政策,积极推进场部回建工作,其中 1.6 公顷技术业务用房已取得不动产登记证;自治区人民政府已出具会议纪要,明确吉利人才教育项目返还商住用地 13.33 公顷、那丹站建设用地置换与吉利项目 1.47 公顷统一规划,同步落实。全力推进环绿城南宁森林旅游圈项目建设,引进七彩世界森林旅游项目,南宁市成立工作专班推进,着力建设标杆项目;打造七彩七坡森林文化走廊,初步建成立新森林人家,先后获"最美森林人家""南宁市三星级乡村旅游区""五星级森林人家"等称号;筹建金鸡山自治区级森林公园,已完成经营范围调整及总体规划设计;筹建广西七彩龙头香料市场项目,已进入土地预征用阶段。园区经济取得新成效,2020年实现土地租金收入 777 万元。

【管理机制】 国有林场改革全面完成,以优秀等级通过自治区和国家验收;优化整合内部二层管理,成立法务办公室,撤销园区办公室、企业管理中心,七彩森林管理办公室更名为森林旅游管理办公室。严格执行民主集中制,坚持"三重一大"事项民主决策,召开党委会、管委会研究落实事项近 148 个;持续推动激励干部担当作为,嘉奖 88 人,表彰先进个人 37 名、先进单位 6 个;五公经费严格控制在预算范围内,公务接待费用逐年下降,由 2015 年的 120 万元降至 2020 年的 52 万元;推进依法治场,2013 年以来共处理案件

88 起,结案 68 起,胜诉 52 起,和解 11 起,执行 7 起,为林场化解各类经济损失风险近 4 亿元。

【科研创新】 注重林业科技创新,加强与各科研院校产学研合作,"十三五"期间实施林业科技成果转化项目 16 个、林业科研项目 13 个,获得实用新型专利 13 项、广西科学技术成果奖 3 项,累计获得财政资金 1195 万元;成功创建全国唯一以"森林经营"为主题的国家级广西东盟(南宁)林业科技示范园区,首次召开七坡林场科技工作会议,评选表彰一批突出贡献林业科技人员;建成广西南宁桉树林生态系统定位观测研究站,被授予"国家级公益林南宁桉树监测站"等四块电子牌;建成广西国家林木种质资源库(七坡分库),收集各类树种 50 多个;推广良种造林,培育良种苗木和生态大规格苗木 300 多万株;开展林业技术帮扶,示范带动对口帮扶弄昔村发展良种油茶种植,助力脱贫攻坚。2020 年林场 1 人获评正高级工程师,6 人获评高级工程师,5 人获评高级经济师。

【民生工作】 生产生活环境不断改善,完成建设并如期交付七彩小区福利住房 870 套,多方努力为 101 户职工成功办理购房按揭贷款近 1000 万元;积极协助秀林花园职工办理不动产登记证 160 多户;累计投入 2000 多万元,完成七彩小区及各分场水电路、美化绿化等改造,完成管护用房建设 31 套,建成上思分场南屏站住宅楼并投入使用。职工收入水平稳步提升,人均年收入由 2015 年的 5.5 万元提高至 2020 年的 9 万元;核发离退休人员生活补贴 2300 多万元,累计 5 次补发退休金差额近 500 万元,退休人员人均年收入由 5.2 万元提高至 6.3 万元。职工保障体系健全完善,累计筹措 1 亿多元用于职工社保和福利支出,全场职工全部纳入城镇职工医疗保险,在编职工全部纳入机关事业养老保险和职业年金体系,2019 年起核发在编在职及在编离退休人员物业补贴 310 多万元;全场 31 个食堂实行福利

模式经营，实现职工用餐全场一卡通；职工年节慰问、职工体检等活动常态化开展。全年走访慰问、生活帮扶、联谊活动、文体活动等按计划开展，成功举办 2020 年迎春晚会。

【对口扶贫】 积极履行和承担社会责任，组织全场领导干部开展精准帮扶"一帮一联"行动，发动职工扶贫捐赠 5.7 万元，累计选派工作队员 8 名，林场累计投入资金近 400 万元对口帮扶弄昔村，2020 年弄昔村 189 户 814 人全部脱贫摘帽，林场 2017—2019 年获评对口帮扶隆林各族自治县脱贫攻坚先进单位，2020 年获自治区林业局脱贫攻坚集体记功奖励。

【精神文明建设】 林场自行组织并积极参加上级组织的各类文体活动、评选活动，成立林场职工兴趣小组 11 个，自行组织开展各类晚会、体育类比赛、林业技能竞赛等；2016 年以来，参加上级组织的各项文体活动 11 场次，连续 5 年 6 个节目参加自治区林业局"新春团拜会"演出，代表自治区参加 2017 年中国技能大赛——全国国有林场职业技能竞赛获团体三等奖，在区直林场、驻邕单位等各类文体赛事中累计获得集体奖 6 项、个人奖 7 项；自行组织开展"七坡林场突出贡献林业科技人员""最美林业人"等评选活动，累计获得个人或团体（家庭）相关奖项 19 项；参加上级组织的"道德模范""勤廉榜样""身边好人"等评选活动，累计获得集体奖 3 项、个人奖 5 项。开展"七坡人讲七坡故事"活动，汇编印发七坡奋斗励志故事片《那山那人那岁月》，七坡精神深入人心，干部职工工作效率、工作能力、自身形象不断提升。

【党风廉政建设】 深入开展"两学一做"和"不忘初心、牢记使命"主题教育，增强党员领导干部的政治意识和党性观念，树牢"四个意识"，坚定"四个自信"，做到"两个维护"。抓严抓实支部规范化建设，严格落实"三会一课"、主题党日、组织生活会等党内制度。建设新时代文明实践所 7 个，为开展党员学习教育和活动提供阵地保障；开展党员党性体检、党员政治生日、党员先锋岗等系列主题党日活动，党支部战斗堡垒作用和党员先锋模范作用不断凸显；打造"党建联盟"、七彩森林文化论坛、党员劳动实践基地等党建品牌，不断丰富党员学习教育的活动载体和形式，增强党建工作成效。做实巡察整改工作，中央、自治区、林业局等系列巡察整改任务全部完成销号。持之以恒正风肃纪，建立干部廉政档案，深化运用监督执纪"四种形态"，2015 年以来累计立案 12 起，结案 11 起，党内严重警告处分 1 人，党内警告处分 1 人，降低岗位等级处分 2 人，行政记过处分 6 人，行政警告处分 14 人，诫勉谈话 24 人次，告诫约谈 12 人次，提醒谈话 72 人次。

【获得荣誉】 七坡故事、七坡经验、七坡模式得到林业行业以及各级政府的肯定，森林经营、国家储备林、林下经济建设成为国内外学习的典型，多次在国际、省部级、自治区级林业会议上作学术报告，组织召开林场现场会、参观考察，相关文章在《中国绿色时报》、国家林业和草原局官网等多家媒体刊登，2020 年林场获广西五一劳动奖、全区首批壮美林场、广西林业驻邕单位第一届壮美林业足球友谊联赛冠军等荣誉称号，知名度、美誉度显著提升。

（广西国有七坡林场）

广西国有博白林场

【概况】 该林场位于全国客家大县博白县，毗邻北海和湛江，处于广西北部湾经济区。该林场成立于1962年6月，是自治区林业局直属公益二类事业单位，是一家集森林资源培育、人造板加工、立体生态种养、地产开发、矿产开发、观光旅游为一体的多元化现代林场。林场经营总面积48666.67公顷，活立木蓄积量278万立方米，总资产27.93亿元。内设职能机构12个、二层管理机构10个，下辖营林分场9个、对外造林部3个和林科所1个，以及万林公司、浩林公司、坤泓地产公司、昆仑华府物业公司、泰宇康达公司、纵桂投资公司等6家公司。现有员工1450人，其中在职在编职工422人，聘用人员457人，离退休职工571人。在职职工中，高级职称20人，中级职称115人，初级职称134人。该林场获得"国家林业重点龙头企业""中国林业产业突出贡献奖""全国森林防火先进单位"等多项荣誉。

该林场以习近平新时代中国特色社会主义思想为指导，坚持"一定位、二保障、三强化"的发展思路，全力优化管理制度，实施森林提质扩量工程，强化产业转型升级，建设科技创新联盟，强化党建引领，打造党建联盟品牌。加快推进壮美林场和智慧林场建设，大力推进国土空间综合整治、万亩中药材种植和加工示范基地、矿产资源开发、温泉开发、矿泉水开发、教育小镇建设、亿元精品渔业、32亿元新能源产业、林产工业园区建设、马子嶂森林康养基地、低效林地开发等项目建设，致力于践行"两山"理念，为建设壮美广西做出了重要贡献。

【经济运行情况】 该林场围绕科学发展目标，狠抓责任落实，林场在资源培育、林地保护、产业发展、科技创新等方面成效明显。实现营业收入46712.8万元（含浩林公司），实现总产值121488万元（含浩林公司），完成固定资产投资60621.78万元（含浩林公司），综合实力排名在广西林业前列。

【营林生产】 该林场通过科学制定台风区营林技术规程、强化机械化作业范围、实行林地分类经营、建立民工信息档案数据库等创新举措，全面提升营造林质量。完成植树造林3906.67公顷，占年度考核任务的127.4%；森林抚育13566.67公顷，占年度考核任务的156.54%；育苗1456.32万株，占年度考核任务的134.45%，森林经营发展蓬勃有力。

【木材生产】 该林场完成木材产量11.7万立方米，销售12.68万立方米（含薪柴），收入5663.61万元，林场木材生产和销售保持安全、有序推进。

【"双千"基地建设】 该林场大力实施营造林"扩量提质"战略，完成林地林木收购2333.33公顷，为"双千"基地建设打下坚实基础。

【森林认证】 该林场36666.67公顷林地顺利通过第五次国际森林认证年度审核，管理水平持续领先。

【林产工业】 该林场万林公司新增年产8万立方米胶合板的生产线已完成设备安装，通过研发FSC阻燃板、销售定制家具板、优化产品生产工艺等创新举措，实现收入约7000万元，获国家专利3项。浩林公司通过股权重组并入广西森工集团，计划对生产线进行技改，以扭转亏损局面。

【资源保护】 该林场全面落实森林资源管护责任，严厉打击涉林违法犯罪行为，配合森林公安机关查处林地林木案件34起,处理违法犯罪人员23人;配合乡镇政府及司法所召开林地权属争议调解会25次,收回各项费用35.47万元;催收厂房、站队、场地租赁费及生态效益补偿费103万元;收回被侵占林地807.73公顷,完成率高达123.5%,且无新被占林地事件发生,切实维护林区和谐稳定。林业有害生物成灾率控制在0.41%以下,连续十年获得广西林业森林病虫害防治优秀等级;全年没有重特大森林火灾发生,获2020年广西森林防火演练技能体能竞赛一等奖;安全生产实现零事故的预期目标。

【林下经济】 该林场用好当地资源,大力发展桂圆肉产业,销售桂圆肉16650千克,收入106.24万元。云飞嶂的那林鱼冷水立体生态种养产业成为国家地理标志那林鱼的典型样板,销售那林鱼873.05千克。依托"南方药都"优势,投资1.2亿元建设万亩中药材种植示范基地,2020年已完成树形金银花种植13.33公顷,仅种植3个月便有收益;完成百部种植20公顷,其中2019年10月试种的百部至2020年底亩产已达5000千克,为发展"以短养长"的林下经济模式积累丰富的经验。

【产业发展】 该林场作为全区国有林场空间规划试点单位,大力挖掘新的经济增长点,产业发展势头强劲,2020年10月完成林场国土空间规划编制,为林场"十四五"发展打下良好基础。矿产开发取得重大突破,邀请自治区地矿局三队、四队对林场的国有林地进行矿产勘查,并将有开发价值的26个矿点矿产资源初步列入博白县"十四五"开采规划。通过招商引资,已实现矿产资源开发收入8000多万元。全域综合土地整治成效显著。以建设温泉疗养和教育小镇为核心,将林场旧场部66.67公顷土地立项为全域土地综合整治示范项目。2020年12月,19.9022公顷城乡建设用地增减挂钩项目土地指标通过自治区自然资源厅的入库备案,实现产值6717万元。

地热和矿泉水资源开发稳步推进。已投资185万元用于水资源开发项目,预计2021年下半年完成地热井的钻探,以此建设博林温泉度假中心;且东方分场谷王嶂泉水开发前景广阔。

【党建工作】 该林场充分利用"学习强国"、新时代文明实践所、道德讲堂等广泛开展理论学习、红色教育、微党课比赛、意识形态宣传教育等活动,强化习近平新时代中国特色社会主义思想入脑入心,进一步坚定政治信念,为林场发展凝心聚力。一是强化组织建设。完成党委和2个党支部换届选举,6个党支部的支委改选补选工作。二是强化理论武装。编印党员应知应会手册,组织开展党员应知应会知识测试1次;开展党务工作者培训2次;组织宣讲党的十九届五中全会精神15场,制作党的十九届五中全会精神宣传横幅、板报20版次。厚植爱国情怀。组织党员干部前往河池市东兰县、博白县朱锡昂纪念馆等党性教育基地开展党性学习20余次,接受教育党员人数500多人次;举办微党课比赛、民族团结进步创建活动、唱红歌、观看红色题材电影等活动10余场。三是筑牢宣传主阵地。设立宣传长廊,着力抓好宣传工作,该林场2020年网站发布政务信息535条,比2019年增长49.44%;在国家林业和草原局局、广西林业信息网共发表新闻稿件77篇,宣传工作在全区林业系统72个单位中排第五名;被"学习强国"采用视频短片6个,均创历史最好成绩。四是强化廉政建设。扎实开展廉政教育,及时传达中央纪委、自治区纪委有关会议精神,坚定不移把廉政建设引向深入。2020年召开党风廉政建设集体约谈会3次,组织70多名中层领导干部及重点岗位人员到东兰县开展廉政教育,组织党员干部500多人次观看《叩问初心》警示教育片,汇编4期《警示案例剖析》,发放一批警示教育书籍,筑牢领导干部思想道德底线。五是强化监督执纪问责,全年开展明察暗访4次,编发廉洁短信270多人次,严防违纪违法现象;对6个党支部开展巡察整改回头看，持续巩固提升巡察成果；组织经常性谈心谈话 200 多人次，及时掌握党员干部的思想动态；畅通信访举报渠道，持之以恒正风肃纪。

【队伍建设】 该林场开展技术培训 30 次，培养高级职称 10 人，中级职称 20 人，初级职称 21 人，干部职工综合素质不断提升；实行定岗定员和交流轮岗机制，副科以上轮岗交流 45 人，普通职工轮岗交流 87 人，提拔任用正科级干部 12 人，实现了人才资源有效配置。

【民生工程】 该林场 2020 年工资总额比 2019 年增长 31%，聘用大学毕业生全部缴纳五险一金；走访慰问困难职工、高龄老人及退休老领导 100 人，送出慰问金 6.31 万元；组织全场 936 名职工开展健康体检，投入费用 52.64 万元；为 122 名职工办理广西职工医疗互助保险，为职工身体健康保驾护航；完成管护用房、饮水改造等基建项目 22 个，投入资金约 940 万元；积极开展文体活动，举办演讲、唱红歌、气排球比赛等活动，丰富职工的业余生活，实现职工全面发展与林场发展的有机统一。

【科研成果】 该林场获知识产权 11 项，其中国家实用新型专利 8 项、国家发明专利 1 项、国家软件著作权 2 项；在省部级以上期刊发表科技论文 23 篇；与中科航天科工集团合作，规划建设

林业系统第一个工业互联网，"林地一张图"基本完成，创建智慧林业单位。

【获得荣誉】 该林场获自治区林业局授予"2019 年对口帮扶隆林各族自治县脱贫攻坚工作先进单位"，获"广西森林防火演练技能体能竞赛一等奖"，并被评为"玉林市先进职工之家"。场属万林和浩林两家公司入选"首批中国林草产业关爱健康品牌"，浩林公司获"中国林草产业 5A 级诚信企业品牌"，万林公司获"自治区级林业产业重点龙头企业"。

【回馈社会】 该林场组织开展"抗击疫情爱心捐款"活动，全场 204 名党员自愿捐款共 19798 元；向博白县教育局捐赠口罩 1 万个，助力学校复学复课。投资 7.6 万元硬化博白县乡村公路，投资 2 万元支持博白县扶贫，林场开展的生产经营活动为当地居民及外来务工人员提供 3000 多个就业岗位，促进社会关系和谐稳定。投资约 22 万元支持对口帮扶隆林各族自治县龙台村发展养鸡、种桑养蚕等产业和油茶低产林改造；发放帮扶点助学金 1.73 万元，慰问金 3.1 万元，捐款 5.34 万元；通过食堂采购、职工个人采购等方式购买扶贫产品约 17 万元。通过努力，隆林各族自治县龙台村成功实现贫困户全部脱贫摘帽目标，顺利通过国家和自治区的脱贫验收。

（广西国有博白林场）

广西国有黄冕林场

【概况】 该林场始建于 1957 年，场部位于广西柳州市鹿寨县城，地跨桂林、柳州两市，地理位置得天独厚、交通便利，珠江二级支流的洛清江穿越其中，湘桂铁路、桂海高速公路贯通南北。该林场有职工 1392 人，其中在职职工 557 人，专业技术人员 264 人。林场总经营面积 3.85

万公顷，森林蓄积量 343 万立方米，森林覆盖率 92% 以上，资产总值 17 亿元以上，每年可为社会提供 40 万立方米的木材。

【党建工作】 严格落实管党治党责任，深入学习贯彻习近平新时代中国特色社会主义思想，牢固

树立"四个意识",坚定"四个自信",做到"两个维护"。持续巩固深化"不忘初心、牢记使命"主题教育成果,开展巡察整改"回头看",党委主体责任和纪委监督责任全面加强。顺利完成支部换届,配齐配强党支部班子,6个支部被鹿寨县委组织部评为五星级支部,其余全部达到四星级支部标准。完成工会、团委换届,组织机构进一步健全。创新开展党建工作,将党建工作和中心工作不断融合。扎实开展监督执纪问责,运用"第一种形态"开展批评教育6人次,告诫约谈1人次,集体告诫约谈5人次,警示提醒18人次,主动约谈11人次;初核问题线索2件,立案1件,给予行政警告1人,营造了风清气正的政治生态。

【经济运行】 全年经济稳中向好、稳中有进,实现营业收入2亿元,营业利润1626万元,资产负债率为50.31%,银行信用持续保持AAA级最高等级。完成造林3000公顷,同比增长52.9%;完成抚育11933.33公顷,实现木材生产39.9万立方米,实现了生态效益与社会效益、经济效益和谐统一。

【营林生产】 加强营林生产,健全营林管护机制,全面推行良种良地良法良策"四良"造林法,使用良种壮苗,增加抚育年限,延长采伐周期,改造低产林分,开展集约经营、精细管理,精品示范林建设成效显著,木材销售实现12354元/亩,创造了区直林场亩产单产量最高纪录。全年在林权交易中心投放木材标的60个,成交58个,成交率96.7%,其中溢价49个,溢价总额2837万元,溢价率为16.43%,直接成交单价519.65元/米³,溢价率和直接成交单价均位列区直林场第一。实施扩面增效工程,收购优质林地林木4313.33公顷,林场规模持续壮大。

【产业发展】 大力发展二三产业,与鹿寨县政府、三门江林场合作成立鹿鼎林业集团,计划投资55亿元,林场占股33%,各项工作进展顺利。顺利完成15.9公顷工业用地不动产权证登

记,委托专业公司进行测绘定界,"三通一平"工作有序开展。投入300多万元重点打造森林药材和林中茶业示范区,不断拓展"茶旅""药旅"融合发展之路。投入1400多万元完成9千米洛清江森林公园水泥路硬化工程,交通枢纽里定大桥正在立项中。做好洛清江沿岸彩化设计,营造良好招商环境。重点推进林药产业,有序引导林场发展,全年投入288万元,完成林下经济总产值1848万元。"一场一品"创建方案顺利通过评审。引进先进制茶设备,建成茶厂检验审评室,全面提升茶叶品质和附加值。

【资源保护】 完成37个森林资源管理问题专项整改任务,完成率100%,完成森林督查和林地"一张图"更新工作。收回被侵占林地16.69公顷,超额完成自治区林业局下达的年度任务。投入200多万元用于安全生产和防火工作,建成森林视频监控系统,全年无重特大火灾和较大盗伐、滥伐林木案件发生。做好林业有害生物防治工作,全年有害生物发生总面积973.33公顷,成灾率为0,无公害防治率99.4%,测报准确率103.3%,种苗产地检疫率均为100%,各项指标全部达标。

【科技创新】 全面建成OA办公系统、林区视频监控系统,实现经营管理数字化;购买无人机、车载式喷雾机等现代装备50多套,提高林业机械化水平;完成3个实用新型专利和1个软件著作权申请,林业科技水平稳步提升。全年晋升副高级职称3名、中级职称技术人员22名。

【民生工作】 累计投资6500多万元,全面改造升级各营林分场水、电、路、网、房等基础设施建设,全面改善分场生产生活环境;投入40多万元更换场部电梯,增设新能源及电动车充电桩50多个,让职工工作生活更加智能、更加安全;投入221万元购买13辆皮卡车、20多辆摩托车合理分配到各分场,使营林工作如虎添翼;

投入 150 多万元建成 23 套 46 间大学生公寓房，让新入职大学生稳得住、能留下；投入 300 多万元，在重大节日为全场职工发放米油等慰问品和开展慰问帮扶工作；组织全场 1000 多名职工健康体检，保障职工身体健康；开展职工重大疾病医疗互助行动，让职工时刻感受到林场大家庭的温暖。

【精准扶贫】 坚决贯彻落实中央、自治区决策部署，召开扶贫部署会 10 次，制定脱贫攻坚督战表，领导班子督战脱贫攻坚工作 26 次，对口帮扶干部督战 110 人次。积极推进三江林业扶贫项目，收购高质量国储林 46.67 公顷，助力三江打赢脱贫攻坚战。投入 23 万元用于巩固隆林各族自治县民德村油茶、杉木、桑蚕等"3+N"产业格局，建成杉木核心示范区 13.33 公顷，2020 年帮助民德村实现村集体经济收入 19 万元，144 户 559 名建档立卡贫困户，已实现全部脱贫摘帽，贫困发生率为 0，"两不愁三保障"问题基本解决。

【林场文化】 投入 200 多万元加强文化阵地建设，建成文化长廊 2 个、职工书屋 10 个，楼道文化全新亮相，职工阅览室、棋牌室、乒乓球室正式投入使用。以创建自治区精神文明单位为契机，开展诚信教育、道德讲堂、全民阅读以及系列志愿服务活动，进一步提升广大干部职工的荣誉感、认同感、归属感。场容场貌呈现新气象，文化氛围浓厚，干部职工焕发新面貌。

【获得荣誉】 该林场先后获广西"壮美林场"、全国森林经营试点单位、全区林业行业扶贫先进单位、对口帮扶脱贫攻坚先进单位、脱贫攻坚专项奖励集体记功等荣誉称号。1 人获国家林业和草原局第二届"扎根基层工作、献身林草事业"林草学科优秀毕业生，2 人获得脱贫攻坚专项"记功"奖励，5 人获得脱贫攻坚专项"嘉奖"奖励，3 人获得脱贫攻坚先进个人。

（广西国有黄冕林场）

广西国有钦廉林场

【概况】 截至 2020 年底，该林场职工总数 2297 人，其中在职 889 人、退休 1408 人；设内设机构 10 个、二级经营机构 30 个；场内林地 59113.33 公顷，场外造林 22693.33 公顷；森林蓄积量 582.52 万立方米，森林覆盖率 85.7%。

【经济运行】 2020 年，该林场经营收入 22676.37 万元，占计划的 103.28%；营业利润 560.32 万元，占计划的 112.07%；固定资产投资 4904.53 万元，占计划的 68.20%；资产负债率 62.07%；"五公"经费支出 973.14 万元，占计划的 80.53%。

【队伍管理】 提拔正科级 4 名、副科级干部 6 名，平级交流轮岗 18 人。公开招聘管理技术、工勤人员 19 名，护林防火队员 17 名。举办党务知

识、党风廉政建设、森林认证、财务知识等培训 12 期，累计培训 846 人次。4 人获评副高级职称，10 人获评中级职称。

【营林生产】

营造林 全年造林 1375.87 公顷，占计划的 116.5%，其中植苗 386.55 公顷、萌芽更新 989.32 公顷；抚育 12297.96 公顷，占计划的 121%；对外租地及收购林木 4544.64 公顷，占计划的 100.2%。

木材生产销售 以活立木（包青山）形式销售公有林和合作林 1031 公顷，出材 14.41 万立方米，木材销售收入 5724.32 万元，销售方式主要是通过网络电子竞价交易平台销售。

林木种苗生产 培育苗木 168.98 万株，出圃 129.37 万株，对外销售 20.4 万株，销售收入 94.09 万元。

【森林资源管护】

林地回收 通过清理回收、以砍促收、林地租赁等方式，回收被占林地 6229.16 公顷，比 2019 年增长 74.29%。

林地纠纷调处 配合地方政府和司法部门调处纠纷案件 31 起，涉及林地面积 542.73 公顷，结案 11 起，确权归林场管理 87.64 公顷。

林业行政案件 立林业行政违法案件 59 起，结案 22 起，上缴罚没款 46.89 万元，向森林公安移交涉嫌刑事案件 1 起。

林地征占用 办理 21.31 公顷林地征占用手续，林地补偿费、安置补助费、林木补偿费等三项补偿费共 5161.76 万元，已全部到位，没有建设项目发生违规使用林地现象。

森林防火 全年无重特大森林火灾发生，无因火灾伤亡人员事故发生，火灾受害率控制在指标范围内。

林业有害生物防控 林业有害生物发生面积 545.53 公顷，林业有害生物成灾率为 0，控制在规定指标范围内；防治作业面积为 2205.73 公顷，无公害防治率 96.29%，高于规定指标。

【产业项目】

生态有机肥产业 生产复混肥 2.97 万吨，占计划 2.8 万吨的 106%。肥料销售 4.15 万吨，累计实现经营总收入 6968.81 万元。

北部湾（合浦）林产加工循环经济园 累计入驻企业 32 家，出租土地面积 149.27 公顷，租金收益 688 万元。

木本香料产业 注册成立北海海丝香料有限公司，1 月 2 日，年产 1000 吨天然芳香油的蒸馏生产线和年分馏 3000 吨原油的精馏生产线顺利试产。9 月 23 日，香精香料加工项目成功取得环评批复。

生态休闲旅游产业 完善北部湾花卉小镇基础设施建设，积极招商引资。2020 年，北部湾花卉小镇获"广西五星级乡村旅游区""2020 年广西休闲农业与乡村旅游示范点"等荣誉称号，争取各项补助资金 540 万元。

土地开发 林场以"土地入股不投入资金，享有物业实物分成"等模式，有序开发新场部及北海市区多块商住用地。配合地方推进东部地块 82.27 公顷土地收储和钦南区广西进口木材产业园约 666.67 公顷土地征收工作。

【林业科研】 成功申报中央和自治区林业科技推广项目各 1 个，补助资金 120 万元；联合广西林业科学研究院申报自治区科学技术厅项目 2 个，获批 1 个。持续加强与科研院所在种苗繁育、林化加工、森林经营及种质资源收集等方面合作。11 月，陈卫国获中国林学会林草科技管理优秀论文一等奖，黄翠丽获二等奖。

【民生建设】

钦林家园小区建设 完成钦林家园二期三栋及配套项目建设，108 套住房全部交付使用，办理一期部分住房房产证。

分场基础设施建设 累计投入 3858 万元，实施分场办公楼修缮、道路硬化、停车场改造、幼儿园建设等多个民生项目，分别在百色、防城港、桂平购买 5 栋场外分场业务管理用房。

职工福利 累计发放春节、中秋福利 4776 份，组织全场 1700 名职工参加健康体检。成立离退办，专门负责离退休职工工作，落实退休人员待遇，完成在编离退休职工 1420 人生活补贴的核发，涉及资金 846 万元。

困难帮扶 2020 年，办理职工医疗互济保障 877 人，慰问各类困难人员 919 人次，慰问金额 34.25 万元；为 37 名困难家庭子女落实及申请"金秋助学金" 8.3 万元；为 156 名困难职工和归侨眷属争取补助金 29.1 万元。

脱贫攻坚 投入扶贫款 45.97 万元，选派许建远、蒋建祥、吕镇 3 人驻隆林各族自治县介廷乡弄昔村、钦北区新棠镇南忠村参加精准扶贫工作，巩固脱贫成果，带动群众参与产业发展。组织购买隆林各族自治县扶贫农产品 6 万多元，开展节日慰问、领导干部"一帮一联"等活动。组织开展扶贫日捐款活动，452 名职工捐款 1.76 万元，用于场内外精准帮扶。陈卫国、许建远、蒋建祥被自治区林业局评为"2020 年全区林业行业扶贫先进个人"。

【党建和精神文明建设】

党组织建设 2020 年新发展党员 10 名，培养积极分子 25 名，截至年底共有党员 348 人。11 月，撤销老龄委党支部，成立退休第一、第二、第三党支部，分别集中管理钦州、灵山、合浦三个片区 142 名退休党员。5 月，场党委和 18 个支部分别对照《基层党组织标准化规范化建设工作台账（机关事业单位）》要求，建立工作台账，经考评、验收，均核准认定为"达标"；对照《评星定级评分标准》，经支部自评、场党委审定，评定机关第二党支部、乌家分场党支部和平银分场党支部 3 个党支部为九星级，12 个党支部为八星级，3 个党支部为七星级，根据年底党建考评情况，实行星级动态管理。2020 年林场党委被钦州市直机关工委评为"优秀党组织"。

党的政治建设 落实"第一议题"等学习制度，坚持民主集中制，全年召开党委会议 22 次，党建工作专题会 2 次，研究决定林场"三重一大"事项 262 项。组织 206 名党员、积极分子注册使用"学习强国"。5 月，场党委被市直机关工委评为"学习强国"先进集体（共 15 个），黄绍生被评为"先进个人"。

党建活动 开展"钦廉初心大讲堂"系列活动，设置发展论坛、道德讲堂、青年论坛三个论坛，完成首届科技工作会议、广西林业科技讲座、"五四"青年演讲比赛等 11 个讲堂场次。4 月，在北部湾花卉小镇平整土地 8666.67 公顷，

落实总场机关及平银分场 4 个党支部"责任地"，分别种植当季蔬菜和花生等作物，建设"党员党性锻炼初心实践基地"。启动创建"民族团结进步示范单位"工作。

党风廉政建设 对那丽、伯劳、文利、乌家分场及产业园区 5 个党支部开展巡察工作。全年参与基建项目监督 12 次，涉及 61 个项目 1489 万元；参与林木销售定价 13 次，涉及金额 6000 多万元；参与中幼林收购定价监督 13 次，涉及面积 4133 公顷，金额 2 亿多元；参与营造林抚育、工作纪律、干部提拔任用、公开招聘、工作作风等监督检查 30 多次。处置问题线索 9 件，办结 9 件，立案 2 起，给予政纪处分 1 人，函询 1 人，约谈提醒 18 人，集体约谈谈话 217 人次，恢复党员权利 1 人。

精神文明建设 建成林场文化展厅 100 平方米。1 月举办迎春团拜会，3 月组织女职工网上学习《中华人民共和国妇女权益保障法》及相关知识，开展有奖知识竞答线上活动；5 月举办"林垦情·千山悦"手机摄影比赛、五四青年演讲比赛；10 月举办"迎国庆 庆中秋"球类比赛等，丰富职工群众文化生活。组织机关第一、第二、第三支部到大沙垌社区开展清洁卫生、参加疫情防控知识宣传等"双报到 双服务"活动。正式成立"钦廉林场新时代青年志愿者服务队"，招募 300 多人次参加义务植树、新冠疫情防控等志愿服务活动，2020 年林场获钦州市直机关工委"志愿服务先进单位"称号，易玉樱获"先进个人"称号。

【获得荣誉】 2020 年 6 月，徐国梁参加钦州市 2020 年理论宣讲比赛并获三等奖，被聘为钦州市理论宣讲团宣讲员。该林场获"钦州市工会工作先进单位"，陈泳秀获"优秀工会工作者"。自治区林业局给予局直属事业单位及处级干部脱贫攻坚专项奖励，该林场获集体嘉奖奖励，陈卫国获个人嘉奖奖励。邓力、陈卫国获得自治区林业局嘉奖。

（广西国有钦廉林场）

广西国有雅长林场

【概况】 该林场始建于 1954 年，是集资源保护、森林培育、林木采伐、加工利用、多种经营于一体的自治区本级财政差额拨款公益二类事业单位（属正处级）。总部设在百色市，分设百色市右江区及乐业县花坪镇办公点，林区跨百色市的乐业、田林两县，同时在百色市周边县区开展租地造林。2020 年底，全场职工 869 人，其中在编 418 人、退休 302 人、编外聘用 149 人（不含公司、工厂自聘工人）。该林场下设机关内设管理机构 10 个、二层管理单位 6 个及二层生产经营单位 16 个。截至 2020 年底，林场经营林地面积 79660 公顷，其中场内经营面积 46253.33 公顷、场外租地造林经营面积 33406.67 公顷，森林总蓄积 658 万立方米，森林覆盖率 79.60%。场内生态公益林面积 30746.67 公顷，商品林面积 15506.67 公顷，公益林面积占场内林地面积的 66.47%，是区直林场中公益林面积最大的国有林场。

【区局领导基层调研】 2020 年 4 月 20 日，自治区林业局副局长邓建华到该林场对林场人事教育、党建工作和产业发展情况进行调研。2020 年 5 月 14 日，自治区应急管理厅副厅长玉新年到该林场调研森林火灾应急管理工作。2020 年 5 月 20 日，自治区林业局党组成员、广西林业科学研究院院长安家成到该林场作"广西林业发展、科技创新与转型升级"专题讲座。2020 年 5 月 20 日，自治区纪委监委派驻自治区应急管理厅纪检监察组组长、自治区应急管理厅党组成员、一级巡视员黄小奇现场观摩指导由该林场及广西雅长兰科植物国家级自然保护区管理中心组织的森林消防应急演练。2020 年 8 月 26 日，自治区林业局副局长邓建华到该林场调研指导工作。2020 年 10 月 27 日，自治区林业局党组成员、副局长黄政康到该林场向基层党员干部宣讲

《习近平谈治国理政》（第三卷）。2020 年 11 月 26 日，广西老年科学技术工作者协会林业分会会长江秀奎到该林场调研。2020 年 12 月 11 日，自治区林业局党组宣讲团成员、自治区林业局二级巡视员丁允辉到该林场宣讲党的十九届五中全会精神。宣讲报告会前，丁允辉到林场场外造林地调研营造林工作。2020 年 12 月 29 日，湖南省林业局党组成员、总工程师王明旭带队到该林场考察交流。

【经济运行情况】 2020 年度实现收入总额 2.81 亿元，其中实现营业收入 2.16 亿元，财政到位资金 0.65 亿元；落实融资项目 16 个，融资到位资金 9.74 亿元，资产总值 47.61 亿元（含林木资产公允价值）。

【森林经营】

营林生产 2020 年度完成植树造林 1946.79 公顷。

高质量商品林"双千"基地建设 2020 年共完成林地林木收购 12620 公顷，完成年度任务的 145.62%，场外经营面积达 33406.67 公顷。

木材生产销售 2020 年实现木材销售 27.35 万立方米，完成率 109.4%，销售收入 1.16 亿元，桉树平均销售单价 422.3 元 / 米^3。活立木销售溢价 388 万元，溢价比率为 3.48%；活立木销售单位面积成交价格为 4554.4 元 / 亩，比 2019 年增长 31.92%。

推行造林承包管护利润分成制度 2020 年制定《雅长林场场外造林承包管护管理办法》，该办法主要采取利润分成的承包管护模式，2020 年在全场全面推行实施，职工支持和参与度高，2020 年成功发包管护面积 6666.67 公顷。通过利润分成的承包管护模式，更好地落实管理责任，

充分调动承包管护人员工作的积极性和主动性，最大限度地降低营林成本，提升营林质量。

高价值森林培育工程 在场内以培育高价值珍贵树种大径材为主要目的，打造"万元树"，2020年完成了高价值森林培育578.29公顷。在自治区林业局的指导下，为建设红水河源头高价值树种生态保护修复试验示范区，2020年已着手开始实施266.67公顷林地的林分改造工作。

【资源管护】

林地综合整治 通过压实任务到各分场、加强与政府汇报争取林地回收和产业奖补结合、政府派出工作组独立开展工作，该林场做好后勤保障等方面措施推进林地回收工作，2020年完成林地回收1980公顷，2020年无新增被侵占林地现象。2018—2020年，累计完成被侵占林地综合回收4860公顷，完成三年任务5060公顷的96.05%。

森林防火 严格落实防火责任保平安，2020年该林场林区森林受害面积为0，无重大、特大森林火灾发生。

【扶贫工作】 2020年，该林场共派出6名优秀干部驻村开展扶贫工作，其中派驻对口帮扶单位隆林各族自治县民德村驻村干部4人，乐业县塘英村、乐翁村各1名。在隆林各族自治县民德村结对联系54个贫困户36名贫困生。开展消费扶贫订购活动3次，全场职工累计购买金额超过11万元。会同黄冕林场和民德村扶贫工作队等开展金秋助学活动，为111个贫困家庭发放助学金5.55万元。民德村连续两年荣获百色市五旗评审"产业兴旺旗""生态宜居旗"，是隆林各族自治县获得两面旗的两个村之一。截至2020年底，民德村"十一有一清零"各项指标均已达标，实现贫困户清零目标，为下一步乡村振兴战略发展打下牢固基础。

【二产工业】 广西春天木业有限责任公司与广西国旭林业发展集团合作进行技术改造升级，建成

年产10万立方米自动化、智能化胶合板的生产线，打造成全国领先、拥有核心技术、可持续发展的高端特色环保胶合板，于2020年2月成立项目新公司——广西国旭春天人造板有限公司，截至2020年底，基本完成公司技术改造。云南大山木业公司全面停止生产，生产设备等拟对外出租，并将租赁信息提交交易平台。截至2020年底，已与意向公司初步达成厂房、设备租赁意向。

【三产发展】

林下种植中药材 近年来，该林场充分利用林场独特的地理环境优势和资源优势，发展三叶青基地和通草种植等特色林下经济项目。该林场通草种植项目已通过区林业局评审并开始实施，现已种植13.33公顷，投入12万元。

兰花产业 充分发挥林区兰花资源优势，发展兰花培育，2020年该林场主要培育的兰花品种有西藏虎头兰、春兰、春剑、寒兰、大花蕙兰等，共计8.5万株。2020年，该林场林下经济产值达1223.28万元。

【民生工程】

基础设施 2020年，该林场累计投入344万元建设资金，先后对各分场的管护用房、防火瞭望台等进行维修和管护，不断改善基层单位的工作生活环境，提升职工幸福感。

关怀职工 坚持日常对病患、遗属、困难职工等进行慰问，并与退休同志进行经常性交流。2020年累计慰问162人，慰问开支75806元。同时，在中秋、春节等节日向全场干部职工发放慰问品，并投入70余万元为全体干部职工（含退休职工）进行健康体检。

【管理机制】

机构改革 2020年，成立乐业造林基地。

队伍建设 提拔正科干部2人，全年共进行中层干部调岗调整交流32人次，一般工作人员调岗调整交流115人次。从各大院校编外招聘

30 人，并在自治区林业局的统一安排下，公开招聘 27 人。同时，实行"换岗交流学习"制度，加深机关工作人员与基层工作者的交流。共组织青年教育、党务、公文与信息写作、营林技术、林地综合整治、高价值树种培育等各类培训 13 期，累计培训 800 多人次，同时与广西林业科学研究院签订科技兴林战略合作框架协议，推动产学协同创新平台，加快人才智力成果转化等。

薪酬改革 2020 年，该林场进一步深化工资分配制度改革，制定并执行了新的工资管理办法和更严格的绩效考核机制。实行月度考核与年度考核相结合，将个人绩效和部门绩效捆绑在一起，并将考核结果与个人工资等挂钩。给予基层单位工作人员住勤补贴，通过打卡发放，让更多职工的人和心都留在基层。通过执行更为严格、科学严密的考核机制，提升工作效率及战斗力，激发职工内在潜能和提高职工干事创业的积极性，让职工感受到更多的获得感和认可度，实现管理工作既提硬度又显温度。

【党风廉政】

责任落实 印发党风廉政建设和反腐败工作要点，召开林场党建工作暨党风廉政建设和反腐败工作视频会议 1 次。组织各党支部、各单位签订"2020 年度落实党风廉政建设承诺书"共 35 份，林场党委每半年召开党的建设专题会，总结并研究党风廉政建设和反腐败工作。

思想建设 持续强化理想信念教育，制定理论学习方案，扎实开展党委理论学习中心组集中学习，及时传达党的决策部署要求，全场累计组织开展集中学习 426 次。组织召开"树典型 学先进"表彰宣讲会、"爱国 爱党 爱场 爱岗"主题大讲堂等活动。组织 650 余名党员干部观看《叩问初心》《特别追踪》《正风反腐就在身边》警示教育专题片，开展"受警醒 守初心 做廉洁"警示教育活动，在线观看法院庭审活动 1 次；对内部查处的 5 起案例进行通报，充分发挥反面警示作用。开展廉政家访 88 人次，重要时

间节点及时编发廉政短信 804 余条，场党委领导班子成员对干部职工开展谈心谈话 300 余人次。

党建促发展 推行"12306"党建工作法，推动党建与业务深度融合发展。党建工作有目标、有抓手、有重点，推动党建与业务深度融合发展，成效突出，在林场脱困强场建设中充分发挥党委领导班子带头表率作用。开展"激情五月 劳动最美""务实六月 提质增效"等每月一个主题活动，各党支部在党建促发展、工作业绩、文明素养等方面取得明显进步。

监督执纪问责 召开党风廉政建设集体约谈会 3 次，对中层领导干部进行集体约谈 140 人次，党政主要负责人和纪委书记约谈共 37 人次；2020 年立案 4 起，结案 4 起，党纪政务处分 5 人；通过使用监督执纪"第一种形态"涉及人数累计达 41 人次，切实做到宽严并济，提升监督执纪的威慑力，营造清正廉洁的干事创业氛围。

【精神文明】

信息宣传 2020 年，该林场在国家林业和草原局网站发表文章 7 篇；自治区林业局采用新闻信息 46 篇。

文化生活 以文明单位创建为契机，聚焦 6 个目标要求，深入思想教育，道德风尚良好，积极组织干部职工开展志愿服务活动。营造自主学习风气和先进文体卫生，坚持对干部职工进行科学文化知识、业务技能培训和群众性文体活动。开展 2020 年迎新春文艺晚会、"我喜爱的学习金句"征文比赛、"学文秀 争优秀"团日主题活动、观看电影《秀美人生》等丰富多彩的活动。

志愿服务 组织成立林场志愿服务队，助力民生保障，开展帮扶助困、环境清扫等一系列地方志愿服务活动，使林场志愿队伍形成地方民生建设有力的后备力量。林场志愿服务队已累计开展志愿服务时长 4968.5 个小时。疫情防控期间，组织 160 余名党员干部投入疫情防控工作，并组织干部职工无偿献血 2 次，献血总量达 25650 毫升，并获"百色市 2020 年新冠疫情防控期间无

偿献血和造血干细胞先进单位"。

【获得荣誉】

集体荣誉 2020年7月21日，该林场获"广西森林园区单位"称号。

个人荣誉 2020年11月25日，刘晓璐、易仕斌获全区"中国梦 劳动美"读书征文活动优秀奖。

（广西国有雅长林场）

广西国有大桂山林场

【概况】 该林场创建于1957年，是自治区直属国有十三家林场之一，差额拨款公益二类事业单位，实行企业化管理。总场位于粤桂湘三省（区）交界的贺州市八步区，距广州市约270千米，南下梧州约100千米，北上桂林约216千米，广贺高速、桂梧高速、永贺高速、207国道和洛湛铁路、贵广高铁等穿过，地理位置极其优越。林场经营总面积7.89万公顷，森林总蓄积633万立方米，下辖贺州市桂山木材销售有限公司、贺州市永拓贸易有限责任公司、贺州市桂山新能源有限责任公司等全资子公司。林场主要经营商品木材、胶合板、单板、苗木、林下种养、林产品及农资贸易等业务。2020年经营收入35681万元，资产总额约31亿元。

【疫情防控】 深入贯彻落实中央、自治区和贺州市疫情防控工作要求，迅速行动，细化措施，科学防控，林场干部职工及家属均未发现确诊或疑似病例。自2020年2月19日贺州市八步区划分为低风险区域以来，林场干部职工团结一致，奋起直追，抢抓时间，较好地完成全年各项生产任务。

疫情防控和经济发展有序推进。积极承担社会责任，派出业务骨干充实到贺州市疫情流调工作中。开展"战疫情 献爱心"自愿捐款活动，筹集爱心捐款2.68万元。

【经营林地】 经营总面积7.89万公顷，其中场内4.32万公顷，场外3.57万公顷；林地面积7.79万公顷，其中场内4.23万公顷，场外3.56万公顷；活立木蓄积633万立方米，其中场内390万立方米，场外243万立方米；林地利用率94%；森林生长率30米³/公顷。

【一产经营】 以提升森林质效为核心，通过狠抓经营管理提高营林质量、择优有序稳步收购场外林地林木、加强病虫害防护等方式，专心致志培育壮大森林资源，做大做强一产。其中，北娄分场三基站2个林班总投入1.5万元/公顷，2020年成交单价9619元/亩，实现"万元林"，创历史新高。2020年造林面积3958公顷，抚育面积2.13万公顷，木材产销30.17万立方米，同比增长16.1%，销售金额13113.22万元，同比增长20%。

【二产工业】 以优化产业结构为方向，争取减亏增收，通过重组、租赁、转型等方式适度发展二产，严格控制二产布局。广西桂巽板业有限公司于2020年11月完成资产交割纳入广西森工集团。广西都庞岭木业有限公司资产于2020年3月整体对外租赁，每年获租赁收入610万元，年逐增5%。贺州市桂山新能源有限责任公司与广西华沃特生态肥业股份有限公司合作，改造为年产5万吨的新型肥料生产线。2020年肥料生产2.9万吨，销售3.18万吨，经营收入5529.86万元，人造板单板产销0.81万立方米，胶合板生产销售2.95万立方米。

【三产发展】 转让八桂工业园区剩余土地 50.67 公顷给贺州市粤桂管委会管理，引入贺州市润科山泉水有限公司新建饮用山泉水厂生产线，出租该林场加油站，配合八步区人民政府引进中国城投建设集团投资 55 亿元开发大桂山国际森林康养小镇项目。开展林下养殖、林下产品采集加工、林下旅游，挖掘林下经济发展潜力，实施"一场一品"种植特色野生灵芝项目，开启绿水青山富民发展模式。2020 年，林下经济投入 212.81 万元，产值 2079.3 万元。

【重点项目】 实施高质量商品林"双千"基地建设，推动"大场联小场"合作，坚持（整合置换）买近卖远、择优原则，整体收购中小型林场或造林大户经营的连片、较大面积的林分，降低造林成本和管理费用。2020 年，收购场外林地 2771.52 公顷，完成自治区林业局下达任务数的 103.9%，林场商品经营面积达 7.13 万公顷。

【资源保护】 加强林业有害生物监测、防治，有害生物成灾率、无公害防治率、测报准确率均达到或超过标准要求，2020 年完成病虫害防治面积 16933.05 公顷，总投资 563.17 万元。攻坚被侵占国有林地回收工作，2020 年回收被占林地 379.71 公顷，占计划任务的 196.3%，2018 年至 2020 年累计回收被侵占林地 824.85 公顷，超额完成自治区人民政府及自治区林业局下达的回收任务。做好森林资源变更及督查工作，完成森林资源管理问题整改 45 个，复绿面积 8.47 公顷，拆除违建 120 平方米，移交案件 6 个。开展侵占国有林地葬坟专项整治行动，严厉打击乱葬坟行为。

【安全生产】 建立完善安全生产制度，包括《应急预案》《安全生产管理办法》，完善生产经营单位安全生产台账，对外发包项目安全生产管理协议书、安全隐患排查确认书、从业人员安全生产承诺书等。严格履行安全生产主体责任和监管责任，不定期开展营林作业区、采伐区、林区道路

等重点区域的隐患排查治理。为外来务工人员购买人身意外伤害保险及雇主险，保障生产人员人身安全。严格落实领导带班、24 小时值班、零报告制度，做到守土有责、守土负责、守土尽责。2020 年，未发生安全生产事故。

【森林防火】 坚持"预防为主，积极消灭"的森林防火原则，在进入林场管辖的林区主要路口、重点地段和各造林点设立永久性森林防火宣传警示碑和警示牌，张贴宣传标语，营造"人人防火，共同防火"的舆论氛围。加强火源管控，特别是清明、中秋等重大节假日，在各重点路口、渡口设立防火安全点，做好引导群众教育和火源管控工作，消除火灾隐患。认真落实安全生产和森林防火主体责任，林场安全形势总体稳定，无安全生产事故、场内森林火灾发生。

【民生福利】 完善林场基础设施建设，完成六排分场留羊顶管护用房维修、清水分场辉洞站管护用房工程建设、茶冲分场旧宿舍楼供电线路改造等 9 个项目的竣工验收。完工中心苗圃扩建场地平整、排水系统改造、维修引水设施建设等 7 个项目。建设森林消防专业队营房配套工程、北娄饭堂改造工程、和平分场至北娄分场道路拓宽硬化工程等 4 个项目。

解决职工重点关注的问题，积极与当地政府有关部门沟通，灵活运用当地处遗政策，解决职工住房问题，大桂山小区 18 栋集资房已拿到不动产权证，桂山新苑小区 476 户通过资格审核，其中已办理交房手续 385 户，未办理交房手续 91 户。

【脱贫攻坚】 继续选派 2 名驻村工作队员、18 名帮扶干部对口帮扶百色市隆林各族自治县新州镇马雄村和贺州市八步区步头镇保和村，2020 年 2 个贫困村贫困发生率降至 0，建档立卡户 65 户 303 人脱贫摘帽。开展"脱贫感党恩 奋进新起点"主题活动，落实 2020 年马雄村精准扶贫资金 23 万元、保和村产业发展经费和住房保障资金 3.5 万

元，落实春节慰问金 2.1 万元、慰问品 0.8 万元，集中采购广西特色馆扶贫农产品以及职工自行购买定点帮扶村贫困户的优质农产品合计 87.12 万元。

【党风廉政建设】 按照"查漏洞、抓反弹、补短板"的要求全面开展巡察整改自查自纠，组建 3 个巡察组对 3 个党支部及其所辖 5 个单位开展政治巡察，督促抓好问题整改。对主题教育查摆问题、年终检查发现问题、日常工作存在问题进行认真总结和深刻反思，抓好制度修订完善，提高林场规范化管理水平。开展高质量商品林"双千"基地项目建设、营林生产、疫情防控以及违规吃喝、违规发放津贴补贴等专项检查，问题发现一个，整改一个，营造风清气正的工作氛围，为林场经济高质量发展保驾护航。

【获得荣誉】 获"全国十佳林场""自治区卫生先进单位"荣誉称号。

（广西国有大桂山林场）

广西国有三门江林场

【概况】 该林场始建于 1951 年，是自治区林业局直属正处级公益二类事业单位，总场部位于柳州市城中区。2020 年，该林场有职工 1425 人，其中在职职工 575 人，退休职工 850 人。该林场常设机构 10 个，下设营林生产单位 13 个、服务单位 10 个，有全资子公司 8 家、控股公司 1 家。该林场主要经营商品林、花卉苗木、茶油精深加工及销售、物业及餐饮住宿服务等，经营总面积 4.03 万公顷，森林蓄积量 263.68 万立方米，总资产 271262.37 万元，全年实现总收入 56863.84 万元、净利润 5748.60 万元。

【营林生产】 2020 年，该林场完成造林 4063 公顷，实施森林抚育 2.13 万公顷，完成退化林修复 37.30 公顷，生产木材 29.20 万立方米。为克服新冠疫情影响，推进复工复产，组织 1714 人次参与义务植树活动，种植桉树、杉树、油茶树等 34 万株。

推进自治区林业局高质量商品林"双千"基建建设，通过大场联小场、网上竞拍、林地承包等方式，全年收购林地林木 1.37 万公顷，与凉水山、浪水、铁帽山林场达成林业合作。6 月，在广东怀集县成立怀集造林经营部，负责管理在广东收购的林地林木。实施森林"提质增效"工程，桉树亩年生长量在 3 立方米以上，6 年生桉树示范林亩均蓄积量最高达 20 立方米。

2020 年，该林场继续实施全区油茶"双千"计划，投入 136.48 万元完成柳州三门江油茶产业核心示范区基础设施建设，示范区获得"柳州市现代特色农业县级示范区"称号。2018 年，农业综合开发油茶示范基地建设项目通过自治区林业局验收。制定油茶低产低效林改造实施方案，完成油茶低改 176.33 公顷。在油茶林中套种大花序桉、黑木相思、荷木等乡土珍贵树种 833 公顷。

【国家储备林建设】 2020 年，该林场国家储备林项目建设桉树高产示范林 2910.14 公顷，新造杉木 334.48 公顷，流转桉树、马尾松、杉树林地林木合计 5539.37 公顷。2020 年，该林场与黄冕林场、柳州市鹿寨县政府合作成立广西鹿鼎林业集团有限责任公司（三门江林场出资和占股 51%，黄冕林场出资和占股 33%，鹿寨县祥鹿投资有限责任公司出资和占股 16%），规划建设 8 万公顷国储林、2000 公顷林下中草药及森林康养、林业规划设计、物流仓储运输、木材加工等项目。该合作模式在 2021 年全区林业工作会议上获得自治区副主席方春明的肯定和好评。

【苗木产销】 2020年,该林场调整苗木结构,增加用材林苗木培育规模,培育油茶苗木5000万株,其中油茶大杯苗1200万株、嫁接苗1880万株、实生苗1900万株,实现销售收入796.53万元。培育桉树苗150万株,实现销售收入449.09万元。培育杉木苗600万株、黑木相思苗41万株,培育罗汉松、赤丹茶花等珍贵树种0.92万株。

【茶油精深加工】 2020年,三门江生态茶油有限责任公司深化业内合作,形成产品定制、OEM代工生产等合作模式,同时通过直播带货、微信公众号软文、短视频等方式宣传"桂之坊""茶大夫"品牌,借助消费扶贫政策和"832扶贫"等线上销售平台推广销售山茶油等扶贫产品,全年实现营业收入15196万元。"茶大夫"洗洁产品完成配方升级并上市销售第二代洗发露、沐浴露。

【资金运行】 2020年,该林场融资64350万元,同比增长50.03%,到位财政补助资金3631.14万元,偿还银行贷款28598万元。全部收回广西三林建设投资有限公司原借款25988万元,2020年收回4688万元,通过谈判获得利息及策划收益共15931万元。委托柳州市政府管理的三门江国家森林公园及古亭山片区林地获生态补偿费768万元。

【森林资源管理】

被侵占林地综合整治 2020年,该林场收回被侵占林地659.47公顷,累计收回2238.83公顷(不含重证)。撤销"三证"(山界林权证、林权证、土地承包经营权证)重证55份,面积22.91公顷。拆除林区违建49处,建筑面积22164.21平方米。2020年无新增被侵占林地。

林业有害生物防治 2020年,该林场完成有害生物监测面积29.18万公顷,完成总监测任务的101.63%,发生病虫害面积1813.33公顷,防治面积1646.67公顷,主要虫害为桉树油桐尺蛾、桉树小卷叶蛾,主要病害为桉树青枯病。2020年,有害生物成灾率为0,无公害防治率100%,测报准确率98.70%,种苗产地检疫率100%。

森林防火 2020年,该林场开展"防火宣传月"活动,在林区安装防火宣传牌200块、悬挂横幅160条、发放宣传资料和物品2.85万份。启用"森林防火码"管理林区,在15个重点林区设立"森林防火码"宣传牌40块。2020年,组织参加森林防火、消防安全应急演练6次,参加演练人数600人次,承办2020年广西森林防火演练。全年未发生重大及以上森林火灾。

【安全生产】 2020年,为确保安全生产责任制落实到位,该林场与场属单位层层签订安全生产责任书,每季度召开安全生产例会,为603名职工和5000名农民工购买人身意外伤害保险,开展安全隐患排查20次,发放预警信息26次,落实24小时应急值班制度。全年未发生重大及以上安全生产责任事故。

【脱贫攻坚】 2020年,该林场以油茶产业发展助推脱贫攻坚,继续在隆林各族自治县沙梨乡建设油茶产业核心示范区,新造油茶林14.80公顷,完成油茶低改林茶果采收43.80公顷,兑现合作农户鲜茶果1.75万千克、现金17.40万元的分红收益。投入12.50万元硬化马雄村产业和屯内道路,沃柑分红收益8.93万元。开展金秋助学活动,发放慰问金2.45万元,收集职工爱心捐款2.18万元,采购扶贫产品158.90万元。2020年,对口帮扶隆林各族自治县马雄村87户建档立卡贫困户全部脱贫。

【民生建设】 2020年,该林场推进职工危旧房改造工程建设,剩余703套住房分别安置于联盟新城和独凳山旁规划地块内,2020年联盟新城住房封顶,独凳山旁规划地块开工建设。投入684.39

万元新建和维修分场职工宿舍楼、硬化林站道路、钻井取水、绿化美化环境等，改善生产生活条件。实施绩效分配改革、缩短新聘人员试用期等系列举措提高职工福利待遇。组织全场职工健康体检，慰问病困、退休职工和工会会员共 824人次。

【党建和党风廉政建设】 2020 年，该林场将党建工作与中心工作深度融合，培育党建品牌 2 个、书记项目 1 个，机关与基层党支部开展共建活动70 次，组织党员开展义务植树、抗击疫情、回收被侵占林地等志愿活动。学习贯彻习近平新时代中国特色社会主义思想，开展党委理论学习中心组集中学习 4 次，场领导班子成员讲党课 38次、到基层宣讲党的十九届五中全会精神 14 次，教育党员 1000 人次。开展党风廉政教育工作，举办法治专题讲座 2 期、党风廉政建设专题党课3 期，集中观看警示教育片 3 次，制作廉政、警示宣传板报 4 期，发送廉洁提醒短信 2800 条次。

启动容错纠错机制，运用监督执纪第一种形态，开展集体约谈 9 人次、提醒谈话 50 余人次，开展批评教育 2 人次，诫勉谈话 7 人次。创建自治区文明单位，举办道德讲坛 4 期，建设和完善职工书屋 24 个，举办迎春年会、国庆综合文艺晚会。

【表彰先进】 2020 年，该林场获广西"壮美林场""2019 年度对口帮扶隆林各族自治县脱贫攻坚工作先进单位"称号，获"2019 年自治区直属国有林场科学发展考核进步单位第三名"，继续被认定为"广西自治区级林业产业重点龙头企业"。生态茶油公司获"首批中国林草产业关爱健康品牌"认定、入选第三批广西农业品牌目录，被评为"2019 年广西壮族自治区'守合同重信用'公示企业"。张树安、陈世新、赵翰林等 3 人获"2019 年度对口帮扶隆林各族自治县脱贫攻坚工作先进个人"称号。

（广西国有三门江林场）

广西国有东门林场

【概况】 该林场于 1965 年建场，场部位于广西扶绥县新宁镇金龙路 10 号，是目前亚洲最大的桉树基因库和国家桉树良种基地。该场现有职工1195 人，内设机关科室 10 个、二层管理机构 9个，下辖营林分场 9 个（其中场内 4 个、场外 5个），科研单位 2 个、独资公司 4 家，参股合资公司 7 家（其中控股 1 家）。该林场经营以速丰林、良种苗木、土地开发、林下经济等为主，先后被评为全国特色种苗基地、全国林业先进集体、全国生态建设突出贡献奖—林木种苗先进单位、国家桉树良种基地、广西生态建设突出贡献奖先进集体、广西桉树良种培育中心、广西桉树标准化生产技术示范基地、广西主要用材林育种和培育长期科研基地等称号。2020 年，完成营业收入 1.66 亿元，占年度考核目标 1.56 亿元的

106%；营业利润 –280 万元，占考核目标 –328万元的 117%；植树造林 880 公顷，占年度考核目标 853.3 公顷的 103%；森林抚育 5666.7 公顷，占年度计划 5333.3 公顷的 106%；木材销售 16.4万立方米，占年度计划 14.9 万立方米的 110%。

【森林资源培育和保护成果】 2020 年，克服新冠疫情影响，超前谋划，在 3 月中旬全场营林生产工作恢复正常。同时继续不断深化探索、推广"桉树 +"混交造林模式、间伐培育桉树大径材模式，进一步优化森林资源经营结构，增强森林经营抗风险能力，有效提高森林生态综合效益，按质按量完成国家林业和草原局及自治区林业局下达的全年各项营林生产任务。加大挖掘林下经济发展潜力，完成编制林下经济"一场一品"实

施方案，实施林下中草药（天冬）种植示范项目，种植天冬 16.7 公顷、鸡血藤等中草药 4.7 公顷，并获项目补助 40 万元。全力推进商品林"双千"基地建设，抽调精干人员，成立专职收购林地林木单位，收集筛选林权转让信息 9533.3 公顷，成功收购 2486.7 公顷。林场通过以租代收、以打促收等方式，多措并举全力推进被占国有林地回收工作，全年完成被占国有林地回收 2226.7 公顷，占年度任务 2066.7 公顷的 107.7%。协助公安机关查办 38 件，立案 30 件，收缴木材 12 立方米。完成年度疑似图斑排查整改 417 个，排查整改完成率 100%。狠抓森林资源管理问题专项整改，完成整改 29 项，完成率 90%。

【重点建设项目】 一是在外招商引资方面，2020 年雷卡分园引进广西德科新型材料有限公司、扶绥县业成木业集团等 19 家企业（其中建成投产 1 家、在建 18 家），累计引资到位约 9 亿元，实现产值约 20 亿元。引进的计划总投资 8 亿元，占地 65.87 公顷的桂民投木业产业园（一期）标准厂房项目已完成使用林地审批。扶绥县投资超 7 亿元的雷卡园区主干道路工程项目正按计划推进，园区主干道路系统已基本成型。二是在自主发展建设项目方面，占地 10 公顷的国家林木良种基地和东林壹号生态城项目（崇左）已获得自治区林业局建设批复。投资 67 万元实施澳洲大花梨产业核心示范区提质升级项目，进一步完善示范区基础设施及配套设施。规划占地 666.67 公顷的中国桉树文化产业园项目正在委托规划设计机构编制规划设计。

【桉树科研和良种苗木经营】 全面加大对桉树良种研发力度，加快研究步伐，成效明显。自主研发桉树新无性系 43 个，引进观赏类等桉树树种资源 102 份，引进桉树无性系新品种 27 个；完成科技成果登记 4 项，转化 2 项；申请植物新品种 6 项，专利 2 项；申请科技项目 10 个，立项 6 个，获得补贴 296 万元；东门林场国家桉树良种基地

"十四五"发展规划通过评审；完成自治区农业科技园区认定申报工作；启动桉树种质资源库建设项目规划设计等前期工作。全年培育各类试验示范林苗木 10 万株，实施各类科研试验示范林 63.33 公顷，其中首次在百色田东、贺州昭平和福建安溪开展桉树三倍体无性系区域造林试验。

由林场牵头组建并控股的八桂种苗公司继续做大做强，全年完成营业收入 7379 万元，同比增长超 91%；实现营业利润 2253 万元，同比增长 146%。

【党的建设工作】 林场党委不断提高全面从严治党实效，为推动林场高质量发展提供了坚强组织保障。不断夯实思想政治基础，通过举办党的理论宣讲比赛及党的知识测试，宣讲《习近平谈治国理政》（第三卷）及党的十九届五中全会精神，开展"党课开讲啦"、党务培训、党性教育、廉政教育等活动，树牢党员干部的初心使命和廉洁意识。抓实基层党组织建设，根据工作实际，对党支部的设置、所辖范围进行优化调整，由原来的 16 个党支部调整为 20 个。完成党委委员补选、支部委员换届选举工作，组织开展党支部标准化规范化建设和组织生活质量提升活动，发挥党员领导干部带动示范作用，建立领导班子成员党支部联系点工作制度，进一步提高党支部组织力、凝聚力、战斗力。深入推进党组织生活与林场文化建设、文明创建工作有机融合，全面启动"自治区文明单位"创建工作，依托新场部资源建设广西林业系统首家书院——"东林书院"，并成功启用。依托新时代文明实践所广泛开展"我们的节日"主题系列活动和志愿者服务活动，全年共开展活动 30 多场次，活动累计参与人数 3000 多人次。

【保障和改善民生等其他工作】 2020 年，扶绥场部体育中心篮球馆和东林书院建成并投入使用，同时成立舞蹈、瑜伽、篮球、气排球、朗诵等多个文体兴趣小组，职工群众文化生活得到进一步

丰富。启动自治区级文明单位创建工作，制定出台《东门林场创建自治区文明单位 2020—2022 年工作规划》和《东门林场 2020 年创建自治区文明单位实施方案》，与广西武警总队崇左支队、扶绥县民族小学等单位签订文明共建协议，开展精神文明共建活动。成功举办"2020 年扶绥县'道德讲堂'暨'我们的节日端午'诵国学经典扬爱国之心"主题活动和"携手同行 喜迎国庆"文艺晚会。组织开展困难职工、归侨、扶贫工作队员等关怀慰问活动，慰问人员 100 人次，共发放慰问金 6 万元。为林场 635 位退休职工发放生活补贴 380 万元。为林场在职工会会员 523 人办理职工医疗互助保障，办理计生家庭关爱保险 132 份。投入 100 多万元组织全场干部职工进行健康体检。积极与当地沟通，顺利解决东林时代小区适龄儿童纳入扶绥县民族小学学区，2020 年秋季学期东林时代小区有 8 名适龄儿童成功进入扶绥县民族小学就读。2020 年林场对口帮扶的隆林各族自治县弄昔村如期实现脱贫摘帽，弄昔村贫困发生率由 2016 年的 48.33% 降至 0，村集体经济收入达 12 万元，群众年人均收入 9000 元，全村全面实现"两不愁，三保障"脱贫目标。

（广西国有东门林场）

广西国有派阳山林场

【概况】 该林场始建于 1955 年 2 月 8 日，场部位于广西崇左市宁明县，现为自治区林业局直属公益二类事业单位，核准的公益二类事业编制人员为 632 名。该林场现有内设机构 10 个，二层机构 18 个（含分场、营林部）、工厂公司 7 个。截至 2020 年 12 月底，全场职工 1710 人，其中在职 864 人，退休 846 人；专业技术人员 256 人，大专以上学历 363 人，高级职称 19 人。2020 年，该林场获"广西壮美林场"称号，成功创建广西首批农业科技园区，下属祥盛公司员工谭明荣同志获"自治区劳动模范"称号。

【经济指标】 2020 年，该林场实现总收入 5.31 亿元，实现净利润 3965 万元，实现总产值 92938.76 万元，同比增长 14.71%；实现总资产 20.92 亿元，同比增加 0.33 亿元，增长 1.58%；净资产 5.99 亿元，同比增加 0.37 亿元，增长 6.18%。

【营林生产】 2020 年，该林场完成对外租地造林 4000 公顷，同比增加 2266.67 公顷；完成更新造林面积 1913.33 公顷，完成中幼抚育 1.24 万公顷，完成木材销售 18.54 万立方米，销售马尾松苗木 80.3 万株，销售八角生果 87477 千克，成功申报科研项目 7 个，累计获得项目资金 307 万元。

【林产工业】 2020 年，该林场下属广西祥盛家居材料科技股份有限公司完成 9 个重大技改项目，新增国家实用新型发明专利 5 项，实现科技成果转化 2 项；年产品优等率 95%，完成刨花板生产 34 万立方米，完成销售 31 万立方米，实现收入 3.4 亿元，利润 2154 万元，获得"广西数字化车间""自治区企业技术中心""广西林业产业重点龙头企业""广西贫困地区工业龙头企业"称号，入选首批"中国林草产业关爱健康品牌""中国林草产业 AAAAA 级诚信企业"；如期完成股份公司设立、上市辅导、上市法律意见书及律师工作报告、审计及各鉴证报告、招股说明书"三大材料"；规划的绿色板材产业园被列入自治区双百双新项目，二期年产 30 万立方米刨花板项目被列入统筹推进重大项目。

【林下经济】

森林旅游项目 2020 年，该林场下属广西派阳山森林公园先后完成了东盟风情康养谷、派阳头观景平台、森林四季花海改造、鸿鹄水库游船码头等项目升级及建设，公园景观品质和档次得到显著提升，被列入自治区大健康旅游产业重大项目和文化旅游产业重大项目，并成功获得崇左市职工疗休养点认定，全年累计接待游客8万人次。

八角香鸡养殖项目 2020年，该林场下属林下公司完成养殖八角香鸡6.2万羽，销售八角香鸡4.77万羽，销售鸡蛋2785.55千克，实现销售收入343.2万元。

【森林资源管护】

被占林地回收 2020年，该林场坚持依靠而不依赖政府原则，利用"以案促收"强势开展专项行动，完成被占林地回收1760公顷，累计完成被占林地回收3726.67公顷。

林区治安案件 2020年，该林场积极协调派阳山派出所开展打击行动及治安整治，全年累计出动警力1889人次，立刑事案件20起，破案14起，取保候审14人，移交起诉案件10起，移送起诉18人。

森林防火 2020年，该林场林区内未发生森林火灾，无因扑救森林火灾造成人员伤亡。

安全生产 2020年，该林场未发生生产安全事故，未发生因安全生产群体上访和群体性突发事件。

有害生物防治 2020年，该林场完成马尾松毛虫防治2933.33公顷，喷施白僵菌8000千克，完成桉树叶斑病（枯梢病）防治2133.33公顷；完成春秋两季松材线虫病普查1.22万公顷；完成春秋两季微甘菊普查6.75万公顷。

【党建工作】 2020年，该林场完成新增党委委员1名，按期转正预备党员7名，发展新党员6名，确定发展对象7名，组织关系转接14人次；完成南宁木材厂党委换届工作，及时增补基层支部委员4人次；全年共召开中心组学习4次，中心组成员撰写发言材料9份，科级干部交流材料8份，中心组学习发言17人次；全年各支委集

中学习研讨216次，开展主题党日活动240次，场党委成员为基层党支部上党课28次，基层党支部书记上党课44次；组织100多名中层领导干部赴东兰县开展革命传统教育，组织开展建党99周年系列活动；组建林场疫情防控党员巡防队和林场疫情联防联控党员突击队，实行林场疫情防控党员包栋联户工作制。

【党风廉政工作】 2020年，该林场深入剖析近年来出现的反面案例，引导全场干部职工以反面案例为戒、向先进典型看齐，大力选树"党员先锋岗""派阳工匠"，继续常态化开展内部巡察和内部审计，完成10个单位内部巡察、11个单位主要负责人离任审计、12个单位党建和党风廉政督查，调查处理案件6起，给予行政警告处分2人，党内警告处分1人，党内严重警告处分1人，行政记过处分1人，个人约谈33人次。

【人才队伍建设】 2020年，该林场完成2名中层领导干部选拔任用（其中正科级领导1名、比照副科管理1名），完成管理人员岗位调整192人次，完成驻隆林县忠义村及宁明县洪江村扶贫工作队员调整；完成自治区林业局直属事业单位派阳山林场考点公招工作，通过校招引进大中专以上人才16名；全年举办场内培训班20期，参加培训人员2052人次；组织参加场外培训班59期，参加培训人员181人次。

【民生建设】 2020年，该林场继续加大民生基础设施改造建设，完成总场文化园、职工书屋、老职工活动中心等文化娱乐设施改造建设，完成良种基地、大王山分场等4个营林基层单位生产管护用房及配套基础设施改造建设；深入做好职工节日、会员生日等慰问工作，组织开展健康体检和职工医疗互助保障参保活动；成功举办建场65周年庆祝大会、建场65周年文艺晚会以及第九届职工运动会系列活动。

【对口帮扶】 2020年，该林场投入66.88万元扶持隆林各族自治县忠义村开展玉米种植、肉牛养殖、香菇培育等特色产业培育，实现贫困人口清零，集体经济收入达13万元；认真履行宁明县明江镇洪江村后盾单位职责，积极组织人员对相关政策进行入户宣传，为农户申报以奖代补96万元，完成21户小额信贷105万元申报，完成洪江村贫困户全面脱贫认定工作，村集体经济收入达11万元。

【信息宣传】 2020年，该林场共收到场属各单位报送的各类信息稿件1110多篇，采用发布655篇，发布各类新闻照片约1050张，向场外媒体报送信息135篇次，接待来场采访的各级媒体记者50多人次。林场网站点击率累计约361万次，林场微信公众号订阅人数突破1400多人。

（广西国有派阳山林场）

广西国有六万林场

【概况】 该林场现有经营总面积54147公顷，其中国有林地面积15267公顷。森林活立木蓄积量463.62万立方米，森林覆盖率达93.5%。该林场现有职工1520人，其中在职职工768人，离退休职工752人。该林场内设机关科室10个、二层机构7个，下设林科所1个、营林分场9个和造林管理部5个，投资设立全资公司6个、控股公司2个和自治区级森林公园1个。

近年来，该林场坚持"生态优先、营林为本、合理利用、持续发展"的办场方针，扎实推进速丰林、林下经济、胶合板、天然泉水、松香加工、八角精深加工、房地产、森林公园、矿产开发等项目建设。2020年，该林场获"广西中小学生研学教育基地""国家森林康养基地（第一批）""壮美林场""玉林市职工疗休养基地""广西职工疗休养基地"等称号，实现总产值86288万元，营业收入35740万元，经营利润2513.5万元。

【森林资源培育】 一是加强营林管理，全年完成造林5020公顷，完成森林抚育18100公顷，完成林地林木收购面积21460公顷，商品林面积达48973公顷，全场森林蓄积量达463.5万立方米，生产销售木材28.94万立方米，平均每亩出材9.3立方米，出材量同比增长47.85%。二是继续打造广西国控林业投资股份有限公司投资融资新平台。牵头组建广西国控林业投资股份有限公司，2020年融资到位资金5.25亿元，完成入股林地林木资产移交18000公顷，完成投资林地林木面积15240公顷。三是加强林下经济管理，通过"林场+合作社+农户（职工）"模式，以林药、林鱼、林禽为发展模式，林下种植白及、金花茶，林下养殖三黄鸡、娃娃鱼。目前，林下种植白及34.67公顷、金花茶26.67公顷；红豆杉3.33公顷、铁皮石斛1.33公顷；娃娃鱼养殖2户，养殖娃娃鱼成鱼4.5万尾；发展林下养鸡14.3万羽；发展林下养猪1030头。四是推广应用智慧林场管理服务平台视频会议系统。继续完善信息化安全体系和标准规范体系建设，加强对分场、造林部营林生产的管理，不断提高工作效率和应用效果。

【第二产业项目发展】 一是加强集装箱胶合板管理。2020年，生产销售胶合板13883立方米，承包经营管理后，实现经营利润100万元。二是做大做强天然泉水产业。生产销售六万山泉水6863吨。承包经营管理后，实现经营利润120万元。年产50万吨六万山泉饮用天然泉水项目已纳入2020年第三批自治区统筹推进重大项目预备项目，现项目已获得备案证明、节能报告、环境影响评估报告、水土保持方案报告书及社会稳定风险评估报告等批复；水资源论证报告书已通过评审会。该项目于2020年12月8日第10

期自治区林业局局长办公会议讨论通过。三是加强八角综合开发利用项目经营管理。加大科研攻关力度，莽草酸生产调试成功，新安装的莽草酸粉末全自动包装流水线和真空带式干燥机已调试成功，正在逐步提高产品产量。四是推进六万造纸厂土地综合开发利用项目。项目建设用地获玉林市政府审批，同意由国有工业用地变性为商住出让用地，已取得建设用地规划许可证、1—13#建设规划许可证等，已完成总体规划设计审批以及土地开发单体规划设计，正在开展建设的招投标准备工作。五是积极谋划矿产资源开发项目。开展高岭土、页岩、花岗岩、稀土等矿产资源开发前期工作，辖区内高岭土、花岗岩的开发已列入《玉林市矿产资源开发规划（2016—2020）》。该林场建筑用花岗岩矿产项目已完成 12 个钻探点的取样。积极配合广西森工矿业投资有限公司完成福绵区社岗村良宁矿点（80 公顷）、宁康分场矿点（280 公顷）、忠东分场矿点（73.33 公顷）的规划。

【第三产业项目建设】 不断推动森林旅游和森林康养产业发展。2020 年完成《兴业县六闲村乡村旅游区总体规划》编制工作并通过评审，目前已开工建设；新建球馆、荷花池、环康养谷步道、生活垃圾无害化处理中心等设施；完成建设太阳能路灯 28 杆、光伏发电 300 平方米的森林公园亮化工程；承办自治区直属林业系统离退休干部工作培训班、全区森林旅游森林康养业务培训班、八角炭疽病防控技术示范推广现场培训班等；被自治区教育厅批准为"中小学生研学实践教育基地"，并被国家林业和草原局、民政部、国家卫生健康委、国家中医药局评为首批"国家森林康养基地"，被玉林市总工会评为"玉林市职工疗休养基地"，被自治区总工会、自治区文化和旅游厅命名为"广西职工疗休养基地"。2020 年六万大山森林公园接待游客达 11 万人次，经营收入 163.3 万元。成均至莲花山二级公路已完成工程量的 80% 以上。

【森林资源管护和安全生产工作】 一是加强森林防火工作。推广使用"防火二维码""森林防火综合调度平台""玉林市环六万山森林火灾高风险区综合治理工程预警监控系统"，建立完善防火应急预案，加强森林防火队伍建设和火源管理，切实做好森林防火工作。2020 年度场内共发生火灾 3 起，过火面积 2.07 公顷，森林火灾受害率 0.053‰，低于控制目标数 0.8‰，无森林火灾伤亡事故发生。二是加强林地保护工作。全面推行使用"六万智慧林场"平台软件，严格执行国有林地征占用审批制度，杜绝违法违规使用国有林地的行为；加大被侵占林地回收力度，2020 年累计完成回收林地 384.66 公顷，完成被侵占林地回收任务 368.27 公顷的 104.5%。没有发生因山林纠纷引发的群体性事件，林区持续和谐稳定。三是加大涉林违法犯罪打击力度。积极开展扫黑除恶专项斗争，严厉打击违法侵占用林地、乱砍盗伐、乱捕滥猎等涉林违法犯罪行为，形成有效震慑。四是加强有害生物防治工作。突出抓好松材线虫病的监测普查，桉树焦枯病、马尾松毛虫、八角尺蠖的防治工作；做好八角炭疽病防治工作，申请专项费用，组织各分场对八角进行喷药防治，喷防作业面积共 1133.33 公顷，全场未发生重大森林病虫害现象。五是健全完善安全生产责任制度及安全保障措施。层层落实安全生产责任，全年签订安全生产目标管理责任书和安全承诺书共 1680 份，制定《六万林场新开林道六条规定》《六万林场健康服务平台六条规定》《六万林场林木采伐管理六条规定》等制度，并对各单位实行营林和基建工程项目签发开工令。同时利用"八桂彩云"和"六万林场健康服务平台"等网络平台加强全场健康管理和疾病防控，全年累计购买包含农民工在内的意外保险 3558 份，支出保费 136.47 万元。加强全场安全风险管控和隐患排查治理。建立《安全风险点排查防控表》档案台账，并落实具体的管控措施，确保隐患处于受控状态。依托林场"智慧林场管理平台"，全面强化监管措施。扎实开展安全生产专项整治三年行动、安全生产集中整治行动、"强监管严执法年"专项行动，涉电公共安全隐患专项整治三年行动，突出营林作业、林木采伐、用电用气、危险化学品、粉尘涉爆、林区道路交通、森林旅游、人员密集场所、消防等重点行业和领域，加密排查频次，压实治理责任。加强安全宣传教育培训，积极开展应急演练活动。

【民生改善工作】 一是加快玉林松脂厂土地开发建设。一期工程玉林松脂厂职工团购商品房 332 套、六万林场职工团购商品房建成 663 套，并已交付使用，六万林场职工团购商品房已经全部完成主体工程建设 401 套，15000 平方米商用写字楼已办理开工许可证，现已完成负二层地面建设。二是完善林区基础设施建设。积极协调沟通，加快推动玉林市福绵区成均至六万莲花山公路改扩建工程建设，已完成工程量的 80% 以上。新建球馆、荷花谷、六万书院，改造知青风貌街、旧河嵩办公楼、安装太阳能路灯、光伏发电等设施，建成 5 人制足球场 2 个。三是加大关心关爱职工力度。继续为全场职工办理养老、失业、医疗、工伤、生育、意外伤害等保险和医疗互助重大疾病保障及女职工安康保险，为特困职工家庭申办城镇居民低保保障金和患重病职工申请医疗救助金，支出"五险一金"2704 万元，发放离退休职工退休生活补差 450 万元；组织全场职工进行健康体检，支出体检费用 60 万元；继续组织开展送温暖走访慰问活动。积极组织开展职工文体活动。落实职工医疗互助保障工作各项政策和措施，为职工支付 50% 的医疗互助保障金，切实解决职工的大病保障问题。

【党风廉政建设工作】 一是坚持把深入学习贯彻习近平新时代中国特色社会主义思想作为重大政治任务。2020 年，召开党委理论学习中心组集中学习 4 次，党支部每月开展理论学习 1 次，场党政主要负责人为全场党员干部讲党课 2 场次，场领导班子成员深入各党支部讲党课 16 场次，各党支部开展"党课开讲啦"26 场次，场宣讲团深入各基层单位开展宣讲 26 场次。二是落实工作责任制。研究制定《2020 年六万林场党委全面从严治党主体责任清单》，明确党委领导班子集体责任、党委主要负责人责任、党委领导班子其他成员责任。坚持民主集中制原则，认真贯彻执行党委议事规则、"三重一大"制度实施办法，2020 年以来，六万林场党委共召开党委会议 47 次，对"三重一大"事项进行集体决议。组织召开党的建设暨党风廉政建设工作会议，安排部署全年党建和党风廉政建设工作。2020 年以来，六万林场党委先后 8 次召开党委会、党委理论学习中心组等会议学习、研究党风廉政建设有关工作。三是加强警示教育。充分利用林场党性教育体验馆、六万大山革命传统教育基地、知青文化馆和每月支部主题党日活动，不断拓展党性教育学习新模式，开展经常性党性教育，不断推进"不忘初心、牢记使命"主题教育常态化制度化。通过党委理论学习中心组学习、专题辅导培训、观看廉政警示教育片、转发翻印上级纪检部门查处的典型案例通报、发送廉政提醒短信等方式，加强党风廉政建设和反腐倡廉宣传教育。2020 年，组织领导干部集中参加党委理论学习中心组会议学习 4 次；举办党风廉政建设专题讲座 1 次；转发、翻印上级纪检部门查处的典型案例通报 7 份；在重大节假日发送廉政提醒短信 280 多条，做到警钟长鸣，提醒常在。四是改进作风建设。深入开展整治违规吃喝和违规发放津贴补贴问题工作，组织开展违规吃喝和违规发放津贴补贴问题专项检查。经查，2020 年以来，该林场未发现违规吃喝和违规发放津贴补贴问题。制定下发《六万林场党委持续解决困扰基层的形式主义问题为决胜全面建成小康社会提供坚强作风保证实施方案》，进一步深化拓展"基层减负年"活动，为决胜全面建成小康社会提供坚强作风保证。贯彻落实习近平总书记对制止餐饮浪费行为作出的重要指示精神，组织干部职工签订制止"舌尖上的浪费"倡议书。深入开展扶贫领域"四风"和腐败问题专项整治工作，强化扶贫项目资金管理使用。经查，2020年该林场扶贫资金主要用于饮水工程等基础设施建设和板栗经济林改造、沃柑种植基地等项目建设，未发现违规违纪使用扶贫资金的行为，无截留、挤占、挪用、套取资金现象。制定印发巡察工作方案，组织对场属各单位开展一次内部巡察工作。2020年，组织对2个分场进行巡察，检查发现问题39个，提出整改措施13条。五是加强监督执纪问责。制定《六万林场职工纪律处分六条规定》，对有关单位和人员开展廉政（工作）谈话122人次；对提拔任用或者岗位调动的中层领导干部开展任前廉政约谈34人次。对干部职工不作为、慢作为、乱作为等进行整治。2020年，全场共查处违反工作效能管理办法的问题10起、效能处理23人；收到驻自然资源厅转交的本单位干部职工违规违纪的信访举报信1件，经初核后作出失实了结处置。处置检查发现及其他部门移交的问题线索9条，对20人进行谈话提醒，对2名进入考察阶段的拟提拔人员作出暂缓提拔决定。立案审查2起，警告处分2人。

【精准扶贫工作】 继续抓好隆林各族自治县新州镇马雄村和博白县菱角镇石柳村脱贫攻坚工作，马雄村、石柳村已全部脱贫。马雄村沃柑一期项目2019—2020年共生产沃柑7.5万千克，销售收入47万元，49户贫困户每户可分得1520元，村集体经济增加收入12万元；2020年12月林场已向36户农户支付2020年和2021年板栗低产林改造固定分红120.6万元，支付劳务费80.6万元；国储林项目基地建设已完成林地林木核查面积5695.5公顷，签订收购林地林木合同面积911.4公顷，投入收购资金4981万元，帮助352户林农增收。

（广西国有六万林场）

广西国有维都林场

【概况】 该林场是自治区林业局直属的大型国有林场，1959年建场，总场设在来宾市中心。林场内设机关科室11个，二层管理单位12个，下设场内分场6个、场外造林部5个以及全资子公司2个，持股公司6个。截至2020年底，林场总资产达16.61亿元，职工1018人，其中在职职工571人（在编职工429人，编外聘用人员142人），退休人员447人。全场经营面积3.20万公顷，其中生态公益林面积4653.33公顷，森林蓄积量158.24万立方米，森林覆盖率达88.9%。场内林地主要分布于来宾市兴宾区境内，呈狭长带状分布在湘桂铁路、柳南高速公路两侧。场外造林地则分布在来宾、柳州、桂林、贺州、梧州、河池等市及其所辖县区。

【疫情防控】 新冠疫情发生以来，该林场迅速成立领导小组落实各项防控措施，未发生感染病例。一是全面摸排职工健康，组织有序返岗，2月17日全面复工复产。二是坚持每日"零报告"制度，做好重点人群管理服务，配备必需防护物资，严格常态防控措施。三是2—4月组织20多名志愿者支持来宾市疫情防控工作，全场党员干部职工为抗疫捐款3.07万元，无偿献血1.31万毫升。

【经济发展】 2020年，该林场总产值35800万元，其中第一产业产值34795万元（林下经济总产值4775.84万元），第三产业产值1005万元。营业总收入11867.32万元，营业利润2152.79万元，总资产166090.22万元，国有资本保值增值率 100%。资产负债率 58.66%。

【营林生产】 一是扎实推进资源培育，造林绿化总面积 1973.34 公顷，其中场内 386.67 公顷，场外 1586.67 公顷；抚育中幼林 8233.33 公顷，其中场内 2080 公顷，场外 6153.33 公顷；生产木材 15.85 万立方米；培育苗木 520 万株，其中桉树 420 万株，油茶 100 万株。二是稳步推进高质量商品林"双千"基地、国家储备林建设，全年收购林地林木 1700 公顷。三是积极调整营林措施，延长桉树追肥和采伐年限，维都分场 6 年生桉树出材 148.05 米³/公顷，林地提质增效初显成效。四是注重科技投入，承担中央及自治区林业科技项目 6 个，获林业实用新型专利 2 项，与广西林业科学研究院合作选育出的 3 个马尾松家系经自治区林业局审定为广西林木良种。

【森林资源管护】 一是深入推进扫黑除恶专项斗争和被侵占林地综合整治，2020 年回收被占林地 635.11 公顷，2020 年未出现新增被侵占林地情况。二是严格按要求审批报批来宾市兴宾区殡仪馆项目，该项目占用林地 6.04 公顷；配合维都派出所查处案件，共立案 45 起，破案 12 起，收缴木材 73.50 立方米。三是扎实推进森林资源管理问题专项整改，加强林地管理保护意识、依法管理林地、被侵占林地回收、森林资源管理基础、森林资源管理机制等五方面问题排查与整治，资源管理持续强化。四是切实抓好安全防火和病虫灾害防治，2020 年未发生安全生产责任事故和森林火灾。全年林业有害生物发生面积 805.13 公顷，成灾率为 0。未发生松材线虫病及微甘菊疫情。

【项目建设】 一是广西雅江（来宾）油茶小镇建设有序推进。完成创梦园景观改造主体工程，定植樱花、黄金风铃木等景观植物 65.47 公顷；建成油茶种质资源库、古树园及山茶花园各 1 处；有序推进油茶创梦园游客中心等基础设施工程建设及建设用地的申报、审批。二是凤凰岭梦园经营性公墓成功签约。2020 年 7 月 24 日，该林场与来宾国投公司签订合作协议，项目由来宾国投公司负责运营管理，投入运营后林场获得销售收益的 30% 作为利润分成。三是种苗花卉产业转型初显成效。2020 年培育苗木 520 万株，其中桉树 420 万株、油茶 100 万株；购进杉木、油茶、荷木、红锥等苗木 57.65 万株；年销售花木 39.52 万盆，收入 554.86 万元。四是林下经济发展步伐坚实。发展林下种植薜荔 26.67 公顷、天冬 13.33 公顷、牛大力 13.33 公顷、巴西人参 0.67 公顷；加强与桂林力源集团合作发展万头种猪基地建设项目，林下经济产值 4775.87 万元，艾草项目获评 2019 年度自治区级林下经济精品示范基地。五是商铺和林地租赁管理高效。2020 年商铺出租率 97.20%，比 2019 年增长 6.9 个百分点。因疫情影响，减免租金 160.58 万元，年度商铺、场地租金收入 750.11 万元。

【内部管理】 一是完善内部制度体系。重点对"三重一大"等高风险领域制度进行完善，汇编 59 项经营管理制度并印发执行。二是强化干部队伍建设。举办培训班 15 期，共培训职工 1225 人次。按程序选拔任用副科级干部 2 名，调整中层领导 1 名和一般工作人员 22 名。招考入编 30 人，经双选会引进 9 名大中专毕业生，同时向社会招聘 4 名专业队员。36 位专业技术人员获得职称评审认定，其中包括年度新增高级职称 5 人，中级 20 人，助理级 11 人。

【党的建设】 一是党的建设高效推进。全面落实党建目标管理责任制，开展党支部专题党课 78 次、主题党日活动 200 余次，订阅学习用书 32 册。组织集中学习和专题学习 40 余次，其中学习贯彻 2020 年全国两会的专题党课 17 次，十九届五中全会宣讲 13 次。开展志愿服务 20 次、关怀慰问、文体活动、公益宣传等新时代文明实践活动，累计参与人数 1840 人次。2020 年成立的讲师团全年开展党的政治理论讲习活动200余次。二是巡察反馈问题扎实整改。有力推进自治区林业局党组巡察组巡察指出的问题整改，涉及6大类29项69个具体问题。2020年共召开巡察整改专题研究部署会议4次。截至2020年7月底，整改任务基本完成。三是党风廉政渗透日常。签订2020年度党风廉政建设责任书29份，召开集体廉政约谈会2次，对中层以上领导干部集中约谈170余人次，进行廉政提醒谈话34人次。开展集体廉政约谈3次，给予行政警告处分7人，诫勉谈话7人。

【扶贫工作】 2020年底，新寨村脱贫攻坚工作顺利通过国家检查验收，实现了491名贫困人员的全部脱贫摘帽，贫困发生率降至0。一是投入资金44.36万元，持续推进基础设施完善、智力扶贫教育，以及林地林木收购合作、山核桃种植、种桑养蚕等产业发展项目。新建肉鸽养殖基地，2020年村集体经济收入达9.22万元。二是深入开展"一帮一联"活动，全场437名干部职工共向42名贫困学生捐款4.64万元。三是积极开展消费扶贫活动，通过组织职工个人消费和单位统一采购，扶贫产品累计销售额达99.21万元。四是林场获评2019年度对口帮扶脱贫攻坚先进单位。

【民生工程】 一是民生福祉持续改善。投入17.41万元完成总场饭堂的排污管安装、各分场办公区的电路整改、防火设备仓库的装修，以及商铺和龙凤山分场职工之家的维修工程。此外，投入65.96万元用于苍梧造林部生产用房的装修工程。二是帮扶济困传递爱心。在2020年春节期间，上门走访慰问退休干部、老党员、困难党员、困难职工以及归侨侨眷共92人次，并发放5.45万元的慰问品和慰问金。同时，为困难职工发放救助金共9.39万元。为提高职工的医疗保障，组织职工购买2020年、2021年职工医疗互助保险，林场工会补助4.90万元。

【企业文化】 一是全国文明单位创建不断深入。制定印发《维都林场创建全国文明单位实施方案》，积极开展综合运动会、迎新春游园和联谊晚会，三八妇女节、"3·12"义务植树志愿服务、迎五一棋牌比赛、夏季送清凉慰问等活动。举办3期以"弘扬战'疫'主旋律，致敬最美逆行者""艰苦奋斗""爱岗敬业"为主题的道德讲堂。联合维林社区开展"爱在红水河·庆祝建党99周年""首届邻里节暨2020年迎中秋庆国庆""学雷锋志愿服务"等系列活动，同时做好评先推优树典型，传递正能量、凝聚向心力。二是宣传水平持续提升。2020年在自治区林业局门户网站等上级新闻媒体发布新闻信息77篇次，图片45张，政务信息采用率在全区林业系统中排名第二。

【获得荣誉】 该林场获"2019年度全国十佳林场"和全区"壮美林场"称号。林场职工李官先后获2018—2019年度全国"无偿献血奉献奖金奖"、"无偿捐献造血干细胞奖"、第二十三届"广西青年五四奖章"、来宾市"最美职工"和"助人为乐道德模范"荣誉；覃敏被评为来宾市"孝老爱亲道德模范"，其家庭亦被授予来宾市文明家庭。这些荣誉不仅传播了维林文化和维林精神，也展示了维林人的优秀风貌。

（广西国有维都林场）

广西九万山国家级自然保护区管理中心

【概况】 广西九万山国家级自然保护区位于广西北部黔桂交界处、苗岭山脉南缘，地跨柳州融水，河池罗城、环江，黔东南苗族侗族自治州从江，南北长 34 千米，东西宽 19.5 千米，最低海拔 170 米，最高海拔 1683 米，总面积 2.31 万公顷，森林覆盖率为 97.85%。保护区主要保护对象是以中亚热带常绿阔叶林及其垂直带谱为主的森林生态系统，伯乐树、南方红豆杉、蟒蛇、熊猴、林麝等珍稀濒危野生动植物，以及全球性珍稀濒危鸟类白眉山鹧鸪及其栖息地和迁徙候鸟。广西九万山国家级自然保护区管理局于 2007 年 11 月正式挂牌，是自治区林业局直管的正处级参公管理事业单位，2019 年 8 月更名为广西九万山国家级自然保护区管理中心。2020 年，该中心坚持以习近平新时代中国特色社会主义思想为指导，认真贯彻落实自治区林业局决策部署，狠抓工作落实，推动党建与业务工作融合发展、相互促进，较好地完成年度各项工作任务。

【党的建设】

压实主体责任 制定《2020 年党委全面从严治党主体责任清单》，包括 28 个党委责任清单、10 个书记责任清单、12 个委员责任清单。委员到所联系支部检查指导 3 次、与支委谈心 1 次、上党课 4 次。

加强理论武装 深入学习习近平新时代中国特色社会主义思想和党的十九大及十九届历次全会精神，组织开展中心组学习、实践所、站讲习活动，召开党委会、办公会会前学习、党员集中培训、理论测试等。严格执行"三会一课"、谈心谈话、党员评议、主题党日等制度。开展重温党章、入党誓词活动。

强化组织建设 补选空缺的党委委员、副书记、纪委书记及支委；成立退休党支部并健全班子；所属支部在融水苗族自治县直工委"一规范五服务"检查和"创星级"考核中得分均高于 95 分，被评为"五星级党支部" 2 个、"四星级党支部" 2 个；新发展党员 2 名，党员转正 1 名；举办"好家风 好家训"培训；开展退休职工座谈 2 次、群团活动 9 次；自觉参与巡山护林 2 次 120 多人。

强化历练 完成职级晋升 23 人，提任正科级干部 2 名、副科级干部 4 名；外出学习培训 15 人次；网络学习培训 35 人，参加各类培训班 38 期 98 人次；举办林业技术运用、应急救护等培训 4 班次，参加人员 300 余人次；开展植树、修路等公益活动 22 次；慰问困难职工 6 人次；谈心谈话 80 多人次，及时听取意见建议、纠正不足、明确努力方向。

坚持全面从严治党 集体约谈科级干部 1 次，谈心谈话 56 人次；召开警示教育会议 3 次，观看宣传片 1 次，剖析典型案例 2 次；完成巡察整改问题 63 个；开展集中整治形式主义和官僚主义专项行动，撰写对照检查材料 35 份，决定立案调查 1 件。

【森林资源管护】 积极开展多项行动，立刑案 16 起，破案 7 起；立林政案 10 起，查处 10 起，罚款 6.1 万元；核查发现并查处违法图斑 2 处；核实督查图斑 42 个，查处违法图斑 7 起；常态开展警犬巡逻；开展专项行动 6 次，排查收购点、餐馆等 30 余处，发放资料 1000 余份，收缴弹弓、鸟网一批。

【环境宣传教育】 该中心网站发布信息 85 篇、图片 138 张，自治区林业局采用信息稿 24 篇、图片 22 张；开展"爱鸟周"等活动 18 场，科普 4 场次，发放横幅 350 条、海报 1590 张、宣传袋 2500 个、宣传单 9.6 万份，发送手机信息 5.7 万条。

【科研与监测】 统筹抓好新冠疫情防控；做好非洲猪瘟、候鸟禽流感等疫源疫病监测防控及信息上报；监测新纪录兰科植物 2 种；开展水涵养、特有种等监测调查；红外相机拍摄到动物 27 种（国家二级保护动物 5 种）；建设水源补给点 3 个并监测到新纪录赤尾噪鹛等鸟类。

【社区和谐共建】 有序开展调规勘界准备、部分边界航飞、核实及数据汇总等工作。安排 19 名干部（含驻村队员 2 名）对口联系帮扶 2 个村 68 户 164 名贫困人员；开展支部共建座谈 21 次，安排帮扶资金 54 万元用于产业发展；为 171 名贫困学生提供 22.8 万元的资助，并向社区学生捐赠了价值 11.41 万元的 1087 套校服；下访调研 7 次；慰问贫困户、特困群众 168 人；发放集体生态补偿金 214.3 万元，发放率达 92.96%，同时协助发放每人 300 元的粮食差价补贴。

【基础设施建设】 完成加固改造站点 5 处、清水潭保护站综合改造项目；举办森林防火、安全生产培训班各 1 期；野外应急演练 2 次。

【民族团结进步创建】 一年来，该中心举全中心之力，全面贯彻落实党的民族政策，将民族团结进步工作与资源管护、脱贫攻坚、乡村振兴、干部队伍建设等工作相结合，积极开展创建民族团结进步示范单位工作。2020 年 12 月 4 日，该中心获第四批"自治区民族团结示范机关"荣誉称号。

（广西九万山国家级自然保护区管理中心）

广西雅长兰科植物国家级自然保护区管理中心

【概况】 该中心为自治区林业局直属的财政全额拨款正处级单位。2020 年，核定全额拨款事业编制 39 名；其中包括处级领导职数 4 名；另核定后勤服务聘用人员控制数 70 名；截至年末，共有在职在编职工 95 人，编外聘用 33 人。2020 年，该中心各项工作取得一定成效：成功召开保护区联合保护委员会第一次会议，并通过"一办法两方案"；完成 1052 万元监测与宣传教育项目的实施方案编制，并获得批复；保护区资源本底数据得到进一步翔实化，其中菌类和鸟类的种类分别从 2007 年综合科考记录的 182 种、206 种分别增加至 308 种、280 种，同时新发现野生兰科植物新记录品种 13 种；据二类调查统计，保护区森林覆盖率达到 88.79%；社区居民能源替代补助项目得到辖区群众赞许，基础能力建设得到加强，完成棚户区改造项目主体工程建设，实施管护用房建设项目等。

【人才队伍建设】 坚持党的领导，强化纪检监察工作，加强意识形态建设，严明工作纪律，强化作风建设。深入开展中心组理论学习活动和民族团结进步创建工作，认真执行党支部"三会一课"、谈心谈话制度等，加强对干部职工政治思想教育，引导牢固树立"四个意识"，坚定"四个自信"，做到"两个维护"。坚持党管干部原则，严格干部选拔任用程序。协调落实处级干部职级晋升 2 人，提任处级干部 4 人，完成干部职级首次晋升 20 人，提拔任用科级领导 2 人，强化队伍建设，激发干事创业热情。完成干部职工 2019 年年度考核及相关奖励工作，参公人员记功 1 人、嘉奖 5 人；经自治区林业局同意，组织开展后勤服务聘用人员控制数工作人员奖励活动，记功 1 人，嘉奖 13 人。

【保护区资源保护】

召开中心联合保护委员会会议　2020年5月28日，中心联合保护委员会第一次会议在中共乐业县委员会会议室召开。联合保护委员会主任、乐业县县长李荣能出席会议并讲话，乐业县农林水、公检法等19个相关单位参加了会议。会议研究了《广西雅长保护区范围整合优化预案（讨论稿）》，并通过了"一办法两方案"，即《雅长保护区被侵占国有林地整治回收工作实施方案》（乐政发〔2020〕12号）、《雅长保护区群众侵占国有林地林下种植专项整治工作方案》（乐政发〔2020〕13号）、《雅长保护区涉农建设审批管理办法》（乐政发〔2020〕14号）。

保护区林地及森林资源管理　组织开展被侵占国有林地回收工作，截至2020年12月底，完成林地回收94.53公顷。依法依规解决群众诉求，处理群众和有关单位诉求事项35起，出庭应诉解决社区群众诉广西雅长兰科植物国家级自然保护区林木赔偿纠纷案件2起。开展2020—2021年森林督查暨森林资源"一张图"年度更新工作，完成年度森林覆盖率监测点实地核查和保护区森林资源规划设计调查（二类调查）等。据二类调查统计，2009—2019年，广西雅长兰科植物国家级自然保护区森林面积增加了2467.48公顷，森林覆盖率提高了11.08个百分点，达到88.79%。

严厉打击各类违法违规行为　2020年，广西雅长兰科植物国家级自然保护区共发生毁坏林木、改变林地用途等案件15起，由该中心立为林业行政案查处14起，已结案12起，处罚款和赔偿损失23277元，移交自治区森林公安局雅长派出所1起。

国家级公益林保护与管理　根据《广西壮族自治区林业局、广西壮族自治区财政厅关于广西自治区级以上公益林落界调整成果的批复》（桂林发〔2020〕6号）精神，该中心有国家级公益林面积（按土地使用权）20156公顷。2020年，中央及自治区级森林生态效益补偿资金共计369.7万元（其中自治区级45万元），已全部用于公益

林管护支出，年内未发生重特大森林火灾。

【科研调查监测】

开展科研项目申报实施　加强与科研院所合作，2020年与广西植物研究所联合申报科研项目2个；编制上报了2021年生物安全与遗传资源项目、2021年度自治区财政林木良种补助项目各1个；编制并实施了2020年中央财政国家重点野生动植物保护补助项目1个，项目金额80万元。

持续开展资源调查监测　截至2020年12月底，该中心协助开展的"山水林田湖草生态保护和修复项目（始于2019年）"取得较好成效，在发现保护区新记录动物方面取得一定成果，如发现白冠长尾雉、绿翅金鸠等11种动物为广西雅长兰科植物国家级自然保护区新记录种，其中白冠长尾雉（国家一级重点保护野生动物）是广西新记录种；鸟类种类达280种，比2007年综合科考记录的206种多出74种。此外，在其他监测调查中，菌类鉴定出308种，比2007年综合科考记录的182种多出126种；新发现野生兰科植物13种，至此广西雅长兰科植物国家级自然保护区内分布有野生兰科植物60属168种。完成松材线虫病和微甘菊春季、秋季普查各1次，普查结果未发现松材线虫病、微甘菊为害。

加强科研项目成果产出　2020年与广西植物研究所在国外SCI期刊《*PhytoKeys*》上联合发表论文1篇，题为"Aristolochia yachangensis, a new species of Aristolochiaceae from limestone areas in Guangxi, China"。在国内发表涉及广西雅长兰科植物国家级自然保护区论文3篇，分别为《广西雅长保护区兰科植物保育研究进展》《乐业雅长老屋基天坑天贵卷瓣兰传粉生物学研究》和《广西植物遗补 V》。

【科普宣传教育】

科普教育基地申报　2020年2月10日，根据自治区教育厅的公布，广西雅长兰科植物国家

级自然保护区被评定为广西首批"自治区级中小学生研学实践教育基地"之一。

主题科普宣传教育 2020年，该中心与辖区花坪镇、雅长乡中心小学联合开展全国科普日、八桂科普大行动、野生动植物保护宣传月、森林防火宣传月等科普进校园活动，参与活动人数2000余人次。此外，结合保护区特色资源，举办了首届以"探秘兰花王国 守护自然资源"为主题的兰科植物辨认大赛，并向社会公开招募了12组亲子家庭，开展以"植物记忆 宁静的美"为主题的亲子自然教育活动等。

保护区信息宣传报道 2020年，该中心网站发表了新闻信息68篇，微信公众号发布了70篇，同时在自治区林业局网站、乐业县融媒体中心等平台发表了30篇文章，并在林业杂志上发表了1篇版面文章，发布抖音短视频15个。

【和谐社区建设】

助力地方脱贫攻坚 2020年，协调落实生态护林员管护补助资金260万元，完成该中心辖区内262名建档立卡贫困户生态护林员的选聘管理；该中心18名干部职工结对帮扶的52户贫困户实现全部脱贫。6月10日，中共百色市委员会分别授予该中心辛荣仕同志2018—2019年度"百色市优秀贫困村党组织第一书记"称号、陈柚瑾同志2018—2019年度"百色市脱贫攻坚（乡村振兴）优秀工作队员"称号。

社区居民能源补助试点 创新发展促保护工作新思路，4月印发《雅长保护区社区居民能源补助扩大试点实施方案》，继续开展社区居民能源补助试点工作。该方案以煤气和用电补助方式为主，旨在引导辖区居民转变生活方式，减少日常生活对薪柴使用的依赖，从而保护森林资源并实现辖区群众关系的和谐。该试点惠及该中心辖区内的5个行政村668户，约占辖区内总户数

2290户的29%。自实施能源替代试点以来，2020年下半年辖区群众破坏森林资源案件零发生。

社区共建模式探索 在该中心辖区的村屯组织实施自治区农业农村厅2020年农村能源建设项目，共实施太阳能公共照明示范项目2个，安装太阳能路灯56盏，实际完成投资19.88万元，惠及辖区群众3000余人；扶持发展林下养蜂项目，向社区群众发放胡蜂标准蜂群577窝和蜜蜂蜂箱350箱，指导社区群众成立乐业县红田生态养蜂农民专业合作社；投入7.7万元用于开展社区助学活动，对广西雅长兰科植物国家级自然保护区范围内2020年考上大学且家庭经济困难的38名社区学子进行扶持等。

【基础能力建设】

保护区监测和宣传教育项目 2020年，完成广西雅长兰科植物国家级自然保护区监测和宣传教育项目实施方案的编制上报，并于2020年11月20日经自治区林业局批复同意。该项目总投资为1052万元，资金来源于2020年中央财政林业发展改革资金。其中，续建自然教育中心布展工程280万元，新建雅兰现代生态管护系统772万元。截至12月31日，已完成自然教育中心布展工程采购，完成相关布展、宣传牌安装等工作。

国有林区管护用房建设项目 完成2019年度国有林区管护用房加固改造项目的建设，共完成1套。该项目总投资为26.17万元，其中中央配套资金20万元，地方配套资金5万元，自筹资金1.17万元。8月，组织编制上报了2020年度管护用房建设项目实施方案，该项目预算投资为101.85万元，并于9月23日经自治区林业局批复同意。截至12月31日，主要完成了项目评审、招投标、合同签订等工作。

（广西雅长兰科植物国家级自然保护区管理中心）

广西大桂山鳄蜥国家级自然保护区管理中心

【概况】 广西大桂山鳄蜥国家级自然保护区位于贺州市八步区境内，总面积 3786 公顷。该保护区以国家一级重点保护野生动物——鳄蜥及其生境为主要保护对象，属于野生动物类型的保护区。该中心下设办公室、资源保护科、科研经营科、计划财务科、监察科 5 个职能科室，以及 2 个管理站。共有职工 46 人，其中在职在编 28 人、聘用人员 18 人。

【疫情防控】 为深入贯彻落实习近平总书记关于新冠疫情防控的重要指示精神，该中心成立了疫情防控领导小组，并召开专题会议，安排部署疫情防控工作。积极组织党员干部到社区协助疫情防控工作。同时，通过发放和张贴疫情健康科普宣传材料，开展疫情科普宣传，以及每日"微信健康接龙"等形式，认真做好常态化疫情防控工作，并坚持疫情每日报告制度。

【党建工作】 大桂山保护区党支部在坚决贯彻落实党中央、自治区党委、贺州市委、自治区林业局党组各项决策部署中，充分发挥战斗堡垒作用。组织引导党员干部深入学习贯彻习近平新时代中国特色社会主义思想。2020 年，根据年初制定的党支部工作和学习计划，组织中心组学习 4 次，支委会学习 12 次，全体党员大会集中学习 24 次，开展党的理论知识考试 2 次。同时，进行了支委换届，选优配强支委班子，明确了职责分工，规范"三会一课"和支委会议事制度。在单位"三重一大"等工作中，充分发挥党的领导作用，召开了 12 次支委会，研究讨论单位发展、支部建设和巡察整改等工作。在党内政治生活等方面，开展党员谈心谈话 29 人次，按照要求召开组织生活会、专题组织生活会各 1 次。扎实落实党风廉政建设，与各科室签订党风廉政建设目标管理责任书，制定《党风廉政工作计划》《落实全面从严治党主体责任清单》，每逢节假日等重要时间节点，群发廉政短信 28 人次，开展检查、督促、提醒，持续发力整治突出问题。在落实巡察整改方面，针对巡察反馈问题，成立巡察整改工作领导小组，制定整改清单，明确责任部门、责任领导和完成时限。针对整改工作中发现的突出问题和薄弱环节，制定完善了《中心外出考察学习管理制度》《党支部议事规则》等 39 项管理制度，并强化制度的约束力和执行力，切实用制度管权管人管事。

【资源管护】 该中心以站为主，巡护任务包片到站、分段到人，并签订责任状，层层落实责任。同时，进一步完善了信息化巡护系统和无人机巡护监控管理，充分运用信息化技术管控手段，重点加强日常巡护和专项巡查的成效，确保巡护到位，人员保障安全，数据收集更完善更及时，进一步提高了管护力度和效果。专题开展了大桂山保护区中央环境保护督查"回头看"、林区禁种铲毒工作、扫黑除恶摸排、"绿网·飓风 2020"等专项活动。同时，还与大桂山派出所联合开展了保护区巡护执法行动和安全"七进"教育宣传活动，有效打击和震慑不法分子，加大了生态环境保护的宣传力度，提高了群众守法意识，营造了良好氛围。加强与周边社区的和谐共建，2020 年与周边 7 个村委、单位签订了社区共管公约，对村委、学校、单位在文体设施、办公环境、宣传栏等方面给予一定的帮扶，进一步促进了保护区与周边社区的和谐发展。

【科研监测】 扎实推进保护区监测科学化。自鳄蜥复苏以来，有计划地组织人员对野外鳄蜥进行了调查监测。经过调查，实体记录了 238 条数据，通过对比分析，发现鳄蜥野外种群数量与2019年相比，呈上升趋势。同时，按照公里网格的方式完成红外相机的安装及数据收集，并编制了成果调查报告。此外，还委托监测中心完成保护区植物本底资源的调查，并编制了相应的成果图谱册。

【鳄蜥繁育管理】　在鳄蜥繁育日常管理中，及时完善更新鳄蜥人工繁育手册，以提高鳄蜥人工繁育技术。同时，对北娄和甘洞繁育基地进行了诱虫灯、遮阴篷和监控设备的更换，进一步完善了繁育基地附属设施设备。与广西师范大学、中国科学院动物研究所等科研院校合作，开展了野外与人工饲养鳄蜥比较、鳄蜥食物营养提取化验、两栖类动物进化和保护等科研项目。同时，保护区科研团队还在鳄蜥肠道微生物、幼蜥形体数据、鳄蜥潜水实验、喂食鳄蜥益生菌等方面进行了研究实验，进一步提升了保护区的科研能力。

【鳄蜥野外放归】　在鳄蜥野外放归方面取得了重大突破。大桂山保护区于2019年5月进行了鳄蜥科学野外放归。经过跟踪调查监测，发现放归的15条鳄蜥中，有7条被成功找回，其中包括1条新生幼蜥和1条受孕的鳄蜥。这一成果有力证明了放归个体不但成功度过了越冬，还顺利繁殖出了下一代，并在野外生存和繁衍过程中进行了野外交配繁育。这标志着首次鳄蜥科学野外放归工作取得了成功。为进一步推进鳄蜥的野外种群发展，保护区于2020年9月11日进行了第二次鳄蜥科学野外放归，并放归了20条鳄蜥，以使该放归地点的种群能长期存活，形成稳定的种群。放归后将严格制定和执行放归后的跟踪调查工作，以确保科研成果取得新的突破。

【宣传教育】　利用爱鸟周、野生动植物宣传月等活动，深入周边村委、学校开展科普宣教活动。累计张贴宣传板报45份，悬挂条幅180条，发放宣传册12000份，制作宣传扇8000份。借助

中央电视台、广西电视台、970主播电台、广西林业等7家主流媒体，围绕第二次鳄蜥野外放归进行宣传报道，引起社会对鳄蜥的关注，营造出了良好的舆论氛围。拓宽宣传渠道，积极与广州长隆动物园、广西动车组开展合作，进行鳄蜥科普宣传，提高社会对鳄蜥的保护关注。积极打造鳄蜥主题自然教育示范点，即"鳄蜥自然科普宣教基地"。2020年完成了科普宣教基地的总体规划设计。同时，积极推进"鳄蜥"入贺州园博园的计划。2020进行了规划设计、圈地选址等工作，并得到贺州市政府、园博园管理单位的支持。

【安全生产】　逐步完善安全生产管理制度，严格落实安全生产工作责任，着力履行"一岗双责"，层层落实，责任到人，责任落实到位。2020年，根据每个岗位的工作职责，签订了安全生产责任书，并将安全生产情况纳入绩效考核。完成林区防火带、防火线设施维护工作，共维修275.757千米，以及林区道路的维修，共200.25千米，确保林区的安全畅通。认真组织开展了"防汛抗旱宣传月""安全生产月""防风险保平安迎大庆""安全隐患排查"等专项行动。其间，组织观看警示教育片2次，张贴板报45份、横幅180条、公告130张，发放宣传扇8000份、宣传册12000份、宣传小物品1000份。与大桂山林场开展了消防应急疏散和灭火演练，组织参加了贺州市林业局和应急局组织的森林消防演练。严格执行值班制度，在新冠疫情防控期间，结合安全复工复产进行严格管理，提升预警应急方案，在进入林区重要路口加设"防火码"，对进入林区的外来人员进行宣传教育和戒严管控，以保障保护区的安全稳定。

【队伍建设】　2020年，邀请了自治区自然资源厅纪检监察组，自治区林业局办公室、信息中心，贺州学院等领导、老师就党风廉政建设、公文写作、信息宣传、项目建设、办公软件等专题进行

了培训。组织内部培训 12 次，内容涵盖鳄蜥人工繁育、财务管理、制度管理、安全生产、信息化等方面。参加各类培训班 37 期。同时，为充实保护区人才队伍，自治区林业局于 2020 年 7 月配备了 1 名中心副主任，填补了长期缺位的班子成员，为保护区的健康发展提供了组织保障。同时，2020 年组织开展了公开招聘，完成了笔试、面试、考核、体检等各项工作，招聘了 1 名管理人员和 9 名工勤人员。

【基础设施】 2020 年，积极争取项目资金，对北娄管护用房和七星冲管理站（甘洞管护点）的附属设施进行了建设和完善，从而改善了职工的工作环境。同时，国家林业和草原局批复了保护区各管护站点的管护用房、信息化系统、标识标牌等基础设施设备的建设。在项目批复的基础上，完成了各管护站点的林地使用审批工作。

（广西大桂山鳄蜥国家级自然保护区管理中心）

广西防城金花茶国家级自然保护区管理中心

【概况】 该中心是公益一类事业单位，主要职能是贯彻执行国家有关自然保护的法律、法规和方针、政策；制定自然保护区的各项管理制度，统一管理自然保护区；等等。

【自然保护区建设和管理】

巡护监测 2020 年，该中心开展了约 180 天的保护区巡护监测工作。在专项巡护中，针对中央生态环境保护督察及"绿盾 2017"专项检查，共发现问题点 24 次；发现违法违规事件 7 起（其中卫星遥感发现保护区图斑变化事件 1 起），现场制止违法违规行为 15 次，处理案件 12 起，发放责令违法行为通知书 12 份，向相关部门报送报告及函件 24 份，向相关部门移交案件 8 起；协助现场核实建设项目选址是否在保护区内事件 4 起。

森林防火和安全生产 2020 年，该中心成立森林防火和安全生产办公室，压实责任，严抓保护区森林防火和安全生产工作，加强保护区宣传教育和业务培训，定期开展安全生产检查。全年下发森林防火及汛期防范等通知 6 份、安全隐患整改通知书 1 份，开展森林防火宣传 2 次、节前安全生产排查工作 3 次，共出动人员 60 人次、LED 宣传车 3 车次、发放宣传单 2000 余份、悬挂宣传横幅 40 条、在保护区周边重要路口埋设森林防火宣传牌 19 块，推广防火码使用，参加

森林防火和安全生产专题培训 4 次、森林防火演练 1 次。全年无森林防火和安全生产事故发生。

保护区整合优化 2020 年，该中心进一步推进保护区整合优化工作，完成保护区整合优化项目招标和实施，完成《防城港市自然保护地整合优化预案》编制并上报国家林业和草原局初审，按照国家林业和草原局提出的修改意见完善预案。

科普宣传教育 2020 年，该中心开展 6 次专项宣传，包括森林防火、野生动物保护、六五世界环境日、"6·26"国际禁毒日等。共发放宣传单约 2500 份、挂设宣传横幅 40 条；联合当地图书馆开展自然科普课堂活动 1 次；组织开展世界环境日宣传进乡村小学活动 1 次。充分利用摄影专家的作品进行宣传教育工作，与摄影专家签订了摄影作品使用协议，收集摄影作品编撰科普宣传教育素材，编撰了虫鸟图集 300 册。

【生物多样性保护】

资源调查 2020 年，该中心大力推动保护区综合科考、总体规划编制前期工作以及动植物连续定位观测、本底调查和生物多样性监测等项目。完成综合科考项目的申报、实施方案的编制及项目政府采购工作，并陆续展开科考野外调查工作。开展保护区维管束植物资源本地调查、外来入侵植物调查、金花茶等重点保护植物的专项

调查，并完成野外调查、相关资料整理和结题报告的编制工作。

科研监测 保护区总体规划编制前期土地遥感评估工作已完成第一阶段的遥感影像分析；保护区成立野外观测研究站，展开动植物连续定位观测工作，包括选取调查样线 6 处、安装红外相机 50 台等工作，初步掌握了保护区金花茶植物的分布点。截至 2020 年底，已建立科研样地 11 个，初步记录了保护区的哺乳动物 10 余种、两栖爬行动物 30 余种、鸟类 120 余种、昆虫 400 余种。其中，国家二级保护动物有豹猫、斑灵狸、野猪、白鹇、原鸡、黑翅鸢、白翅蓝鹊、地龟等。这不仅丰富了金花茶保护区的物种名录，也对野外科学观测研究站的高质量发展起到了促进作用。完成广西防城金花茶国家级自然保护区科普宣教项目、狭叶坡垒和粗齿梭罗种群调查及繁育修复两个项目的申报、项目实施方案的编制、方案专家评审等工作，并获得项目资金 700 万元。

金花茶迁地保护及回归 2020 年，该中心持续开展金花茶种群回归苗木监测及管护工作。

全年采摘金花茶果实约 400 千克，繁育金花茶种子苗约 5000 株。

【其他工作】

基建建设 2020 年，该中心积极推进科研监测基地的建设工作。截至 12 月 31 日，总坪施工和室内装修已完成约 60%。同时，按月足额发放项目工人的工资，无拖欠情况。

疫情防控 2020 年，该中心严格抓好疫情防控工作。认真落实国家、自治区及属地的防疫要求，做好疫情防控排查上报和单位复工复产防疫工作；组织 4 名职工参加防城区疫情联防联控网格监测值守，做好值守人员慰问工作；动员干部职工参加防城区政府"抗击疫情，你我同行"爱心捐赠捐款活动；开展防疫宣传，利用微信公众号推送疫情防控宣传信息 4 条，制作发放疫情防控法律知识小册子 300 册、"十严格"海报 460 张。

（广西防城金花茶国家级自然保护区管理中心）

广西山口红树林生态国家级自然保护区管理中心

【概况】 广西山口红树林生态国家级自然保护区成立于 1990 年，是我国首批建立的国家级海洋类型自然保护区之一。保护区海岸线长 41 千米，管辖面积 8003 公顷，主要保护对象是红树林生态系统。1992 年 9 月，自治区党委编办批准成立广西壮族自治区山口红树林生态自然保护区管理处。保护区于 1993 年加入中国人与生物圈网络，1997 年与美国佛罗里达州鲁克利湾国家级河口研究保护区建立姊妹保护区关系，2000 年加入联合国教科文组织（UNESCO）人与生物圈（MAB）保护区网络，2002 年 1 月被列入国际重要湿地名录，2013 年被央视评为"中国十大魅力湿地"之一。2019 年 8 月，根据自治区党委编办《关于调整自治区林业局所属事业单位机构编制事项的批

复》（桂编办〔2019〕108 号）精神，管理处转隶到自治区林业局管理，更名为广西壮族自治区山口红树林生态国家级自然保护区管理中心。

【党建学习】 2020 年，开展 17 个专题的学习，系统学习党的十九届四中、五中全会精神，《习近平谈治国理政》（第三卷）等，组织干部职工参加自治区林业局相关领导主讲的《习近平谈治国理政》（第三卷）宣讲活动等。

【巡护执法】 2020 年，开展陆域巡护 285 次、海上巡航 54 次，下达"责令停止违法行为通知书"15 份，制止违法行为 18 次。开展护鸟行动，收缴诱鸟器具 9 套、拆毁捕鸟网 2750 米、解救

林鹬、斑鸠、池鹭、鹰等保护鸟类 65 只。全力配合地方政府做好整改工作。积极推进保护区确界，按照自治区人民政府的批复，埋设完善保护区界桩标志，完成好确界任务。配合地方政府依法对辖区内海上非法养殖进行清理，2020 年累计出动 400 人次，清理蚝架 1055 组、蚝排 326 组、蚝柱 478.53 公顷。配合政府做好保护区整合优化工作并出台实施《广西山口红树林保护区陆域养殖塘清退处置工作方案》，逐步推进解决历史遗留问题。完成国家海洋督察问题的整改。

【生态监测】 2020 年，完成红树林种类、虫害、底栖动物、鸟类、互花米草入侵、潮间带生物、水质、沉积物和生物体质量等指标的监测工作。监测结果表明：一是水环境监测总体良好，除了化学需氧量、无机氮和活性磷酸盐超过海水一类指标，其余指标都满足一类指标标准。二是红树林群落类型不变，红树林保持良好发展势头；底栖动物生物量保持稳定；红树林虫害主要为广州小斑螟和柚木驼蛾，数量较少，为害面积小，并通过有效治理未对红树林群落构成严重威胁。2020 年，共监测到鸟类 13 目 34 科 101 种，共17565 只。其中，水鸟是保护区鸟类的主要组成部分，共监测到 44 种 13823 只，分别占总数的43.5% 和 78.7%。此外，共监测到国家二级保护动物的鸟类 12 种。

【宣传教育工作】 2020 年，共开展红树林保护、生物多样性等主题的宣传活动 8 次；组织举行"科普红树林湿地知识"进学校宣传活动；开设保护区微信公众平台，并已通过认证。2020 年共制作 14 版宣传板报、7 块宣传标语、50 条横幅，LED 屏幕滚动宣传 141 次，发放宣传资料 1.8 万份。2020 年 7 月 21 日，《人民日报》海外版第四版整版报道了山口红树林保护的相关内容，引起了广泛关注。

【项目申报及实施】 在湿地生态效益补偿与补助项目中，完成租用养殖塘和撂荒地共计 900 亩的工作。清理海域垃圾 3 千米，加固海堤 12 米；推进英罗站修缮项目，通过方案设计及招标，项目顺利动工；成功申报 100 万元的珍稀重点保护鸟类栖息地改造、种群监测项目；申报山口红树林重要湿地保护和修复工程项目，完成可研报告的编制。

【安全生产】 2020 年，调整安全领导工作小组，完善安全管理制度及机制，召开 6 次安全生产专题会议部署安全生产工作，开展 3 次安全专业知识培训和演练，5 次组织安全生产知识宣传活动，发放安全宣传单 1 万多份，制作安全宣传横幅 50多条和安全警示标志牌 100 多块，对办公大楼和英罗管理站的消防、用电设施进行全面检查、更新和维护；抓好风暴潮防御工作。2020 年，无安全事故发生。

【精准脱贫】 2020 年，对大化乙圩乡果好村的帮扶联系户开展 2 次的入户走访慰问。同时，作为合浦县沙田镇上新村的后盾帮扶单位，组织村委完成太阳能路灯安装 80 盏；指导建成孵化场，为当地农民提供更多的就业机会；协调引种泰国红肉菠萝蜜 2500 株并出售育苗；指导村委发展特色产品"黑皮冬瓜"，2020 年收成 1300 多吨。2020 年贫困户家庭年均纯收入超过 6000 元，村集体经济达到 20 万元，圆满完成脱贫任务。

（广西山口红树林生态国家级自然保护区管理中心）

广西合浦儒艮国家级自然保护区管理中心

【概况】 1986年4月9日，自治区人民政府批准成立广西壮族自治区合浦儒艮自然保护区，将广西北海市合浦县英罗港至西场一带海域划为保护区范围。1992年10月，国务院批准保护区升级为国家级自然保护区。2019年8月，自治区党委编办发文将保护区管理站划转自治区林业局，并更名为广西壮族自治区合浦儒艮国家级自然保护区管理中心。

广西合浦儒艮国家级自然保护区主要保护对象为儒艮、中华白海豚、印太江豚、绿海龟、中国鲎等珍稀濒危物种及其海洋生态环境和海草床、红树林生态系统。广西合浦儒艮国家级自然保护区是我国珍稀动物儒艮的主要栖息地，也是中华白海豚主要的栖息地之一。保护区内的中华白海豚以青壮年个体为主，且具有显著的基因差异。保护区内及周边海域是典型而有特殊意义的海草集中成片地区。

【保护区物种资源监测调查情况】 2020年，该中心完成16个航次鲸豚调查，总时长85小时，总航程1193.2千米。调查结果显示，共发现中华白海豚7群次，累计65头次，其中包括2次发现白海豚幼崽，每次2头次。共发现江豚1群次，累计1头次。同时，与2020年滨海湿地幼鲎种群数量科考合作，在保护区一个500米×500米的样方内，共记录到148只中国鲎和圆尾鲎，其中最多的一条样线上的鲎数量多达91只。此外，开展鸟类调查，拍摄到了白鹭、大白鹭、苍鹭、池鹭等23种鸟类的照片。

【保护区督察问题整改】

领导重视，不断督察指导整改进展 2020年全年分别有国家林业和草原局广西专员办，自治区生态环境厅，自治区林业局，北海市委、市政府和合浦县等13批次调研组到保护区检查推进问题整改。

2020年5月23日，国家林业和草原局广州专员办副专员贾培峰、自然保护地和湿地监管处处长王延忠到保护区调研，实地察看了保护区的科普教育基地和海兽救护中心，对保护区管护站各项建设表示满意。北海市副市长李克纯和合浦县委书记孙环志、县长李安洪随同调研。

2020年6月9日，北海市委书记王乃学，市委副书记、市长蔡锦军前往保护区督导晟泰养殖场问题整治、生态修复进展工作。王乃学强调，各级各相关部门要结合督察"回头看"问题整改工作，采取精准有力、有针对性的整改思路、方案和措施，及时与上级业务部门进行汇报对接，确保问题马上整改、真正整改、整改到位。

多措并举，加强监管，推进问题整改 2020年，该中心开展为期16天的执法行动，清理海滩涂面积4平方千米，清理围海木桩2800多根、废旧轮胎1600余只，水泥桩450余根，有效打击了违法霸海和违法养殖行为，遏制了违法插桩养螺的势头。对违法设置的17个海水网箱养殖场发出了《责令改正违法行为决定书》，并推进完成取缔，11月已将这些养殖场拖离保护区范围。多次查获非法捕鸟装置和非法诱捕点，拆毁并约谈重点对象。编制了《儒艮保护区霸海底播养殖清退方案》，制定了《打击霸海投苗养殖初步方案》，并与相关部门联合巡护，打击非法抽螺船12艘。

【海洋动物搁浅救护及放生科学有效】 2020年，积极参与海洋珍稀濒危野生动物的救护工作，共处置了22起事件，涉及39头动物。其中，救护活体珍稀海洋动物9起，处置死亡珍稀海洋动物13起。救护的物种包括中华白海豚、印太江豚、伪虎鲸、中国鲎、绿海龟、棱皮龟和条纹原海豚。放生历年救护、现已治愈的 2 只绿海龟、2 只玳瑁和 6 只中国鲎。

【科普方式创新】 2020 年，保护区张贴和发放清理浅海滩涂公告 900 余份，悬挂宣传横幅 80 条，更新维护旧宣传牌 61 块，群发 1.6 万条手机短信，抖音官网发布生态保护和保护区执法专题视频 136 个，播放数量 8500 万次，点赞数量 70 万次，微信公众号发布信息 28 条。开展 9 次大型科普宣传活动，涵盖生物多样性日、世界环境日、世界海洋日、林业科技周、野生动植物保护宣传月、海洋垃圾调研、海洋生态保护和绘画比赛等主题。开设 10 期海洋生态科普课堂，由 7 名科普讲师讲解。组织 4 次进社区主题宣传活动，发放宣传资料 9800 份，设置展板 12 块，发布公告 100 份，悬挂横幅 130 条，并在 44 个宣传点开展活动，吸引了 8000 多名观众。

（广西合浦儒艮国家级自然保护区管理中心）

广西生态工程职业技术学院

【概况】 该学院位于柳州市北部生态新区君武路 168 号，占地面积约 1200 万平方米，校园面积 75.9 万平方米，总建筑面积 26.24 万平方米，总资产 7.13 亿元。其中，固定资产 4.08 亿元，教学科研仪器设备总值 1.14 亿元。有在校学生 14596 人。设有二级学院 11 个，共有招生专业和方向 50 个。其中，国家重点建设专业 4 个、国家林业和草原局重点专业 2 个、自治区优质试点专业和特色专业 11 个。学院还拥有国家级协同创新中心 1 个、中央财政支持职业教育实训基地 3 个、国家林业和草原局示范性实训基地 1 个、自治区示范性实训基地 5 个、自治区高职示范特色专业及实训基地 11 个。有教职工 598 人，其中专任教师 421 人。教师队伍中有博士 5 人、硕士 343 人、高级职称 124 人、自治区双师认定教师 149 人。拥有自治区优秀教学团队 2 支、广西创新人才培养教学团队 1 支、国家林业和草原局教学名师 2 人、广西高校教学名师 1 人、广西优秀教育工作者 1 人、广西高校思想政治教育卓越人才 1 人、广西高校思想政治教育骨干教师 2 人。

【党的建设】 2020 年，全面加强党建，持续推动全面从严治党向纵深发展。一是全面加强党的领导，围绕“讲政治、善团结，勤学习、勇创新，讲实干、敢担当，守初心、铸忠诚”领导班子建设目标，打造了一支“凝心聚力”班子队伍，持续夯实党委“把方向、管大局、作决策、抓班子、带队伍、保落实”的能力，层层落实责任，实现对学校重点工作任务等重要事项督查督办全覆盖，全体师生自觉作牢固树立“四个意识”、坚定“四个自信”、践行“两个维护”的表率；加强统战工作，民盟广西生态工程职业技术学院支部获民盟中央“盟务工作先进基层组织”称号。二是统筹做好顶层设计，实施“深耕计划”“珠峰计划”“鲲鹏计划”三大计划，开展“双高建设年”“校园文化建设年”“作风建设年”等三个建设年。三是推进基层组织建设，实现党员干部学习培训全覆盖，表彰优秀党员 35 人、优秀党务工作者 10 人，先进基层党组织 5 个；顺利通过自治区级星级党支部复核评定工作，新评定星级党支部五星 4 个、四星 3 个、三星 2 个，星级支部占比 60%，持续发挥全国党建样板支部示范引领作用。四是加强教师干部队伍建设，完成全校 80 名中层领导干部换届、47 名科级干部配备、263 名教师聘任工作；中层领导干部平均年龄 42.39 岁，科级干部平均年龄 35.04 岁，队伍的结构、力量、干事热情进一步升级，有力推动学校健康发展。五是全面推进党风廉政建设，实施"作风建设年"，完成党风廉政建设检查4次，主动向自治区林业局党组和驻自然资源厅纪检监察组汇报工作5次，立案审查2起、提醒谈话10人次、警示约谈7人次、诫勉谈话3人次；全力配合自治区党委第八巡视组开展巡视工作。

【招生就业工作】 2020年，招生工作成效显著，录取新生6963人，报到5577人，实现全日制在校生14596人，取得了历史性突破，办学规模不断扩大；就业工作稳中有进，严格落实"六稳六保"，全力抓好学生就业工作，总体就业率达87.2%，高于全区平均水平，连续17年获得"全区普通高校毕业生就业创业工作突出单位"称号。

【学生管理与服务】 2020年，加强学生管理与服务。一是学先进，开展"生态好青年"等评优创先工作，学校学生在全区资助征文比赛中取得了优异成绩，4名学生入围全国林科十佳五十强；14名同学获国家奖学金，29名优秀毕业生获自治区优秀毕业生，337名学生获柳州市"三好学生"、167名学生获柳州市"优秀学生干部"、34个班集体获柳州市"先进班集体"。二是强队伍，按要求配齐、配强思想政治课教师和专职辅导员，其中李振秋教授获得"广西高校思想政治教育卓越人才"称号，6名老师分别获得"广西高校思想政治教育骨干教师"、2020年全区第九届辅导员素质能力大赛三等奖、"2019年度广西高校辅导员年度人物"、"广西优秀共青团干部"等荣誉。三是重关怀，落实疫情防控经济资助措施，投入99.68万元，为优秀和困难学子发放各级各类助学金、奖学金、资助补贴等1630.508万元的资助，同时提供575个勤工助学岗，送出971床爱心棉被，充分发挥了资助育人的实效。

【教育教学改革】 2020年，教学管理水平持续提升。一是加快推进"可视化"教学成功案例的凝练，参与自治区及以上成果展1次，落实校内成果展5次，教学成果可视化改革成效凸显。二是选拔专业负责人49名和课程负责人10名。建设园林工程技术自治区级专业教学资源库1个，申报林业调查与信息处理自治区级教学资源库1个，职教云建课450门，校级在线课程立项30门，开放慕课60门，基本形成线上线下混合式教学格局，扎实推动"三教"改革。三是围绕"三段九项"，对教学全过程进行质量监控和反馈，完成教师授课听课、教职工同行评教、学生评教等工作任务，形成了教学、督导多措并举的良好教学氛围。四是组织和鼓励全校各专业师生参加校内外各级各类技能竞赛，在全国、区级技能竞赛中，取得可喜的成绩，提高了教师教学理论水平，提升了学生综合专业素质。

【师资队伍建设】 2020年，扩大师资队伍。新聘教师132名，其中硕士124名（占比94%），副高级职称2人、中级职称6人。完成年度自主评审工作，评审结果为正高级职称3人，副高级职称8人，中级职称15人，教师晋级工作顺利推进。选送1人攻读博士学位、1人攻读硕士学位，选派国内访问学者3人。及时开展技术人员岗位晋升，落实教职工编制，完成公开招聘录用55人；启动第二批公开招聘工作，计划申请实名编制45个，非实名编制120个，完成75位教职工的专业技术资格聘任。

【文化传承与创新】 2020年，塑造校园文化，进一步凸显学校特色。一是开展"校园文化建设年"专项工作，明确了学校的精神内涵、办学理念以及校徽、校树、校花、校歌等文化标识体系，营造"生态、人文、科普"的文化育人氛围，学校获"自治区第二届文明校园"称号。二是学校获第六届大学生艺术展演"优秀组织奖"，学校推荐的舞蹈组、摄影组、绘画组、设计组作品均取得突破性奖项。在第九届"挑战杯"广西大学生创业计划竞赛中，学校获银奖1项、铜奖

17 项的好成绩。学校师生在参加全区党的理论宣讲和征文比赛中，获得全区二、三等奖的优异成绩。三是与《人民日报》《中国青年报》等13家媒体建立联系合作机制，在《经济日报》、《广西日报》、"学习强国"、《人民网》等媒体上累计发表 20 余篇文章，为宣传学校生态故事、打造品牌形象奠定良好基础。四是与维都林场、中兴通讯股份等多个企事业单位进一步深化"产教融合、校企合作"，共建校外实训基地已增加至300 多个，学校影响力不断扩大。五是开展"生态好青年""生态环保节""无烟校园"工作，在校园内安装禁烟语音提示器 32 个，成立劝导队，基本实现禁烟检查和劝导工作的常态化。

【**科研与社会服务**】 2020 年，着力加强科研，提升学校的社会服务能力。一是以研促教，科研项目立项 103 个，结题共 42 个；授权专利 25 项；发表论文共 99 篇，其中包括 CSSCI、CSCD 等高级别期刊 2 篇，中文核心期刊 4 篇，其他核心期刊 9 篇。二是加强科研管理，完成第四届学术委员会换届工作，修订学校《学术委员会章程》等规章制度，组建高水平校级科研创新团队 4 个。三是中国（南方）现代林业职业教育集团获全国示范性职业教育集团，并成功举办 2020 年的教学能力比赛。四是积极服务乡村振兴，选派科技特派员 5 人；校办产业服务教育教学 13000 多人次；继续教育完成各类职业培训鉴定 15395 人次，收入 559.3914 万元。组织开展"三下乡"社会实践服务，学校团委被评为"广西大学生暑期社会实践活动优秀单位"。在"无偿献血"方面，涌现出国家"无偿献血奉献奖"获得者苏冬胜、造血干细胞捐献者谭海峰等先进个人和团队，学校获柳州市无偿献血促进奖"单位奖"。五是全力做好脱贫攻坚工作，申请落实扶贫资金 400 多万元，完成扶贫点脱贫摘帽 6 个，学校因此获评"脱贫攻坚先进后盾单位"，获评来宾市优秀脱贫攻坚工作队员 1 人、优秀贫困村党组织第一书记 4 人、五星级第一书记 1 人。学校的优秀毕业生齐书亚和优秀校友莫先伟也分别在脱贫攻坚工作中取得了突出成绩。

（广西生态工程职业技术学院）

广西林业干部学校

【**概况**】 该校成立于 1956 年 2 月，校址位于南宁市邕武路 16-1 号。作为自治区林业局直属的公益二类全额拨款事业单位，与中共广西壮族自治区林业局党校实行一个机构两块牌子。主要职责是承担全区林业系统管理干部、专业技术人员、党员干部的教育培训服务工作。现有在职在编教职工 11 人，其中具有副高级职称 4 人，硕士研究生 3 人，在读博士 1 人。设有办公室、教务科、财务科 3 个科室。

【**教育培训工作**】 2020 年，成功举办了 10 期各类培训班及 1 期培训工作交流会，培训人数共计 950 人次。其中在校内举办了新任处级干部、年轻干部素质能力提升等 4 期培训班，在校外举办了全区公益林天然林管理工作、全区森林资源管理业务等 6 期培训班。根据学员对学校办班的综合评价反馈意见，学校的综合服务能力和服务质量有了较大的提升。

【**党校揭牌**】 2020 年 11 月 9 日，自治区林业局党校领导成员调整到位。局党组成员、副局长、一级巡视员、局机关党委书记邓建华到学校举行了党校新牌子挂牌仪式。

【**校园基础设施建设和后勤管理**】 学校大门进行了翻新改造，将杂乱破败的景象变成了整洁、整齐、得体的新气象；新建了以"求实　创新　育才　强林"为校训词的迎宾校训墙；对 2 号学员宿舍楼的 48 间房间及走廊、过道等进行改造建设，同时学员饭堂和培训教室的升级改造也同期完成；拓宽并翻修了校门口内的主路面；对两块篮球场进行了翻新，更换了两副新篮球架，加建 6 根篮球场夜光灯杆；翻新改造了校园内主排污（水）渠道等；同时聘请了专业后勤服务团队对校园物业进行规范化管理，提高了学校后勤保障和办班服务能力。校园的升级改造基本达到了新时代新形势下林业干部教育培训对住宿和学习环境的要求，为学校发挥职能作用提供了重要保障。

【师资队伍建设】　自 2020 年起，该校加强与自治区林业局机关、局属单位以及其他厅局的交流汇报，逐步建立完善了林业系统教育培训师资库。建立了一支由自治区林业局、自治区党校、相关高校、科研机构、生产单位的领导和专家教授组成的理论水平高、业务能力强的师资队伍。

（广西林业干部学校）

广西林业科学研究院

【概况】　该研究院成立于 1956 年，占地面积近 333.33 公顷，是广西唯一省级公益性林业科研机构。该院建有国家林业和草原局中南速生材繁育重点实验室、国家油茶科学中心南缘地区种质创新及茶油加工实验室、广西优良用材林资源培育重点实验室、广西特色经济林培育与利用实验室 4 个省（部）级重点实验室；国家林业和草原局东盟林业合作研究中心、国家林业和草原局八角肉桂工程技术研究中心和国家林业和草原局马尾松工程技术研究中心，以及广西油茶良种与栽培工程技术研究中心、广西木材资源培育质量控制工程技术研究中心、广西马尾松工程技术研究中心和广西木本香料工程技术研究中心 7 个省（部）级研究中心；国家林业和草原局林产品质量检验检测中心（南宁）、广西林产品质量检验检测中心 2 个省（部）级检测中心；广西漓江源森林生态系统国家定位观测研究站 1 个省（部）级台站等科研平台。

该院作为人力资源社会保障部博士后科研工作站、广西院士工作站及院士后备人选培育工程、八桂学者、特聘专家、八桂青年学者的设站（岗）单位，承担着重要的人才培养和科研工作。同时，该院还是科技部广西林业国际科技合作基地、广西主要用材林高效培育与利用人才小高地的建设单位，以及南方木本香料和马尾松 2 个国家创新联盟、油茶产业和松脂产业 2 个国家科技特派员创业链的牵头单位。建有油茶、红锥 2 个国家级林木良种基地，以及油茶、松树、杉木、桉树、红锥 5 个广西林业良种培育中心。

【主要业务机构】　下设用材林、经济林、油茶、桉树、木材、森林生态、森林经营、森林保护、林业生物技术、土壤肥料与环境、园林花卉与森林旅游、林产加工、林产化工和"两山"研究共 14 个研究所，以及办公室、党委办公室、科技管理办公室、东盟中心办公室、人事科、规划财务科、监察科、群团管理科、后勤管理科、安全保卫科、科技成果转化中心、林业科技信息中心和附属学校 13 个职能服务部门。

【人才培养】　现有在职在编职工 257 人，具有正高级职称 40 人（含二级教授 6 人）、副高级职称 138 人，博士 34 人、硕士 113 人；广西科学技术特别贡献奖获得者 1 人；广西院士后备人选 1人、八桂学者 1 人、特聘专家 2 人、八桂青年学者 1 人；国家百千万人才工程人选 1 人，享受国务院政府特殊津贴专家5人；广西高层次人才C层次1人、D层次2人、E层次1人；广西优秀专家4人；广西"十百千"人才工程第二层次人选12人。

2020年，晋升专业技术二级1人、正高级职称5人、副高级职称8人、中级职称7人；引进博士后2名，送培博士研究生4名。获得2020年度广西科学技术特别贡献奖1人；入选国家百千万人才工程1人，获国务院政府特殊津贴1人；获八桂英才、自治区先进工作者称号各1人；获广西创新争先奖集体奖1项；获广西杰出工程师奖1人。在全区科研院所人才工作上年度考核中获得满分，被评为优秀。

【科技创新与研究成果】

科技创新 2020年，获广西科技特别贡献奖1项、梁希二等奖1项；新立科技项目179个，新增合同经费4820万元，包括国家自然科学基金项目3个、国家标准项目3个；自治区创新驱动专项1项，"广西'万亩百亿'油茶绿色发展技术创新与产业化示范"项目获2020年第六批自治区创新驱动发展专项资金立项，项目经费资助1700万元。

成果产出 全年登记成果151项；发表论文196篇（含SCI论文16篇）；新增科研平台2个；申请专利95件，其中发明专利85件，实用新型8件，国际专利2件，获得授权51件（含发明专利24件）；获软件著作权54件；审定通过团体标准7项；申请植物新品种12件，通过初审3件；审认定马尾松、湿地松、湿加松、杉木、邓恩桉、罗汉松良种28个。

创新平台 2020年4月，经自治区林业局党组批准，挂靠该院成立了广西"两山"发展研究院。2020年12月，由自治区林业局主办，广西林业科学研究院和广西"两山"发展研究院共同承办了"首届广西'两山'发展论坛"，邀请中国工程院尹伟伦院士等23名专家出席，自治区副主席方春明出席论坛并讲话，很好地宣传了

习近平生态文明思想和"两山"理论。

【科技引领支撑发展】

成果转化 共签订成果转化与技术服务类合同62个（其中转化合同41个），合同总金额1751万元，合同金额比2019年的1219万元增加了143%。

技术推广 根据《广西壮族自治区林业局选派直属国有林场场长科技助理工作制度（试行）》，选派10名优秀林业科技骨干，其中9人挂任区直林场场长科技助理，1人担任玉林分院副院长。协助和指导林场申报各类科研项目60多项，在区直林场实施国家林业和草原局推广项目13个，促进了林业生产与科研的深度融合。

科技扶贫 选派53名贫困村科技特派员和28名林业科技特派员，在40个县130个贫困村开展科技扶贫，有效带动林农脱贫致富。与维都林场共投资40万元，在新寨村建立肉鸽养殖基地，养殖种鸽达2000对；开展危旧房改建、扩建和修缮改造36户，新建水柜3个；向贫困生、贫困户和老党员赠送慰问金4.65万元；全年消费扶贫采购金额62.7万元，扶贫产品采购支出占年节慰问品支出金额的100%。对口帮扶的隆林各族自治县蛇场乡新寨村如期脱贫。

【党建与群团工作】

党建工作 全面落实"三重一大"制度，年内召开党委会18次，确保重大事项决策全部经过党委讨论。积极落实自治区林业局党组第四巡察组整改意见，细化62个问题清单107条整改措施，完成了整改任务61个。同时，支部标准化、规范化建设成效显著，12个支部全部达标。扎实推进理论学习，该院党员"学习强国"总积分位居区直林业系统前列。切实履行"一岗双责"，院党委班子全年共组织开展"一对一"廉政谈话48人次，组织集体约谈2次，约谈人数125人，首次对科研项目负责人进行专项约谈。组织开展廉政风险调研和重大科研项目专项督查。

群团工作 构建积极和谐院区文化，举办职工健步走、跳绳比赛、足球友谊联赛等丰富多彩、健康有益、积极向上的文体活动，获得职工群众的一致好评。组织离退休人员健康体检 207 人次；举办庆祝新中国成立 70 周年文艺晚会；院工会再次获区直属企事业工会目标管理考核特等奖；附属学校被评为"南宁高新区文明校园"。

【管理体制】 2020 年，根据自治区政府办公厅、自治区人才领导小组关于科技改革有关文件的精神，初步制定《广西林业科学研究院章程》等文件，进一步深化优化体制机制改革。积极探索人才薪酬改革，制定了《广西林业科学研究院人才薪酬制度改革试点实施方案》，按照自治区统一部署，开展科研事业单位章程管理和人才薪酬制度改革试点工作。制定并实施《广西林业科学研究院内设岗位管理暂行办法》《广西林业科学研究院人才培养与进修管理办法（试行）》等制度，充分调动科技人员的工作热情。

【疫情防控】 坚决落实上级部署，联合社区认真抓好防控，发动干部群众打好疫情防控攻坚战。减免疫情防控定点单位银林山庄承包费 12.27 万元，全院党员为疫情防控捐款 2.77 万元。

（广西林业科学研究院）

广西林业勘测设计院

【概况】 2020 年，该设计院以习近平新时代中国特色社会主义思想为指导，认真学习贯彻落实党的十九届二中、三中、四中、五中全会精神，增强"四个意识"、坚定"四个自信"、做到"两个维护"，紧紧围绕"五位一体"总体布局，积极践行"绿水青山就是金山银山"新发展理念。按照中央、自治区关于生态文明建设和林业改革发展工作的重大部署，聚焦为广西林业提供技术支持和数字服务的主责主业，强民生、提质量、增效益，优质高效地完成了各项工作，为建设壮美广西，推进林业高质量发展做出了积极贡献。

【转企改制】 根据自治区党委、政府关于经营性事业单位转企改制的工作部署，2020 年 7 月 7 日，该设计院召开第四届职工代表大会第四次会议，审议通过《广西林业勘测设计院转企改制方案》。2020 年 7 月，自治区林业局向自治区人民政府上报转企改制方案；2020 年 9 月，自治区人民政府正式批复同意该设计院转企改制方案。

【内设机构】 2020 年因生产经营需要，该设计院新增设市场经营部和战略发展分院两个内设机构。现有内设机构 21 个，其中经营管理部门 7 个，生产设计部门 14 个。

【业务范围】 从事森林、草原（地）、森林土壤与植被、野生动植物、湿地资源与生态环境调查、监测管理及技术研究与开发；林业数表研制；林业及林业产业发展规划、森林采伐限额、森林经营方案编制等；野生动植物、湿地、生物多样性保护规划和研究；自然保护区综合科学考察、总体规划和咨询；建设项目生态环境影响评价；森林资产评估；林业碳汇计量与监测；建设项目占用林地可行性评估；林木种苗工程、重点林业生态工程、商品林基地、旅游、森林公园、城市风景园林、林产工业、林产化工、公路与桥梁、工业与民用建筑等建设项目的咨询与工程规划、设计；地质工程勘察；信息系统开发；野生动植物、林木、林地、森林灾害、非木质林产品等司法鉴定。

【资质证书】 持有林业、旅游、公路、建筑、市政公用工程（风景园林）甲级工程资信等级证书，生态建设和环境工程乙级资信等级证书；农林行业（林业工程包括营造林工程、森林资源环境工程等）专业设计甲级工程设计证书，公路行业（公路）专业乙级设计证书；林业调查规划设计甲A级证书；林业碳汇计量与监测证书；建筑行业（建筑工程）专业设计乙级、风景园林工程设计专项乙级等工程设计证书，工程测量和岩土工程专业类乙级勘察证书，城市规划编制丙级资质证书；工程测量丙级资质证书；司法鉴定许可证；下属华森公司持有林业调查规划设计资质甲B级资质。

【经济收入】 2020年，该设计院职工立足服务广西林业高质量发展的主责主业，积极应对疫情影响，生产经营各项工作逆势推进，业绩成果逆势稳步提升，全年完成各类项目521个，实现产值2.22亿元，自建院以来，营业收入首次突破2亿元。

【业绩成果】 在稳定原有优势项目的情况下，积极拓展了草原（地）调查监测、自然灾害普查、无人机航测林业应用、生态环境损害监测与评价等新型业务，项目业务多头并进，业绩成果硕果累累。

资源调查类 广西第五次森林资源规划设计调查；广西森林资源管理"一张图"2020年度更新；国有林场森林资源管理"一张图"数据库研建；广西"十四五"期间年森林资源采伐限额编制；广西草原类型与生态质量划分及广西草原综合植被盖度监测；广西自然保护地整合优化方案编制及数据管理平台建设；广西自然保护地评估及保护空缺调查；2019—2020年度广西村庄绿化覆盖率监测；2020年度广西退耕还林工程效益监测；国家森林资源年度监测评价广西试点；广西第一次全国自然灾害综合风险普查森林和草原火灾风险普查试点；2020年大王滩国家湿地公园生物多样性资源监测、广西忻城乐滩国家湿地公园2020—2021年度生态监测等专题监测工作10项；2020年欧洲投资银行贷款广西珍稀优质用材林可持续经营项目核查、2020年度广西油茶产业"双千"计划新造林与低产林改造项目检查验收暨2019年度油茶"双千"计划项目复查等核查任务3个；自然保护区影响评价、国家湿地公园生态影响评价、红树林生态调查监测与评价等专项工作19项。

规划咨询类 广西大明山自治区级自然保护区综合科学考察、功能分区、总体规划编制；广西林业产业发展"十四五"规划、广西生态环境保护"十四五"规划、广西林业草原发展"十四五"规划等"十四五"发展规划15项；广西红树林资源保护规划、广西天然林保护修复规划等其他规划14项。

项目咨询类 广西国有七坡林场"55321"高质量发展项目等林业项目咨询20个；中国林业科学研究院热带林业实验中心防火基础设施改造等建筑项目咨询2个；贵港植物园项目建议书等园林项目咨询1个。

工程设计类 广西北海市森林火灾高风险区综合治理二期工程建设、中国林业科学研究院热带林业实验中心热带与南亚热带珍贵树种国家林木种质资源库建设等林业工程设计6项；热林中心护林站点管护用房修缮工程等工业与民用建筑工程设计10项；广西高峰森林公园建设项目森林科普驿站附属道路等公路工程设计5项；第四届中国绿化博览会广西展园、第十届中国花卉博览会广西展园、五象救援训练基地等风景园林工程设计7项。

其他类 第四届中国绿化博览会（贵州省都匀市）广西展园工程建设施工1项；广西三匹虎等自然保护区勘界4项。

【质量管理】 2020年5月，该设计院通过ISO9001：2015质量、ISO14001：2015环境和ISO45001：2018职业健康安全三项管理体系认证年审。

【科技创新】 2020年，该设计院坚持"科学技术是第一生产力"理念，进一步完善了"天空地"一体化森林资源调查新技术体系，采用多源遥感、地理信息系统、全球卫星导航系统和移动计算等高新技术结合少量地面调查的新技术路线及相关技术方法全面完成了全区第五次森林资源规划设计调查，新技术体系属国内首次大规模应用。

获2020年度全国优秀工程咨询成果二等奖2项；第四届中国绿化博览会广西园荣获金奖、最佳植物配置奖、最佳生态材料应用奖；获2020年度广西优秀工程勘察设计成果园林景观设计二等奖1项；2020年度广西优秀工程咨询成果一等奖2项、二等奖2项、三等奖2项；2020年度广西会计人才小高地课题研究优秀成果二等奖1项、三等奖1项。参与战略性国际科技创新合作重点专项立项1项，牵头承担地方标准立项2项，出版著作3部，登记软件著作权5项。

【人才队伍】 加强人才教育培训和人才引进工作，积极做好人才梯队建设规划，干部队伍结构进一步优化。积极盘活人才存量，全年累计参加上级管理部门和行业协会举办的技术培训439人次，晋升正高级职称1人、副高级职称9人、中级职称15人、初级职称3人；申报各类专家库专家、专业委员会委员共49人；稳定人才增量，招聘引进各类人才17人；同时，优化人力资源管理机制，为发展储备后备人才，制定了《广西壮族自治区林业勘测设计院后备人才管理办法》。

【民生工程】 2020年，该设计院望州路300号危旧房改住房项目于2020年12月15日取得建设工程规划许可证，正式开工建设，解决了逾10年项目停滞不前问题，推动职工改善住房民生工程进入实质施工阶段。

【内控管理】 2020年以来，该设计院结合事业单位改革工作推进情况，加强制度的"废改立"，推动工作高起点谋划、高质量落实。对全院人、财、物、事等各个方面的管理，累计修订制定制度19个，其中项目和成果管理方面3个，行政管理方面3个，财务管理方面13个；第四届职工代表大会第四次会议通过了《广西壮族自治区林业勘测设计院员工薪酬管理办法（试行）及配套绩效管理办法（试行）》和《广西壮族自治区林业勘测设计院组织机构管理制度》，内部管理更加规范高效。同时，加强安全管理，全年无安全生产责任事故发生。

【群团活动】 2020年，该设计院围绕"不忘初心、牢记使命"主题教育组织开展了"学习黄文秀式优秀共产党员""我最喜爱的学习金句"等主题演讲、"定点勘测"和"标书制作"等劳动技能大赛、"不负韶华 林勘书香"阅读分享会、争做黄文秀式好青年主题团日等活动。院工会组织开展气排球、足球、篮球、羽毛球等兴趣活动，其中足球兴趣小组夺得2020年广西林业驻邕单位第一届壮美林业足球友谊联赛第三名。

（广西林业勘测设计院）

广西森林资源与生态环境监测中心

【概况】 该中心成立于2016年5月，是自治区林业局管理的相当正处级的公益一类事业单位，纳入全区100所高校和科研院所管理。核定全额拨款事业编制80名。有在职职工75人，退休职工11人。地址位于南宁市青秀区云景路21号。2020年，该中心围绕"队伍一流、技术先进、业绩优良"的发展目标，秉承"求实、创新、服务"的发展理念，开拓创新，担当作为，得到了上级机关和社会公众的好评，自治区党委编办领导在《事业单位法人年度报告书（2019）》上批示"这是一个让人感动的单位，无论是工作业绩还是填报都非常好！"2020年获得林业调查设计甲B级资质证书。

【内设机构】 该中心内设7个科，其中管理部门设综合科、技术管理科、监察科，业务部门设森林资源科、森林生态科、野生动植物与湿地科、林业信息科。

【工作职责】 承担森林、湿地、保护地和野生动植物资源监测与评价工作；承担土地石漠化、沙化、生态公益林、森林生态效益、林业碳汇等林业生态环境专项监测工作；承担林业生态建设的技术指导及相关专项核查的技术性、辅助性、事务性工作。

【党建工作】 该中心设党总支委员会，下辖5个党支部，有党员40人。党总支通过中心组学习、"三会一课"学习、个人自学加强党员干部理论学习教育，增强"四个意识"、坚定"四个自信"、做到"两个维护"。坚持"两学一做"常态化制度化，巩固深化"不忘初心、牢记使命"主题教育成果。通过开展党风廉政教育和违规从事营利性活动专项整治，筑牢思想防线，改进党风和工作作风。完成了党总支换届工作和局党组第八巡察组反馈问题整改。2020年，3名同志获得自治区林业局党组提拔重用，2名青年骨干成为入党积极分子。

【监测工作】 组织完成森林资源变化图斑检测和管理、"一张图"变更成果检查，密切配合做好森林督查工作，有序推进公益林、天然林商品林监测，全力投入国家森林资源年度监测评价广西试点工作，完成自然保护区人类活动监测，配合局资源处做好森林资源保护管理的其他工作。完成广西重点生态建设工程造林监测、广西岩溶地区石漠化综合治理（林业部分）效益监测项目。开展全区森林生态系统服务功能评估项目和广西林业碳汇计量监测体系建设。

配合自治区林业局相关处室站，自治区生态环境厅，国家林业和草原局广州专员办、规划院、中南院等部门和单位完成森林蓄积量更新、林地核查、扶贫考核、绩效考核、森林督查调研指导、营造林检查、广西"十四五"林下经济规划编制、广西生态质量监测网络规划布局等30多项技术性、辅助性、事务性工作。

【规划财务】 实施预算项目23个，其中监测项目17个，当年调整后的预算金额5259.58万元，实际支出5240.29万元，预算执行率99.63%。2020年内部控制报告编报和2019年内部控制报告编报"回头看"通过自治区财政厅检查验收。

【科技创新】

科研平台 继续完善大瑶山森林站科研平台建设，通过与广西气象科学研究所、南宁师范大学科研团队合作，新增森林气象、生物观测等仪器设备3套；参加CFERN年会、典型林业生态工程效益监测评估国家创新联盟会议、东盟生态环境研讨会议等，在东盟生态环境研讨会议上宣读论文1篇，平台增挂"典型林业生态工程效益监测评估国家创新联盟"牌子1块；启动广西陆地生态系统定位观测研究网络台站建设，开展桂林城市生态站、陇均石漠生态站、北仑河口红树林生态站3个定位站报建工作，积极参与自治区生态环境厅广西生态质量监测网络建设和广西野外台站的申报和认定工作。

技术创新 一是创新森林资源监测体系，在国家森林资源年度监测评价广西试点样地调查中，将森林资源监测评价试点工作与实施《广西森林资源监测监督管理暂行办法》有机结合，实现广西森林资源季度监测和省、市、县年度出数；自主研发"广西森林资源年度监测评价样地调查数据采集系统"，应用Ibeacon蓝牙定位技术、UWB

无线定位技术、RFID 射频定位技术对样地、样木进行定位试验，并取得显著成效；融合森林资源季度监测与网格化管理技术方法。二是组织申报2020 年地方标准 2 项，广西研发和科技推广项目 6 个，社会科学优秀成果奖 2 项，梁希林业科学技术奖 1 项；组织推荐第二届广西创新争先奖（含杰出工程师奖）人选 2 名。三是该中心参与编写的《喀斯特人地系统》《广西喀斯特土地变化与石漠化治理模式优化》《广西壮族自治区生态保护红线划定方案研究报告》《广西壮族自治区公益林生态区位区划报告》分别获教育部优秀社科一等奖、广西科学技术进步奖三等奖、社会科学优秀成果奖二等奖、广西优秀工程咨询成果奖一等奖。

【成果转化】 完善科技成果转化和收益分配管理办法，在完成正常工作的前提下，利用"区域森林合理年伐量测算与评价系统 V1.0"等在森林采伐限额测算和森林经营方案编制指导方面开展科技成果转化工作，推动监测技术进步，提高基层单位监测能力。年内科技成果转化 43 项，实现合同金额 600 万元。

【对外交流】 与广西林业科学研究院、暨南大学联合申报科技计划项目 2 个；加入国家林业生态工程效益监测评估国家创新联盟；完成阿拉善广西自然保护地基层人员能力提升项目。加强与高等院校、研究院所、监测同行在资源监测技术、科研项目申报、监测台站建设、内部管理方面的交流学习，年内外出交流学习和接待来访交流学习 30 多次。监测中心领导和专家教授多次到林场、保护区指导科研项目申报和保护地规划、管理工作。

【技术合作】 加强与中国林业科学研究院、广西植物研究所、广西林业科学研究院、广西气象科学研究所、南宁师范大学、中山大学、广西自然资源遥感院、中国卫通集团股份有限公司等科研院所科技合作，在森林资源卫星遥感监测、碳汇计量、沙化监测、生物多样性监测、生态系统定位研究等方面开展相关研究。年初与广西自然资源遥感院、中国卫通集团股份有限公司签订广西森林资源卫星遥感监测三方合作框架协议。

【队伍建设】 结合监测工作举办业务技术培训班7 期，培训技术人员 300 多人次，选派技术人员参加全国性培训 22 人次；协助国家林业和草原局中南院举办国家森林资源年度监测评价广西试点技术培训并组织全体科技人员参训；留学归国 1人。取得正高级职称 1 人。被聘请为自治区林业科技推广服务体系自治区级专家 20 人，通过事业单位公开招聘录用优秀高校毕业生 5 人。有博士和硕士研究生 30 人，本科 32 人，本科以上职工占82.7%；正高级职称 6 人（其中二级教授 1 人），副高级职称 32 人，中级职称 22 人，中级职称以上人数占 80%；享受国务院政府特殊津贴专家 1 人，广西新世纪"十百千人才工程"第二层次人选 1 人。

【文化建设】 以国家森林资源年度监测评价广西试点为主题制作《监测森林资源 建设壮美广西》宣传专题片和《敬业监测人》影集。举办监测中心成立 4 周年宣传活动，制作宣传板报宣传身边人身边事。组织开展"三八节"踏青和知识拓展活动，组织青年职工参加义务植树活动。工会组织兴趣小组，定期开展球类活动；举办看工作摄影比赛，固定精彩瞬间；会员协商确定节日福利套餐。根据疫情防控要求，工会采用创新工作方法，如视频电话慰问住院职工；在重阳节、春节等重大节日集中慰问退休职工，了解他们的需求，关心他们的生活。完善业务培训机制，提升职工队伍的政治素质和业务本领。弘扬社会主义核心价值观和"能帮就帮"的精神，关心职工身心健康，组织职工体检，帮助解决小孩入园入学困难。监测中心工会积极组织职工采购农林产品，助力脱贫攻坚工作。

【内部管理】 制定较完备的内部管理制度，包括会议、人事管理、公务接待、财务管理、政府采购、资产管理、公务租车、项目管理、成果管理、安全生产、绩效分配、核查检查纪律等制度。2020年根据工作需要补充采购、保密等方面的制度，对岗位聘任、请休假、财务管理、绩效考核、科技成果转化等制度修订完善。单位建立OA办公系统，建立经济活动内部控制制度，建立单位网站、微信公众号、微信工作群、QQ工作群，定期编印工作简报（季刊），编发国家森林资源年度监测评价广西试点简讯（电子版）3期。

【新冠疫情防控】 2020年1月新冠疫情发生后，该中心迅速成立由党总支书记、主任陈崇征同志为组长的疫情防控领导小组，制定工作方案，全面开展防控工作，对各部门办公场所消杀防疫和职工个人防控措施落实情况开展检查。该中心全

体职工积极响应号召踊跃捐款捐物，全体党员共捐款5800元。

【获得荣誉】 2名共产党员获2018—2020年度自治区林业局优秀共产党员；2名党务工作者获2018—2020年度自治区林业局优秀党务工作者；资源党支部获2018—2020年度自治区林业局先进基层党组织；综合党支部和动植物党支部获2020年度自治区林业局流动模范党支部。监测中心工会获2019年度区直工会目标管理特等奖。李惺颖家庭获得2020年"广西最美家庭"称号，陈崇征获2019年自治区林业局嘉奖，卢峰等13名同志获2019年度单位嘉奖。

（广西森林资源与生态环境监测中心）

广西森工集团股份有限公司

【概况】 该公司是在我国经济供给侧结构性改革以及广西推动工业高质量发展、打造万亿元绿色林业产业等重大政策背景下，根据自治区党委、政府有关要求，经自治区林业局批准组建的现代林业产业投资集团。该公司组建于2019年12月，总部位于广西首府南宁市。该公司注册资本10亿元，首批股东单位为高峰林场、南宁树木园、大桂山林场、博白林场等自治区直属国有林场。该公司拥有8家人造板公司，分别位于广西南宁、玉林、贺州等地，人造板产能120万立方米，拥有纤维板、刨花板、胶合板等板种，该公司于2019年被认定为国家林业重点龙头企业。该公司员工1276人。按照组建方案要求，该公司将在进一步做强做大做优人造板主营业务的基础上，积极发展木材进口贸易、高端绿色家具家居、环保胶黏剂、木材精深加工产业园区开发、林下矿产资源开发等业务。

【品牌建设】 该公司旗下"高林"牌人造板已拥有26年历史，是广西名牌产品，曾被选用为

2008年北京奥运会和2010年上海世博会场馆装饰装修材料，近年来连续入选"全国十大人造板品牌"。该公司是欧派、索菲亚、尚品宅配、金牌橱柜、诗尼曼、万科、碧桂园等数十个全国知名品牌的战略供应商，产品被广泛应用于高端家具家居、室内装修、车船内装、5G电子线路板等领域。

【经济运行情况】 2020年，实现经营总收入10.21亿元。

【人造板生产】 2020年，人造板产量97.37万立方米，销量98.74万立方米，其中桂山公司产量突破35.7万立方米，创历史新高。加强生产基础管理，认真做好设备巡检、清洁、润滑、维护等基础工作，设备运行率同比2019年提高1.16%。

【项目建设】 该公司的广西高林林业股份有限公司、广西国旭东腾人造板有限公司、广西春天人

造板有限公司 3 个重大项目及双百双新项目先后施工建设，完成投资 6.2 亿元。截至 2020 年底，广西春天人造板有限公司已顺利投产，广西高林林业股份有限公司、广西国旭东腾人造板有限公司正在加快推进设备安装、基础建设等。广西进口木材产业园在第 17 届中国 – 东盟博览会上签约落地，已完成前期 200 多公顷的土地征收工作。

【科技创新】 开展重大科技项目申报，签订科研合同 3 项，完成科技成果登记 4 项；申报发明专利 5 项，实用新型专利 9 项。与中国林产工业协会、北京林业大学等单位开展产学研技术战略合作，积极推动组建广西森工研究院。高林公司通过高新技术企业认定、国旭集团通过自治区企业技术中心认定。

【技术改造升级】 各公司开展设备大修和技术改造升级共 27 项，效果明显。其中，桂山公司实施了板坯微波加热系统、表芯层拌胶机等技术改造项目；五洲公司实施自动检板技术改造，有效提高了产品分级的准确性，节省了人工费用。

【企业重组】 按照自治区林业局下达的任务要求，与有关股东林场共同配合，完成了桂山公司、桂润公司、浩林公司等企业的清产核资和审计评估工作，理顺了股权关系。

【矿产资源开发】 集团组建了森工矿投公司，统一开发区直林场林下矿产资源；矿投公司开展了区直国有林场林下矿产资源的摸底调查，在掌握底数的基础上，通过自治区林业局向自治区自然资源厅正式提交成套资料，为争取将重点的林下矿产资源纳入第四轮矿规创造了条件。

【安全生产】 集团共组织开展安全生产宣讲 11 场次，制作宣传板报 5 版，1300 多名员工观看了"生命重于泰山——学习习近平总书记关于安全生产重要论述"电视专题片。该公司与下属公司、各公司内部签订安全生产目标管理责任书共 1135 份。"安全生产月"活动期间，集团约 800 人次参与应急演练。全年无安全生产责任事故发生。

【队伍建设】 2020 年，考核提拔中层干部 24 人次。举办各类培训班 23 期，累计培训 3000 多人次。

【内审活动】 全年开展内部经济责任审计 3 次，第三方审计 1 次，对重大项目设备采购、工程项目采购等重大事项监督 27 项次。

【党建活动】 推进党支部标准化、规范化建设，完成 6 个基层支部换届选举工作；组建成立国旭集团团委，召开国旭集团第一次团员大会；完成基层工会委员会换届选举，制定出台工会工作制度；坚持全面从严治党，落实党委主体责任、班子成员"一岗双责"、纪委监督责任，严抓廉政风险防控点梳理，签订关键岗位人员"关键岗位廉洁自律承诺书"326 份；开展"三重一大"、"五公经费"、干部选拔任用、项目工程采购等关键领域等风险排查工作。

（广西森工集团股份有限公司）

广西国控林业投资股份有限公司

【概况】 该公司由自治区林业局牵头组织，13 家自治区直属国有林场共同出资成立，发挥资源、资产、资金和资本转换功能，致力于打造广西林业系统重要的投融资平台。该公司注册资本 8.55 亿元，按照事企分开制度，建立董事会、监事会、经营管理层等现代企业法人治理结构和经营管理制度，设置内部管理机构 5 个，成立专业子公司 2 个与参股公司 4 个。截至 2020 年底，该公司经营管理林地面积 3.87 万公顷，资产总额 19.23 亿元。

【经济运行情况】 2020 年，全年新增银行授信额度 558500 万元，较 2019 年同比增长 47.6 倍；融资到位资金 52500 万元，较 2019 年同比增长 4 倍，其中广西国家储备林基地建设暨生态扶贫项目（一期）融资 17500 万元，隆林各族自治县 6666.67 公顷国家储备林基地建设项目融资 29000 万元，流动资金贷款 6000 万元。

加快推进国储林项目建设，推出投资造林模式，全年累计投资 86075.5 万元（含隆林项目 29000 万元），投资林地林木面积 1.52 万亩，提取管理费 508.54 万元。投资对象包括维都、六万、钦廉、雅长、博白、大桂山等区直林场。

【多元发展】 探索央地合作新模式，参与组建广西中林国控投资有限公司，完成实缴注册资本 6000 万元；牵头组建广西国控林权收储担保股份有限公司，实收资本 2100 万元；参与组建广西森工矿业投资有限公司，完成编制 13 家区直林场场内矿产资源开发规划方案。

【林业扶贫】 积极参与林业生态扶贫项目。一是作为融资及用款主体，积极参与自治区挂牌督战县国家储备林扶贫项目，已正式开展项目建设，雅长林场收购乐业县同乐林场项目（6500 万元）进入国家开发银行用款审批阶段。二是打造粤桂扶贫协作样板——百色市深圳小镇林业产业脱贫奔康示范园，为百色市无土地易地扶贫搬迁安置点提供产业兜底保障，完成油茶基地新造林 34.87 公顷，备耕 23.33 公顷；高产高效用材林示范基地造林 57.33 公顷，抚育、施肥 52.6 公顷，备耕 9.4 公顷。三是积极参与隆林各族自治

县国储林项目建设，通过产业分红、林地租金、吸纳就业、承包经营等多种形式帮助当地林农增收致富，完成林地林木核查面积约 6733.33 公顷，签订流转合同面积 1086.67 公顷，收购金额达 5500 万元，帮助 460 户（其中贫困户 82 户）林农增收。四是以完善提升平果油茶产业核心示范区为基础，与平果市委组织部联合打造的市级集体经济产业示范园，通过产业分红和吸纳就业等方式，带动 40 个村每村每年增收 3.5 万元以上。

【森林资源经营管理】 一是委托各股东林场对公司经营林地进行管理，全年无森林火灾事故、有害生物疫情、乱砍盗伐等现象发生。二是依托平果油茶产业核心示范区数据支撑，构建广西国控林投山茶油大数据平台，并获评为第二批数字广西建设标杆引领重点示范项目。三是采用无人机航拍技术，监控林地林木消长情况，加强森林经营管理。

【党风廉政建设】 研究制定党建、党风廉政建设工作计划、理论学习计划、主题党日活动计划等，并按计划组织开展各项活动。保证党内政治生活质量，全年共召开支委会 17 次，其中党建、党风廉政建设和纪律专题研究会议各 1 次，开展支部党员大会 6 次、专题党课 4 次、党风廉政建设集体约谈会 1 次、廉政谈话活动 1 次、民主评议党员 1 次。评选优秀党务工作者 1 名，优秀共产党员 3 名。严格按程序发展 1 名党员，完成 1 名预备党员转正手续，1 名党员组织关系接转手续，吸收 1 名入党积极分子。通过通报典型违法违纪案件，开展谈话提醒教育、组织观看专题警示教育片等，教育党员以案为鉴、坚持原则、坚守底线。

（广西国控林业投资股份有限公司）

林业社会团体

广西林学会

【概况】 广西林学会成立于1956年，是在自治区林业局、自治区科学技术协会的领导下，由广大林业科技工作者、生产者和管理者资源组成并依法登记成立的学术性、科普性、公益性社会团体。截至2020年末，设有分支机构13个，团体会员88个，个人会员1029人，会员分布在广西林业科研、生产、技术推广、教育等各个领域。

【学术活动】 2020年3月，广西林学会承担的自治区林业局软课题《广西林业科技成果转化与推广应用现状和对策研究课题》在年内顺利结题，调研报告的调查数据及主要观点在自治区林业局相关科技部门的材料中被采用。结合广西实际，2020年6月，承担《广西林业科普及自然教育现状和对策调研》课题，并开展调研工作。

2020年10月在河池市宜州区主办了"聚焦赋能 夯实笃行"2020年第四届林业产业技术研讨会，河池市各县（区）林业局相关技术人员及林木育苗示范基地和种植合作社、大户等200余人参加会议。邀请广西林业科学研究院"八桂学者"杨章旗教授作"广西主要用材林产业发展概况与展望"专题报告、广西林业科学研究院陈国臣教授作"油茶种植整形修剪"专题技术培训。

2020年12月在百色市主办了2020百色市林业产业技术研讨会，百色市各县（市、区）林业局分管领导，林业合作社、林业苗圃负责人等120人参加会议。广西林业科学研究院森保所所长吴耀军对林业病虫害进行了分析和讲解，陈国臣教授现场对油茶进行整形剪枝培训。

【科普活动】 2020年8月3—5日，为充分利用社会各类自然资源，推进自然教育事业发展，了解崇左市各保护区自然教育实施现状，广西林学会组织人员到崇左市开展自然保护地自然教育实施情况调研，通过专家讲座、实地观摩、问卷调查等方式，考察自然教育基地建立情况，发放调查问卷近百份。

2020年11月10—12日，广西林学会配合自治区林业局推广站，依托乡镇林业工作站作为平台，在北流市、容县、陆川县开展"党旗领航 - 百名专家走基层"活动。通过现场技术指导、技术讲座、发放技术资料、政策宣传、技术培训和咨询等各种形式，帮助农民解决实际问题，切实把工作落到实处，让农民得到更多的实惠。活动当天开展了沉香、油茶、澳洲坚果种植及病虫害防治技术培训班，发放林业科技资料500多份。

【推荐奖励申报】 2020年组织推荐参加中国林学会"全国林草科普基地"申报和评选，广西有13家单位上榜，其中广西桂林花坪国家级自然保护区、雅长兰科植物国家级自然保护区、广西柳州三门江国家森林公园、广西生态工程职业技术学院4家单位在休闲游憩、生态保护、教学科研方面工作成效突出。

广西林业科学研究院杨章旗获第十一届梁希林业科学技术奖二等奖。王坤、李魁鹏获第八届梁希青年论文奖。南宁青秀山风景名胜旅游开发有限责任公司"青秀山自然课堂植物认知和压花科普活动"获第九届梁希科普奖。在中国林学会科技管理专业委员会林业科技管理优秀论文征集活动中，广西林学会有4篇论文获奖。推荐罗城仫佬族自治县罗翠美和龙胜瑶族自治县叶佩青2人获得"中国林学会乡土专家"称号。

【获得荣誉】 2020年12月，广西林学会被中国林学会评为"2020年度科学普及工作先进单位""2020年度自然教育工作先进单位"。

（广西林学会）

林业大事记

1月

5日 国家林业和草原局森林草原防火司副司长许传德到三门江林场督查安全生产工作。

广西林业科学研究院的"油茶新品种丰产组装配套技术示范""基于 Web GIS 的广西林地土壤大数据集成应用及区域化配方施肥系统"项目获 2019 年度自治区重大科技成果转化项目。

7日 自治区人民政府印发《关于李巧玉等 3 名同志任免职的通知》（桂政干〔2020〕11 号），经研究决定：李巧玉同志（女）任自治区林业局总工程师（试用期一年），冯昌信同志任广西生态工程职业技术学院院长（试用期一年），免去罗掌华同志的广西生态工程职业技术学院院长职务。

自治区林业局副局长黄政康率队到隆林各族自治县介廷乡弄昔村，开展集中遍访及 2020 年春节慰问活动，慰问建档立卡贫困户 189 人、扶贫工作队员 11 人，发放慰问金及慰问品价值 11.1 万元，发放扶贫产业黑猪养殖项目分红 6.8 万元。

8日 自治区党委常委、秘书长黄伟京到广西林业科学研究院慰问八桂学者、松树研究专家、教授级高级工程师杨章旗。自治区党委副秘书长、办公厅副主任宁玉琼，自治区林业局副局长黄政康，自治区林业局党组成员、广西林业科学研究院院长安家成陪同。

9日 自治区林业局荣获第十七批"自治区文明单位"称号。此外，崇左市林业局、高峰林场、雅长林场、维都林场、柳州市园林科学研究所 5 个林业单位也获此称号。

自治区党委编办批复同意自治区林业局增设森林草原防火和安全生产处，将森林资源管理处负责森林和草原防火、行业安全生产相关工作的职责划入该处。

10日 自治区人民政府在南宁市召开全区林业工作电视电话会议，总结 2019 年全区林业工作，安排部署 2020 年林业重点工作。自治区

副主席方春明出席会议并讲话，在会议上，自治区林业局副局长邓建华通报全区林业工作情况，百色市林业局、贵港市林业局、广西国有派阳山林场分别在分会场作典型发言，部分中直、区直单位及企业负责人等 70 余人在主会场参加会议。2019 年，全区森林覆盖率达 62.45%，比全国平均水平高 39.49 个百分点，仅次于福建、江西。全区森林生态系统服务功能总价值约为 1.46 万亿元，全区活立木总蓄积量达 8.07 亿立方米，可采率超过 60%，居全国第七位。全区林业产业总产值超过 6500 亿元，同比增长 14%，稳居全国前列。全区完成植树造林 20.29 万公顷、森林抚育 52.33 万公顷，义务植树 8377 万株。全区油茶、林下经济等绿色富民产业带动 40 万以上贫困人口脱贫。

10—18日 广西迎春花市在南宁国际会展中心举办。自治区副主席方春明出席开幕式并宣布开幕。自治区林业局副局长邓建华主持开幕式。

13日 自治区林业局印发《广西陆地生态系统定位观测研究网络规划（2020—2030）》（桂林科发〔2020〕1 号）。该规划在衔接国家规划布局的基础上，对区内现有国家台站进行升级优化；同时，结合广西实际，新建一批各类型生态系统定位站，进一步对区内台站进行补充和完善。

广西林业大数据平台荣获首届全国生态大数据创新应用大赛优秀奖。

14日 世界银行生物碳基金向广西支付"中国广西珠江流域治理再造林"项目碳减排量碳汇款 538803.31 美元（折合人民币 3701294.52 元）。

16日 自治区直属国有高峰林场获"全国十佳林场"称号。

18日 自治区林业局印发《关于预下达

2020 年度林地定额的通知》，预下达 2020 年度建设项目使用林地定额 2250 公顷。

19 日　广西南宁市坛洛镇富庶村、横县六景镇利垌村等 225 个行政村入选第一批国家森林乡村名单。广西入选的乡村数量仅次于河南、浙江、广东，居全国第四。龙峡山国家森林公园总体规划获批复。

21 日　自治区人民政府印发《关于认定第九批广西现代特色农业核心示范区的决定》（桂政发〔2020〕2 号），桂林市叠彩区花卉产业核心示范区等 4 个林业示范区被授予“广西现代特色农业核心示范区（四星级）”称号，南宁市良庆区百乐澳洲坚果产业核心示范区等 13 个林业示范

区被授予“广西现代特色农业核心示范区（三星级）”称号。

23 日　自治区林业局印发《关于印发 2020 年工作要点的通知》（桂林发〔2020〕3 号），对 2020 年全区林业工作进行细化分工，提出全年各项工作目标任务。

26 日　自治区林业局印发《关于成立新型冠状病毒感染的肺炎疫情防控工作领导小组的通知》（桂林护发〔2020〕2 号），进一步履行林业部门工作职责，落实各项防控工作任务。

29 日　自治区林业局召开 2020 年第四次党组（扩大）会议，研究林业系统疫情防控工作，对下一步工作进行再部署。

2 月

7 日　自治区林业局召开 2020 年第一次专题会议，研究广西森工集团股份有限公司改革发展重大战略以及年内重点推进建设重大项目等事项。

14 日　自治区人民政府印发《关于 2019 年度广西科学技术奖励的决定》（桂政发〔2020〕5 号），林业项目“华南地区油茶种质资源收集评价与挖掘利用”获 2019 年度广西科学技术进步类二等奖，“本土赤眼蜂高效利用关键技术创新及在红树林害虫防治中的应用”“广西喀斯特土地变化与石漠化治理模式优化”获三等奖。

17 日　自治区林业局党组印发《中共广西壮族自治区林业局党组关于印发自治区林业局领导工作分工的通知》（桂林党组字〔2020〕5 号），对调整后的局领导班子成员进行工作分工。

19 日　自治区副主席方春明到广西森工集团调研疫情防控、企业复工复产和重点项目推进等工作情况。自治区政府副秘书长、扶贫办主任蒋家柏等陪同调研。

21 日　自治区林业局副局长陆志星率队到隆林各族自治县新州镇马雄村指导疫情防控工作，落实脱贫攻坚挂牌督战有关工作，并调研沃

柑产业示范基地建设，提出宝贵意见和建议。

24 日　自治区林业局与广西壮族自治区农村信用社联合社签订战略支持协议，获意向性授信额度 260 亿元用于林业产业发展。

自治区森林公安局政委李堂龙率慰问组赴来宾市兴宾区，看望慰问牺牲在抗击疫情一线的民警赵富恒的家属，送去组织的关怀和问候。

28 日　自治区林业局印发《关于印发支持 8 个 2020 年计划脱贫摘帽县和 7 个重点县十条措施的通知》（桂林财发〔2020〕11 号），大力支持 2020 年计划脱贫摘帽县、极度贫困县脱贫攻坚工作。

自治区林业局印发《关于印发广西油茶“双千”计划新造林项目检查验收办法（修订）的通知》（桂林规〔2020〕1 号）、《关于印发广西油茶“双千”计划低产林改造项目检查验收办法（修订）的通知》（桂林规〔2020〕2 号）。

广西 2020 年松材线虫病疫区为 28 个，较 2019 年新增 10 个。新增疫区为南宁市青秀区、横县，桂林市全州县、永福县，钦州市灵山县、浦北县，贵港市港北区，玉林市容县、博白县，崇左市龙州县。

3 月

4 日　自治区林业局 2020 年党的建设工作会议暨党风廉政建设工作会议在南宁市召开。

5 日　自治区林业局印发《2020 年全区油茶产业"双千"计划实施方案》。

《中国绿色时报》刊发题为《广西林业 10 项措施支持 15 个贫困县脱贫》的报道。

6 日　广西祥盛家居材料科技股份有限公司完成首次公开发行股票并上市的辅导备案登记，正式进入上市辅导期。

9 日　自治区林业局副局长陆志星到隆林各族自治县召开新增派隆林各族自治县定点帮扶工作队员座谈会，明确和落实脱贫攻坚责任，确保脱贫攻坚任务如期完成。

10 日　自治区林业局、自治区自然资源厅联合印发《关于加强地质遗迹类型自然保护地管理工作的通知》(桂林发〔2020〕5 号)。

《广西日报》刊发题为《广西全面禁止非法野生动物交易》的报道。

中国花卉协会印发《关于反馈第十届中国花卉博览会室外展园设计方案评审意见》(中花协函字〔2020〕4 号)，第十届中国花卉博览会广西展园设计方案原则通过评审。

11 日　自治区党委常委、统战部部长、自治区大健康和文旅产业工程指挥部指挥长徐绍川到广西高峰森林公园调研全区森林健康旅游产业发展工作。自治区文化和旅游厅厅长甘霖、自治区党委统战部副部长陈洁、自治区自然资源厅副厅长郑杰忠和驻邕区直林场有关负责人参加座谈会。

14 日　《广西日报》刊发题为《退耕还林二十载　生态经济双丰收——广西大力实施退耕还林工程纪实》的报道。

16 日　自治区水利厅、自治区农业农村厅、自治区林业局联合印发《关于开展兴水利　种好树　助脱贫　惠民生主题活动的函》(桂水农水函〔2020〕8 号)，要求在 3 月至 4 月底，各市、县人民政府，区直、中直驻桂单位开展"万名领导干部"下乡活动，开展以水利基础设施及高标准农田建设、植树绿化、古树名木保护为主要内容的主题活动。

自治区自然资源厅、自治区林业局联合印发《关于进一步做好林权类不动产登记工作的通知》(桂自然资发〔2020〕13 号)。

17—18 日　自治区林业局相关领导到隆林各族自治县新州镇马雄村、民德村，桠权镇忠义村开展脱贫攻坚挂牌督战工作，并与隆林各族自治县主要领导和相关部门就林业助力脱贫攻坚工作召开座谈会，座谈会上听取民德村、马雄村、新寨村、弄昔村、龙台村、忠义村 6 村驻村工作队和后援帮扶单位脱贫攻坚重点工作推进情况以及 2020 年挂牌督战工作计划。

18 日　自治区林业局成立人工繁育陆生野生动物处置工作组。

19 日　自治区林业局印发《关于统筹抓好疫情防控和经济平稳运行做好建设项目使用林地和林木采伐支持保障工作的通知》(桂林资发〔2020〕2 号)，明确了确保疫情防控建设项目使用林地、林木采伐的有关政策。

20 日　自治区林业局网站迁移到自治区政府网站集约化平台。

24 日　2020 年全区森林防灭火工作电视电话会议在南宁市召开，自治区副主席杨晋柏出席会议并发表讲话，自治区林业局总工程师李巧玉参加会议并作发言。

25 日　全区林业系统克服新冠疫情影响，一季度植树造林 9.55 万公顷，与 2019 年同期(8.73 万公顷)相比增加 0.82 万公顷，完成全年 15.33 万公顷计划任务的 62.17%；新造油茶林面积占全年 3.33 万公顷计划任务的 40.68%；义务植树株数占全年 8000 万株计划任务的 58.6%；木材采伐发证蓄积量完成全年 3150 万立方米计划任务的 33.17%；自治区级以上林业龙头企业，复工复产率达到 94.5%，全区林业一产产值增速为 9.5%。

26 日　自治区党委常委、统战部部长、自治区大健康和文旅产业工程指挥部指挥长徐绍川在南宁市主持召开森林旅游康养项目推进会。自治区林业局副局长黄政康参加会议。

26—27 日　自治区林业局党组成员、广西林业科学研究院院长安家成率队到隆林各族自治县蛇场乡新寨村桑树和核桃种植扶贫产业基地及待养殖肉鸽基地调研。随后，安家成在隆林各族自治县蛇场乡政府组织召开决战决胜脱贫攻坚座谈会。

30 日　广西森工集团股份有限公司与广西保利置业集团有限公司签约 200 亿元战略合作协议，自治区林业局副局长邓建华、广西保利置业集团有限公司董事长张炳南出席签约仪式并见证签约。自治区林业局副局长邓建华主持签约仪式。

31 日　自治区林业局、自治区自然资源厅、自治区生态环境厅、自治区海洋局联合印发《关于开展全区自然保护地整合优化工作的通知》（桂林保发〔2020〕2 号）。

4 月

1 日　自治区人民政府办公厅印发《关于表彰 2019 年度全区政府督查工作突出贡献奖单位和个人的通报》（桂政办发〔2020〕20 号），自治区林业局办公室被评为突出贡献奖单位，自治区林业局办公室工作人员戴玫君获评突出贡献奖个人。

2 日　自治区党委办公厅、自治区人民政府办公厅印发《关于 2019 年度全区机关绩效考评结果的通报》，自治区林业局在 2019 年度全区综合绩效考评中获一等等次。在专项工作绩效考评结果中，自治区林业局党的建设、精神文明建设专项的考评结果均为一等等次，平安广西建设、民族团结进步专项考评结果均为二等等次。

3 日　自治区绩效考评领导小组办公室印发《关于反馈区直机关 2019 年度绩效考评结果的通知》（桂绩办发〔2020〕3 号）。自治区林业局考评综合得分 966.6 分，获绩效考评一等等次。

自治区人民政府办公厅印发《关于统筹疫情防控加快推进春季造林绿化工作的通知》（桂政办电〔2020〕66 号），要求各市、县人民政府，自治区人民政府各组成部门、各直属机构在统筹疫情防控的基础上，加快推进春季造林绿化工作。

7—8 日　根据自治区新冠疫情防控工作领导小组指挥部办公室的部署，自治区林业局副局长邓建华率自治区直属高校开学评估工作第十八组一行 5 人到广西生态工程职业技术学院等高校开展开学准备工作检查和评估。评估组实地检查了广西生态工程职业技术学院应急隔离场所、门卫体温检测点、医务室、学生宿舍、食堂、教学楼、物资储备室等重点场所的防疫准备。

8 日　自治区党委副书记孙大伟率队到广西高峰森林公园调研，召开专题座谈会，听取广西林业工作汇报，了解林业工作发展情况，并指导开展下一步工作。自治区党委副秘书长、办公厅副主任蓝晓等领导陪同调研。

9 日　自治区林业局副局长黄政康率队赴隆林各族自治县介廷乡弄昔村开展赠肥活动及脱贫攻坚挂牌督战工作。黄政康副局长调研弄昔村油茶基地，给建档立卡贫困户赠送肥料 65 吨，价值 15 万元，要求驻村工作队员落实脱贫攻坚督战工作任务。

13日　自治区林业局印发《各处室主要职责细化方案》(桂林人发〔2020〕32号)。

自治区林业局获2019年度课题研究活动优秀组织奖,选送的8篇论文获优秀成果奖。

《广西日报》刊发题为《巧用林下林间崛起四大集群——广西林下经济成就千亿元产业》的报道。

14日　广西国家林木智慧种质资源库信息管理平台主体开发建成,准备进入数据入库与管理工作。

南宁树木园、中国林场集团有限公司及银谷置地有限责任公司在南宁市就成立广西中林投资有限公司签订合作协议。中国林场集团总经理张立丰、自治区林业局副局长邓建华出席签约仪式。

16日　自治区人民政府办公厅印发《关于建立加快促进经济正常运行6个重点工作专班的通知》(桂政办电〔2020〕73号),自治区林业局为人工繁育野生动物处置及维护稳定工作专班牵头单位,专班办公室设在自治区林业局,自治区副主席方春明为专班组长。

20日　自治区林业局调配选派隆林各族自治县脱贫攻坚工作队29人获自治区党委组织部批复同意。其中,蓝柳鹏、李学科等9人任隆林各族自治县岩茶乡龙台村党组织第一书记,顾宇、黄正先等20人为脱贫攻坚(乡村振兴)工作队员。

广西生态工程职业技术学院冯昌信、苏付保、王永富、龙大军、苏杰南、陈科东、冯光澍、黎良财、温中林、薛娟萍、王娜共11位教师入选"国家林业和草原局院校教材建设专家委员会和专家库"名单。

20—21日　自治区林业局组织广西林业调查勘测设计院举办广西森林督查暨森林资源管理"一张图"年度更新(2020—2021年)培训班,培训采用视频会议形式,自治区林业局设主会场,各市林业主管部门、各区直国有林场、各局直属自然保护区管理中心、广西生态工程职业技

术学院设分会场,各单位分管领导、业务负责人及技术人员共400多人参加培训,自治区林业局党组成员、副局长黄政康出席开班仪式并讲话。

21日　自治区林业局副巡视员蒋桂雄率队到隆林各族自治县岩茶乡龙台村调研脱贫攻坚挂牌督战情况,对未脱贫户、住房安全、控辍保学、饮水安全等问题作出明确要求,对如何推进油茶产业、杉木用材林产业、国家储备林扶贫项目作出明确指示,并调研指导良种油茶种植、肉鸡养殖项目,实地参观指导蚕茧养殖项目。

23日　自治区林业局副局长邓建华率队到隆林各族自治县新州镇民德村调研民德产业发展,发放油茶双高和杉木基地建设劳务费。随后,邓建华为民德村党支部党员上党课,并主持挂牌督战座谈会。最后邓建华带领机关各处室领导入户走访慰问"一帮一联"贫困户,机关各处室及黄冕林场、雅长林场等的相关人员陪同。

自治区林业局印发《关于推进种苗事业高质量发展的实施意见》(桂林场〔2020〕11号),明确了全区林木种苗高质量发展的方向和工作总体要求,提出了完善种质资源保存利用体系、林木良种选育推广体系、种苗生产供应体系、林木种苗质量监管体系、林木种苗社会化服务体系五大体系建设。

24日　自治区人民政府组织召开全区高端绿色家居产业推进工作电视电话会议,部署安排加快广西高端绿色家居产业发展工作。自治区副主席费志荣出席会议并讲话。自治区林业局副局长邓建华出席会议。

广西东盟(南宁)林业科技示范园区揭牌。自治区林业局、七坡林场、广西林业科学研究院、广西大学林学院的相关领导出席揭牌仪式。示范园规划面积2000公顷,建设期为2018—2020年,预算总投资6.2亿元。

27日　广西"两山"发展研究院在广西林业科学研究院揭牌成立。自治区林业局副局长黄政康为其揭牌,广西林业科学研究院院长安家成主持揭牌仪式。

28 日　自治区林业局副局长陆志星率队到隆林各族自治县新州镇马雄村开展脱贫攻坚挂牌督战活动，召开座谈会研究确定 2020 年帮扶马雄村项目 69 万元资金预算。三门江林场、大桂山林场、六万林场主要领导，及自治区林业局生态处、规划财务处、产权交易中心、信息宣传中心、机关服务中心、定点帮扶办的负责人参加活动。

30 日　国家林业和草原局办公室对 2019 年信息报送工作比较突出的单位、个人，及优秀稿件进行通报表扬。其中，自治区林业局被评为"2019 年信息报送进步较大单位"，李东海被评为"2019 年度优秀信息员"，自治区林业局报送的简报《政策引领　机制创新　广西国家储备林领跑全国》被评为"2019 年度优秀信息稿件"。

5 月

6 日　自治区林业局党组召开中央脱贫攻坚专项巡视"回头看"整改专题理论学习研讨会。自治区林业局党组成员及二级巡视员讨论发言，各有关处室站主要负责人参加学习会。

6—25 日　自治区林业局组织开展 2020 年自治区级林木种苗质量与执法抽查工作，在全区各地自检的基础上对 11 个市、20 个县的 70 家育苗单位以及 20 个纳入油茶"双千"计划的造林地进行抽查。抽查结果显示：苗批合格率为93.5%，生产经营许可证办证率为 98.3%，标签使用率为 90.9%，种苗质量自检率为 80.3%，建档率为 96.2%，平均良种育苗率为 92%。

7 日　自治区党委政法委副书记李玉振率队到自治区林业局专题调研人工繁育陆生野生动物养殖群体维稳工作。自治区林业局副局长黄政康出席会议。

广西林业科学研究院申报的广西木本香料育种与栽培国家长期科研基地入选第二批国家林业和草原长期科研基地名单。

广西组织实施的欧洲投资银行贷款广西珍稀优质用材林可持续经营项目获 2019 年中央预算内投资林业项目自治区财政配套资金 1114.81 万元。其中区直林场项目单位 358.49 万元、县级项目单位 756.32 万元。

8 日　自治区林业局党组召开中央脱贫攻坚专项巡视"回头看"整改专题民主生活会，自治区纪委监委驻自然资源厅纪检监察组副组长李

全胜到会指导。自治区林业局党组成员参加了会议，自治区林业局二级巡视员、局有关处室主要负责人列席会议。

11 日　国家林业和草原局驻广州专员办督查组到柳州市、桂林市、梧州市、玉林市、贺州市的 12 个县（市、区）开展 2019 年森林督查整改落实督办工作。

自治区林业局总工程师李巧玉率队到广西隆林国控林业有限责任公司、定点帮扶忠义村开展脱贫攻坚调研。自治区林业局相关处室站、广西国控林业投资股份有限公司、隆林各族自治县人民政府、隆林各族自治县林业局等的相关负责人陪同调研。

11—28 日　自治区林业局在融水、罗城、三江等县开展主题为"科技引领，助农增收"的林业科普惠农增收活动 10 期，培训林农近 800人，发放技术资料 4000 多份。

12 日　广西蛇产业转型升级项目投资签约仪式在南宁市举行，标志广西人工繁育蛇产业正式向民族医药、美容保健、日用化工等大健康产业转型升级。自治区党委政法委副书记李玉振等参加签约仪式。自治区林业局副局长黄政康主持仪式。

自治区人大常委会副主任杨静华到广西派阳山森林公园调研边境旅游产业转型升级、基础设施建设和综合服务设施建设。自治区人大常委会副秘书长宋震寰，委员刘长林、梁崎峰参加调研。

自治区政协副主席黄日波到广西国有维都林场调研油茶核心示范区建设。

自治区林业局总工程师李巧玉到隆林各族自治县桠杈镇忠义村开展脱贫攻坚挂牌督战工作和扶贫产业调研。自治区林业局相关处（室、站）、高峰林场、派阳山林场的相关负责人等参加调研。

来宾市市长雷应敏率队走访自治区林业局。自治区林业局副局长黄政康、来宾市副市长邓应文出席座谈会。自治区林业局相关处室，来宾市相关部门及县、区政府，维都林场领导列席会议。

13日　自治区副主席李彬在自治区生态环境厅主持召开广西区域空间生态环境评价"三线一单"编制工作会议，研究解决编制工作遇到的困难和问题，部署下一阶段工作任务。自治区林业局副局长陆志星、规划财务处副处长颜立强参加会议。

13—16日　国家林业和草原局科学技术司组织科技扶贫专家服务团到罗城仫佬族自治县开展定点扶贫工作调研，重点开展科技扶贫项目对接落地建设和油茶技术培训。

14日　自治区林业局与国家开发银行广西分行签署支持挂牌督战县国家储备林扶贫项目合作协议。国家开发银行广西分行行长梅世文出席签约仪式并致辞。自治区林业局副局长陆志星、国家开发银行广西分行副行长田玉军代表双方签约。

自治区林业局党组成员、广西林业科学研究院院长安家成到环江毛南族自治县调研指导林业脱贫攻坚工作情况。环江毛南族自治县政协、自治区林业局部分处室的有关负责人陪同调研。

15日　自治区林业局举行"自治区文明单位"暨"新时代文明实践中心"揭牌仪式。自治区林业局党组成员、副局长邓建华、陆志星，自治区林业局党组成员、总工程师李巧玉共同揭牌。自治区林业局副局长邓建华主持揭牌仪式，自治区林业局各处室站主要负责人参加仪式。

广西主要用材林人才小高地土壤肥料特聘专家学术报告会在南宁市召开。自治区速生丰产林基地管理站和广西林业科学研究院土壤环境研究所、油茶研究所、用材林研究所等的相关人员共20人参加报告会。

自治区林业局印发《关于做好自治区和国家级农民专业合作社申报前期准备工作的通知》（桂林办改字〔2020〕7号），指导各地做好申报国家和自治区级农民专业合作社的前期准备工作。

18日　国家林业和草原局驻广州专员办副专员贾培峰出席玉林市森林督查整改情况汇报会。自治区林业局副局长黄政康，玉林市市长白松涛、副市长邓长球参加会议。

生态保护红线划定林业协调办组织召开广西各市生态保护红线评估成果涉林内容审查会，审核广西各市生态保护红线评估成果涉林内容。自治区林业局规划财务处、资源处、荒漠草原处、保护地处的相关负责领导及各有关专家共11人参加会议。

自治区林业局党组成员、广西林业科学研究院院长安家成率队参加隆林各族自治县新寨村肉鸽养殖基地揭牌暨进鸽仪式。自治区林业局荒漠草原处、基金站、林场种苗处、救护中心、保护站，维都林场，隆林各族自治县人民政府、蛇场乡党委和新寨村两委等领导共同参加肉鸽养殖基地揭牌暨进鸽仪式。

19日　自治区林业局机关党委、派阳山林场、广西林业科学研究院等19个单位获"2019年对口帮扶隆林各族自治县脱贫攻坚工作先进单位"，施福军、尹国平、张智等61人获"先进个人"。

19—21日　自治区林业局副局长邓建华到罗城仫佬族自治县和都安瑶族自治县调研指导，服务林业助力脱贫攻坚工作。

20日　自治区林业局开展全区2018—2019年度国家重点林木良种基地考核工作，并将考核结果在全区种苗工作会议上通报。全区12处国家重点林木良种基地全部通过考核，评分均在90分以上。

20—22日 自治区林业局相关领导到桂林市对中央生态环境保护督察涉林问题及森林资源督查问题整改进行督导。桂林市林业和园林局、灵川县林业局、全州县林业局、永福县林业局、桂林市自然资源局、桂林市生态环境局、桂林市交通运输局、桂林市水利局等部门的相关负责人参加会议。

21日 自治区林业局相关领导到广西国有三门江林场调研园林绿化中心苗圃、古亭山花卉苗木基地，江口油茶、桉树大径材混交林基地，及马步分场油茶种植基地、生态茶油公司生产车间等建设情况。

中国林产工业协会石峰秘书长到广西森工集团调研指导工作。广西林业产业行业协会理事长李可夫等陪同调研。

河池市金城江区人民政府和广西国有七坡林场在金城江区签订区直国有林场高质量商品林"双千"基地建设合作项目框架协议书。这是国有林场改革后，全区首个以"大场带小场、场场合作"发展模式建设的"双千"基地建设项目。

22日 区直林业系统林业科技工作座谈会在南宁市召开。自治区林业局副局长黄政康主持会议，局党组成员、广西林业科学研究院院长安家成作主题报告。自治区林业局有关处室站、区直林业事业单位及广西森工集团的负责人和林业科技工作者代表参加会议。

全区挂牌督战县国家储备林扶贫项目视频推进会在南宁市召开。自治区林业局副局长陆志星出席会议。

广西林业草原发展"十四五"规划基本思路研讨会在南宁市召开。自治区林业局副局长陆志星主持会议，各相关处室领导及有关专家共31人参加研讨。

22—26日 2020年全区公益林、天然林管理培训班分两期分别在贵港市、桂林市举办，各市、县林业主管部门，及各区直国有林场、各局直属自然保护区管理中心、广西林业设计院的公益林、天然林管理业务负责人共200多人参加培训。

25日 自治区林业局党组第八巡察组向广西森林生态监测中心、林业设计院反馈巡察工作情况。自治区林业局副局长、局党组巡察工作领导小组副组长黄政康出席反馈会。

25—29日 国家林业和草原局扶贫办定点扶贫县产业拓展和市场对接研修班（广西班）在南宁市举办。龙胜各族自治县、罗城仫佬族自治县的民营企业家、专业合作社负责人和示范户共59人参加培训。

26—27日 自治区林业局相关领导到雅长林区调研指导相关工作。实地考察了雅林兰博园、雅长林场花坪点场部、广西国旭春天人造板有限公司技改项目等。

27日 自治区林业局相关领导到百色市开展疫情防控常态化条件下林业产业发展调研。百色市委常委、副市长李联成和自治区林业局相关处室负责人以及百色市林业局、雅长林场、广西森工集团、广西国控林业投资股份有限公司、百色市右江区人民政府相关领导陪同调研。

广西3项科技成果入选2020年重点推广100项林草科技成果。其中，林木良种领域1项，为广西南亚热带农业科学研究所的"桂热一号"澳洲坚果；森林培育与经营技术领域1项，为广西岩星农业有限公司的"马蹄笋丰产栽培技术"；草原领域1项，为广西畜牧研究所的"林（果）草牧耦合生态系统综合技术"。

28日 自治区副主席方春明到崇左市中泰产业园木业加工区（龙赞产业园）调研。自治区人民政府办公厅副主任梁磊，崇左市副市长黄覃梅，崇左市政协副主席、扶贫办主任张卫红，广西林业集团董事长陈竑等陪同调研。

自治区党委组织部《关于丁允辉、黄周玲同志晋升职级的批复》（桂组干字〔2020〕161号）：丁允辉同志任自治区林业局二级巡视员；黄周玲（女）同志任自治区林业局二级巡视员。任职时间从2020年4月30日起。

自治区林业局副局长黄政康出席广西决战决胜脱贫攻坚产业扶贫工作专场新闻发布会。

29日　广西自然资源和林业部门助力8个未脱贫摘帽县决战决胜脱贫攻坚座谈会在南宁市召开。自治区自然资源厅党组副书记、副厅长谢瑾瑜，驻自然资源厅纪检监察组组长、自治区自然资源厅党组成员杨家庆讲话。

30日　广西林业科学研究院油茶团队依托

"贫困地区木本粮油产业科技扶贫示范"项目获广西创新争先奖。

31日　截至5月底，全区累计完成植树造林总面积16.82万公顷，占全年计划任务的97%，与去年同期持平，但完成面积比2019年（14.94万公顷）同期增加1.88万公顷。

6月

2日　自治区林业局召开传达贯彻2020年全国"两会"精神视频会议。自治区林业局副局长邓建华、陆志星，总工程师李巧玉，二级巡视员蒋桂雄、黄周玲，局各处室站、监测中心全体干部职工在主会场参加会议。各市林业主管部门、自治区直属林业事业单位班子成员和中层正职以上干部在分会场参加会议。

广西林业科学研究院油茶所副所长、正高级工程师王东雪获广西杰出工程师奖。

崇左市委书记刘有明到广西祥盛家居材料科技股份有限公司调研，强调要加快推进绿色板材产业园建设，打造全国知名绿色板材产业示范基地。崇左市委副书记迟威、市委秘书长刘德智、市人大常委会副主任刘勇等参加调研。

北部湾大学资源与环境学院院长黄远林率有关专家到自治区林业局座谈政学合作。自治区林业局有关处室站负责人参加座谈会。

3日　南宁市政协主席杜伟与驻邕自治区政协委员、市政协常委及部分委员共90多人到高峰森林公园开展2020年南宁市文化旅游重大项目建设情况调研。强调高峰森林公园要继续利用资源优势，因地制宜，规划好公园建设，早日建成AAAAA级景区公园。

广西九万山国家级自然保护区科研人员在野外调查时监测到3只为世界自然保护联盟（IUCN）易危等级鸟类的淡喉鹨鹛。此次发现，对全国鸟类的分布及其生物学特征的研究具有十分重要的意义。

3—4日　自治区林业局相关领导到玉林市调研林产工业发展和人工繁育陆生野生动物处理处置情况，强调要着力推动林产工业高质量发展，切实做好人工繁育陆生野生动物管控和处置工作。玉林市委常委、北流市委书记赵志刚，玉林市副市长邓长球，玉林市林业局、容县县人民政府主要负责人陪同调研。

4日　自治区林业局相关领导到六万林场考察产业发展情况，考察了宁康分场木马坳、六万大山森林康养基地，深入了解林下娃娃鱼养殖发展情况和康养基地建设情况。

4—5日　全区油茶"双千"计划推进工作培训班在岑溪市举办。自治区林业局副局长陆志星、二级巡视员蒋桂雄等出席培训班。各市林业主管部门分管领导及业务科室负责人，油茶重点县（市、区）林业主管部门主要负责人，自治区林业局相关处室站负责人，南宁树木园、高峰林场、七坡林场、广西林业科学研究院、广西国控林业投资股份有限公司的相关负责人，及广西油茶产业协会代表等100余人参加了培训。

5日　广西大明山森林康养基地、六万大山森林康养基地、东兰红水河森林公园入选国家森林康养基地（第一批）名单。

6日　自治区林业局向中央广播电视总台推荐生态护林员典型，相关新闻在《新闻联播》栏目播出，向全国介绍了隆林各族自治县林业扶贫工作成效。

8日　广西全面完成国有林场改革。自治区

林业局副局长、新闻发言人邓建华发布广西推进国有林场改革工作成效情况。自治区人民政府新闻办副主任薛彬主持新闻发布会，自治区林业局党组成员、总工程师李巧玉，二级巡视员丁允辉参加新闻发布会并回答记者提问。

9日　自治区林业局联合自治区中医药管理局等部门开展中药材"定制药园"的遴选工作。全区各地共有4家林下中药材种植基地通过评审，获自治区首批中药材"定制药园"称号。

自治区扶贫开发领导小组办公室通报了自治区2019年度行业扶贫成效考核结果，自治区林业局作为28个签订脱贫攻坚责任书和签订责任书的管理部门之一，其考核结果为"综合评价好"。

10日　全区退耕还林政策补助资金兑现工作推进会在南宁市召开。自治区林业局副局长陆志星出席会议并讲话。部分市、县林业主管部门分管领导和业务科室主要负责人，及自治区林业局有关处室工作人员共50人参加会议。

中国森林可持续管理提高森林应对气候变化能力（GEF）项目专家组对广西GEF项目的中期评估线上访谈顺利完成。

12日　2020年全区建档立卡贫困人口生态护林员选聘工作布置培训班在南宁市举办。自治区林业局相关处室站负责人，14个设区市、67个生态护林员项目县林业主管部门分管领导和业务骨干共170余人参加培训。

15日　自治区林业局召开创建全国精神文明单位动员部署会。自治区林业局党组成员、副局长邓建华、陆志星，局党组成员、广西林业科学研究院院长安家成，局党组成员、总工程师李巧玉，自治区林业局二级巡视员蒋桂雄、黄周玲、丁允辉，局处室站、监测中心干部职工共200多人参加会议。

16日　自治区林业局、自治区财政厅联合印发《广西人工繁育陆生野生动物处置指导意见》的通知，对广西人工繁育陆生野生动物处置指导工作进行了规范，进一步提出了处置原则、补偿范围、补偿标准和补偿方式，以及处置方式、完成时间和处置经费等内容。

17日　自治区林业局相关领导到维都林场调研，强调要加快油茶小镇建设，推动油茶产量和文旅效益双提升。来宾市副市长韦平及维都林场等领导参加调研。

18日　自治区林业局党组成员、副局长、机关党委书记邓建华在中国林业思政工作经验交流视频会广西分会场作题为《强化思想政治工作凝心聚力推动壮美林业高质量发展》的典型发言，全面总结了今年以来广西林业系统在思想政治工作方面的经验。自治区林业局机关各党支部委员参加会议。

自治区林业局副局长陆志星率队到隆林各族自治县蛇场乡新寨村指导脱贫攻坚工作，自治区林业局速生丰产林基地管理站、广西林业科学研究院、六万林场、维都林场，及蛇场乡和新寨村两委等的有关领导陪同调研。

18—19日　全区油茶种苗育苗技术暨执法培训班在南宁市举办。自治区林业局二级巡视员蒋桂雄出席并作讲话。各市林业种苗主管部门负责人、油茶定点采穗圃及油茶苗圃主要管理人员、自治区种苗站等120余人参加培训。

19日　自治区林业局与新希望六和股份有限公司签署生猪养殖项目合作协议，新希望六和股份有限公司总裁邓成出席签约仪式并见证签约，自治区林业局总工程师李巧玉、新希望六和股份有限公司公共事务总监王谡代表双方签署协议。

广西壮族自治区绿化委员会办公室组织召开广西"森林城市"等系列称号候选名单审查会，407个候选单位通过审查。自治区绿化委员会各成员单位参加会议，自治区林业局二级巡视员黄周玲参加会议。

维都林场获"2019年度全国十佳林场"称号，是广西区内唯一获得该称号的林场。

自治区林业局副局长陆志星率队深入隆林各族自治县新州镇马雄村开展脱贫攻坚挂牌督战工

作，调研沃柑基地和新造油茶高产示范林，察看危改户建房进度。自治区林业局扶贫办、三门江林场、六万林场和大桂山林场等有关领导陪同。

22日　国家发展改革委农村经济司、自然资源部国土空间生态修复司、国家林业和草原局规划财务司在北京市召开全国重要生态系统保护和修复重大工程总体规划推进落实视频会议。会议由国家发展改革委农村经济司副司长李明传主持，自治区林业局副局长陆志星在自治区发展改革委参加会议。

23日　自治区人工繁育野生动物处置及维护稳定工作专班在南宁市召开全区人工繁育陆生野生动物补偿处置工作电视电话会议。自治区人民政府办公厅副主任、工作专班副组长梁磊出席会议并讲话。自治区林业局相关领导传达了国家林业和草原局禁食野生动物后续工作推进电视电话会议精神，并就下一步全区开展人工繁育陆生野生动物补偿处置工作提出有关要求。自治区财政厅、自治区党委政法委、自治区扶贫开发办公室、自治区市场监管局、自治区公安厅分别就全区人工繁育陆生野生动物补偿处置资金、信访维稳、全区贫困户涉及人工繁育陆生野生动物转型转产、市场监管、全区开展打击野生动物违法犯罪行动等工作作具体布置。

23—24日　自治区林业局在南宁市举办区直林业系统纪检监察干部综合业务培训班。培训由自治区林业局党组成员、副局长邓建华主持。自治区林业局各处室站正、副职领导及各直属单位党政主要负责人，局机关纪委全体人员、自治区直属林业企事业单位纪委书记、监察科科长及部分纪检监察干部共约200人参加本次培训。

24日　自治区林业局办公室印发《关于进一步明确林业支持全区村级集体经济工作重点与要求的通知》，要求落实自治区村级集体经济办的工作要求，进一步做好2020年支持全区村级集体经济发展工作。

25日　六万林场获首批广西中小学生实践教育基地授牌。

29—30日　自治区林业局副局长黄政康到隆林各族自治县介廷乡督战脱贫攻坚工作。自治区林业局林业改革发展处、自治区扶贫开发办公室、东门林场、七坡林场、钦廉林场等的相关领导参加教育帮扶活动。

30日　2020年全区林业扶贫干部脱贫攻坚业务培训班在南宁举办。自治区林业局相关处室站业务骨干，及有扶贫开发工作任务的14个设区市、106个县的林业主管部门分管领导等140余人参加培训。

截至6月底，全区累计完成植树造林总面积18.88万公顷，占全年自治区政府工作报告量化指标15.33万公顷的123.1%，同比2019年增长12.7%，提前超额完成2020年度造林任务。

7月

1日　自治区林业局召开庆祝中国共产党成立99周年纪念大会，自治区林业局相关领导为全局党员干部上庆祝中国共产党建党99周年专题党课。自治区林业局党组成员、副局长邓建华主持会议，广西林业科学研究院院长安家成、自治区林业局总工程师李巧玉、自治区林业局二级巡视员蒋桂雄、局机关各党支部、监测中心党总支全体党员、入党积极分子，驻邕自治区直属林业事业单位党委（党总支、党支部）书记、纪委书记，获评2018—2020年度的优秀共产党员、优秀党务工作者、先进基层党组织代表参加会议。

3日　自治区林业局副局长黄政康到广西国有维都林场调研。来宾市林业局及维都林场的相关领导参加座谈会。

广西第一次林草种质资源普查试点工作正式启动。广西第一次林草种质资源普查启动会议在广西林业科学研究院召开，自治区林业局种苗站、广西林业科学研究院等相关单位的专家以及南宁市林业局的相关领导出席会议。会后，普查试点工作在南宁市武鸣区启动。

4日　自治区林业局相关领导到广西国有高峰林场检查指导工作，实地检查了高峰森林公园和长客分场，指导了高峰阁建设方案的设计和油茶种植基地建设等情况。

7日　自治区林业局相关领导到广西山口红树林生态国家级自然保护区管理中心调研，强调要尊重科学、落实责任，把红树林保护好，谋划好保护区发展新篇。

7—24日　国家林业和草原局广州专员办贾培峰副专员一行对广西壮族自治区贯彻落实国家林业和草原局各项重点工作情况进行了摸底调查。调查涉及自治区林业局1个省级林业主管部门，百色市林业局、河池市林业局、防城港市林业局、北海市自然资源局4个市级林业主管部门，乐业县林业局、田林县林业局、东兰县林业局、上思县林业局、北海市银海区自然资源局、防城港市港口区自然资源局、巴马瑶族自治县自然资源局、德保县自然资源局、灌阳县自然资源局、东兴市自然资源局10个县级林业主管部门。

8日　自治区林业局党组成员、广西林业科学研究院院长安家成到广西国有七坡林场作"广西林业发展、科技创新与转型升级"专题讲座。强调要创新思路转型升级，将林业科技研发与推广示范项目融合，推动广西林业转型升级高质量发展。林场副科级以上干部近100人参加讲座。

9日　自治区林业局相关领导到合浦县钦廉木本香料产业核心示范区调研指导，并强调要以获广西现代特色农业核心示范区（三星级）为契机，打造集育苗、种植、加工、提炼、营销一体化发展的香料产业，积极传播香文化，示范带动周边村民种植香料树种，让香料树种真正成为"发财树""金钱树"。北海市副市长欧余军，自治区林业局相关处室及钦廉林场的相关领导陪同调研。

南宁树木园、高峰林场、七坡林场、六万林场、黄冕林场、钦廉林场、三门江林场、派阳山林场、维都林场9家区直国有林场获评2019年"壮美林场"。"壮美林场"称号实行动态管理，每3年开展1次复查，复查合格可继续保留称号。自治区林业局力争到2022年建设"壮美林场"50个。

广西罗城米椎林旅游开发有限责任公司等9个单位获评2019年度自治区级林下经济精品示范基地。河池市有3个单位入选，是全区入选数目最多的市。

12—15日　中共中央政治局常委、全国人大常委会委员长栗战书率全国人大常委会执法检查组在广西检查野生动物保护法和全国人大常委会关于全面禁止非法野生动物交易、革除滥食野生动物陋习、切实保障人民群众生命健康安全的决定的实施情况。检查组深入养殖场户、市场、海关、自然保护区实地检查，在崇左市扶绥县和百色市田阳区检查蛇类、竹鼠的人工繁育养殖情况，在广西花鸟宠物交易市场检查市场监管责任落实情况，到凭祥海关听取查处走私野生动物情况介绍，考察了崇左白头叶猴国家级自然保护区建设保护工作，并在南宁市召开座谈会听取有关情况汇报。

栗战书强调，要深入学习贯彻习近平新时代中国特色社会主义思想，特别是习近平生态文明思想，严格依照"一法一决定"保护野生动物，维护自然生态平衡安全，保障人民群众生命健康安全。

13日　自治区林业局党组成员、副局长、一级巡视员邓建华和人事教育处处长宋正海到种苗站召开干部会议，开展集体谈心谈话。会上公布了任命黄伯高为种苗站站长的任职文件。

崇左市江州区板利乡那弄下屯的白头叶猴生态廊道项目完成吊装架梁作业，桥梁主体成功架设于322国道两边的桥墩上，标志着全国首条灵长类生态廊道顺利架通，白头叶猴有了专属的"生命通道"。生态廊道为白头叶猴提供安全的迁移通道，有利于缓解区域间猴群分布不均衡问题，是解决栖息地破碎化问题的一次有益尝试，对改善白头叶猴生境质量、加强保护具有十分重要的意义。

14日 自治区林业局组织召开全区森林督查暨森林资源管理"一张图"年度更新工作座谈会。会议通报了全区森林督查暨森林资源管理"一张图"年度更新进展情况和2018年、2019年森林督查问题落实整改情况。自治区林业局资源处、广西森林监测中心、广西林业设计院及各设区市林业主管部门分管领导、森林资源管理部门的负责人参加会议。

自治区直属林业系统6家企业入选"中国林草产业AAAAA级诚信企业"。6家企业分别为广西国有高峰林场、广西祥盛家居材料科技股份有限公司、广西派阳林下产业开发有限责任公司、广西八桂林木花卉种苗股份有限公司、广西华沃特生态肥业股份有限公司、广西万林林产业有限责任公司。

15日 广西主要用材林资源高效培育与利用人才小高地获2019年度"优秀等次自治区级人才小高地"称号，广西林业科学研究院人才小高地管理办公室领导小组成员张照远获2019年度"自治区级人才小高地优秀个人"称号。

15—16日 全区林业有害生物监测防治技术培训班在桂林市举办。培训内容包括松材线虫病疫情监测与数据管理技术、林业有害生物监测防控GIS系统应用、林业有害生物野外数据采集与PDA应用、常见食叶性害虫监测防治技术等。培训采用室内培训和野外实习相结合。全区各市森防检疫机构测报负责人，各区直林场、热林中心森防负责人，28个松材线虫病疫区森防负责人，非松材线虫病疫区的国家级中心测报点负责人，林业有害生物社会化防治服务机构相关人员共计140多人参加培训。

16日 自治区林业局副局长邓建华到广西国有维都林场调研，强调要统筹推进林场高质量发展。自治区林业局产业处及维都林场的相关领导陪同调研。

16—21日 国家林业和草原局驻广州专员办副专员贾培峰率队到百色市、防城港市开展国家级自然保护区专项检查和林业重点工作摸底调查。检查组到雅长兰科植物国家级自然保护区、岑王老山国家级自然保护区、黄连山—兴旺自治区级自然保护区、金花茶国家级自然保护区、十万大山国家级自然保护区、北仑河口国家级自然保护区等地，重点检查了自然保护区内森林督查案件查处情况和违法图斑查处进度，了解了林业重点工作情况，并现场核查了部分案件处置情况。百色市、防城港市有关领导，自治区林业局保护地处负责人以及百色市、防城港市林业局的主要领导、分管领导和相关科室负责人等陪同检查。

17日 自治区林业局召开党组（扩大）会议专题研究党建工作，局党组成员、局处室站主要负责人参加会议。会议主要听取局机关党委2020年上半年党建工作总结和落实意识形态工作情况汇报，分析形势总结经验，找出存在问题，进一步研究制定改进措施，推动机关党建工作迈上新台阶。

广西国控林权收储担保股份有限公司在自治区市场监督管理局完成注册登记，是广西首家自治区级林权收储担保公司。

20日 广西林业部门在南宁市回收豪猪、果子狸、王锦蛇、竹鼠共58只（条），其中豪猪4对（8只），果子狸15对（30只），王锦蛇10条、竹鼠5对（10只，其中死亡1只）。广西野生动物救护中心技术人员对回收的57只（条）豪猪、果子狸、王锦蛇、竹鼠进行了采样检测，待采样检测符合标准后将予以放生。此次回收是广西林业部门探讨人工商品养殖野生动物放生计划的一部分。

广西林业科学研究院、广西医科大学药学院、广西桂高农林科技有限公司三方签订"产学研"创新驱动融合发展战略合作协议。三方将开展联合申报和实施科研项目、共建科技创新平台和示范基地、加强科研成果联合推广应用、共同建设林下中药材组培实验室等合作内容。自治区林业局党组成员、广西林业科学研究院院长安家成分别与广西医科大学药学院院长韦锦斌、广西桂高农林科技有限公司董事长黄超签约。三方项目组成员共 20 多人参加签约仪式。

21 日 广西现代林业产业高质量发展暨高端绿色家居产业发展现场考察会在崇左市召开。崇左市、贵港市、柳州市、南宁市、荔浦市、浦北县、北流市等市（县）作典型经验发言。自治区林业局副局长邓建华主持会议。崇左市副市长黄覃梅，自治区工业和信息化厅总工程师马义生及自治区发展改革委、广西林业集团等的相关领导，自治区林业局有关处室、各市林业主管部门、有关县级林业主管部门、区直林场、广西林业产业行业协会、重点林业产业园区和林业企业的主要负责人参加会议。

22 日 区直林业事业单位年中工作会议在广西派阳山森林公园召开。自治区林业局副局长邓建华通报 2020 年上半年区直林业事业单位经济运行分析情况，总工程师李巧玉主持会议并通报区直国有林场 2019 年科学发展考核结果。自治区林业局党组成员、广西林业科学研究院院长安家成，局二级巡视员蒋桂雄、丁允辉、黄周玲，局有关处室站负责人，区直国有林场场长，广西森工集团、广西国控林业投资股份有限公司、广西华沃特集团股份有限公司、广西八桂林木花卉种苗股份有限公司的总经理参加会议。

23 日 自治区文化和旅游厅厅长甘霖到广西国有维都林场调研林场建设情况，强调要高质量建设林业特色油茶小镇。来宾市兴宾区人民政府、来宾市文化广电和旅游局及维都林场的相关领导陪同。

24 日 自治区林业局与广西科学院在南宁市举行政研合作签约仪式。自治区林业局副局长黄政康、总工程师李巧玉、二级巡视员蒋桂雄，局处室站、七坡林场、六万林场、广西九万山国

家级自然保护区、雅长保护区等的主要负责人，广西科学院党组书记元昌安，广西科学院党组成员、副院长黄志民，及广西科学院相关处室、研究所的有关负责人出席签约仪式。

2020 年全区草原管理培训班在南宁市举办。自治区林业局相关处室站业务骨干，14 个设区市、县林业主管部门分管领导等 110 余人参加培训。培训内容包括草原监督管理概述、草原法律法规政策解读、草原保护和建设项目工作等。

24—28 日 自治区林业局举办区直林业系统党的十九届四中全会精神轮训班。局各处室站全体党员干部、区直林业事业单位领导班子成员以及中层以上党员干部参加了此次轮训班。

27 日 自治区林业局联合自治区财政厅下发了《关于印发油茶收入保险试点实施方案的通知》（桂财金〔2020〕53 号），这标志着广西率先在全国试行油茶收入保险。

29 日 自治区林业局召开党组（扩大）会议专题研究民族团结进步创建工作，局党组成员、局处室站主要负责人参加会议。

29—31 日 自治区林业局举办 2020 年区直林业系统党务干部培训班。自治区党委直属机关工委常务副书记邓金玉为学员们作《新时代机关党建形势任务》专题授课辅导。自治区林业局党组成员、副局长、机关党委书记邓建华出席培训班并讲话。自治区林业局机关处室站全体党员干部、驻邕区直林业单位党委书记、纪委书记，直属林业企事业单位党群办主任、部分党支部书记共 300 人参加培训。

31 日 藤县等 405 个单位被授予"广西森林县城"等系列称号。其中，藤县等 7 个县获"广西森林县城"称号，宾阳县陈平镇等 10 个乡镇获"广西森林乡镇"称号，南宁市第三十三中学等 16 个单位获"广西森林单位园区"称号，南宁市兴宁区五塘镇五塘社区等 372 个村庄获"广西森林村庄"称号。

自治区林业局召开林业扶贫开发领导小组联络员会议。自治区林业局副局长陆志星出席会议

并讲话，自治区林业局有关处室站负责人及业务骨干参加会议。

自治区林业局开展森林督查暨森林资源管理"一张图"年度更新技术指导培训，培训采用远程会议形式，对各市、县各森林经营单位森林督查、森林资源管理"一张图"年度更新、公益

林衔接一张图进工作及动态调整工作进行技术指导。各市、县林业主管部门相关人员，区直国有林场、局直属自然保护区管理中心、广西林业设计院、广西森林监测中心、中国林业科学研究院热林中心的相关人员，沙塘林场分管领导、业务负责人及技术人员共 300 多人参加培训。

8 月

4 日　自治区林业局在高峰森林公园举行人工繁育陆生野生动物放归活动。共放归白鹇、竹鼠、果子狸、领角鸮、仓鸮、红隼、豹猫等 100 多只。活动由自治区林业局主办，南宁市林业局、广西野生动植物保护协会协办，高峰林场、高峰森林公园和南宁市西乡塘区自然资源局承办。

自治区林业局召开 2020 年度平安广西建设工作部署会。自治区林业局平安建设领导小组成员单位分管领导参加会议。

5—7 日　自治区林业局相关领导到象州、金秀瑶族自治县调研特色林产品发展、人工繁育陆生野生动物养殖处置、自然保护区等林业重点工作，要求认真做好"六稳"工作，落实"六保"任务，积极做好产业转型、技术扶持、资金补助等，帮助养殖户平稳度过转型阶段。来宾市副市长邓应文及来宾市林业局、象州县、金秀瑶族自治县相关领导陪同调研。

6 日　自治区林业局相关领导到大瑶山森林生态系统国家定位观测研究站调研，要求加大项目与科研经费支持，加快科技成果的应用转化。

广西林权交易中心股份有限公司林权流转贵港覃塘服务站暨板材交易业务部在覃塘区正式揭牌成立。自治区林业局二级巡视员黄周玲出席揭牌仪式并讲话。

10 日　广西山茶油区域公共品牌地铁专列发车仪式在南宁地铁 1 号线火车东站举行。自治区林业局党组成员、副局长陆志星参加活动并致辞。广西山茶油区域公共品牌地铁专列发车仪式，是

2020 年广西山茶油系列宣传活动之一，自治区林业局组织全区 7 家油茶加工企业的 8 个茶油品牌参与宣传。活动由自治区林业局主办，广西油茶产业协会、广西山茶油产业品牌联合会承办，广西乐达传媒有限公司协办。自治区林业局相关处室站负责人，广西林业科学研究院相关专家，广西油茶产业协会、广西山茶油产业品牌联合会、油茶加工企业、广西乐达传媒有限公司等的相关代表和各界媒体代表共 20 多人参加仪式。

11 日　自治区林业局副局长陆志星到梧州市走访服务非公有制企业和代表。

13 日　自治区林业局副局长黄政康到七坡林场调研，要求着力抓谋划、抓重点、抓协调和抓管理的"四着力"，推进林场项目建设，助力林场转型升级。

自治区林业局机关 35 户家庭获评 2020 年度"文明家庭"。

15 日　广西祥盛家居材料科技股份有限公司年产 30 万立方米超强刨花板项目、广西国旭春天人造板有限公司年产 10 万立方米胶合板自动化生产线技改项目入选自治区层面统筹推进重大项目名单。

17 日　自治区党委书记、自治区人大常委会主任鹿心社在南宁市会见中国林业集团党委书记、董事长宋权礼一行。希望双方按照已签订的战略合作框架协议，加快推进营林造林、生态城、木材贸易港、林产加工园区等合作项目建设，进一步深化拓展在绿色高端家具产业、木材

进出口贸易、森林生态旅游产业、森林康养产业等方面的合作，实现互利共赢、共同发展。

国家林业和草原局广州专员办与自治区检察院、自治区林业局举行座谈会，探讨沟通协作工作机制创建情况。国家林业和草原局驻广州专员办党组成员、二级巡视员王琴芳，自治区检察院党组成员、副检察长农中校，自治区林业局党组成员、副局长黄政康出席座谈会并讲话。国家林业和草原局驻广州专员办案件督办处、自治区检察院第八检察部，及自治区林业局资源处、政法处的有关人员等参加座谈会并发言。

18日 中国林业集团300亿全产业链落地广西，广西中林生态城项目一期开工现场会在南宁良凤江国家森林公园举行。自治区副主席方春明宣布项目开工。中国林业集团党委书记、董事长宋权礼，中国林业集团副总经理李留彬出席开工现场会。中国林场集团有限公司党委书记刘喆致辞。自治区发展改革委、自治区自然资源厅、自治区水利厅、自治区文化和旅游厅、自治区国资委、自治区投资促进局、自治区林业局等有关部门领导，南宁市发展改革委等相关部门领导，及区直国有林场、广西林业勘测设计院、广西森工集团、广西国控林业投资股份有限公司和施工方的代表等近300人参加开工现场会。

19日 中国林业集团有限公司董事长宋权礼一行到高峰林场考察森林旅游产业发展，参观森林公园旅游资源开发项目。

利用国家开发银行贷款推进广西国家储备林基地建设2020年厅际联席会议在南宁市召开。会议通报项目贷款使用及建设情况，解读《国家储备林贷款业务规程（试行）》重点内容，并就项目存在的问题和难点进行沟通协商。自治区林业局副局长陆志星主持会议，国家开发银行广西分行副行长田玉军、广西林业集团有限公司总经理许锋及三方相关部门代表等24人参加会议。截至2020年8月，广西累计使用国家开发银行贷款72.82亿元，建设国家储备林超30万公顷，均位居全国前列。

20日 自治区林业局党组成员李巧玉总工率队到隆林各族自治县桠权镇忠义村调研座谈并入户慰问贫困户。派阳山林场、高峰林场共有8人参加入户慰问调研。

25日 全区松材线虫病疫情防控工作会议暨培训班在南宁市召开。会议传达学习了全国松材线虫病防治电视电话会议精神，通报了全区松材线虫病发生情况和疫木清理质量抽查评估情况。自治区林业局党组成员、总工程师李巧玉主持会议并讲话。柳州市城中区、桂林市永福县和崇左市大新县作表态发言。梧州市苍梧县、贵港市港北区和贺州市钟山县介绍了疫情防控工作经验。南京林业大学教授叶建仁为学员作《中国松材线虫病的流行现状和防控对策》专题辅导。自治区林业局相关处室、各市林业主管部门、28个松材线虫病疫区林业主管部门、38个松材线虫病重点预防区、区直国有林场、中国林业科学研究院热林中心的相关领导和业务部门负责人，中国人民财产保险股份有限公司有关负责人等150多人参加培训。

26日 自治区林业局副局长邓建华到广西国旭春天人造板有限公司调研指导工作时强调，要在做好常态化疫情防控的前提下抢抓项目进度，抓好施工安全生产，在项目施工、生产等各环节树立节约理念，以一流的管理打造全国领先、拥有核心技术高端特色环保胶合板龙头企业。自治区林业局相关处（室、站）、雅长林场、广西国旭春天人造板有限公司相关负责人陪同调研。

自治区林业局副局长黄政康在隆林各族自治县介廷乡中心小学参加金秋助学"扶贫扶智 助学圆梦"主题活动，向208名建档立卡贫困户学生发放助学金19.4万元。自治区林业局有关处室和对口帮扶林场自2017年开展金秋助学活动以来，累计筹集助学金40多万元，惠及困难家庭子女600多人次。自治区林业局林业改革发展处、资源处、推广站、扶贫办、监测中心，东门林场、七坡林场、钦廉林场、介廷乡人民政府、弄昔村两委、脱贫攻坚工作队的相关人员及建档立卡贫困户学生、家长共近 300 人参加活动。

26—28 日　全区森林食叶性害虫防治技术培训班在南宁市举办。各市、县森防检疫机构，及区直林场、中国林业科学研究院热林中心、保险公司、林业有害生物社会化防治服务机构的相关人员 200 余人参加培训。

全区自然保护地工作培训班在南宁市举办。各市林业主管部门，15 个县（市）林业主管部门，国家级自然保护区，国家级风景名胜区、森林公园、地质公园、石漠公园、海洋公园管理机构，自治区林业局规划财务处、资源处、保护地处、保护站，及广西森林资源与生态环境监测中心、广西林业科学研究院、广西林业勘测设计院、桂林市林业设计院、广西森态工程规划设计有限公司、林产工业规划设计院等单位的相关人员共 140 余人参加培训。

27 日　自治区林业局副局长邓建华率队到隆林各族自治县新州镇马雄村、民德村开展"民族团结一家亲·同心共建促脱贫"暨一帮一联"金秋助学"活动。自治区林业局机关党委、定点帮扶办和大桂山林场、六万林场、三门江林场的主要领导陪同调研。

27—28 日　自治区林业局副局长邓建华率队在隆林各族自治县先后开展送文化下乡活动、一帮一联"金秋助学"慰问活动、决战决胜脱贫攻坚宣讲活动等，传达学习习近平总书记对毛南族实现整族脱贫工作重要指示精神，并就新州镇马雄村民族团结、精准扶贫和产业发展等工作情况开展交流。自治区林业局有关处（室、站）及黄冕林场、雅长林场、三门江林场、六万林场、大桂山林场的有关领导陪同参加活动。

28 日　自治区林业局推进高质量商品林"双千"基地建设合作发展现场会在河池市召开。自治区林业局党组成员、总工程师李巧玉讲话，二级巡视员丁允辉主持会议。河池市委常委彭强致辞。河池市金城江区人民政府、河池市林业局、七坡林场、大桂山林场作典型发言。全区 14 个设区市的林业主管部门负责人或分管负责人、13 家自治区直属国有林场主要负责人、市县国有林场部分代表、自治区林业局相关处室站人员参加会议。

从全区松材线虫病疫区疫木清理质量情况抽查评估结果获悉，全区 28 个松材线虫病疫区去冬今春疫木清理质量总体较好，各疫区均达到合格以上等级，优良率为 75%。其中 9 个疫区总体评价为"优秀"，12 个疫区总体评价为良好，7 个疫区总体评价为合格。

31 日　自治区林业局党组成员、广西林业科学研究院院长安家成率队到隆林各族自治县蛇场乡新寨村开展脱贫攻坚调研工作。广西林业科学研究院、维都林场、蛇场乡党委及新寨村两委班子陪同。

9 月

1 日　经自治区人民政府同意，自治区林业局通报了 2019 年广西保护发展森林资源目标责任制考核结果，并下达 2020 年保护发展森林资源目标任务。根据考核结果，桂林市、梧州市、北海市、防城港市、玉林市、百色市、贺州市、河池市、崇左市 9 市考核得分在 95 分以上，考核等级为"优秀"；南宁市、柳州市、钦州市、贵港市、来宾市 5 市得分在 85～95 分之间，考核等级为"良好"。

2 日　广西加快现代林业特色产业发展情况新闻发布会在广西新闻发布厅举办。自治区林业局副局长、新闻发言人邓建华在会上发布广西加快现代林业特色产业发展情况。2019 年广西林业产业总产值达到 7042 亿元，人工林、经济林、速生丰产林面积，以及松香、八角、肉桂、茴油、桂油、木衣架等特色林产品产量均居全国第一位，广西已成为全国林业产业大省区。自治区林业局副局长陆志星出席发布会。

2—4日　自治区林业局相关领导到隆林各族自治县定点帮扶村开展脱贫攻坚专项调研和挂牌督战。其间，到隆林各族自治县沙梨乡板栗低产林改造示范基地、民德村、忠义村、新寨村、龙台村、弄昔村、马雄村开展实地调研和挂牌督战。隆林各族自治县人民政府、自治区林业局相关处室站、区直国有林场、广西林业科学研究院、广西林业设计院等单位主要领导陪同调研。

4日　自治区林业局副局长黄政康出席森林资源年度监测试点工作专题会，听取广西森林生态监测中心对监测试点工作进展情况和技术方案的汇报，并观看了广西森林生态监测中心自主研发的"森林督查和年度变更野外采集系统"演示。自治区林业局资源处、规划财务处，及广西森林生态监测中心、广西林业设计院等单位领导和技术人员参加会议。

自治区人民政府批复同意广西林业勘测设计院转企改制方案。

5—7日　中国林场协会会长姚昌恬率队到高峰林场、七坡林场、博白林场调研广西国有林场改革发展情况。调研博白林场新造林地、林产加工企业、林下中药材种植基地，七坡林场国储林建设基地等，并在高峰林场召开座谈会。自治区林业局相关领导在座谈会上介绍了广西国有林场改革后的基本情况。中国林场协会秘书长赵胜利、副秘书长杨光，自治区林业局二级巡视员丁允辉等陪同调研。

7—8日　自治区副主席方春明在南宁市、崇左市调研。方春明一行先后在东门林场、广西林业集团、高峰林场等地调研了解木材加工项目、国家储备林项目建设情况以及油茶、中草药材种植情况。自治区人民政府办公厅副主任梁磊等陪同调研。

9日　自治区林业局副局长陆志星带队赴桂平市开展林业脱贫攻坚指导服务，帮助协调解决林业脱贫攻坚存在的困难和问题，全力助推桂平市打赢打好脱贫攻坚战。桂平市政府，桂平市自然资源局，及自治区林业局规划财务处、资源处、防治检疫站的相关负责人参加会议。

自治区林业局在广西人事考试网和局官网面向社会发布《2020年自治区林业局直属事业单位公开招聘工作人员公告》，自治区林业局直属17个事业单位2020年计划公开招聘工作人员699人。

9—11日　自治区林业局副局长黄政康带队，联合自治区生态环境厅赴桂林市、贺州市开展"绿盾2020"自然保护地强化监督暨广西自然保护地大检查专项行动实地督导工作，通过随机抽查、查阅档案、现场核查、座谈交流等方式，扎实推进问题处理和整改，促进自然保护地建设、管理和监督责任落实落地。

10日　自治区关注森林活动组委会第一次工作会议在南宁市召开。自治区政协副主席、自治区关注森林活动组委会主任刘慕仁出席会议并讲话。会议审议通过了《广西壮族自治区关注森林活动工作规则》《广西壮族自治区关注森林活动三年工作规划（2020—2022）》及《广西壮族自治区关注森林活动2020年工作方案》，并为获得"广西森林城市"系列称号的代表单位授牌。自治区政协人资环委主任、组委会副主任秦敬德主持会议，自治区林业局副局长、关注森林活动执委会副主任邓建华宣读《广西壮族自治区绿化委员会关于授予藤县等单位"广西森林城市"系列称号的决定》。

自治区林业局二级巡视员丁允辉到隆林各族自治县岩茶乡龙台村调研脱贫攻坚工作，对压实工作责任、巩固脱贫成果、整理档案材料、迎接脱贫验收提出了明确要求，并到"一帮一联"贫困户家中走访慰问。

10—11日　自治区林业局相关领导到钦州市调研林业产业园区建设工作，并协调促进广西森工集团股份有限公司与钦州开展务实合作，共同推动中国广西进口木材暨高端绿色家具家居产业园项目尽快落地建设。钦州市委书记许永锞、市长谭丕创出席调研座谈会。钦州市副市长张红丹，广西森工集团、钦廉林场、自治区林业局产业处、广西林业产权交易中心相关负责人参加座谈。

11日　自治区林业局、中国科学院动物研究所、广西野生动植物保护协会和广西大桂山鳄蜥国家级自然保护区管理中心联合在大桂山保护区第二次科学放归20只鳄蜥。本次放归对恢复野外鳄蜥这一濒危物种、维护广西生物多样性起到积极作用。自治区林业局副局长黄政康出席放归活动并授予广西广播电视台970电台"广西野生动植物保护公益代言"牌匾。

自治区林业局副局长陆志星到隆林各族自治县新州镇马雄村主持开展马雄村沃柑项目村集体入股分红仪式，三门江林场、六万林场、大桂山林场等后援单位的相关负责人，以及驻村工作队、马雄村村干部和贫困户共计80余人参加。此次分红向马雄村集体及50户村民（含建档立卡贫困户49户）发放分红资金共计89250元，其中村集体5万元。

15日　国家林业和草原局广州专员办副专员贾培峰一行4人赴贵港市桂平市开展2020年度森林督查检查工作，并召开检查工作启动会。贵港市副市长、公安局局长李瑜，及自治区林业局森林资源管理处、贵港市林业局、桂平市人民政府和相关部门的有关领导参加会议。

16日　自治区党委常委、组织部部长曾万明一行到高峰林场，就基层党组织标准化、规范化建设开展专题调研，要求深入学习贯彻习近平总书记重要讲话精神，贯彻落实新时代党的组织路线，全面推进基层党组织标准化规范化建设，为坚持和加强党的全面领导提供坚强组织保证。

16—18日　自治区林业局副局长黄政康率队到广东省调研蛇产业转型相关企业。调研组考察了广西金圣堂健康产业投资有限公司设备供应链企业、长安台商协会、广东红珊瑚药业有限公

司、广东先康达生物科技有限公司、广州白云山中一药业有限公司等。自治区林业局动植物处、广西金圣堂健康产业投资有限公司等相关负责人陪同调研。

18日　广西林业草原发展"十四五"规划编制务虚会在南宁市召开。自治区林业局副局长陆志星主持会议。

自治区林业局党组组织开展2020年中心组第三次专题集中学习，局党组成员、二级巡视员、局机关处室站负责人等37人参加会议。

自治区林业局在南宁市组织召开红树林种苗培育工作座谈会。局有关处（室、站）及北海、钦州、防城港3个市种苗负责人和广西红树林研究中心、广西林业科学研究院、北海防护林场专家参加会议。会议对广西红树林育苗现状、红树林种苗基地建设和种苗生产供应的措施、对策、培育技术进行座谈研讨，并讨论成立广西红树林培育技术支撑专家组。

21—25日　自治区林业局到国家林业和草原局汇报工作，争取中央林业补助资金，特别是油茶产业发展、国家储备林建设、生态护林员补助、林业贷款贴息、森林防火等林业项目资金以及林地定额、森林采伐限额、野生动物养殖产业处置补偿、红树林资源保护等方面给予倾斜支持。国家林业和草原局局长关志鸥、副局长李树铭、总工程师苏春雨等局领导及国家林业和草原局资源司、动植物司、自然保护地司、林业和草原改革发展司、林场种苗司等司局主要负责人听取了汇报。其间还拜访了中国保利集团有限公司、中国林业集团有限公司，并与公司主要领导交流座谈。

22日　自治区林业局开展第二十个全民国防教育日活动，邀请广西人民防空和边海防办公室副主任黄小宁作国防教育专题讲座。

23日　广西林权交易中心股份有限公司林权流转岑溪服务站暨板材、香料交易业务部在岑溪市正式揭牌成立。自治区林业局党组成员、总工程师李巧玉出席揭牌仪式并讲话。

24日　全区 2020 年古树名木复壮工作现场会暨技术培训班在玉林市召开。自治区林业局二级巡视员黄周玲，自治区林业局处（室、站）及各市、县林业主管部门相关负责人约 150 人参加会议。

2020 年全区林业新闻采写新闻摄影暨舆情应对和网络安全防护工作培训班在南宁市举办。自治区林业局各处室站、直属林业事业单位，市、县林业主管部门相关人员等 130 余人参加培训。

25日　自治区政协机关党委、团支部与高峰林场团委团员青年 100 多人在高峰森林公园联合开展"践行绿色发展理念　呵护共同美丽家园"迎中秋和庆国庆主题活动。活动内容包括参观高峰林场党性教育基地、艰苦创业馆，察看林场生态环境建设，并开展联谊活动和座谈交流。

26日　广西祥盛家居材料科技股份有限公司绿色板材产业园年产 30 万立方米超强刨花板项目开工仪式在崇左市凭祥边境经济合作区举行。该产业园将建成全国县域最大的刨花板生产基地。自治区林业局副局长、一级巡视员邓建华主持启动仪式。崇左市委书记刘有明宣布项目开工，崇左市人大常委会副主任、宁明县委书记、

凭祥边合区党工委书记刘勇致辞。出席仪式的领导为项目培土奠基。

东门林场在扶绥新场部举办东林书院启用仪式。自治区林业局相关领导为书院揭牌。该书院是广西林业系统单位创建的首家书院。自治区林业局，崇左市林业局，扶绥县委、县政府有关部门，区直驻邕、驻崇左林场，武警广西总队崇左支队，广西那坡县文体广旅局，自治区森林公安局东门派出所等单位领导及东门林场领导干部共 60 余人参加启用仪式。

27日　自治区林业局举办民族团结进步教育专题讲座，邀请自治区民族宗教事务委员会党组成员、副主任翚永红前来授课。讲座以视频会议的形式召开，主会场设在广西森林资源保护中心，区直林业事业单位会议室设分会场。自治区林业局副局长、一级巡视员邓建华，自治区林业局副局长陆志星，自治区林业局二级巡视员黄周玲，自治区林业局各处室站相关负责人，区直林业事业单位干部职工等超 500 人参加讲座。

28—29日　广西油茶"双千"计划科技支撑研讨会在南宁市召开。自治区林业局党组成员、广西林业科学研究院院长安家成，自治区林业局二级巡视员蒋桂雄参加会议，自治区林业局二级巡视员丁允辉主持开幕式。

10 月

10日　自治区林业局在北海市召开红树林保护修复科技座谈会。自治区林业局副局长黄政康、广西科学院副院长吕郁彪出席座谈会。自治区林业局副局长黄政康强调，红树林是海陆交错区生产能力最高的海洋生态系统之一，在净化海水、防风消浪、维持生物多样性、固碳储碳等方面发挥极为重要的作用。自然资源部第四海洋研究所、广西林业科学研究院、广西红树林研究中心、广西气象科学研究所的有关专家，及自治区林业局有关处室站和有关自然保护区、

湿地公园、防护林场的负责人共 30 余人参加座谈。

12日　自治区林业局党组成员、副局长陆志星在东门林场宣讲《习近平谈治国理政》（第三卷）时强调，要以高度的政治自觉和政治责任感学习贯彻习近平总书记的重要指示精神，做到深学、悟透、笃行，切实把党的创新理论不断转化为推动林业发展的强大动力。自治区林业局机关第五党支部、东门林场华侨分场党支部以及东门林场机关各党支部共 100 多名党员干部参加宣讲会。

13 日　自治区林业局党组成员、广西林业科学研究院院长安家成率队到三门江林场调研林业科研合作工作。强调，要加强科研合作，助推广西林业高质量发展。

14 日　自治区林业局举办"老书记初心讲堂"精品党课巡回宣讲专场报告会，自治区党委原副书记、自治区人大常委会原副主任潘琦作题为《弘扬老干部精神，永葆共产党员本色》的专题报告。自治区林业局党组成员、副局长、一级巡视员邓建华主持报告会。自治区林业局机关和二层站离退休党员及在职党员共 300 多人参加报告会。

16 日　第一届广西花卉苗木交易会在桂林市开幕。自治区副主席方春明宣布交易会开幕，自治区人大常委会副主任、桂林市委书记赵乐秦出席开幕式。桂林市市长秦春成致辞。自治区人民政府办公厅副主任梁磊主持开幕式。交易会主会场参展花卉苗木有 1000 多个品种，共 30 多万盆。240 家花卉苗木公司与各采购商完成花卉苗木交易额约 3600 万元，完成投资意向额约 7 亿元。广西 14 个设区市完成花卉苗木成交额 2.1 亿元。本届花卉苗木交易会由自治区林业局、桂林市人民政府主办，广西花卉协会、桂林市林业和园林局、桂林市叠彩区人民政府、桂林市临桂区人民政府承办。

17 日　上午 9 点至 11 点，自治区林业局直属 17 个事业单位统一组织开展 2020 年事业单位公开招聘笔试考试，全区共设立 177 个考场，共计 4488 名考生参加笔试。

18 日　2020 年第四届中国绿化博览会在贵州省黔南布依族苗族自治州都匀市开幕。自治区林业局副局长陆志星、二级巡视员黄周玲出席绿博会广西展园开园仪式。本次博览会主题为"以人为本　共建绿色家园"，开园时间为 10 月 18 日至 11 月 18 日。

19 日　广西香精香料产业高质量发展研讨会在南宁市举办。中国工程院院士蒋剑春作题为《我国林业特色资源加工利用产业发展战略研究》

的专题报告。中国林业科学研究院林产化学工业研究所所长周永红、广西林业科学研究院院长安家成到会致辞。自治区林业局副局长黄政康主持研讨会。自治区人力资源社会保障厅副厅长蒋勐，自治区市场监管局副局长李勇强，中国林业科学研究院林产化学工业研究所党委书记、研究员黄立新，自治区发展改革委、自治区人力资源社会保障厅、自治区市场监管局、自治区林业局相关处室的领导，横县人民政府领导和有关设区市科技、林业部门负责人，以及中国林业科学研究院、区内有关高校及科研院所、区直国有林场、有关重点企业及行业协会等 40 余家单位的专家学者和企业家参加研讨会。

19—20 日　国家林业和草原局副局长李春良率调研组赴罗城仫佬族自治县开展定点帮扶调研。国家林业和草原局调查规划设计院院长刘国强、国家林业和草原局规划司副司长郝学峰、国家林业和草原局广州专员办专员关进敏、自治区林业局副局长陆志星及河池市副市长李凤云等陪同调研。调研期间，国家林业和草原局调查规划设计院与罗城仫佬族自治县教育党工委签订了《党建助学结对帮扶框架协议》，捐献党建助学资金 10 万元。河池市林业局主要负责人，罗城仫佬族自治县党委、政府主要负责人参加调研。

23 日　自治区林业局召开 2020 年森林督查暨森林资源管理"一张图"年度更新、公益林监测国家核查反馈会。国家林业和草原局中南调查规划设计院副院长杨宁对全区 24 个县的外业、内业工作情况进行核查反馈。自治区林业局副局长黄政康出席会议。

26 日　广西鹿鼎林业集团有限责任公司成立暨揭牌仪式在鹿寨县举行。柳州市副市长朱富庭，中国林场协会副秘书长杨光等领导为公司揭牌。自治区林业局相关处室领导，鹿寨县委、县政府和各部委办局及各乡镇领导，祥鹿投资有限责任公司代表，三门江林场与黄冕林场中层及以上干部等 160 人参加揭牌仪式。

广西林业科学研究院和桂林漓峰医药用品有

限责任公司完成的林业科技项目"竹茧素抗菌剂产业示范"获"后稷特别奖",这是广西林业科学研究院首次获该奖项。

27日 2020年全区油茶产业发展现场会在贺州市召开。自治区副主席方春明出席会议并讲话,强调"要全面把握形势,进一步增强发展油茶产业的信心和决心,聚焦重点难点,加快推进油茶产业高质量发展,科学谋划'十四五'油茶产业发展"。自治区政府副秘书长、扶贫办主任蒋家柏主持会议。贺州市市长林冠致辞并作经验交流发言,西林县、环江毛南族自治县作经验交流发言。自治区发展改革委、自治区科技厅、自治区财政厅、自治区商务厅、自治区市场监督管理局、自治区地方金融监督管理局、自治区扶贫办,广西林业集团有限公司、广西农业信贷担保有限公司、广西农村信用社联合社、国家开发银行广西分行、农发行广西分行、农行广西分行分管人员,自治区林业局分管人员及相关业务处室站负责人,柳州市、桂林市、梧州市、防城港市、百色市、贺州市、河池市政府分管人员,各市林业主管部门主要负责人,及各县(市、区)政府分管人员及林业主管部门主要负责人等150多人参加了现场会。

自治区林业局副局长、一级巡视员邓建华到南宁树木园调研林地保护利用工作。考察了南宁树木园广西(中国-东盟)森林康养园等项目。调研时,邓建华强调,国有林地是国有林场赖以生存和发展的重要基础,也是国有林场的重要资产。林场要按照国有林地保护管理规定要求,加强国有林地资源保护管理。特别要高度重视被侵占国有林地回收工作,高位推动,全面完成被侵占国有林地回收任务。在保护好国有林地的基础上,要充分做好国有林地高效利用文章,盘活国有林地资源,壮大林业产业,实现国有林地资源效益最大化。

28日 自治区林业局党组成员、副局长黄政康率队到隆林各族自治县介廷乡弄昔村参加"脱贫感党恩奋进新起点"主题活动。自治区林业局林改处、推广站、监测中心、科技处、林政处、七坡林场、东门林场、钦廉林场,以及介廷乡、弄昔村、扶贫工作队的有关负责人等近30人参加活动。

28—29日 中国林场协会部分省(区)国有林场年会在柳州市召开。中国林场协会会长姚昌恬到会讲话,柳州市副市长王鸿鹄、国家林业和草原局种苗司副司长张健民到会致辞。中国林场协会副秘书长杨光通报中国林场协会2020年工作开展情况。浙江、山西、广西三省(区)国有林场主管部门负责人以及北京市京西林场、江苏省南京市溧水区林场、广西壮族自治区国有三门江林场、吉林省长春市九台区国有林总场、黑龙江省哈尔滨市丹青河林场、四川省合江县福宝国有林场、陕西省西安市小王涧国有生态林场7个林场代表作交流发言。会议期间,与会代表还先后参观了贝江河林场杉木现代育苗基地、杉木高产示范林基地,三门江林场油茶育苗基地、桉树高产示范林基地和油茶加工产业园区。中国野生植物保护协会原副会长赵胜利主持会议。自治区林业局总工程师李巧玉、二级巡视员丁允辉,《中国绿色时报》副社长段华,北京、河北、内蒙古、吉林、黑龙江、江苏、浙江、山东、广西、重庆、四川、陕西、甘肃、青海、宁夏15个省(区、市)国有林场主管部门和部分会员林场的代表共220余人参加会议。

11 月

1 日　2020 年中国（中山）花木产业大会是华南地区规模最大的"国字号"花木产业盛会，由广东省农业农村厅和中山市人民政府联合主办。广西八桂林木花卉种苗股份有限公司参展的油茶种苗岑软 2 号、岑软 3 号获大会组委会授予产品银奖。

2 日　加强森林草原资源保护协作配合工作座谈会在南宁市召开。自治区检察院、国家林业和草原局广州专员办、自治区林业局围绕加强森林草原资源保护协作配合工作进行协商交流。自治区检察院党组书记、检察长崔智友，国家林业和草原局广州专员办党组书记、专员关进敏等出席会议并讲话。自治区检察院副检察长农中校、国家林业和草原局广州专员办副专员贾培峰、自治区林业局副局长黄政康分别代表所在部门签订《关于建立协作配合工作机制的意见》。

3 日　自治区林业局分别到六万林场、钦廉林场宣讲《习近平谈治国理政》（第三卷）。强调，坚持人与自然和谐共生，坚持绿水青山就是金山银山，坚持良好生态环境是最普惠的民生福祉，坚持山水林田湖草是生命共同体，坚持用最严格制度、最严密法治保护生态环境，坚持共谋全球生态文明建设。林场干部职工 300 多人参加宣讲会。

自治区林业局党组成员、副局长陆志星到高峰林场长客分场调研指导油茶示范林基地建设工作时强调，继续依靠科技，加强与科研机构沟通联系，做好高产优质油茶林试验，努力提高油茶产量和效益；做好示范林经验总结工作，探索科学配套的油茶栽培技术，为高产优质油茶推广种植发挥示范作用。

3—4 日　全区 2020 年政策性森林保险及林权交易业务管理培训班在贵港市召开。自治区林业局党组成员、总工程师李巧玉出席会议并讲

话，自治区林业局相关处室站、区直林场、广西生态工程职业技术学院沙塘林场、广西林业设计院及四家农业保险承保单位、广西林权交易中心股份有限公司的相关负责人，及各市（县）林业主管部门业务主要负责人和相关工作人员共 180 人参加培训。

4 日　自治区林业局相关领导到广西林业干部学校调研干部培训工作，详细考察升级改造后的校容校貌、学员宿舍，以及学员食堂后勤保障工作时强调，广西林业干部学校开办干部培训班务必要做到精细化管理，提升新时代干部培训水平。

自治区林业局党组成员、副局长、一级巡视员邓建华到三门江林场宣讲《习近平谈治国理政》（第三卷）时强调，全面系统、深入思考、联系实际地学习《习近平谈治国理政》（第三卷），学懂弄通做实党的理论知识，学出忠诚、学出责任、学出成效。三门江林场党员干部 80 余人现场聆听宣讲。

5 日　自治区林业局党组成员、副局长、一级巡视员邓建华到黄冕林场调研指导精神文明建设工作。强调精神文明建设是一个日积月累的过程，要着眼日常，在精细化、常态化、长效化上下功夫，扎实加强文化建设，为林场高质量发展提供强大精神动力。

广西祥盛家居材料科技股份有限公司绿色家居制造项目被列入广西第三批"双百双新"产业项目名单。这是全区林业系统唯一入选项目。广西祥盛家居材料科技股份有限公司绿色家居制造项目在凭祥—宁明贸易加工区内以"园中园"模式开发建设，规划用地 57.8 公顷，拟投资 10 亿元，建设年产能 100 万立方米的绿色家居板材生产示范基地。

6 日　自治区政协副主席黄日波率自治区政

协委员视察团到广西祥盛家居材料科技股份有限公司围绕"抓好产业扶贫，巩固和提升脱贫攻坚成果"开展视察，强调发挥林场森林资源优势，延长产品产业链，做大做强板材产业；加强公司内部管理，提高产品质量，争取获得自治区主席质量奖，为巩固和提升广西脱贫攻坚成果做出应有贡献。自治区政协常委、农业和农村委员会主任赵波，自治区政协常委、办公厅副主任施庆华，崇左市政协党组书记、主席黄卫革，崇左市副市长黄覃梅，崇左市政协副主席农海波等领导参加视察。

自治区林业局召开党组（扩大）会议，传达学习党的十九届五中全会精神，研究林业具体贯彻落实措施。自治区林业局党组成员、二级巡视员、局处室站主要负责人参加会议。会议强调，把学习贯彻全会精神同推动当前林业重点工作紧密结合，落实"六稳""六保"工作要求，打好六大会战、奋战 70 天，坚决打赢两场硬仗、夺取双胜利，全面落实中央、自治区年度各项重大决策部署，确保林业工作"十三五"收好官、"十四五"开好局。

自然资源部国土空间规划局和国家林业和草原局保护地司组织开展生态保护红线评估调整成果、自然保护地整合优化预案会审工作，审核通过了广西自然保护地整合优化预案。

6—7 日 国家林业和草原局、全国人大环资委组织调研组到崇左市开展"贯彻落实野生动物保护法，全面禁止野生动物非法交易和食用"全国人大重点督办建议相关问题专题调研。调研组一行深入扶绥县渠旧镇崇边村岜模屯谢宝峰养殖场（转产养殖竹虫）、广西中鑫东泰蛇类养殖有限责任公司（眼镜蛇、尖吻蝮转型药用）、崇左白头叶猴国家级自然保护区灵长类及其栖息地详细了解广西、崇左市、扶绥县禁食野生动物后续处置补偿和转型转产工作以及野生动物栖息地保护工作情况。

7 日 自治区副主席方春明到下雷自治区级自然保护区现场调研中央生态环境保护督察反馈

问题整改点的生态修复工作，强调要将生态文明建设融入经济建设、政治建设、文化建设、社会建设各方面和全过程，努力做好自然保护区生态环境保护工作。

9 日 中共广西壮族自治区林业局党校揭牌仪式在广西林业干部学校举行。自治区林业局党组成员、副局长、一级巡视员邓建华等为党校揭牌。邓建华主持揭牌仪式并致辞。中共广西壮族自治区林业局党校与广西林业干部学校实行一套人马两块牌子。局机关相关处室主要负责人、新任处级干部培训班学员和广西林业干部学校全体干部职工参加揭牌仪式。

9—12 日 自治区林业局新任处级干部培训班在广西林业干部学校（自治区林业局党校）举办，宣讲党的十九届五中全会精神。自治区林业局党组成员、副局长、一级巡视员邓建华主持开班仪式。2019 年以来局处室站、自治区直属林业事业单位新任职的处级干部共 48 人参加培训。

10 日 全区红树林保护修复工作座谈会在北海市召开。自治区林业局党组成员、副局长黄政康主持会议。北海市副市长黄江、钦州市副市长苏英权、防城港市副市长向拥俊等代表沿海三市就红树林保护修复情况发言。红树林研究专家范航清提出了广西红树林保护修复科技支撑等意见建议。自治区林业局相关处室站，北海市、钦州市、防城港市及相关县（区）林业主管部门，山口、北仑河口、合浦儒艮、茅尾海自然保护区，北海滨海国家湿地公园管理机构，北海市防护林场，钦廉林场，广西八桂林木花卉种苗股份有限公司，广西林业科学研究院，监测中心，林业设计院，红树林研究中心，自然资源部第四海洋研究所，广西海洋研究院等主要负责人参会。

广西高峰森林公园入选 2020 年第二批国家AAAA 级旅游景区名单。高峰森林公园是全国最大的城市森林公园，集运动健身休闲、森林康养度假、科普文化体验于一体。试运营以来接待游客达 200 多万人次，公园森林覆盖率达 90%，负氧离子含量超 8000 个 / 厘米^3，园内有 30 多个科研项目、近百种树种和草本植物,是开展自然科普文化教育最佳基地之一。

11日 2020年全区林业种苗工作会议在南宁市召开。自治区林业局二级巡视员蒋桂雄讲话。全区14个市林业主管部门汇报了近年来林木种苗工作开展情况,就林木种苗"十四五"规划及有关问题提出了意见和建议。会上通报了全区油茶种苗执法专项行动情况和良种基地考核情况。

11—12日 全国林业生态价值转化研究实践研讨会在高峰林场召开。中国林业政研会常务副会长、秘书长管长岭主持会议。自治区林业局党组成员、副局长、一级巡视员邓建华出席会议并致辞。会议推介了高峰林场创建全国文明单位的成果和经验。南宁树木园就林业生态价值转换研究作典型发言。南宁树木园、高峰林场等14个林业基层单位被确定为林业生态价值转化研究实践基地。此次会议由中国林业职工思想政治工作研究会主办,自治区林业局、高峰林场承办。全国有82名代表参加会议。

11—13日 国家林业和草原局党组书记、局长关志鸥一行到广西专题调研扶贫与人工繁育野生动物转产转型工作。关志鸥一行先后在罗城仫佬族自治县考察调研了东门镇大福村毛木耳生态产业项目基地、明亿万亩油茶现代特色林业(核心)示范园、四把镇里乐村毛葡萄产业示范片、易地扶贫搬迁"仫佬家园"、于成龙廉政文化展示馆等;在南宁市武鸣区东盟经济开发区调研人工繁育野生动物转产转型工作,并召开专题座谈会;在自治区林业局参观广西林业数字展示中心。自治区副主席方春明出席专题座谈会。国家林业和草原局规划财务司司长闫振、国家林业和草原局野生动植物保护司副局级干部武明录、国家林业和草原局驻广州森林资源监督专员办事处专员关进敏、河池市委书记何辛幸等陪同调研。

12日 自治区代主席蓝天立在南宁市会见国家林业和草原局局长关志鸥一行。蓝天立介绍了广西经济社会发展情况,并对国家林业和草原局长期以来关心支持广西生态建设和林业发展表示感谢。希望国家林业和草原局支持广西先行先试,建设全国林业产业高质量发展示范区,平稳有序开展人工繁育陆生野生动物补偿处置和转产转型工作,进一步推动广西生态优势转变为产业优势、经济优势、发展优势。自治区副主席方春明、自治区政府秘书长黄洲参加会见。

2020年全区森林防灭火竞赛实战演练在柳州市举行。自治区林业局党组成员、总工程师李巧玉,柳州市政府党组成员袁东升现场指挥演练。此次活动由自治区林业局主办,柳州市林业和园林局、三门江林场承办。全区14个市林业主管部门和柳州市5县8区林业主管部门、全区21家森林防火有关单位及16支参演队伍共计400多人参加演练。

14日 自治区林业局直属17个事业单位统一组织开展2020年事业单位公开招聘面试工作,全区共设立46个考场,共计1150名考生参加面试。

16日 全国油茶产业发展现场会在河南省光山县召开,自治区林业局相关领导参加会议并作典型发言。这是继2019年全国油茶产业发展现场会后,广西再次在全国油茶产业发展现场会上作典型发言。

国家林业和草原局批复同意广西"十四五"期间年森林采伐限额5700万立方米。

17—20日 2020年区直林业系统年轻干部素质能力提升培训班在广西林业干部学校举办。区直林业单位80多名优秀年轻干部参加了培训。自治区林业局党组成员、副局长黄政康作动员讲话。

18日 从第四届中国绿化博览会颁奖典礼获悉,绿博会广西园获第四届中国绿化博览会金奖、最佳植物配置奖、最佳生态材料应用奖。

广西白头叶猴保护区获"第七届野生动植物卫士奖 – 先锋卫士"称号,是广西唯一获此奖项的保护区。

19日　自治区林业局印发《广西壮族自治区林业局办公室关于打击制售假冒伪劣油茶种苗和侵犯林业植物新品种权专项行动情况的通报》(桂林办场字〔2020〕46号),向全区通报"铁拳2020"专项行动结果。行动重点检查各油茶繁殖圃苗木生产经营情况和林业植物新品种侵权情况,全区共出动执法人员450人次,检查苗圃124个(其中有4个苗圃不再育苗或还未开始育苗),下达执法检查整改通知书33份,立案查处违法生产经营林木种苗案件2起,有效震慑了违法生产经营林木种苗的行为。

20日　广西2020年食用林产品质量安全监管工作座谈会暨风险分析会在南宁市召开。自治林业局党组成员、副局长黄政康出席会议并讲话。会议审议了广西食用林产品监测品种指导性目录(试行),初步明确了广西食用林产品监测范围,提出了各市重点监测品种。柳州、桂林、防城港3市林业主管部门负责人作重点发言。

23日　自治区林业局相关领导到广西森工集团新项目高林公司搬迁技改项目调研指导工作,强调高林公司新项目是自治区统筹推进的重大项目,各方务必要齐心协力,将其建设成园区标杆项目,进而加快转型升级步伐,推动集团发展向高质量迈进。容县人民政府、六万林场相关领导陪同调研。

为深入学习贯彻习近平总书记关于扶贫工作的重要论述和在决战决胜脱贫攻坚座谈会上的重要讲话精神,助力"8+7"县区打赢脱贫攻坚战,自治区林业局印发《广西壮族自治区关于追加2020年第二批省级备用年森林采伐限额的通知》,追加乐业县、隆林各族自治县、昭平县、环江毛南族自治县等7个编限单位2020年省级备用年森林采伐限额10万立方米。

24日　首届广西家具家居博览会暨高端绿色家具家居产业发展高峰论坛在北流市家具博览中心举行。国家林业和草原局林业和草原改革发展司副司长李玉印、中国林产工业协会副会长肖小兵、玉林市市长白松涛、自治区林业局党组成员、副局长、一级巡视员邓建华,自治区工业和信息化厅党组成员、总工程师马义生,自治区工商联一级巡视员陈宁,自治区发展改革委二级巡视员秦勇等出席开幕式。玉林市副市长邓长球主持开幕式。本届博览会为期3天,以"传承创新引领高端绿色家居,打造中国南方实木家具之都"为主题开展经贸洽谈、合同签约、家具产业发展论坛、家具基地建设、经验交流、家具展览、家具艺术展示、家具作品评奖等一系列活动。博览会设4个展馆1500多个展位,分为实木家具展区、经典家具家居展区、定制家具展区、招商招展家具展区和木工机械展区,总面积达4.3万多平方米。由自治区林业局、自治区工业和信息化厅和玉林市人民政府主办,广西林业产业协会、北流市人民政府和玉林市林业局承办,区内外的领导、嘉宾,行业协会负责人、参展商、采购商、投资商共400多人参加了博览会开幕式。

国家林业和草原局办公室印发《关于公布第二届"扎根基层工作、献身林草事业"林草学科优秀毕业生名单的通知》(办人字〔2020〕97号),黄冕林场肖崇福和弄岗保护区管理中心刘晟源被评为第二届林草学科优秀毕业生。

25日　《广西壮族自治区林木种苗管理条例(修订草案)》通过自治区十三届人民政府第七十次常务会议审议。

25—26日　2020年区直林业系统人事业务培训班在广西林业干部学校举办。自治区林业局党组成员、副局长、一级巡视员邓建华出席开班式并讲话。此次培训内容包括干部选拔任用、事业单位岗位设置和公开招聘、事业单位工资制度、事业单位年度报告制度、人事档案等人事工作业务知识。局直属林业事业单位分管领导、人事科科长及业务人员等70多人参加培训。

25—27日　国家森林草原防灭火指挥部办公室主任、应急管理部党委委员兼国家林业和草原局副局长张永利到广西调研检查森林防灭火工作,其间先后到南宁那马航空护林基地、国家森林消防队伍拟驻防点、高峰林场专业消防队、桂林兴安航空护林基地等地调研并组织召开座谈会，并强调要进一步理顺防灭火工作机制，强化部门分工协作，严格落实各方责任，强化防火队伍建设。自治区党委常委、自治区副主席黄世勇，自治区人民政府副秘书长周光华，自治区林业局党组成员、总工程师李巧玉等陪同调研。

26—27日 国家林业和草原局副局长彭有冬出席第十七届中国-东盟博览会并到七坡林场调研。强调高质量发展林下产业，做大做强广西林下经济。自治区副主席方春明，自治区人民政府副秘书长梁磊，自治区林业局党组成员、副局长黄政康等参加调研。

28—29日 第五届广西（贵港）木材加工产业发展高峰论坛在贵港市举行。论坛主题为"双循环、双促进、构建发展新格局"。论坛开幕式发布了《中国人造板产业报告2020》，并为10家企业颁发荣誉证书。论坛由中国林产工业协会、贵港市人民政府、国家林业和草原局林产工业设计院、自治区林业局主办。来自国家林业和草原局、中国林产工业协会及自治区、贵港市等有关部门的领导嘉宾、专家学者，全国及广西林业产业发展重点市、县（市、区）党政代表及全国木材加工行业企业代表约400人参加。

12月

1日 2020年全区林业服务乡村振兴现场推进会在梧州市召开。自治区林业局相关领导在会上全面总结了全区乡村振兴林业工作经验成效。梧州市委书记全桂寿致辞。梧州市林业局作典型发言。与会代表参观了乡村振兴林业示范村长洲区倒水镇富万村、岑溪市糯垌镇绿云村。自治区林业局副局长陆志星主持会议。自治区林业局党组成员、广西林业科学研究院院长安家成，梧州市政府副市长何世恰，各市林业主管部门主要负责人，林业服务乡村振兴重点县（市、区）林业主管部门主要负责人，自治区发展改革委、自治区林业局有关处室和直属单位负责人，及梧州市林业局有关人员共150多人参加会议。

自治区林业局副局长、一级巡视员邓建华率队到广西森工集团下属国旭东腾公司就"年产35万立方米中高密度纤维板"项目推进进行调研。强调，要加快项目建设进度，争取早日竣工投产，自治区林业局积极协调有关部门解决公司项目用地、原料收购等困难，助力公司早日步入正轨。

1—2日 全区林木良种基地暨种苗质量管理培训班在南宁市举办。全区部分市（县）林木种苗部门负责人、35个林木良种基地负责人及有关良种基地支撑专家等90余人参加培训。

3日 自治区直属国有林场林下经济发展暨森林经营质量提升工作现场会在南宁市召开。自治区林业局总工程师李巧玉主持会议，二级巡视员丁允辉主持签约仪式。自治区林业局与中信正业投资发展有限公司、广西润格投资有限公司，七坡林场与广西老木棉投资有限公司、广西南药康园投资有限责任公司签订合作协议。七坡林场、博白林场、六万林场、黄冕林场作典型发言。与会代表还参观了广西东盟（南宁）林业科技示范园、南宁市经开区七彩七坡林下经济产业核心示范区。自治区林业局相关处室站、区直国有林场、区直国有林场绿色产业联盟办的相关人员等80多人参加会议。

区直机关宣讲团到自治区林业局宣讲党的十九届五中全会精神。自治区党委讲师团特聘专家、区党委党校马克思主义学院院长许进品作主题宣讲报告，自治区林业局二级巡视员黄周玲主持报告会。自治区党委区直机关工委讲师团团长黄群、自治区林业局二级巡视员蒋桂雄，自治区公安厅、自治区检察院等8个单位的职工代表，及自治区林业局、监测中心的全体党员干部职工共300多人参加宣讲报告会。

3—4日 自治区林业局职称改革工作领导小组召开2020年工程系列中初级职称评审会议，会议审议评定188人取得中级工程师专业技术资格，42人取得助理工程师专业技术资格，评定结果公示无异议。

4日 广西九万山国家级自然保护区管理中心获自治区党委宣传部、自治区党委统战部、自治区民族宗教事务委员会授予"第四批自治区民族团结进步示范机关"称号。

云南森林消防总队副总队长罗爽率队到自治区林业局调研。在调研座谈会上，自治区林业局介绍了近年来广西森林火灾基本情况和森林防火工作开展情况。双方就建立森林防灭火互联互通互训机制，强化防火巡护、宣传教育、火源管控和火情早期处置，加强培训演练的指导等方面进行深入探讨。

5日 自治区林业局相关领导到八桂种苗公司台湾花卉园苗圃基地调研，实地考察了台湾花卉园苗圃基地的育苗场、轻基质杯生产车间和员工办公场所，详细了解苗圃基地生产经营情况。

6—9日 全区自然保护地基层骨干人员能力提升培训班（自然保护区专场）在广西林业干部学校举办。全区13个自然保护区37人参加学习培训。此次培训由广西森林资源与生态环境监测中心、广西大桂山鳄蜥国家级自然保护区管理中心、阿拉善SEE八桂项目中心主办，广西林业干部学校、白头叶猴保护区管理中心协办。

7日 全区松材线虫病疫情防控工作电视电话会议召开。自治区林业局总工程师李巧玉出席会议并讲话。广西电网公司、中国铁塔广西分公司介绍了2020年联合开展松材线虫病疫情防控工作情况。南宁市武鸣区、柳州市柳城县作典型经验发言。会议通报2020年全区松材线虫病疫情发生情况及疫区溯源调查情况。自治区松材线虫病防控工作领导小组成员单位联络员、自治区林业局相关处室站负责人在主会场参加会议，各市松材线虫病防控工作领导小组成员单位、各县

林业主管部门及森防工作负责人在各市分会场参加会议。

8日 全国首届桉树丰产节在南宁市开幕。启动仪式上，中国工程院院士尹伟伦利用视频分享"良种＋良法"种植技术、有机肥替代化肥、有机肥技术标准化等专业知识，为如何保持和提升桉树林地地力、保证桉树可持续丰产提供专业技术指导。广西力源宝科技有限公司、金光集团、云南云景林纸股份有限公司、广西八桂种苗高科技集团股份有限公司等签署了"良种＋良法"、智慧林业等林业创新技术研发与成果转化长期战略合作协议。活动由广西人工林种植行业协会主办，广西力源宝科技有限公司、广西八桂种苗高科技集团股份有限公司、力源宝生态大数据有限公司承办。

全区营林工作座谈会在南宁市召开。自治区林业局副局长陆志星、二级巡视员蒋桂雄出席会议并讲话。会议通报了全区2020年营造林实绩自治区级综合监测情况，各设区市、区直国有林场、热林中心分管领导汇报了2020年营林工作情况。广西林业科学研究院、中国林业科学研究院热林中心、各市林业主管部门的主要负责人及相关科室技术骨干、自治区林业局有关处室和直属单位负责人共70多人参加会议。

9日 自治区林业局在南宁市举办2020年度绩效考评培训班。自治区林业局副局长陆志星在开班仪式上讲话。培训深入解读了2020年绩效考评创新争优加分细则，为全力做好2020年创新争优加分工作打好基础。局各处室站和自治区直属林业事业单位的分管领导、绩效考评联络员、有关干部职工共100余人参加培训。

10日 中国绿色时报社2020年度宣传发行工作会在广西北海市召开。国家林业和草原局党组成员、副局长彭有冬到会讲话，自治区林业局党组成员、副局长、一级巡视员邓建华，北海市委常委、副市长宋云中分别致辞。中国绿色时报社党委书记陈绍志主持会议。中国绿色时报社社长、总编辑张连友作宣传发行工作报告。会议表

彰了2020年度优秀记者，广西部分代表作典型发言。国家林业和草原局宣传中心主任黄采艺，国家林业和草原局新闻及舆情处置工作专班办公室，各省、自治区、直辖市林业和草原主管部门，内蒙古森工集团、吉林森工集团、龙江森工集团、大兴安岭林业集团、长白山森工集团、伊春森工集团，新疆生产建设兵团林业和草原主管部门的有关负责人，及中国绿色时报社驻各地记者站站长、记者等共100多人参加会议。

11—12日 国家林业和草原局广州专员办与粤桂琼三省（区）林业局第十五次联席会在贺州市姑婆山保护区召开。国家林业和草原局广州专员办党组书记、专员关进敏，贺州市市长林冠，广西壮族自治区人民检察院党组成员、副检察长农中校，海南省人民检察院副检察长李顺华，广东省林业局党组书记、局长陈俊光，海南省林业局党组成员、总工程师周亚东出席会议，国家林业和草原局广州专员办党组成员、副专员贾培峰主持会议。会上，粤桂琼三省（区）林业局汇报了2020年森林资源保护管理工作情况及2021年工作计划，广州专员办通报了2020年森林资源监督情况及2021年重点工作安排，与会代表就当前森林资源保护管理工作中面临的突出问题进行交流座谈。中南调查规划设计院党委书记刘金富，广东省林业局二级巡视员林俊钦，广东省森林公安局局长罗燕喜，广东省应急管理厅党委委员、副厅长杨胜强，自治区林业局党组成员、副局长黄政康，贺州市副市长义芳，粤桂琼三省（区）人民检察院、自治区林业局等相关领导代表共70多人参加会议。

15日 高峰森林公园召开森林博物馆选址工作推进会，自治区林业局相关领导参加会议。强调，要从设计、施工、效果等方面通盘考虑，抓好细节，按照建设全国一流、打造地标建筑、结合公园布局、找准功能定位的目标，充分论证，加紧推进选址、设计等工作的对接与落实。

15—17日 全国林业和草原科技扶贫培训班在罗城仫佬族自治县召开。国家林业和草原局

科学技术司司长郝育军、自治区林业局副局长黄政康、河池市副市长李凤云出席开班仪式。新疆生产建设兵团林业和草原主管单位，国家林业和草原局直属单位中国林业科学研究院、国际竹藤中心及林学会，林业院校科技部门负责人，广西罗城、龙胜及贵州独山、荔波4个国家林业和草原局定点扶贫县挂职县领导与自治区林业局负责人等100人参加培训。此次培训班由国家林业和草原局科学技术司主办，国家林业和草原局管理干部学院承办，罗城仫佬族自治县协办。

16日 2020年全区森林资源管理工作会议暨森林资源管理业务培训班在南宁市召开。国家林业和草原局驻广州专员办贾培峰副专员，自治区林业局副局长黄政康出席会议并讲话。会议通报了全区森林督查工作进展情况，贵港市、玉林市、崇左市、柳州市柳江区、藤县、贺州市八步区作典型发言，隆安县、来宾市兴宾区、武宣县作表态发言。自治区林业局资源处、荒漠草原处、保护地处、林场种苗处、监测中心；广西林业设计院，各市、县林业主管部门，区直国有林场，局直属自然保护区管理中心，热林中心的相关人员共约300人参加会议。

17日 自治区林业局在七坡林场康宁分场调研。仔细察看康宁分场广西种苗科技示范基地选址的地形图、规划图，对大门、办公区、试验区、炼苗区等规划一一调研落实。自治区林业局办公室、林场种苗处、规划财务处、种苗站，广西林业勘测设计院、七坡林场、广西八桂林木花卉种苗股份有限公司等相关单位部门的负责人参加调研。

18日 中国共产党广西壮族自治区林业局直属机关第九次代表大会在广西森林资源保护中心召开。自治区党委区直机关工委副书记倪萍出席会议并讲话。自治区林业局党组成员、副局长、一级巡视员、机关党委书记邓建华代表局机关第八届党委作工作报告。报告回顾了过去四年自治区林业局直属机关党的建设主要工作情况，总结了主要经验和做法，并提出下一步工作计

划。党员代表审议并通过了局直属机关党委工作报告、机关纪委工作报告和党费收缴、使用和管理情况报告。经无记名差额选举，推选出 11 位局直属机关第九届党委委员，5 位局直属机关第九届纪委委员。自治区林业局党组成员、副局长陆志星，局党组成员、广西林业科学研究院院长安家成，局机关及驻邕直属单位各级党组织 117 名党员代表参加会议。

自治区林业局在 2018—2019 年度全区党委信息督查法规工作表彰中获 4 项先进称号。其中，自治区林业局获评全区党委信息工作先进单位，局办公室获评全区党委督查工作先进单位，局机关党委获评党内法规工作先进单位，局机关党委阳书群获评党内法规工作先进个人。

20 日 广西山茶油产业品牌联合会年终工作会议在南宁市召开。自治区林业局二级巡视员蒋桂雄出席会议并讲话。会上举行了"广西山茶油产业联合会"授牌仪式。与会人员表决了"广西山茶油"集体商标管理规划内容草案，讨论了 2021 年联合会工作计划等工作。自治区林业局油茶办、广西林业科学研究院有关负责人及会员单位代表共 30 多人参加会议。

23 日 首届广西"两山"发展论坛在南宁市举办。本届论坛主题为"生态文明建设与乡村振兴"。论坛立足广西生态文明建设实际，广泛凝聚区内外专家学者智慧，共同探讨如何进一步发挥林业资源优势，发展林业绿色产业，系统梳理广西绿色发展的探索实践，在更高起点上助力"建设壮美广西、共圆复兴梦想"。自治区副主席方春明、国家林业和草原局副局长彭有冬出席论坛并致辞。论坛举办期间，国务院发展研究中心研究员、中国发展研究基金会副秘书长程会强，中国工程院院士、主席顾问尹伟伦作主旨发言。

24 日 自治区直属林业系统工作情况交流会在南宁市召开，自治区林业局出席会议并讲话。会议听取了 13 家自治区直属林场以及广西森工集团、广西国控林业投资股份有限公司等 5 家单位的工作报告。自治区林业局副局长、一级

巡视员邓建华，副局长陆志星，总工程师李巧玉等领导依次就各自分管的重点工作进行了安排部署。自治区林业局处室站处级及以上干部，区直林业事业单位、局直属自然保护区管理中心的有关负责人共 130 多名代表参加会议。

27 日 马尾松国家创新联盟、南方松国家创新联盟成立大会在广西林业科学研究院举办。国家林业和草原局一级巡视员厉建祝通过视频讲话。自治区林业局副局长黄政康，自治区林业局党组成员、广西林业科学研究院院长安家成致辞。江西林业科学研究院院长杨杰芳等来自全国 51 家科研院校和相关企业的 100 多名专家参加会议。马尾松国家创新联盟、南方松国家创新联盟分别由全国多家高校、科研院所及相关优势企业组成。主要围绕国家林业战略目标，整合国内外优势资源，建立技术合作平台，提高育种资源的利用效率，凝练松树产业发展的科学问题，突破松树研究中的技术瓶颈，在松树遗传改良、人工林高效培育、定向经营模式、松脂精深加工及木材高效利用等方面开展联合攻关，实现中国松树产业技术全面升级。

28 日 广西祥盛家居材料科技股份有限公司谭明荣获自治区劳动模范，广西林业科学研究院杨章旗获自治区先进工作者，自治区林业局森林资源管理处获全区"记一等功"公务员集体，广西生态工程职业技术学院获第二届自治区文明校园称号。

29 日 自治区检察院与自治区林业局召开工作座谈会。自治区检察院党组成员、副检察长农中校，自治区林业局党组成员、副局长黄政康出席会议。座谈会上，双方在相互通报近期相关业务信息的基础上，围绕进一步深化实化协作配合机制进行了深入交流。

国家林业和草原局通报了 2020 年度全国标准化林业工作站建设验收情况，其中广西建设的融水苗族自治县杆洞乡、兴安县漠川镇、永福县永安镇等 17 个乡镇林业工作站全部通过核实验收，达到合格标准，被国家林业和草原局授予

"全国标准化林业工作站"称号。

30日 自治区林业局举行"创建模范机关示范单位"揭牌仪式。自治区林业局党组成员、副局长、一级巡视员邓建华,局党组成员、副局长黄政康和陆志星,局党组成员、广西林业科学研究院院长安家成,局党组成员、总工程师李巧玉共同揭牌。局各处室站全体党员干部150人参加仪式。

自治区林业局的广西林业大数据平台获评第二批数字广西建设标杆引领重点示范项目。广西林业大数据平台以"上下贯通,左右互联,智慧高效"为建设目标,利用新一代信息技术,扩大数据采集范围,将林业体系内数据、互联网相关林业数据、林业产业数据等多来源、多形态的数据进行有效整合、加工处理及存储,推动了大数据与云计算、物联网、移动互联网等新一代信息技术融合发展,形成大数据与林业主体业务协同发展的新业态、新模式,实现了林业数据资源协同共享。

(自治区林业局办公室)

林业工作总结

2020 年广西林业工作总结

2020 年以来，全区林业系统坚持以习近平新时代中国特色社会主义思想为指导，认真贯彻落实习近平总书记对广西工作的重要指示精神，对标对表中央、自治区关于林业改革发展的部署要求，着力抢抓疫情"空窗期"补链强链延链，着力推进生态保护修复做美"绿水青山"，着力推动林业经济发展做大"金山银山"，林业增加值增速实现由负转正，全区林业经济企稳回升、稳中有进，为全区经济稳增长做出了积极贡献。国家林业和草原局局长关志鸥到广西调研时高度肯定广西林业工作，在与自治区代主席蓝天立会见时，双方达成共建"全国林业产业高质量发展示范区"的一致意见。

【2020 年广西林业工作成效】 2020 年，全区林业继续保持良好发展态势，传统产业转型升级加快、产业结构更趋平衡、新旧动能转换提速，林业成为广西绿色经济发展的重要支柱产业，广西成为全国林业产业大省（区）。2020 年广西林业工作主要有以下十大亮点：

林业生态建设提质增效 连续 12 年每年都完成植树造林 20 万公顷以上；森林覆盖率达 62.50%，稳居全国第三位，草原综合植被覆盖率达 82.76%。

林业经济发展逆势上扬 林业产业总产值达 7521 亿元，稳居全国第二位，特别是下半年以来林业增长率由负变正、大幅回升，全年林业增加值增长保持在 9% 以上，展现出良好的韧劲和活力。

林业传统产业持续巩固 扎实推进油茶"双千"计划，完成良种油茶苗木培育 2.4 亿株以上，油茶新造林面积 3.55 万公顷，完成全年任务的 106%；低产林改造面积 2.08 万公顷，完成全年任务的 103%。率先在全国试行油茶收入保险，通过发展油茶产业新增带动 4 万贫困人口脱贫，累计带动超过 40 万贫困人口稳定脱贫，连续两年在全国油茶现场会上介绍典型经验。

林业主导产业稳步攀升 全区木材产量 3607 万立方米，人造板产量超过 5034 万立方米，木材加工和造纸产业产值达到 2889 亿元，超额完成年度目标任务。

林业产业园区建设迅猛 全区已建及在建的林产加工园区达 32 个，总产值超过 600 亿元。全区累计创建自治区级林业（核心）示范区 54 个、县级示范区 82 个、乡级示范园 152 个、村级示范点 554 个，超额完成三年行动目标任务。

林业脱贫贡献持续扩大 全区生态护林员人数达到 6.3 万，户均年增收达 8000 元，补助资金对该部分贫困户脱贫的贡献率达 60% 以上。通过林业产业扶贫、生态扶贫累计带动超过 60 万名建档立卡贫困人口稳定脱贫，带动 120 万名以上贫困人口增收。

禁食野生动物走在前列 全面完成以食用为目的的人工繁育陆生野生动物补偿处置工作，实现禁食类在养陆生野生动物全部清零，全区人工繁育陆生野生动物补偿处置工作进度和质量位居全国前列，是全国唯一推动蛇类向药用转型的省（区）。全国人大常委会执法检查组在广西检查"一法一决定"实施情况时给予高度肯定。

林业展会经济蓬勃发展 参加第四届中国绿化博览会，广西园获博览会金奖、最佳植物配置奖、最佳生态材料应用奖；先后举办了 2020 年迎春花市、首届广西花卉苗木交易会、首届广西家具家居博览会，25000 多名采购商参会，参展企业超过 1000 家，总成交额超过 11 亿元，意向投资额超过 11 亿元。

林业招商引资成效显著 广西森工集团与广西保利置业集团签约 200 亿元战略合作协议。中国林业集团 300 亿全产业链项目落地广西，"中林·生态城"成为首个"央企入桂"落地开工项目。自治区林业局特邀参加 2020 世界木地板大会，其间拜访了江山欧派门业股份有限公司、浙江水墨江南木业有限公司、德华兔宝宝装饰新材股份有限公司、浙江世友木业有限公司等 10 多家木业龙头企业，积极承接东部产业链转移。

林业社会影响大幅提升 成功举办首届广西"两山"发展论坛，中国工程院院士尹伟伦，中央党校、国务院发展研究中心、中国林业科学研究院等单位 200 多名与会专家代表围绕生态文明建设、乡村振兴等话题深入探讨。论坛现场直播在线观看人数超过 3.3 万人，点击率超过 193 万次，创下区直部门官方政务直播之最。中央广播电视总台等 272 家媒体进行了报道。

【2020 年广西林业重点工作回顾】

筑牢疫情防控林业安全防线 一是全面加强防控组织领导。自治林业局党组成立，局主要领导任组长，其他局领导任副组长，各处室站主要负责人为成员的自治区林业局新冠疫情防控工作领导小组。局直属各单位按照属地管理原则，成立本单位防控工作组，落实防控责任。局党组召开 5 次专题会议研究区直林业系统疫情防控工作，下发《关于开展新型冠状病毒疫情监测防控的紧急通知》《广西壮族自治区林业局防控新型冠状病毒感染的肺炎疫情工作方案》等文件 16 份，为做好疫情防控常态化各项工作奠定基础。

二是落实落细常态化防控措施。坚持绿码通行，每天对进入办公区的人员进行体温测量，定期对办公区进行预防性消毒，每天定点对电梯等密闭性空间进行消毒 4 次。严格执行会议防控要求。坚持食堂分餐制。坚持做到常规信息定时报，异常信息及时报。在广西林业官方网站不定期宣传疫情防控知识，在办公区显眼位置摆放展板、张贴海报，宣传防控措施和防控常识。区直林业系统没有出现干部职工感染疫情现象。

三是稳妥做好野生动物管控工作。第一时间全面停止涉及野生动物行政许可审批，全面实施繁育陆生野生动物就地隔离封控，全面禁止任何形式的野生动物交易和转运，全面做好存栏动物的疫病监测工作，全区累计检查野生动物养殖场、农贸市场等场所 1.9 万处，隔离封控陆生野生养殖场所 2000 多家，涉及动物 2000 多万只，全区违法猎捕、交易、食用野生动物现象大幅度减少。

林业助力稳增长有力有为 一是出台系列政策措施。自治区林业局先后出台了《林业支持打赢疫情阻击战服务全区经济稳增长若干措施》《统筹抓好疫情防控和经济平稳运行做好建设项目使用林地和林木采伐工作的通知》《关于加快全区林业企业复工达产的通知》系列政策措施。联合自治区生态环境厅等 4 部门印发《2020 年广西优化营商环境生态环境质量指标实施方案》。成立自治区林业局"央企入桂""湾企入桂""民企入桂"林业工作专班，建立林业产业招商引资项目库，汇总收集招商引资项目 66 个。南宁市、桂林市、贵港市、梧州市等大力发展林业产业，为当地经济稳增长做出了突出贡献，特别是梧州市成立了以市委、市政府主要领导任组长的现代林业产业高质量发展工作领导小组，印发《梧州市促进林产工业高质量发展措施》，签约林产工业项目 15 个，签约金额 350 多亿元。

二是资金投入持续加大。中央和自治区资金到位 64.9 亿元，同比增长 30.1%。自治区财政厅下达全区乡村振兴油茶产业发展及示范项目补助资金 3500 万元，同比增长 250%。在自治区要求 2021 年部门预算本级项目支出和专项资金按照 10% 压减的情况下，2021 年部门预算安排财政资金 25.63 亿元，较上年增加 2.4 亿元，增幅达 10.43%。全年新增授信额度 310 亿元，授信总额达 1405 亿元。金融资金累计投入林业行业 237.21 亿元，其中国家开发银行投入最高，国储林贷款余额 74.97 亿元。全区林权抵押贷款余额达 163 亿元。

三是林地定额充分保障。建立项目建设联

合沟通协调机制，强化林地定额管理和调控，优先解决和保障民生项目、基础设施、重大重点工程和生态移民、精准扶贫项目建设使用林地的需求，优先安排高速公路、国省道、水利枢纽等一批重大基础设施项目建设的林地定额指标。服务自治区重大项目 124 个（含"双百双新"项目 25 个）、生猪养殖项目 295 个（委托设区市级审批 230 个、自治区级审批 65 个）、脱贫攻坚项目 60 个。在年初下达 6592.7296 公顷的基础上，追加 12071.6681 公顷，占到全国追加总额的 1/4，是 2020 年初下达林地定额的近 2 倍、2019 年追加定额的 3 倍多，居全国第一位，全区增收植被恢复费 24.14 亿元。有力促进了全区复工复产，保障了一批重大项目开工建设。

四是项目建设稳步推进。广西森工集团与广西保利置业集团签订战略合作协议，双方达成合作共识。广西祥盛家居材料科技股份有限公司被列入自治区重点拟上市企业，并已在广西证监局备案辅导。环绿城南宁森林旅游圈项目建设取得阶段性成效，七彩世界森林旅游项目已完成 342 公顷土地收储及 16.64 公顷土地移交工作，中林生态城项目一期在南宁良凤江国家森林公园举行开工现场会。高林林业股份有限公司、广西国旭东腾人造板有限公司、广西国旭春天人造板有限公司 3 家公司技改升级项目均被列入自治区统筹推进重大项目和"双百双新"项目，已完成投资 4.5 亿元。广西森林博物馆项目首获自治区本级预算内基本建设投资 2000 万元支持。

绿色富民产业趋稳向好 一是加快推进国家储备林项目建设。完成国家储备林建设 18.12 万公顷，利用贷款资金约 20 亿元。累计建设面积超 66.67 万公顷，资金使用、建设规模均居全国第一位。以区直林场、广西国控林业投资股份有限公司为抓手，推广"大场带小场、小场联农户"模式，2020 年完成国家储备林收购收储约 4 万公顷，投入资金 16.16 亿元。创新推动区直林场与地方政府合作模式，在鹿寨县规划建设 8 万公顷国家储备林。推进挂牌督战县国家储备林扶

贫项目合作协议和合作建设隆林各族自治县国家储备林项目协议签约落地，获得国开行信贷资金 50 亿元和农发行信贷资金 4 亿元。在挂牌督战县签订合同面积已超过 4000 公顷，惠及贫困户 130 户。

二是有序推进高质量商品林"双千"基地建设。自治区直属国有林场新增商品林面积 6.77 万公顷，商品林总面积达 48 万公顷，林场森林商品林规模不断壮大。自治区直属国有林场与超过 40 家市县国有林场或集体林场合作，合作建设 3.33 万公顷林地林木，推动"双千"基地建设共赢、共建、共享。七坡林场与金城江区人民政府合作，实现全区首个"区直林场 + 地方政府"合作模式，全区参与合作地方林场 13 家，累计面积近 2.27 万公顷。大桂山林场建立"区直林场 + 县区林场基地 + 经营者"的利益联结机制，各方风险共担，利益共享。三门江林场、黄冕林场与鹿寨县人民政府三方共同组建专业公司，通过"双千"基地建设带动木材加工、物流等产业一体化发展。

三是大力发展油茶产业。油茶产业成为 2020 年国家脱贫成效考核成效典型。油茶种植面积达 54.8 万公顷，居全国第三位，油茶产业综合产值超过 300 亿元。创建油茶"双高"示范园 30 个、油茶"双高"示范点 100 个。与广西银保监局、自治区自然资源厅共同印发《关于进一步推动"油茶贷"工作的通知》，在部分市、县启动了油茶收入试点工作，推荐油茶产业企业 3024 家，实现授信担保放款 1.45 亿元，全区油茶种植贷款余额达 5.76 亿元。如百色市，2020 年稳步推进油茶"双千"计划，完成油茶新造林面积 6926.67 万公顷，油茶面积达 13.42 万公顷，稳居全区首位，居全国第三位。油茶籽产量 9.97 万吨，总产值达 40 亿元。

四是大力发展林下经济。落实自治区财政林下经济发展补助资金 2800 万元，安排非贫困县资金 1400 万元，扶持建设 30 个自治区林下经济示范项目。将组建林业专业合作社的任务落实到

各县，新建油茶专业合作社 34 家、林下经济专业合作社 47 家。开展中药材"定制药园"的遴选工作，4 家企业获自治区首批中药材"定制药园"称号。为减少新冠疫情对贫困地区带来的不利影响，通过"八桂小林通"APP、广西林下经济产业协会和区直林场林下经济绿色产业联盟，及时发布各市、县以及区直林场林下经济产品货源信息，进一步拓展销售渠道。全区林下经济产值达 1235 亿元。

五是木材加工产业高质量发展。组织召开全区现代林业产业高质量发展暨高端绿色家居产业发展现场考察会，联合自治区工业和信息化厅推动自治区人民政府召开了全区高端绿色家居产业推进工作电视电话会议。推荐高林公司中（高）密度纤维板生产线搬迁技改升级改造等 17 个项目申报林业产业重点投融资项目。指导推动东兰县万亩高产油茶示范区等约 20 个项目创建 2020 年自治区级林业核心示范区。全区累计创建自治区级现代特色林业示范区 78 个，其中五星级示范区 4 个、四星级示范区 25 个、三星级示范区 49 个，初步建成了一批要素集中、产业集聚、技术集成、经营集约、效益稳定的现代特色林业示范区。如，贵港市以旋切单板、胶合板为主的木材加工企业或个体发展到 3500 多家，其中单板 2600 多家，年生产能力达到 1100 多万立方米；胶合板 576 家，年生产能力达到 1500 多万立方米。崇左市推进中泰产业园木业加工区、广西山圩产业园等木材加工园区建设，全市木材加工产值超过锰产业产值，达 209.8 亿元，成为全市第二支柱产业。

林业生态建设扎实有效 一是持续推进大规模国土绿化。推进珠江防护林、沿海防护林等重点林业工程建设，积极做好特殊及珍稀林木培育、中央财政森林抚育补贴项目，森林质量提升和森林景观改造项目，中央和自治区财政林木良种补助项目；引导做好饮用水水源保护区桉树纯林改造项目。开展"种好树"主题活动，"关注森林"生态文化宣传活动。全区完成植树造林总面积 22.38 万公顷，占年度任务的 129%；完成义务植树 8192.2 万株，占计划任务的 102.4%。完成珍贵树种种植面积 2600 公顷、桉树纯林改造面积 8386.67 公顷；全区现有古树名木 14 万多株，挂牌立碑保护率达 99.8%。

二是推进重点区域绿化美化。深入实施"绿美乡村"建设工程，全面实施村屯绿化，集中打造绿化美化景观提升示范村屯，开展"珍贵树种苗木送边民"行动，推动农村人居环境整治、乡村风貌提升，建设"幸福乡村"。完成"绿美乡村"建设 700 个村屯绿化美化景观提升项目，全区村庄绿化覆盖率预计达 39.87%。完成石漠化综合治理工程林业项目建设 2.49 万公顷。新增国家森林乡村 176 个、全国生态文化村 6 个，405 个单位获得"广西森林城市"系列称号。

林草资源保护持续加强 一是提升森林资源监测监管水平。自治区人民检察院、国家林业和草原局广州专员办、自治区林业局在自治区人民检察院三方会签并印发《关于建立协作配合工作机制的意见》，强化检察机关与林业主管部门、森林草原资源监督机构工作衔接，建立健全全方位的协作配合渠道和平台。森林督查全区发现疑似违法变化图斑 13029 个，同比下降 38.3%，全区上报年度疑似违法变化图斑数量连续 3 年呈显著下降趋势，减少量约 2/3。完成全区 86.5% 的国土面积机载激光雷达数据成果。与自治区自然资源厅建立高分辨率遥感影像数据"实时推送、图斑共享、数据共有"合作机制。严格执行森林采伐限额管理制度，下达森林采伐限额共计 4460.9 万立方米，追加省级备用森林采伐限额 30 万立方米，专项支持 8 个 2020 年计划脱贫摘帽县和 7 个重点县。率先在国内推动实现森林资源当年完成更新、次年年初出数，作为全国 4 个试点省份之一，广西主动承担并按时完成国家森林资源监测评价试点任务。

二是扎实推进自然保护地体系建设。完成 14 个设区市自然保护地优化整合与生态保护红线评估调整工作衔接。5 处自治区级自然保护区的功能区划方案获自治区人民政府批复。完成中央生态环境保护督察、海洋督察专项督察指出的沿海三市自然保护区内违法养殖问题整改。推进违建别墅清查整治工作，拆除建筑物 29 栋。广西大明山国家级自然保护区获评第一批"国家森林康养基地"，成功创建广西南宁大王滩国家湿地公园。与自治区生态环境厅联合开展"绿盾"、自然保护地大检查专项行动等监督检查，发现问题 984 个，查处整改完成 634 个。落实自然保护区集体和个人生态公益林提高补偿标准，土山公益林补偿标准达到 27 元 / 亩，较面上标准提高 11 元 / 亩，石山公益林补偿标准达到 22 元 / 亩，较面上标准提高 6 元 / 亩。2021 年部门预算新增落实 6074 万元财政资金用于保护区集体和个人部分土山公益林补偿标准提标到 36 元 / 亩，全区保护区集体和个人部分公益林整体补偿标准平均达到 30 元 / 亩，进一步缓解公益林保护矛盾。

三是加强红树林等湿地保护修复。编制《广西红树林资源保护规划（2020—2030 年)》《广西红树林保护修复专项行动实施方案》。召开全区红树林资源保护修复工作会议。发布第一批 34 处自治区重要湿地名录。完成第二批 18 处自治区重要湿地的论证报告和认定书的编制工作。推荐北海滨海等 10 处自治区重要湿地为国家重要湿地。龙胜龙脊梯田、梧州苍海、南宁大王滩 3 处试点建设的国家湿地公园通过验收。

四是扎实推进林业防灾减灾体系建设。全区发生并造成较严重为害的林业有害生物 61 种，发生面积 38.31 万公顷，成灾面积 8720 公顷，成灾率为 0.63‰，远低于国家下达广西的 4.2‰ 指标。全区共发生森林火灾 206 起，较 2019 年下降 46.8%；过火面积 2103.27 公顷，较 2019 年下降 19.5%；受害森林面积 786.42 公顷，较 2019 年下降 14.3%。没有发生重特大森林火灾，没有发生有组织扑救的人员伤亡事故，没有发生安全生产责任事故，森林防火和安全生产工作总体保持平稳。主动与自治区编制部门加强沟通协调，批复自治区林业局设立森林草原防火和安全生产

处，下达"三定"方案，落实人员编制。协调落实国家森林草原防火机构人员编制，分解到各市，为重新构建广西林业系统森林防火组织架构打下基础。对全区火灾多发重点区域开展森林火灾风险隐患排查，共排查整治隐患 228 处，组织 3 个全国试点县基本完成森林火灾风险普查试点工作任务。组织制定林业系统安全生产专项整治三年行动方案，开展营造林施工、林木采伐、木材加工、危化品、涉电公共安全等行业安全隐患排查治理和明察暗访工作，共排查隐患 1330 处，完成整改 1320 处，制定完善各项制度措施 27 项。

五是深入推进林业扫黑除恶专项斗争。组建扫黑除恶专项斗争工作督导调研组，分赴一市、一县、两个区直林场和两个保护区开展扫黑除恶督导调研工作，推动扫黑除恶排查常态化开展。加强被侵占国有林地回收力度，按时按量完成回收任务，回收被非法侵占的国有林地面积超 2.27 万公顷，拆除林区非法建筑 50 处，累计拆除面积 2.2 公顷，较好地实现疫情防控有保障，扫黑除恶不停滞，平安林区建设稳步推进的工作目标。

林业重大改革稳步推进 一是创新成立"两山"发展研究院。4 月 27 日，广西"两山"发展研究院在广西林业科学研究院揭牌。作为广西林业行业一个新型的理论研究平台，挂靠广西林业科学研究院运行管理，院长由自治区林业局局长担任。在广西林业科学研究院设置办公室和研究中心。办公室由广西林业科学研究院抽调专职人员组成，具体负责"两山"研究院的日常运行管理工作。研究中心人员构成包括专职人员和兼职人员两类，兼职研究人员主要为"两山"发展智库入库专家，包括区直林业系统和广西相关领域的专家学者，以及聘请的国内外相关领域权威专家。

二是深化行政审批制度改革。出台《县级林业主管部门部分涉林权力事项赋予乡镇实施指导意见》，为林木采伐许可等 4 项权力事项平稳、

切实下放乡镇实施提供指导。制定并公布自治区林业局随机抽查事项清单和联合抽查清单。首次与市场监管局开展联合执法检查，共检查10家企业。取消"林木种子质量检验机构资质认定""草种质量检验机构资质认定"等7项行政许可事项。委托和授权中国（广西）自由贸易试验区实施行政权力事项6项；行政许可事项全程网办率达84%，实现100%"零跑腿"。在10个县（市、区）开展第二批集体林地"三权分置"改革试点工作。

三是深入开展乡村振兴林业示范村屯建设。持续开展传统村落和乡土特色林业示范村建设，组织开展第二批林业乡村振兴村屯示范点建工作，打造102个"乡村振兴林业示范村屯"，探索出"一村一品、一村一景、一村一韵"可复制、可推广的经验。河池市都安瑶族自治县板定村下吉屯组织村民自发开展庭院绿化、道路绿化，建设"小花园""小菜园""小果园"，居住环境更加生态宜居。贺州市富川瑶族自治县下湾村依托西岭山自治区级森林公园资源优势发展森林旅游，全年农民人均纯收入突破1.5万元。

四是深化集体林权制度改革。在永福县、苍梧县、上思县、扶绥县、南丹县、覃塘区等10个县（市、区）开展第二批集体林地"三权分置"改革试点工作。新增马山、天峨、贵港、东兴、岑溪等5个林权交易服务站，全区合计建成地方林权交易服务站共13家，交易服务覆盖面不断扩大。引入融水苗族自治县怀宝林场等3家市（县）林场和广西丰林林业有限公司等5家林业企业进场交易。编制竹子查勘定损技术规范，开展"县区级"无赔款优待。成立首家自治区级林权收储担保公司。全区林业产权交易预计挂牌总金额92亿元，同比增长14%。政策性森林保险投保面积达966.67万公顷，同比增长5%；为建档立卡贫困户承保森林面积预计达52.67万公顷，同比增长15%。

林业科技创新持续增强 加强与广西科学院、北部湾大学等单位政学研合作，加强与中国林业科学研究院林产化学工业研究所、木材工业研究所等单位产学研合作，签订科技创新战略合作协议，统筹涉林科技资源服务林业改革发展。1人入选国家"百千万"人才工程，1人获国务院政府特殊津贴，1人获"八桂英才"称号。广西木本香料育种与栽培国家长期科研基地入选第二批60个国家林业和草原长期科研基地。3项林业科技创新成果获得2019年度广西科学技术奖励，其中科技进步二等奖1项。2项成果获得广西第十六次社会科学优秀成果奖励。新立项目91个，其中国家自然科学基金3个，国家标准项目3个，新增项目合同经费3368.5万元，新增到位经费4917万元。广西"万亩百亿"油茶绿色发展技术创新与产业化示范项目获得自治区创新驱动发展专项资金立项，项目经费资助1700万元。创新设立场长科技助理工作制度，从区直林业科研单位、广西科学院系统选派13名优秀专家挂任林场场长科技助理。

林业脱贫贡献持续扩大 一是强化林业政策资金保障体系。安排54个贫困县中央和自治区涉林专项资金25.7亿元，占全区的61%。2020年与广西农信社、国开行签订战略支持协议，获意向性授信额度310亿元，重点支持贫困地区林业产业发展、国家储备林扶贫项目建设等。对54个贫困县项目占用林地实行优先保障、快速审批，共审批林地面积4048公顷，保障贫困县林地项目需求。免收特定扶贫项目森林植被恢复费40宗共2296万元。追加贫困县森林采伐限额20万立方米，占全区追加量的67%。

二是持续改善贫困地区生态环境。深入实施大规模国土绿化，54个贫困县植树造林11.76万公顷，占全区的55%。深入实施自然生态保护修复，在贫困县营造防护林2000公顷，占全区的97%；实施石漠化综合治理人工造林1133.33公顷、封山育林1.54万公顷，分别占全区的85%、67%（扶贫办提供的54个贫困县的数据）。着力改善农村人居环境，安排贫困县"绿美乡村"村屯绿化美化项目404个，占全区的57%，推动实现乡村绿化、美化。

三是提升林业特色产业脱贫质效。深入实施油茶"双千"计划，54个贫困县新造油茶林2.76万公顷、改造低产油茶林1.92万公顷，分别占全区的79%、97%。大力发展林下经济，打造提升一批以森林食材、道地药材为主的林下经济示范基地，指导贫困县建成自治区级林下经济精品示范基地5个，示范带动贫困户增收脱贫。大力发展森林生态旅游，推动贫困地区建设一批森林旅游基地，2020年在贫困县评定森林康养基地1个、星级森林人家10家、森林体验基地4个。百色市重点打造深圳小镇林业产业脱贫奔康示范园项目，易地扶贫搬迁后续发展成效突出，获国务院副总理胡春华肯定。

四是推动生态补偿政策全面落实。推动实施建档立卡贫困人口生态护林员工程，全区选聘生态护林员6.3万人，户均年增收8000元，带动和巩固24万名贫困人口"家门口脱贫"。如在环江毛南族自治县选聘续聘生态护林员3128名，其中毛南族生态护林员533名，带动和巩固了1770名毛南族贫困人口脱贫，为环江毛南族自治县的毛南族实现整族脱贫做出了贡献。推动落实生态效益补偿，下达54个贫困县森林生态效益补偿6.63亿元，占全区的66%；下达54个贫困县权属集体和个人天然林停伐补助1.02亿元，占全区的71%。54个贫困县约333.33万公顷自治区级以上公益林、60多万公顷天然林得到有效保护，贫困林农获得稳定的生态保护收益。

五是促进林业科技服务精准落地。推进林业示范基地建设，在贫困县建设林业推广示范项目26个、林业科技示范基地22个。54个贫困县县级以上林业示范区发展到72个，占全区的48%，辐射带动周边地区林业产业发展。大力推广林业实用技术，选派375名林业科技特派员，举办41场林业科普惠农增收活动，培训林农及基层技术人员3752人，为贫困地区提供全方位的林业技术指导服务。加大林业科技线上服务力度，在贫困地区推广普及"八桂小林通"APP，

推送林业实用技术文章83篇、科技视频65个，解答林农提问91个，林业技术文章点击数近15万次。

六是巩固定点帮扶村脱贫成效。派驻隆林各族自治县6个定点帮扶村的工作队由21人增加到30人。6名驻村第一书记全部为45岁以下、副科级以上的精兵强将。协调投入帮扶资金709万元，全面提升"两不愁三保障"和饮水安全保障水平。通过"企业（林场）+基地（合作社）+党支部+致富带头人（贫困户）"等模式，发展10余项特色种养项目，6个贫困村723户2959名建档立卡贫困人口全部脱贫摘帽，贫困发生率降至0，6个村集体经济收入均达10万元以上。动员区直林业系统向6个村购买扶贫产品达268万元。引导、规劝新冠疫情防控期间辍学学生返校完成学业。新春慰问活动发放慰问金43万元。"金秋助学"活动捐赠助学金47万元，帮扶贫困学生562名。动员区直林业系统捐款21万元。倾斜安排项目、资金全力支持国家林业和草原局对口帮扶罗城仫佬族自治县、龙胜各族自治县。6月6日，自治区林业局向中央广播电视总台推荐的生态护林员典型，相关新闻在《新闻联播》栏目播出，向全国介绍了隆林各族自治县林业扶贫工作成效。

野生动物管控全面加强 一是及时组织拟订出台处置意见。组织各市县林业部门开展多轮人工繁育野生动物情况统计摸底，逐一登记造册，全面掌握人工繁育野生动物情况以及对脱贫攻坚工作的影响。同时，在统计摸底的基础上，积极会商自治区财政厅、自治区农业农村厅、自治区扶贫办等有关部门，委托第三方机构开展处置成本调查，广泛征求重点企业和协会意见，并就有关补偿标准与西南片区云南、贵州、四川、湖南、重庆等5个省（市）林业主管部门会商并形成一致意见。经过反复论证、征求意见、协商修改完善，拟订了《广西人工繁育陆生野生动物处置指导意见》。6月16日，经自治区人民政府同意，自治区林业局、自治区财政厅已联合印发，

为各地后续处置工作提供了政策支持。

二是科学处置在养陆生野生动物。根据不同物种存量的实际情况，采取综合利用、放归自然、转产转型药用（观赏）、种源保存、无害化处理等多种方式消化存量。根据各市统计上报的数据，以实际核准数据为基数计算，8月10日，全区如期完成除蛇类外的陆生野生动物处置工作，累计完成处置384万只（头）、处置率100%；8月31日全部完成蛇类处置工作，累计完成蛇类综合处置1501万千克，综合处置率100%。广西提前完成国家林业和草原局关于9月底前全面完成处置任务的要求，处置工作进度和质量位居全国前列。充分利用广西具有制定蛇类壮（瑶）药材质量地方标准的独特优势，挖掘蛇类药用价值，是全国唯一推动蛇类向药用转型的省（区），已通过签约明确转型药用眼镜蛇、滑鼠蛇等蛇类592多万条、约531万千克。

三是积极争取政策资金支持。加强与财政部、国家林业和草原局等有关部委的沟通汇报，多次联合自治区财政厅报请财政部、国家林业和草原局给予广西陆生野生动物处置政策资金支持。中央财政追加安排广西野生动物禁食补偿资金5亿元已到位（此项资金全国安排6亿元）。同时，积极争取自治区财政的政策资金支持，自治区财政厅分别于6月30日和10月16日将野生动物禁食补偿资金63798万元和眼镜蛇、滑鼠蛇补偿处置资金38508万元下达各市县。积极争取蛇产业转型支持，12月16日，经自治区人民政府同意，自治区林业局、自治区财政厅、自治区地方金融监督管理局联合印发了《广西人工繁育蛇类转产转型贷款财政贴息工作方案》，对蛇产业转型企业给予贷款贴息支持。

全面从严治党纵深推进 一是坚持学思践悟新思想。巩固深化"不忘初心、牢记使命"主题教育成果，以学习《习近平谈治国理政》（第三卷）和党的十九届五中全会精神为重点，区直林业系统各级领导干部开展宣讲近230多次，受教育人员超过10000人次，实现政治理论宣讲全覆盖。自治区林业局在区直机关党建课题成果评比中荣获一等奖。建立自治区直属林业事业单位党委理论学习中心组学习巡听旁听制度。区直林业系统建立210个"党员政治活动室"和"新时代文明实践所"，同步健全讲习制度，落实讲习计划，组建讲习团队。成功承办中国林业政研会林业生态价值转化课题研讨会，自治区林业局在中国林业政研交流会上作典型经验发言，高峰林场、南宁树木园被授予全国林业生态价值转化实践基地的牌匾。在区内外主流媒体发布广西林业报道1528篇、林业党建工作信息300多条，林业主流舆论阵地不断壮大。

二是夯实基层党组织建设。顺利完成自治区林业局第九届机关党委、机关纪委换届工作。积极开展党员积分制管理、党支部定级、软弱涣散党组织整顿工作。持续深入开展"党支部建设加强年"、党支部标准化规范化建设、党支部星级评定、"流动模范党支部"评选等活动，驻邕直属林业系统33个基层党组织荣获"流动模范党支部"称号，广西生态学院汽车与信息工程系教工党支部入选"全国党建工作样板支部"培育创建单位，南宁树木园森林旅游服务部党支部获评区直机关2020年先进基层党组织。自治区林业局机关党委、高峰林场第三党支部分别在区直机关工委举办的专题示范培训班和"四强"党支部建设论坛现场会介绍先进经验。自治区林业局机关党支部与局直属单位基层党支部联合开展结对共建活动。创建形成"红色引领，绿色筑梦""牢记红色初心，勇担绿色使命"等林业党建品牌。

三是深入整治"四风"突出问题。组织开展区直林业系统新春"大学习 大讨论 促发展"活动，形成10个专题报告、23个子报告。组织开展林业综合督查，督促各级林业部门切实担负起疫情防控、促进增长等重点工作抓落实的主体责任。严格执行中央八项规定精神，组织排查出区直林业单位有关问题88个，整改问题45个，立案审查3起，通报曝光8次，修改和完善制度29项。出台解决持续困扰基层的形式主义问题的实施方案，自治区林业局本级"三公"经费支出同比减少51.5%，统计范围内的公文同比下降10%。

四是保持惩治腐败高压态势。制定《自治区林业局党组全面从严治党主体责任清单》，印发2020年区直林业系统党风廉政建设工作要点，组织召开党建工作、党风廉政建设工作、集中约谈会。对中央脱贫攻坚专项巡视"回头看"等反馈涉林问题提出31条整改措施全部落实到位。联合自治区财政厅开展扶贫项目资金重点抽查；组织对生态护林员选聘管理工作进行集中暗访。全面推进"抓系统、系统抓"专项整治工作，检查扶贫项目755个，检查扶贫资金34.4亿元，移交问题线索31条，经验做法得到国家林业和草原局主要领导的批示肯定，并转发全国林草系统学习。配合做好中央巡视广西工作，组织开展巡察整改专项督查，发现并督促整改问题18个。协同驻自治区自然资源厅纪检监察组发出提醒函400多件、开展谈话提醒420人次，集中约谈区直林业系统领导干部150多人次，发放廉政教育手册4900余册。

五是提升党建工作质量水平。部署开展自治区林业局创建全国文明单位工作。高峰林场荣获"全国文明单位"称号，区直林业系统1人荣获广西"三八"红旗手称号，3户家庭荣获"广西最美家庭"称号，局机关"文明家庭""文明处室"评选活动深入开展。组织开展"我们的节日"系列主题，承办区直机关青年植树造林活动，举办林业青年读书分享会、林业亲子活动等，区直林业系统1人荣获"广西青年五四奖章"、2人荣获"广西优秀共青团干部"称号。组织开展球类、太极、瑜伽、健身操等体育运动，深入开展慰问困难职工、送科技下乡、志愿者服务进社区、"树清廉家风　创最美家庭"、诚信故事征集评选等活动，推动形成重家风、讲诚信、守承诺的良好氛围。

（自治区林业局办公室）